动力电池蓝皮书

BLUE BOOK OF POWER BATTERY

中国新能源汽车动力电池产业发展报告（2018）

ANNUAL REPORT ON THE DEVELOPMENT OF NEW ENERGY VEHICLE POWER BATTERY INDUSTRY IN CHINA (2018)

中国汽车技术研究中心有限公司
大连松下汽车能源有限公司 ／编 著

社会科学文献出版社
SOCIAL SCIENCES ACADEMIC PRESS (CHINA)

图书在版编目(CIP)数据

中国新能源汽车动力电池产业发展报告.2018／中国汽车技术研究中心有限公司,大连松下汽车能源有限公司编著. --北京：社会科学文献出版社,2018.7（2019.3重印）
（动力电池蓝皮书）
ISBN 978 - 7 - 5201 - 2985 - 5

Ⅰ.①中… Ⅱ.①中… ②大… Ⅲ.①电动汽车 - 蓄电池 - 产业发展 - 研究报告 - 中国 - 2018 Ⅳ.
①F426.471

中国版本图书馆CIP数据核字（2018）第141952号

动力电池蓝皮书
中国新能源汽车动力电池产业发展报告（2018）

编　　著／中国汽车技术研究中心有限公司
　　　　　　大连松下汽车能源有限公司

出 版 人／谢寿光
项目统筹／曹义恒
责任编辑／岳梦夏

出　　版／社会科学文献出版社·社会政法分社（010）59367156
　　　　　　地址：北京市北三环中路甲29号院华龙大厦　邮编：100029
　　　　　　网址：www.ssap.com.cn

发　　行／市场营销中心（010）59367081　59367083
印　　装／三河市龙林印务有限公司
规　　格／开　本：787mm×1092mm　1/16
　　　　　　印　张：23.5　字　数：353千字
版　　次／2018年7月第1版　2019年3月第2次印刷
书　　号／ISBN 978 - 7 - 5201 - 2985 - 5
定　　价／99.00元

皮书序列号／PSN B - 2017 - 639 - 1/1

本书如有印装质量问题,请与读者服务中心（010 - 59367028）联系

▲ 版权所有 翻印必究

动力电池蓝皮书编委会

名誉顾问 陈立泉 衣宝廉 吴锋 孙逢春 欧阳明高

专家顾问 （按姓氏笔画排列）

王秉刚 王子冬 方建华 生驹宗久 李　钢
刘彦龙 肖成伟 侯福深 侯　明 黄学杰

编委会主任 于　凯

副　主　任 吴志新 王建海 王　成 蔡国钦 唐红海

主　　　编 王　成 朱　成

副　主　编 方凯正

主要执笔人 方凯正 周　波 杨海燕 江文锋 史　鑫
陈　佚 阳如坤 李震彪 黎宇科 孙　峙
郑晓洪 曹宏斌 林　晓 邢丹敏 李飞强
张龙海 郭　苑 任海波 杨　豪 毕佳颖
吴伯荣 刘正耀 张重德 赵立金 黄　昊
张江峰 刘　磊 黄　斌 王同辉

序 言

2017年，中国动力电池产业继续保持快速增长，在国家宏观政策的引导下，产业协同创新进步显著，技术水平不断提升，市场整体竞争力逐渐增强，龙头企业培育取得阶段性进展，中国动力电池产业的发展壮大为新能源汽车市场的发展和扩大提供了有力支撑。当前，包括中国在内的全球各大汽车主要生产国以及跨国汽车企业以电动汽车为重要转型战略并深入实施，为中国动力电池产业开启了发展提升的机遇大门。如何在新一轮即将展开的国际竞争中占据有利地位，诞生优势集团企业，突破产业链核心薄弱环节，实现跨越式的提质突破，需产业界、学术界的同仁们齐心共力、拼搏创新，来共同谱写中国动力电池产业发展的新篇章。

《动力电池蓝皮书》自2017年首次出版发行以来，在产业界，甚至投资金融界产生了不错的反响，发行量和征订量超出了我们的预期。作为动力电池产业的深度分析报告，蓝皮书始终坚持以客观的视角和专业的观点对产业发展进行评析和论述，致力打造成为行业企业、研究机构、政府部门以及相关从业人员了解产业、研究产业和互相交流的优质平台。今年的《动力电池蓝皮书》是第二年与广大读者见面，也是中国汽车技术研究中心有限公司（以下简称中汽中心）首次与大连松下汽车能源有限公司联合进行编著，松下公司的加入为我们开阔了国际视野，更加丰富和完善了蓝皮书的编制内容。

本期的《动力电池蓝皮书》在2017版的基础上，增加了"专家视点篇"和"热点专题篇"。在"专家视点篇"中，本书力邀五位院士以及多位行业知名专家组成高端顾问团队，对中国乃至国际动力电池产业发展形势进行把脉，从技术走向、成本预期、困难挑战、上下游产业链和关键技术链以

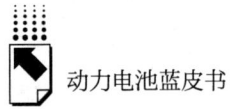

及新兴业态等维度，发表真知灼见，为促进动力电池产业健康发展提供帮助。在"热点专题篇"中，围绕高能量密度动力电池、高功率密度动力电池、关键矿产原材料、动力电池安全消防以及行业投资格局五个热点专题进行了深度挖掘，通过对这些专题的探讨和剖析，更加清晰地理解和把控产业发展过程中的重要环节和基本态势。

中汽中心北京工作部新能源汽车技术服务中心郭苑和王同辉整理汇编了本书的附录内容。本书副主编、新能源汽车技术服务中心方凯正对书稿进行了初审，本书主编、新能源汽车技术服务中心主任朱成对送审稿进行了二审。本书顾问团队对送审的每一章节进行了审稿并提出诸多建设性的修改意见。本书主编、中汽中心北京工作部副主任王成进行了最后的终审定稿。

感谢合作编著单位大连松下汽车能源有限公司对本书编制的大力支持，感谢本书中每个章节作者的辛苦工作，感谢新能源汽车和动力电池产业联席会成员企业在本书编制过程中给予的意见和建议，感谢社会科学文献出版社对本书的出版发行提供的协助。本书凝聚了许多人的心血，但由于时间仓促，书中难免还有纰漏和不足，敬请各位专家、读者批评指正。

2018 年 5 月 25 日

摘 要

动力电池是新能源汽车产业的重要组成部分，中国新能源汽车产业的快速发展离不开国内动力电池产业的有力支撑。2017年国内新能源汽车产量突破80万辆，直接拉动动力电池配套量超过370亿瓦时，同时也产生了名副其实的全球龙头企业。2017年初，国家四部委发布了动力电池产业顶层设计政策文件《促进汽车动力电池产业发展行动方案》，对加快提升我国汽车动力电池产业发展能力和水平，推动新能源汽车产业健康可持续发展明确了下一步的前进方向和发展路线。

2018年的《动力电池蓝皮书》是中国汽车技术研究中心有限公司在持续进行动力电池产业研究的基础上，联合大连松下汽车能源有限公司推出的产业研究专著，在本书的编制过程中获得了来自高校、行业机构、新能源汽车和动力电池产业联席会成员企业以及相关单位专业人士的大力支持。

本期蓝皮书共设计策划了六大板块内容，分别为"总报告""专家视点篇""产业篇""政策篇""热点专题篇""附录"。在上一年度的板块基础上新增了"专家视点篇"和"热点专题篇"。"总报告"是对2017年动力电池产业发展情况的综述，从产业全局角度出发，回顾和分析了2017年动力电池产业发展概况，对产业的发展特征进行了提炼和总结，阐述了发展过程中的主要问题，并对促进产业健康发展提出了建议。"专家视点篇"是新增板块，邀请了本书的高端顾问团队对中国乃至全球的动力电池产业发展形势进行把脉，专家的精彩论述对产业发展极具指导意义。"产业篇"分为七个部分，从产业链体系方面介绍了单体产业、系统集成产业、关键材料产业以及装备制造产业的发展情况，并延伸到产业链后端的梯次利用以及再生利用回收产业，并对燃料电池产业的进展情况进行了介绍。在"政策篇"里，

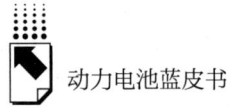

梳理汇总了2017年我国动力电池产业的政策、标准以及相关支撑体系。"热点专题篇"通过五部分内容对当前动力电池产业发展过程中的聚焦热点进行了探讨，涵盖高能量电池、高功率电池的发展路线以及行业投资格局、原材料资源和动力电池消防安全。在"附录"里，基于中汽中心对动力电池产业独家的研究数据，整理形成了产业数据表，读者可以直接从量上看出目前的发展格局。

2018年《动力电池蓝皮书》继续从社会科学角度，对我国动力电池产业的发展情况进行了全面系统的梳理和分析。蓝皮书作为产业的观察家紧跟产业发展节奏，密切关注产业发展态势，深度分析产业发展内涵，既从受众的角度让广大读者了解中国动力电池产业发展的现况和趋势，又从专业角度客观评价动力电池技术和产品，分析产业发展面临的问题并提出建议措施。该书有助于动力电池产业管理部门、研究机构、动力电池及上下游企业、社会公众等了解中国动力电池产业发展的最新动态，意在为政府部门出台动力电池产业相关政策法规、企业制定相关战略规划，提供必要的借鉴和参考。

Abstract

Power battery is an important component of the new energy vehicle. The rapid development of China's new energy vehicle industry is inseparable from the strong support of China's power battery industry. In 2017, the production of new energy vehicles exceeded 800000 in China, directly boosting the power batteries on-board more than 37 billion watt-hours. And also, the global leading enterprise appeared. In early 2017, China's four ministries and commissions issued *Plan for Promoting the Development of Automotive Power Battery Industry*, the top-level design policy for the power battery industry, clarifying the direction and development route for the next step in accelerating the development level of China's automotive power battery industry and promoting the healthy and sustainable development of the new energy vehicle industry.

Based on the continuous research on the power battery industry, China Automobile Technology and Research Center Co., Ltd. cooperated with Panasonic Automotive Energy Dalian Co., Ltd. to jointly launch the *Blue Book of Power Battery* in 2018, a monograph of industrial research. The compilation of this book has been strongly supported by colleges and universities, industrial institutions, member enterprises of the Joint Committee of New Energy Vehicle and Power Battery Industry, and other relevant institutions.

Six major contents have been designed and written into this blue book, including "General Report, Expertise, Industry, Policy, Hot Issue and Appendix". Expertise Report and Hot Issue Report have been added on the basis of the modules in the last year. The "General Report" is an overview of the development of power battery industry in 2017. Starting from the perspective of the whole industry, the general situation of the development of the power battery industry in 2017 is reviewed and analyzed. The development characteristics of the industry are refined and summarized, the main problems in the development process are expounded, and some suggestions are put forward to promote the healthy development of the industry. The "Expertise Report" is a newly added module. The high-end consultant team of this book has been invited to analyze the development trend of power battery industry in China and even the world, whose brilliant discusses are of great guiding significance for the industrial development. The "Industry Reports" is divided into seven parts, which introduces the development of power battery cell industry, power battery system integration industry, key material industry and equipment manufacturing industry in terms of supply chain system, extends to the echelon utilization and recycling industry at the back end of the supply chain, and introduces the progress of the fuel cell industry. The "Policy Report" sorts out and summarizes the policies, standards and relevant support system of the domestic power battery industry in 2017. The "Hot Issue Reports" is discussed in five parts for the focus of current development of power battery industry, including the development route of high energy battery and high power battery, and industry investment pattern, raw material resources and fire safety of power battery. In the "Appendix", readers can directly figure out the current development pattern from the quantity in the industrial data sheets, which are made based on the exclusive research data of power battery industry from China Automobile Technology and Research Center Co., Ltd.

The *Blue Book for Power Battery* in 2018 continued to comprehensively and systematically sort out and analyze the development of China's power battery industry from the perspective of social science. As an observer of the industry, the Blue Book continues to follow the pace of industrial development closely, pays close attention to the development of the industry, and in-depth analyzes the connotation of industrial development. It not only allows the audience to understand the current situation and trends of the development of China's power battery industry from the perspective of the audience, but also objectively evaluates power battery technology and products from a professional point of view. It also analyzes the problems faced by industrial development and put forward recommended measures. The book will help the power battery industry management department, research institutes, power batteries and upstream and downstream companies, the public and others to understand the latest information in the development of China's power battery industry. It is intended to provide necessary reference for government departments to formulate relevant policies and regulations of the power battery industry, and for enterprises to formulate relevant strategic plan.

目 录

Ⅰ 总报告

B.1 总报告
——2017年中国动力电池产业发展综述
………………………………… 王 成 朱 成 方凯正 / 001

Ⅱ 专家视点篇

B.2 专家评述 …………………………………… 王秉刚 等 / 022

Ⅲ 产业篇

B.3 2017年单体电池产业发展报告 ………………… 周 波 杨海燕 / 053
B.4 2017年动力电池系统集成产业发展报告 ……………… 江文锋 / 078
B.5 2017年动力电池材料产业发展报告 ………… 史 鑫 陈 佚 / 098
B.6 2017年动力电池制造装备产业发展报告 ………………… 阳如坤 / 135
B.7 2017年动力电池梯级利用产业发展报告 ……… 李震彪 黎宇科 / 158
B.8 2017年动力电池再生利用产业发展报告
………………………… 孙 峙 郑晓洪 曹宏斌 林 晓 / 171
B.9 2017年燃料电池产业发展报告 ……… 邢丹敏 李飞强 张龙海 / 192

001

Ⅳ 政策篇

B.10 2017年动力电池产业政策分析报告 ………… 郭　苑　任海波 / 217

Ⅴ 热点专题篇

B.11 固态电解质和全固态锂电池研究综述
　　　　………………………………… 杨　豪　毕佳颖　吴伯荣 / 234
B.12 高功率动力电池发展路线 ………… 刘正耀　张重德 / 263
B.13 动力电池消防安全技术及专用灭火装置研究
　　　　………………………………… 赵立金　黄　昊　侯福深 / 281
B.14 2017年动力电池原材料产业发展报告 ……… 张江峰　刘　磊 / 291
B.15 从投资视角看动力电池产业格局 …………………… 黄　斌 / 317

Ⅵ 附录

B.16 附录：产业数据表 ………………………………………… / 334

CONTENTS

I General Report

B.1 General Report
　　—Development Overview of Chinese Power Battery Industry in 2017
　　　　　　　　　　　　　　Wang Cheng, Zhu Cheng and Fang Kaizheng / 001

II Expertise Report

B.2 Expert Viewpoint　　　　　　　　　　　　　　*Wang Binggang, etc.* / 022

III Industry Reports

B.3 Development Report on Battery Cell Industry in 2017
　　　　　　　　　　　　　　　　　　　　Zhou Bo, Yang Haiyan / 053
B.4 Development Report on Power Battery System Integration
　　Industry in 2017　　　　　　　　　　　　　　*Wang Wenfeng* / 078
B.5 Development Report on Power Battery Material Industry in 2017
　　　　　　　　　　　　　　　　　　　　　　Shi Xin, Chen Yi / 098
B.6 Development Report on Power Battery Equipment
　　Manufacturing Industry in 2017　　　　　　　　*Yang Rukun* / 135

003

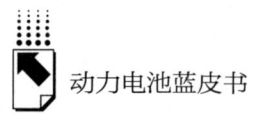

B.7 Development Report on Power Battery Cascade Utilization
Industry in 2017　　　　　　　　　　*Li Zhenbiao, Li Yuke* / 158

B.8 Development Report on Power Battery Recycling Industry in 2017
　　　　　　　Sun Zhi, Zheng Xiaohong, Cao Hongbin and Lin Xiao / 171

B.9 Development Report on Fuel Cell Industry in 2017
　　　　　　　　Xing Danmin, Li Feiqiang and Zhang Hailong / 192

Ⅳ　Policy Report

B.10　Policy Analysis Report on Power Battery Industry in 2017
　　　　　　　　　　　　　　　Guo Yuan, Ren Haibo / 217

Ⅴ　Hot Issue Reports

B.11　Development Report on Solid Electrolyte and All Solid
　　　State Lithium Battery　　*Yang Hao, Bi Jiaying and Wu Borong* / 234

B.12　Development Route of High Power Battery
　　　　　　　　　　　　　Liu Zhengyao, Zhang Zhongde / 263

B.13　Research on Fire Safety Technology and Specialized Fire
　　　Extinguishing Device for Power Battery
　　　　　　　　　　Zhao Jinli, Huang Hao and Hou Fushen / 281

B.14　Development Report on Power Battery Raw Material
　　　Industry in 2017　　　　　　　　*Zhang Jiangfeng, Liu Lei* / 291

B.15　Viewing the Pattern of Power Battery Industry from the
　　　Perspective of Investment　　　　　　　　　*Huang Bin* / 317

Ⅵ　Appendices

B.16　Appendix: Industry Data Sheets　　　　　　　　　　／334

总报告

General Report

B.1
总报告

——2017年中国动力电池产业发展综述

王 成 朱 成 方凯正*

摘 要： 2017年，中国新能源汽车动力电池产业的发展更具成长动力和竞争力，同时，燃料电池发展取得积极进步。在新能源汽车市场持续发展的带动下，动力电池产业继续保持快速增长，产业集中度在逐渐成熟的市场竞争中进一步提升，产品技术水平进步突出，成本下降成效显著。在市场需求下，高能量密度的三元电池在乘用车和专用车领域占据了主导地位。在未来的产业发展中，需更加重视产业结构的优化和动力电池安全应用保障，重视对新型电池的布局和研发、对核心技术

---

* 王成，高级工程师，中国汽车技术研究中心有限公司北京工作部，副主任；朱成，博士，高级工程师，中国汽车技术研究中心有限公司新能源汽车技术服务中心，主任；方凯正，博士，中国汽车技术研究中心有限公司新能源汽车技术服务中心动力电池产业发展研究室，总监。

专利的掌控、大规模智能制造的实施以及全产业链循环体系的建设。我国动力电池企业需要加快走出去的步伐，积极竞逐国际市场，在国际竞争中发展和提升。

关键词： 动力电池　新能源汽车　技术创新　燃料电池

一　全球汽车工业坚定战略转型之路

中国新能源汽车产业近年来的发展势头正促使全球主要的汽车生产国家及企业逐渐消除疑虑并深入认识到发展新能源汽车的必然趋势。在二十国集团（G20）德国汉堡峰会的倡议下，绝大多数国家表示将继续全力执行气候协议《巴黎协定》，采取有效行动减少温室气体排放，增强对气候变化的应对能力。英国、法国、印度、荷兰以及挪威等国宣布将逐渐全面禁售燃油汽车，并且给出了时间规划，其他一些国家也在研究禁售燃油汽车的时间表，未来的新车产销将是零排放纯电动汽车或是更加清洁的混合动力汽车。在国家战略的驱动下，大众、奔驰、宝马、沃尔沃、丰田以及福特等众多跨国车企积极提出发展转型目标，开始发力竞逐全球新能源汽车市场，并开始将一部分发展重心放在了中国市场。

作为全球规模最大的动力电池生产国，中国动力电池产业在近几年的高速发展过程中正在蓄积驱动世界的新动能。在全球汽车工业战略转型的大背景下，中国动力电池产业的发展机遇前所未有，同时也面临更高质量的发展要求，需要具备突出和卓越的硬实力才能在激烈的国际竞争中发展和提升。

二　国内动力电池产业发展特征

（一）产销量持续快速增长，行业集中度在竞争中提升

据中国汽车技术研究中心有限公司动力电池产业发展研究室统计，2017

年中国新能源汽车实际总产量为81.9万辆①,占当年新车总产量的2.8%;终端销量为77.7万辆②,占新车销售的2.7%。动力电池产业在新能源汽车产业的带动下,继续保持快速增长,全年总配套量达373.5亿瓦时,同比增长33%。2014~2017年中国新能源汽车产量及动力电池配套量见图1,2017年新能源汽车分类别产量及电池配套量见图2。

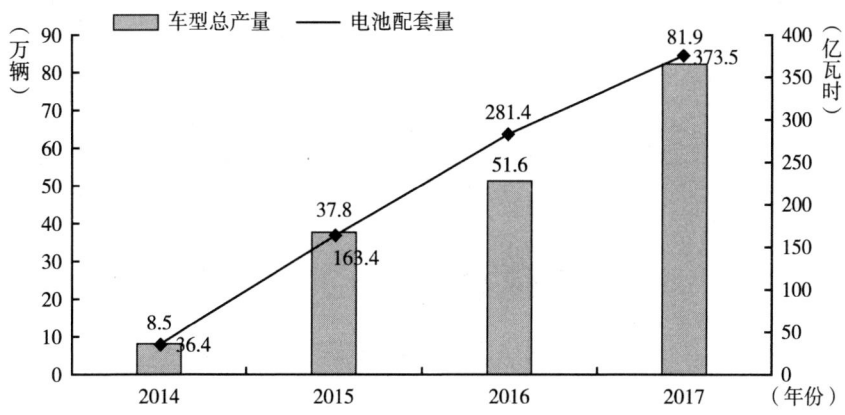

图1　2014~2017年中国新能源汽车产量及动力电池配套量

得益于私人市场的渗透以及共享汽车的普及,纯电动乘用车产量同比增长84%,在总产量中占比首次超过50%。纯电动专用车产量相比2016年有近10万辆级的增长,全部产品中高于96%的产品是物流运输车。在动力电池配套方面,纯电动客车仍旧是最大的动力电池应用领域,占比为38%,而纯电动乘用车领域的动力电池配套量正在逐渐与其缩小差距,占比为33%,可以预见其即将发展成为最大的动力电池消费市场。

在动力电池配套企业方面,2017年国产新能源汽车共有98家动力电池单体配套企业(按集团口径统计,其中国外企业6家,国内企业92家)以

---

① 新能源汽车产量数据及动力电池配套量数据源自中国汽车技术研究中心有限公司节能与新能源汽车网(www.chinaev.org),下同。
② 新能源汽车销量数据源自中国汽车工业协会。

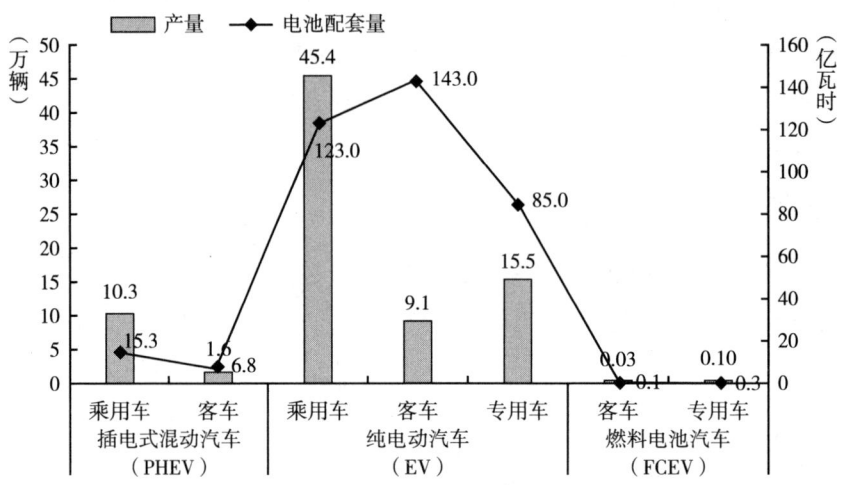

图 2　2017 年新能源汽车分类别产量及电池配套量

及 2 家燃料电池企业，相比 2016 年的企业数量减少了三分之一，前一阶段《汽车动力蓄电池行业规范条件》的实施以及日趋成熟的市场竞争使一些技术落后的企业或被兼并重组或选择退出汽车动力电池的生产与销售。2017 年动力电池单体配套企业数量见图 3，2017 年不同材料体系锂离子动力电池生产企业数量见图 4。

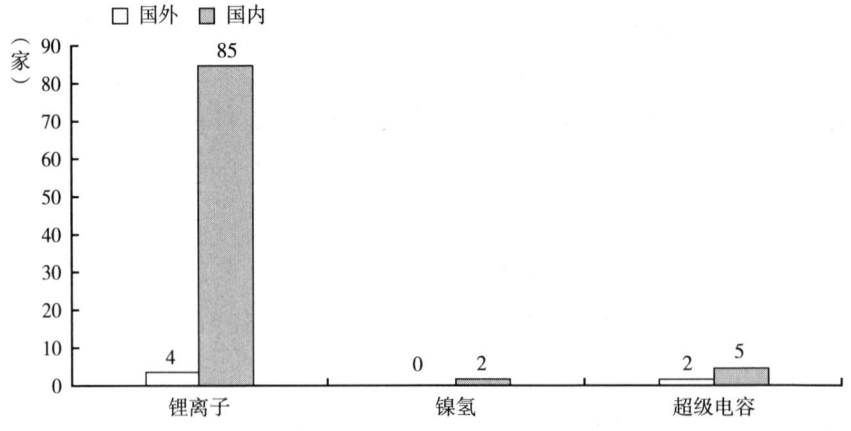

图 3　2017 年动力电池单体配套企业数量

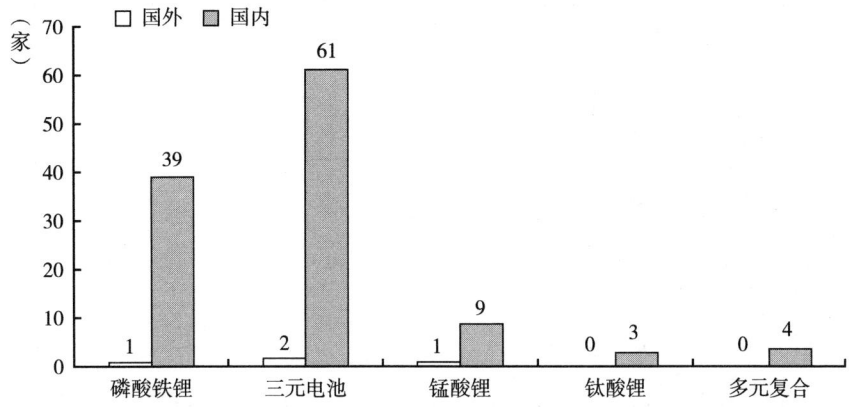

图 4　2017 年不同材料体系锂离子动力电池生产企业数量

从不同材料体系锂离子动力电池生产企业数量上可以看出,企业数量变化最明显的是磷酸铁锂生产企业,较 2016 年的 79 家下降了一半,随着动力电池发展路线对能量密度的需求不断提高,磷酸铁锂生产企业的生存空间受到压缩。其他材料体系的生产企业数量同比没有明显变化。

在配套量方面,只有宁德时代一家超过了 100 亿瓦时,其快速发展的历程在新能源汽车产业中成为一个特有现象。配套量超过 1 亿瓦时的企业有 39 家,总配套量为 363.1 亿瓦时,占比 97%;不足 1 亿瓦时的企业有 59 家,同比减少近 50%。这进一步说明行业发展在经历大浪淘沙后集中度得到有效提升。排名前 20 的企业的配套量占总配套量的 87%,与 2016 年占比基本一致,但总量增长可观。排名前 20 的单体企业配套情况见表 1,配套量排名前 20 的单体企业见图 5。

表 1　排名前 20 的单体企业配套情况

企业排名	企业数(家)	配套量(亿瓦时)	占比(%)
1~2	2	169.4	45
3~10	8	107.2	29
11~20	10	50.1	13
总计	20	326.7	87

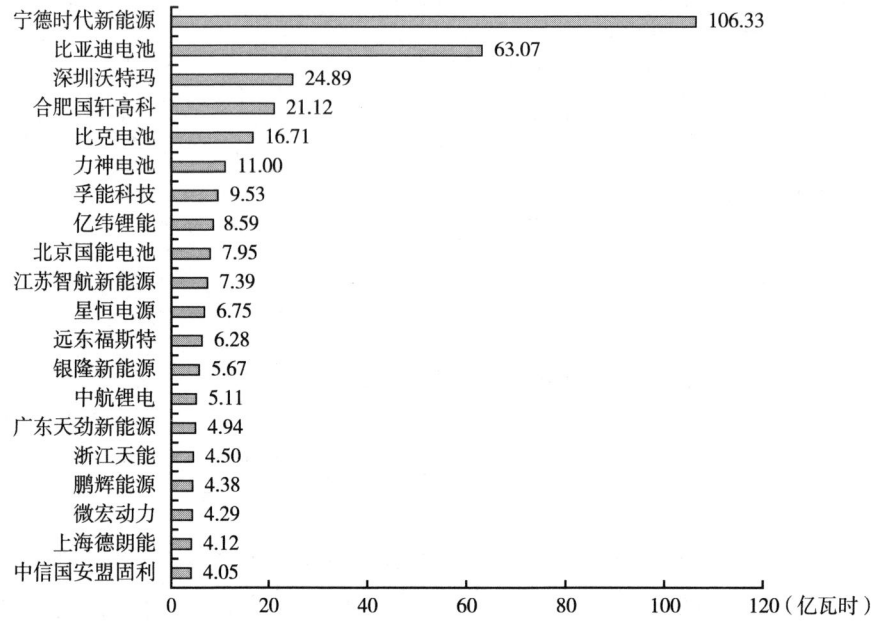

图 5 配套量排名前 20 的单体企业

（二）宏观引导成效显著，能量密度进步突出

在《中国制造2025》的部署指引下，行业主管部门接连发布动力电池产业的引导目标与具体执行措施，促进动力电池核心技术的工程化和产业化能力不断发展提升，技术水平紧跟国际先进国家，为下一步中国品牌动力电池打开全球市场大门夯实基础。

2016年底，工信部、国家发改委、科技部和财政部联合发布的《关于调整新能源汽车推广应用财政补贴政策的通知》首次将新能源汽车的补贴标准与动力电池能量密度进行关联，导向清晰，力度空前，为促进先进技术的推广与不断发展进步提供了新的引导思路。据中汽中心动力电池产业发展研究室统计：2017年度，在纯电动客车动力电池配套量方面，60%以上的动力电池系统的能量密度大于115Wh/kg，对应单体的能量密度在140Wh/kg以上，部分磷酸铁锂单体电池的能量密度接近180Wh/kg，部分锰酸锂单体电池的能量密度超过了160Wh/kg。在纯电动乘用车动力电池配套量方面，近30%的动力电池系统的能量密度大于120Wh/kg，对应的单体的能量密度在160Wh/kg以上，并且全部都是三元材料电池，其中部分18650电芯的能量密度大于220Wh/kg。在纯电动专用车动力电池配套量方面，已有18650 NCM 811电芯装载应用，单体能量密度为240Wh/kg，系统能量密度超过150Wh/kg。2017年已产车型纯电动客车领域动力电池系统能量密度分布见图6，2017年已产车型纯电动乘用车领域动力电池系统能量密度分布见图7。

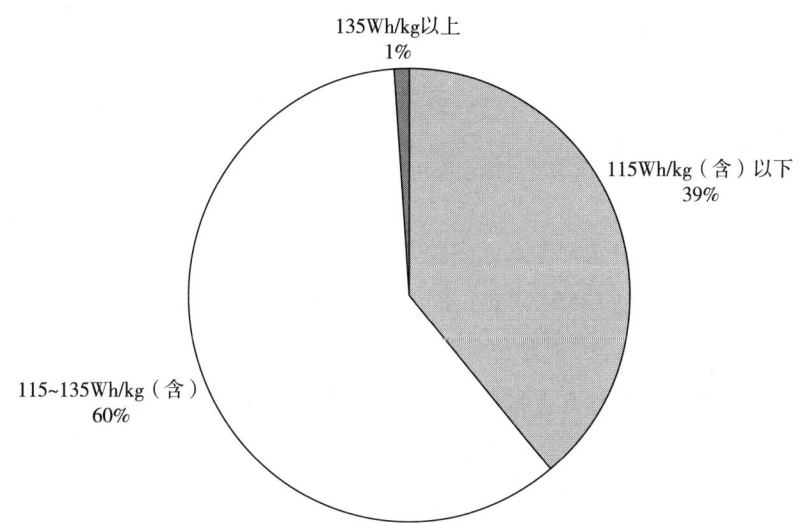

图6　2017年已产车型纯电动客车领域动力电池系统能量密度分布

2018年2月，四部委发布了关于调整完善新能源汽车推广应用财政补贴政策的通知，新补贴政策根据动力电池技术进步情况，进一步提高纯电动乘用车、非快充类纯电动客车、专用车动力电池系统能量密度门槛要求，鼓励高性能动力电池应用。其中，纯电动乘用车动力电池系统能量密度鼓励标准最高到160Wh/kg，非快充类纯电动客车动力电池系统能量密度鼓励标准最高到135Wh/kg，专用车方面则要求不低于115Wh/kg。因此，在后续发布的《新能源汽车推广应用推荐车型目录》中，配有高能量密度动力电池系

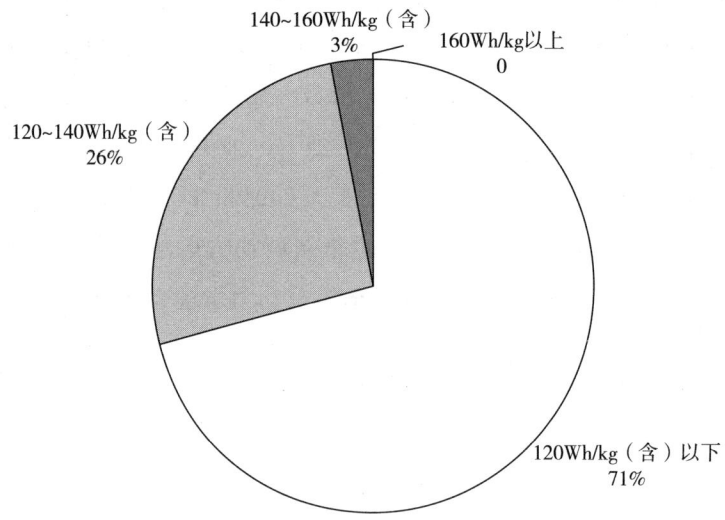

图7 2017年已产车型纯电动乘用车领域动力电池系统能量密度分布

统的纯电动车型比例显著提高，多数非快充类纯电动客车搭载的磷酸铁锂电池系统能量密度超过135Wh/kg，部分纯电动乘用车搭载的三元电池系统能量密度超过150Wh/kg。由此可见，与技术水平直接关联的补贴标准对动力电池能量密度的提升具有直接而有效的促进作用，引导相关企业在研发新型电极材料、提升电芯制造水平、发展高效集成技术、开发轻量化装置等方面协同创新、共同提升，有效满足新能源汽车的市场实际应用需求。

（三）销售价格有力下降，上游材料成为关键因素

动力电池系统作为新能源汽车中成本占比最高的部件直接决定了整车的市场定价，目前认为只有动力电池系统成本降至与传统燃油车发动机成本相当的水平，纯电动汽车才能于财政补贴退出后在终端售价方面具有真正的市场竞争力。在我国动力电池产品成本的发展演变中，产业链的建设完善和国产化率的不断提高对动力电池的成本下降起到了关键的助推作用。

在正极材料方面，2017年我国正极材料产量增长迅猛，龙头企业的高镍三元材料技术研发正在逼近国外先进水平，规模化的量产已经实现，当升

科技、贝特瑞、宁波容百的高镍材料产品极具市场竞争力。负极材料方面，国内企业继续保持传统石墨市场的领先优势，在高比能量电池用的硅碳负极材料领域则正在加快研发及投产速度，主流负极厂商已增加硅碳负极投入，新进入者也开始布局硅碳负极，产业化进程不断加速。隔膜方面，隔膜国产化率正在不断提升，随着国内隔膜生产企业在湿法生产工艺上以及涂覆技术的持续改进，湿法隔膜的性能越来越接近国外企业水平，国产湿法隔膜已经抢占了部分进口市场份额，并有逐渐扩大的趋势，国产隔膜的普及应用对打破国外企业垄断格局、降低动力电池成本成效明显。在电解液领域，随着我国电解液产业的发展成熟，全球电解液的产能正向中国转移，国产电解液已面向国内外市场销售，同时国产电解液添加剂也正在形成主导全球市场的供给格局。产业链的进步与成熟对适应新能源汽车市场发展需求、降低动力电池成本具有重要的意义。

整体上，我国新能源汽车动力电池系统的销售价格呈现逐年下降的趋势，2017年底动力电池系统价格的行业平均水平已经降至1.4~1.5元/瓦时，相比2016年底的2.0元/瓦时下降了25%，已经提前实现了《节能与新能源汽车产业发展规划（2012~2020年）》要求的到2020年新能源汽车动力电池模块成本降至1.5元/瓦时以下的目标，并且部分企业的产品价格还能更低。对于《促进汽车动力电池产业发展行动方案》要求的2020年系统成本降至1元/瓦时以下的目标，其实差距已经不大。在补贴即将退出的后补贴时代，新能源汽车需在市场终端售价方面与传统燃油汽车形成等量竞争，所以动力电池系统要达到内燃发动机系统的成本水平，此时价格应在0.6~0.7元/瓦时。按照《节能与新能源汽车技术路线图》的规划，达到这一水平要到2030年，但是国外的动力电池系统成本同样下降很快，在2020年理想状态下可能达到100欧元/千瓦时，因此中国动力电池产业的发展道路并不轻松，竞争态势仍然严峻，需要产业协力共同促进，争取提前完成既定目标。

虽然2017年动力电池成本控制取得可观成效，但不可忽视的是在这种降本压力下，动力电池生产企业的整体赢利情况并不乐观，企业的可持续健

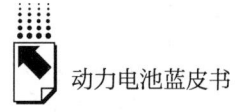

康发展受到冲击，其中的主要原因之一是上游原材料价格不合理的快速上涨使企业采购成本大幅增加：比如电池级碳酸锂的价格从2017年初的12.6万元/吨涨至年末的17万元/吨，涨幅为35%。而三元材料中的重要元素金属钴的价格从2017年初的27.1万元/吨涨至年末的53.5万元/吨，涨幅则高达97%，导致三元正极材料的成本在电芯中的占比达到50%。出于矿产储量和产能的原因，我国对境外锂、钴资源依赖较重，目前国内约70%的锂资源需求以及约90%的钴资源需求需要进口满足，资源安全风险高，防范国外机构囤货抬价能力弱。为了突围局势，化被动为主动，国内有些企业进行了海外布局，积极整合垂直产业链，意图掌握矿产资源，把控定价的主动权；在技术方面，加快开发高镍低钴甚至无钴的新型电极材料，摆脱钴资源的不利限制，加快资源冶炼技术的升级与突破，有效提高国内矿产资源的开发利用率。未来形势虽然严峻，但仍有破局的机遇，产业的健康发展需要各相关单位和企业协力促进，形成共赢的局面。

（四）多元技术体系并路推进，三元电池占据乘用车统治地位

在2017年的动力电池配套量中，磷酸铁锂电池的主导地位受到三元电池的强势冲击，磷酸铁锂电池全年配套量187.5亿瓦时，占比50%，相较2016年下降了22个百分点。三元电池全年配套量162.2亿瓦时，占比43%，相较2016年提高了20个百分点。锰酸锂电池配套量15.6亿瓦时，占比4%；钛酸锂电池配套量5.7亿瓦时，占比2%；多元复合电池配套量2.3亿瓦时，占比1%；镍氢电池和超级电容器的配套量则相对少很多，2017年不同类型电池配套量占比见图8，2017年不同类型电池在不同车型领域的配套量占比见图9。

在纯电动客车领域，磷酸铁锂电池仍然是绝对的主要配套电池，整体占比在90%以上，其他份额则主要被钛酸锂电池和锰酸锂电池占据；而插电式混动客车方面则是锰酸锂和磷酸铁锂共同的市场。在车型产量最高的乘用车领域，无论是插电式混动乘用车还是纯电动乘用车，三元材料电池占据了绝对的统治地位，源于市场对车辆续驶里程的需求，具

总报告

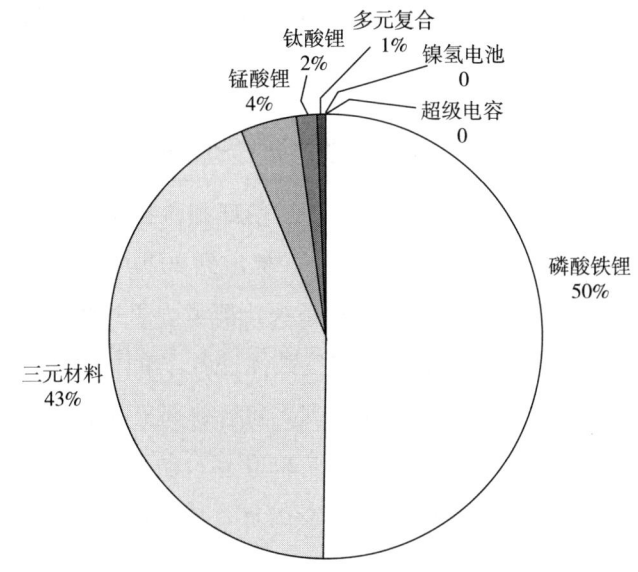

图8　2017年不同类型电池配套量占比

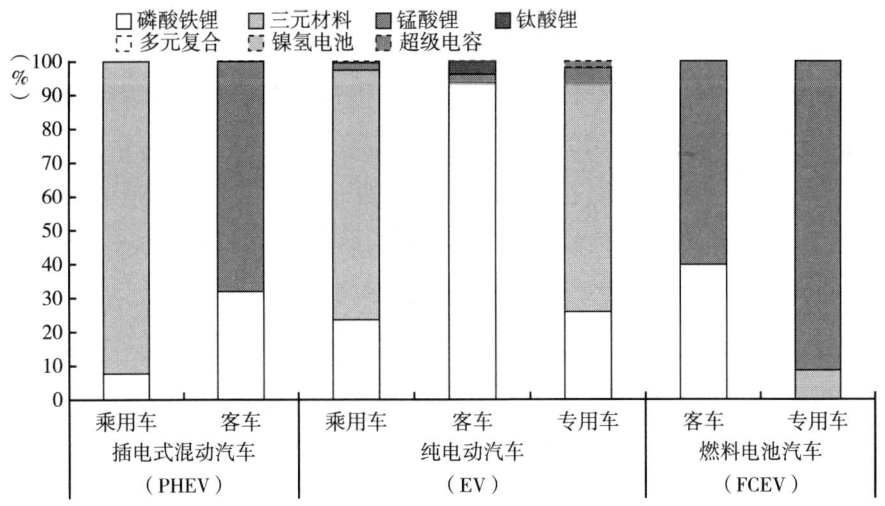

图9　2017年不同类型电池在不同车型领域的配套量占比

备高能量密度优势和发展潜力的三元材料电池将逐渐完成对磷酸铁锂电池的替代。此外在纯电动专用车领域，三元电池同样是主要配套电池，

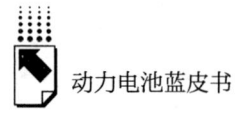

尤其是纯电动物流车对高续驶里程的需求拉动了三元电池在专用车上的配套应用。

（五）前瞻性电池技术路线清晰，全固态电池成为关注焦点

2017年3月国家发改委、财政部、工信部和科技部四部委联合发布了《促进汽车动力电池产业发展行动方案》，提出到2020年，新型锂离子动力电池单体比能量超过300瓦时/公斤；系统比能量力争达到260瓦时/公斤，到2025年，新体系动力电池技术取得突破性进展，单体比能量达500瓦时/公斤。2017年5月，工信部、国家发改委和科技部三部委联合发布的《汽车产业中长期发展规划》再一次提出到2020年，动力电池单体比能量达到300瓦时/公斤以上，力争实现350瓦时/公斤，系统比能量力争达到260瓦时/公斤，到2025年，动力电池系统比能量达到350瓦时/公斤。

面对顶层设计的要求，科技部新能源汽车重点专项实施的面向2020年高能量密度动力电池产业化研发项目正在有序开展当中，由宁德时代、合肥国轩高科以及天津力神牵头的项目采用高镍三元正极以及硅碳负极的软包电池能量密度已经达到技术要求，下一步将在提升循环寿命和安全性方面向产业化的目标进行攻关。2020年后的发展目标方向为新型高比容量正极材料研发，以期在2025年突破单体400Wh/kg，新能源汽车重点专项中北京大学和中国科学院物理所分别牵头承担的高比能量动力电池新材料研发项目也已有阶段性进展，围绕着富锂锰基正极材料开展的科研工作正逐渐看到产业化的希望，其中北京大学开发的富锂锰基正极材料的比容量达到了400mAh/g。

2017年，作为下一代面向500Wh/kg的电池技术路线，具有高能量密度以及高安全特性的固态电池正在全球范围内受到关注，日韩欧美等国家和地区的相关研究机构和企业开始发力布局和加速固态电池的研究与开发。在中国，以中国科学院物理所为代表的研究团队正在积极进行固态电池的产业化工作，目前开发出的阶段性电芯样品能量密度指标接近350Wh/kg。企业方面，赣锋锂业与中国科学院宁波材料所进行合作，推进固态电池的产业化进程。此外，宁德时代、天津力神、中航锂电以及卫蓝新能源等企业也在进行固态电池的开发。在业界共同努力下,固态电池产业化的实现或许会提前到来。

(六)工程化能力不断提升,智能制造发展起航

工程化和产业化是动力电池生产企业的核心工作,在工程经验的不断积累过程中,我国标杆企业的制造能力 CPK 值不断提升,不断满足优质动力电池产品的生产需求。而生产制造能力的提升离不开制造装备的有力支撑。得益于国产动力电池制造装备的发展进步以及市场占有率的不断提高,国外设备厂家也不得不调整市场战略,逐渐降低设备终端价格,在非专属定制设备售价方面进口与国产已相差不大。国产装备正按照《中国制造2025》的发展规划稳步提升,并不断促进动力电池智能制造发展进步。智能制造是建设制造强国、推动中国经济结构转型升级、推进供给侧结构性改革、加快新旧动能转换的重要抓手。随着《中国制造2025》战略的深入推进,在2017年的工信部智能制造试点示范项目里面,动力电池领域的北方奥钛、河北银隆、孚能科技、妙盛动力、亿纬锂能、比克电池以及青海时代获得了智能制造工厂试点示范立项。这也将通过树立标杆、以点带面的形式来促进中国动力电池产业整体智能制造水平的提升。

综观中国动力电池生产制造发展历程,一开始承接小型消费类电池的生产制造经验从半自动化发展起步,经过几年来的更新与进步,尤其是在政府主管部门规范行业发展的政策推动下,国内企业开始步入自动化生产阶段,并且不少企业已实现全自动化生产,不仅单机单工序完全自动化,而且在工序衔接过渡方面也都实现了自动化无人操作,这给生产环境控制带来了保障;无尘车间以及恒温恒湿的生产环境进一步提升了产品生产的一致性和可靠性。智能制造是动力电池生产方式的下一站,要在高度自动化的基础上全面实现数字化和智能化,以实现动力电池制造"高品质、高效、高稳定性"和"信息化、无人化、可视化"的发展目标。

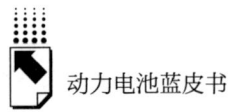

（七）回收路线渐趋清晰，商业体系仍待健全

动力电池的回收再利用是新能源汽车产业健康可持续发展的关键一环，对全生命周期内降低动力电池成本、促进环境保护和社会安全以及节约矿藏资源利用等方面具有重要的现实意义。随着我国发展新能源汽车产业上升为国家战略，2013年以后新能源汽车大规模推广应用，产销量年年不断攀升，截至2017年底累计推广新能源汽车180多万辆，装配动力电池约86.9GWh。根据企业质保期限、电池循环寿命、车辆使用工况等方面研究测算，2018年后新能源汽车动力电池将进入规模化退役，预计2019年动力电池回收量将达到11.14万吨，2020年将达到25.7万吨。解决废旧动力电池回收再利用问题迫在眉睫。

面对越发严峻的动力电池回收挑战，政府主管部门在丰富和完善动力电池回收利用体系架构方面不断推出技术标准、管理规范以及示范工程等多维度举措：在2017年连续发布了《车用动力电池回收利用拆解规范》《电动汽车用动力蓄电池产品规格尺寸》《汽车动力蓄电池编码规则》《车用动力电池回收利用余能检测》等推荐性标准；提交WTO公示了《新能源汽车动力蓄电池回收利用管理暂行办法》，并最终于2018年2月正式发布。《新能源汽车动力蓄电池回收利用管理暂行办法》指出要落实生产者责任延伸原则，即新能源汽车生产企业承担动力电池回收的主体责任，鼓励动力电池生产企业、综合利用企业以及其他相关企业在标准化设计、开放通信协议以及编码溯源等方面配合整车企业充分落实动力电池回收责任，通过多种形式，合作共建、共用废旧动力电池回收渠道，并遵从先梯次利用后再生利用原则开展多层次、多用途的合理利用。针对《新能源汽车动力蓄电池回收利用管理暂行办法》的相关要求进一步开展动力电池回收利用试点实施方案，在构建回收体系、探索商业模式、推进技术创新以及完善激励机制等方面进行工程示范。在政策、利益、责任等多重动力驱动下，宁德时代、比亚迪、国轩高科、骆驼股份、中航锂电、华友钴业等电池生产企业和材料生产企业，均已在动力电池回收领域布局上开始发力。

总体来看，经过近几年的探索和试点，废旧动力电池回收路线渐趋明朗，从新能源汽车上退役下来的动力电池在电力储能系统、通信基站备用电源、低速电动车以及电动自行车、小型分布式家庭储能、风光互补路灯、移动充电车等相关领域有比较理想的应用效果，尤其在通信基站备用电源、低速电动车等需要更长电池使用寿命的应用领域较铅酸电池有明显的优势。中国铁塔公司牵头组织多家梯级利用企业将退役动力电池梯级利用于基站，实际成效显著。梯级利用最大的价值在于以最低的成本获得最高的使用性能，因此其技术发展以降低梯级利用成本为核心。随着后续退役动力电池规模的进一步扩大，通过规模拉动以及自动化处理技术的升级进步，梯级电池系统价格有望进一步降低。梯次利用退役后的动力电池循环进入材料再生利用，电池经过拆解、材料筛分以及再生冶炼后重新生成可用材料。现阶段，三元材料电池具有较大的回收价值，回收企业可以实现盈利，而磷酸铁锂电池回收则较难为企业带来可观利润，未来当新体系电池充分发展后，其再生利用价值或会降低，因此探索新的商业模式、综合采用激励手段才能有效促进材料再生利用的开展，维持生态环境平衡、有序、健康发展。

三 产业发展问题分析

综合来看，2017年我国动力电池产业继续高速发展和壮大，整体竞争力不断提升，龙头企业上升势头迅猛，为更多的国内企业参与国际竞争起到了良好的示范引领作用。但是，我国动力电池产业在快速发展过程中也存在一些问题，值得重视和思考。

（一）企业过于追求高补贴而致安全隐忧

国家补贴政策意图通过引导提升动力电池系统产品的能量密度来带动产业的技术水平进步，但是有些企业盲目追求单一能量密度指标的提升，而忽视了产品性能综合全面的发展，尤其是安全性方面的保障。安全保障既是新

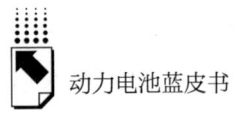

能源汽车的第一要务,也是动力电池的第一要务,在安全问题存在隐忧的情况下,企业追求电池高能量密度的步伐应该放一放、缓一缓,无须瞄向最高的补贴标准,有安全保障的动力电池产品,即使无法达到能量密度的高线,也会有很好的市场发展。

(二)产能扩增过快而优质产能不足的情况仍然存在

据统计,2017年我国动力电池企业的总产能规模已突破200亿瓦时,对比2017年我国新能源汽车动力电池总配套量37.4亿瓦时的数量,产能规模明显过大。在这一轮产能快速扩张的过程中,优质产能提升比例有限,市场对高品质动力电池产品的需求仍然得不到有效满足,同时有些企业在扩大规模的时候缺乏理性判断,盲目上量,自身承担了很高的资金风险,这种风险如果变为现实就会给产业链条甚至社会稳定带来损害。

(三)规格尺寸偏多不利于智能制造发展

在2017年发布的《电动汽车用动力蓄电池产品规格尺寸》(GB/T 34013-2017)中共有145款单体产品尺寸,加上公差的允许,标准中涵盖的尺寸范围更广。据统计,2017年的配套电池中85%以上的单体产品符合规格尺寸标准。当前阶段,我国动力电池产品规格尺寸过多且难以统一已是共识,这给未来的动力电池智能制造的实施增加了难度,尤其是给装备供应企业增加了研发难度。因此,开展动力电池智能制造,需要在减少电池产品规格尺寸方面继续研究,需要形成一定的行业共识。

(四)缺少对核心技术专利的掌控

从磷酸铁锂材料到三元材料,核心技术专利均掌握在国外相关研究机构及企业的手中,我国在此类电池材料的生产及销售上常受掣肘,需要支付高昂的授权使用费用,处于被动的局面。在新能源汽车日益发展成为我国支柱产业的时候,作为核心的动力电池如果缺失核心技术将会严重阻碍新能源汽车产业的发展。对于未来的新型电池技术路线,国内外的研究已经全面展开，在争夺核心技术专利上竞争激烈。在我国，需要进一步加强对核心技术研究的重视和支持，以求在新一轮竞争中掌握主动权。

四 国际动力电池产业发展概况

面对全球汽车工业向新能源汽车加速转型的发展形势，世界范围内对发展高能量密度动力电池的要求也愈加迫切。美国交通部制订了下一代电池的研发计划，2020年之后瞄准"三个五"目标，即能量密度较传统锂离子动力电池增加五倍，即500Wh/kg，成本降低为五分之一，同时循环寿命提升五倍。阿岗国家实验室牵头5个国家实验室、10所大学以及5家企业成立研究团队向实现"三个五"目标发起攻关。日本新能源产业技术综合开发机构（NEDO）正在管理推进下一代新型动力电池产业化基础研发项目，2018年的单体电池能量密度达到300Wh/kg；2020年目标以5Ah的单体电池作为研究载体，质量比能量达到500Wh/kg以上，体积比能量达到1000Wh/L，环境适应性达到-30℃~60℃，同时在经济成本上要求不大量使用贵金属等高成本物质。

对于新一代高能量密度动力电池的实现形式，绝大多数国家及企业瞄准了固态电池。固态电池在实现电池内部物理串联提高单体电压、提升电池能量密度、提高电池安全性等方面有突出优势，2017年固态电池研发迅速升温，在电池工业基础薄弱的欧洲，大型车企开始发力固态电池的研发，以求夺得未来发展新能源汽车的技术话语权。大众汽车在本公司大规模电动车发展计划"Roadmap E"里计划投资500亿欧元用于在中国、欧洲以及北美开展动力电池长期战略合作项目，以应对到2025年大众电动汽车对动力电池每年超过1500亿瓦时的需求量。2025年之后则是促进实现固态电池装车应用达到1000公里的续航里程。同样来自德国的宝马汽车也在积极进行固态电池的布局，其与美国的电池技术公司Solid Power建立合作伙伴关系，共同开发电动汽车专用固态电池技术，通过宝马积累的电池开发经验推进其商业化进程。

在日本，固态电池同样是汽车公司以及电池企业布局的热点。在丰田汽

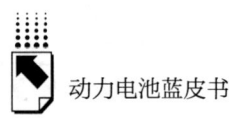

车开始进军纯电动市场的驱动下,丰田汽车更加重视下一代电池的布局,其将与松下联合进行方形固态电池的研发;事实上,丰田对固态电池的研发历史已久,已拥有一定数量的专利,此次与松下合作将进一步加速固态电池的商业化应用,有望在2025~2030年实现。此外,本田汽车也计划研发能量密度更高的新一代全固态电池。

韩国方面,LGChem和三星SDI均在进行高镍NCM、NCA以及固态电池的研发,其中固态电池的量产时间在2025年左右。当前阶段,LG的软包NCM 622电芯搭载在现代汽车的Kona EV上,单体能量密度在250Wh/kg左右,车型搭载电量64kWh,支撑新WLTP(World Light Vehicle Test Procedure)规程下的纯电续航里程470千米。三星正在推进NCM 811电芯的量产,预计2021年左右量产的第4代电池单体能量密度为280Wh/kg,应用于宝马i系列的升级车型上。

由此可见,国际上的各大汽车产业强国在研发应用新一代高能量密度动力电池方面都不甘落后,被寄予了能够助力各国继续引领汽车工业发展的期望,未来或会形成多点开花的局面。面对时局,中国不应懈怠,应有创新思想,发挥产业链优势,形成官产学研用协力促进的健康体系,在这场竞争中占据应有的地位。

五 燃料电池发展概况

燃料电池汽车具有效率高、零排放、加氢时间短等显著特点,被认为是未来新能源汽车发展的选择之一。近几年,燃料电池在关键材料、电堆及系统方面取得了可喜的成果,燃料电池汽车商业化呼声日渐高涨,世界各国和主要汽车制造商都高度重视燃料电池汽车研发,投入大量资金用于燃料电池技术研发。

从世界范围来看,日本、北美和欧洲的燃料电池汽车市场不断发展,预计2020年以后市场规模会急剧扩大,到2025年日本市场规模将达到约1万亿日元,世界约为3万亿日元。日本富士经济调查公司在《2015年燃料电池相关技术及市场展望》中预测，到2030年燃料电池汽车全球市场规模将为198万~199万辆，总金额将达4.75万亿日元。富士经济调查公司认为，到2030年，燃料电池车加上家庭、企事业单位燃料电池系统的全球市场规模将增至2014年度的60倍，达6.49万亿日元（约4000亿元人民币）。

目前，全球主要汽车公司基本完成了燃料电池汽车的性能研发，整车性能已基本达到传统汽车的水平，主要的核心技术问题也已经得到解决。未来的研究重点集中到降低燃料电池动力系统成本，以及规模建设加氢站等基础设施方面。在北美示范运行的燃料电池客车、叉车、物流车等跟踪数据表明，燃料电池动力系统的耐久性已经超过1万小时，能够满足商业化运行的需要。国外燃料电池乘用车的性能与传统汽车相当，已接近用户接受的水平。丰田、本田、现代均推出了量产的燃料电池汽车。我国车用燃料电池电堆的功率密度已达2.0kW/L，可以实现零下20℃无辅助低温启动和零下40℃低温储存，寿命达到5000小时。我国已掌握的如电催化剂、质子交换膜、双极板材料等关键技术与国外先进水平保持同步，但在关键零部件规模生产和电堆批量组装及相关性能指标方面，我国还落后于世界先进国家。在产业层面上，我国还不具备完整的燃料电池电堆产业链，尤其在膜电极、双极板和燃料电池系统附件方面成熟产品较少，不能满足产业化需求，技术开发和制造能力与国际先进水平差距明显。

中国自2016年开始进行燃料电池汽车规模化示范运行，2017年销量更有大幅提升。按照《节能与新能源汽车技术路线图》规划，2020~2030年逐步由示范运行向大规模推广应用发展，2030年完全掌握燃料电池核心关键技术，实现氢能及燃料电池汽车的大规模推广与应用。

六　对产业的思考和建议

（一）企业方面

一是全方位加深对动力电池的认识和理解，并使其有效体现在产品的设计、生产、使用、回收等各个环节。国际电池巨头对电池特性有着更充分的认识和理解，并对生产制造环节进行更为细微的精益控制。我国电池生产企业对电池的理解和生产过程的控制远没有达到国际企业的精细程度，需要培养专业化的人才队伍。国外先进企业从分切阶段到模组阶段有 2300 多个质量控制点，这些点的选取和确定是基于对制造细节的理解和把握，国内企业在此方面需要加强和提升。

二是要持续重视安全问题，不断提升保障体系。安全是动力电池以及新能源汽车产业发展的生命线。要继续强化企业在各个环节的质量主体责任，保障材料、电芯、电池包、整车等的安全生产和使用，不断提升高能量密度电池系统的可靠性、稳定性和安全性，加强动力电池的消防安全研究，为新能源汽车发展扫除后顾之忧。

（二）行业方面

加强回收经济性研究，推动回收再利用体系建设。动力电池梯次利用和回收再利用是新能源汽车、动力电池产业发展的重要组成部分，具有重大意义。2014 年以前装车的动力电池目前相当一部分已退役或即将退役，动力电池回收利用体系亟待建立。要从产品设计、制造工艺、装备等方面就开始考虑梯次利用和回收再利用，要加快拆解回收等技术的前瞻性研究，研究退役动力电池性能评价技术，研究与试点商业化梯次利用可行性。

（三）政府方面

一是加强产业发展引导，发挥市场主体积极性。通过指导产业布局规划、完善相关标准法规、强化产品质量监管等多种方式，进一步加强对产业发展的引导，提高企业参与市场竞争发展的积极性，促进提升行业集中度。

二是重视核心技术掌控，构建激励技术创新的政策环境。政府需要发挥更为积极的政策引导作用，推动建立和完善适应企业技术创新和协同发展的治理方式，形成有利于技术交流和深化研发的产业平台与市场机制，引导企业通过资本、人才、项目合作的方式参与国际创新体系建设。同时，创新高校及科研单位技术管理方式，激活创新思维，营造创新文化，对基础性、颠覆性的技术突破给予更多支持和鼓励，让创新主体发挥出最大限度的能量。

专家视点篇

Expertise Report

B.2 专家评述

动力电池该如何布局?

陈立泉*

我在《动力电池蓝皮书(2017)》序言中,对我国动力电池产业发表了几点看法。首先,肯定了中国的动力电池产业为全球汽车产业电动化转型做出了重要的贡献。其次,指出中国动力电池行业的可持续健康发展任重道远。特别是希望加强新体系电池的研发,首先是要重视固态电池的研发与产业化。一年的时间过去了,我国动力电池产业界出现了"有喜有忧"的变化,喜的是在中日韩三国竞争中,中国已居第一;忧的是由于国家退补加速,加之钴和锂等原材料价格暴涨,电池利润大幅下滑。在这种形势下中国锂电企业该如何应对,这是大家关心的问题。

---

* 中国工程院院士,中国科学院物理研究所研究员,博士生导师。

首先，要完善现有技术，全方位扩展市场（包括国际市场和国内市场），既重视新能源汽车，也关注储能等其他应用。

其次，要布局创新。习近平主席最近指出，发展是第一要务，人才是第一资源，创新是第一动力。只有创新才能实现由并跑到领跑的转变，要创新就不仅要依靠企业自身力量，更重要的是重视与高校和科研院所的合作。

最后，研发固态电池，刻不容缓。续航里程是新能源汽车消费者选购电动汽车时最关心的一个指标，提高动力电池能量密度是关键。新能源汽车的安全事故时有发生，安全性是消费者关心的另一个问题。面向2020年及以后的动力电池能量密度发展要求，通过采用容量约500mAh/g的纳米硅/碳复合负极材料和高容量镍基层状氧化物或富锂锰基正极材料，锂离子电池的能量密度预计可以达到300~350Wh/kg。但是要实现能量密度大于500Wh/kg的目标，这类含可燃液体电解质的电池体系就无能为力，需要尽快研发固态电池体系。显然，新能源汽车产业中长期发展需要新的技术储备，固态锂电池则有望成为下一代车用动力电池主导技术路线。固态电池不只是未来二次电池的重要发展方向，也是当前的重要任务。

固态锂电池的关键是固态电解质材料，现有的无机固体电解质和高分子聚合物电解质材料，没有任何一种既有高离子电导率和机械强度，又有良好的加工性能，需要开发出聚合物/陶瓷复合材料，以满足固态电池的所有要求。另外，固态电解质与正、负极要形成稳定的界面。同时，希望利用现有锂离子电池设备和工艺来生产固态锂电池，这意味着不需要额外增加成本就可以实现产业转化。

基金委、科技部和工信部都已将固态电池的研发列为重点专项，但光靠国家的支持是不够的，希望锂电产业界和投资企业给予高度重视，使我国在这场激烈的国际竞争中获胜，使动力电池产业从跟跑变为领跑，促进新能源汽车大规模的推广与应用。

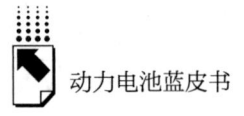

燃料电池汽车商业化任重道远

衣宝廉 侯明[*]

电动汽车是我国战略新兴产业之一,发展电动汽车是减少石油进口,解决日益突出的环境问题,实现我国汽车产业结构调整、转型升级,实现汽车强国梦的必由之路。

燃料电池汽车是电动汽车的一种,在国际上已基本完成性能研发阶段,整车性能已达传统燃油车的水平,并开始商业化。但要实现大规模的商业化,需要进一步降低成本和铂用量,开发与建设批量生产线,开发廉价制氢、储运技术,降低加氢站建设成本,增加加氢站的数量。

我国在电动汽车发展的"三纵三横"方针的指导下,燃料电池车在2008年北京奥运会和2010年上海世博会等示范中已进行百量级示范运行,基本掌握了燃料电池车技术,正如万钢部长在2016年科协年会——未来出行分会场报告指出:氢燃料电池在寿命、可靠性、使用性能上基本达到车辆使用要求,中国初步掌握了相关核心技术,基本建立了具有自主知识产权的燃料电池汽车动力系统技术平台。未来要加强协同创新,加快推进氢能燃料电池产业全面发展。

在我国要实现燃料电池车大规模示范运行,进而实现商业化,必须在以下几方面进一步开展工作。

第一,建立健全燃料电池发动机关键材料与部件产业链,特别是燃料电池扩散层用碳纸、低功耗空压机、氢气循环泵、70MPa的氢瓶和MEA大批量的生产技术。

第二,进一步提高电堆的体积和重量比功率,以适应乘用车的需求,同时也能进一步降低电堆成本和铂用量。

---

[*] 衣宝廉,中国工程院院士,中国科学院大连化学物理研究所,研究员;侯明,中国科学院大连化学物理研究所,研究员,博士生导师。

第三，提高电堆和电池系统的可靠性和耐久性，确保大巴车用燃料电池发动机寿命达到 1 万 ~ 2 万小时，轿车大于 5000 小时。

第四，发展基于可再生能源和核能的电解水制氢技术，劣质煤制氢技术；进一步发展氢的储运技术，大幅度降低氢气成本。

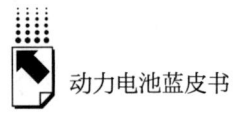

动力电池要更进一步满足市场需求

吴 锋*

我国的财政补贴政策对国内新能源汽车发展起到了非常有力的推动作用,同时也壮大了国内动力电池产业。2020年后补贴面临取消,动力电池发展的当务之急是要更好地满足市场的发展需求,这是核心要务,要做到以下几点。

第一,动力电池性能需要综合提升。近几年动力电池关键材料和技术进步显著,但是动力电池的综合性能仍有很大提升空间,包括安全性、能量密度、功率密度、寿命和成本等。只有电池的综合性能的进一步提升,才能更好地满足新能源汽车市场的发展。

第二,多角度全系统提高电池安全性。当前,在能量密度指标快速提升的同时,要更加关注电池的安全应用。解决动力电池安全性问题要从多角度出发,从全系统入手,在深入全面认识应用环境、电池反应机制及其伴生副反应的基础上,去提高电池的安全可靠性。

第三,产业链协同实现低成本发展。实现低成本的途径在于提高电池比能量和循环稳定性,采用低成本材料,更新电池材料体系,变革制备工艺,实现废旧电池的有效回收与再生;打造产业链,强强联合,资源共享。

未来,以电动汽车为载能终端的能源互联网、汽车互联网、信息互联网进行相互融合的趋势愈发显著,电动汽车的发展虽然会有困难和曲折,但前景广阔。动力电池及其关键材料也应乘势而上,以更好地满足未来市场的发展需求。祝愿我国动力电池产业能够高水平持续、稳定、健康、快速的发展。

---

* 中国工程院院士,北京理工大学能源与环境材料领域首席教授。

动力电池未来的"两高一全"发展路径

孙逢春*

动力电池未来将向"两高一全"的方向发展，一是高比能量，动力电池提高能量密度是发展新能源汽车的关键之处，国家在"十三五"期间已经对新能源汽车的动力电池比能量提出了明确的目标，期望达到500Wh/kg，同时循环寿命不低于1200次，实现纯电动汽车500公里以上的续航里程。二是高安全性，高比能量和高安全性要协调发展，从材料、单体、电池管理、系统集成以及整车各个层面充分保障高能量密度动力电池的应用安全，在材料和单体安全攻关方面寻求新的突破。三是全气候，动力电池应突破高寒低温的应用局限，充分适应全气候使用条件，扩展更多的使用区域。面向2022年的冬奥会，围绕"绿色冬奥"的总体目标，实现奥运的绿色交通，大规模使用的新能源汽车将面临 $-30℃$ 至 $-20℃$ 的低温工作环境，此时动力电池的充、放电特性将变差，容量和寿命也会衰减，进而导致车辆续驶里程及整车动力性能显著下降，充电时间明显延长。目前，一种超低温区域带自加热技术的锂离子动力电池系统产品可适用于更低的温度，$-30℃$ 时基于自加热的方式在几十秒内使电池温度上升到 $0℃$ 以上，从而激活动力电池，该技术通过物理方法解决电池低温环境的使用问题，该方法具有普适性，解决了电动汽车在严寒冬季长期搁置后续驶里程急剧下降、电池系统无法正常充放电、电池性能衰减等安全隐患问题，对电动汽车的发展具有里程碑式的意义。

"两高一全"的实现依赖动力电池从业者的创新与决心，在我国走新能源汽车强国之路的背景下，动力电池要直面严峻的挑战，在技术突破上形成引领之势，充分坚定新能源汽车强国的方向，实现我国汽车产业做大做强的目标。

---

* 中国工程院院士，北京理工大学电动车辆国家工程实验室主任。

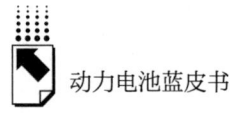

动力电池蓝皮书

高比能动力电池技术展望

欧阳明高[*]

我国新能源汽车动力电池技术路线在经历了"十一五"重点发展磷酸铁锂正极锂离子电池到"十二五"重点发展三元材料正极锂离子电池,再到目前"十三五"正在重点研发高镍三元正极+硅碳负极锂离子电池,现在的研发方向有望于2020年前实现产业化的300瓦时/公斤目标,目前国内外技术研发基本处于同一水平,但安全性尤其是电池的过充安全研究尚待加强,电池的核心是安全,要充分保障这种电池的装车应用安全。

我国2017年在高容量富锂正极材料方面取得了一些突破,基于高容量富锂正极和高容量硅碳负极的革新型锂离子电池比锂硫和锂-空电池更具可行性。这种电池到2025年能够达到400瓦时/公斤的水平,每瓦时成本从0.8元以内降到0.6元以内,电动汽车性价比大幅提升。

2017年,固态电池的研发产业化持续升温,但受到固/固界面稳定性和金属锂负极可充性两大问题的制约,真正的全固态锂金属负极电池还没有成熟,但是以无机硫化物作为固态电解质的锂离子电池出现一些突破。总体看固态电池发展的路径,电解质可能是从液态、半固态、固液混合到固态,最后到全固态。至于负极,会从石墨负极,到硅碳负极,最后有可能到金属锂负极,但是目前还存在技术不确定性。到2030年,希望在电解质方面取得突破,全固态电池会规模产业化,电池单体比能量有望冲击500瓦时/公斤。2030年,常规的性价比车型的续航里程应该可以达到500千米以上。

作为实现2030年及以后远期目标的两类新体系,锂硫、锂空气电池方面,目前国内外进展相对缓慢,2017年没有发现突破性的进展。从原理来讲,锂硫电池的重量比能量与体积比能量基本相当,提升体积比能量具有相当难度,乘用车应用极具挑战。锂空气电池集合了锌空电池、氢燃料电池、

---

[*] 中国科学院院士,清华大学教授,科技部"十三五"新能源汽车重点专项总体专家组组长。

锂二次电池的所有难点，相比而言氢燃料电池更具竞争优势。

综观全球动力电池技术发展现状及潜力，中日韩锂电技术同属领先阵营，对此我们要持续不断加强动力电池技术创新研发，全力协同推动新技术的产业化进程，保持领先的产业链综合竞争力。

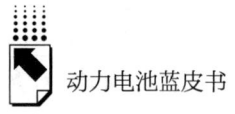
动力电池蓝皮书

中国动力电池产业仍然面临严峻挑战

王秉刚*

我国动力电池产业取得了令世人瞩目的重要进步。2017年世界锂动力电池企业出货量前十位中我国占据了7个，宁德时代居首。但是应该冷静地看到我国动力电池产业总体的技术水平、生产能力以及成本控制等方面与国际先进水平还有差距，离整车发展的要求也有相当大的距离。中国新能源汽车将进一步向世界开放，动力电池产业将面临国际电池界的严峻挑战。我们要在高安全性、高性能、高质量、长寿命、低成本、可回收再利用性好等方面再下功夫。我们应该建立强大的产业链与产业集群，尽快做大做强，联手面对国际竞争。电池企业要加强与整车企业的紧密合作，建立牢固的产业战略联盟。今后几年是新能源汽车产业政策重要调整的时期，祝愿我国的电池产业能够适应新形势，屹立于世界之林。

* 国家新能源汽车技术创新工程专家组组长。

后补贴时代动力电池产业该如何调整发展思路？

王子冬[*]

新能源汽车得到了国家的各种大力支持，有些时候国家政策用力过猛，存在拔苗助长的情况。新能源汽车产业长期盯着政府的补贴政策，完全依赖政策，而忽视了产品技术发展和市场发展，新能源汽车发展有形成泡沫的可能。

目前新能源汽车的推广遇到了很大的困难，新能源汽车深陷"政策热"和"市场冷"的尴尬局面，国家在政策上给予倾斜，经济上给予补贴，但是，这种补贴目前看是促进了产能的增加，但是对技术的进步帮助不明显。与国外相比中国新能源汽车技术沉淀不够。离开了政府的财政补贴，新能源汽车怎么办？

电动车车身轻量化、电动机节能和动力电池集成技术，已成为我国电动汽车战略性新型产业发展的瓶颈技术。我们该如何应对？只有在成本和性能等方面具有和燃油车同等的竞争实力，新能源汽车才可能被更多的消费者接受和选择。

安全性、寿命、比能量的提高，均要求在电池组级别上提升，不是单纯地在电芯级别上的提高。

动力电池绝不是简单用小容量电池并联，或者是把小容量电池放大就能变成动力电池的。一定是要根据各种不同类型的需求，专门开发出来的、满足复杂环境下的使用要求的产品。

希望动力电池生产企业大幅度降低产品价格的想法不可行。提升电池能量密度、提高安全性、扩大产能规模、降低制造成本等已经成为动力电池企业的重点工作。尽管各电池企业都在想办法通过各种方式提质降本，然而在上游原材料涨价和下游整车企业压价的双重压力之下，动力电池生产企业苦

---

[*] 国家863电动车重大专项动力电池测试中心主任。

不堪言，甚至产生亏损，后续开发资金严重不足，企业后劲不足。客观看，动力电池要实现提质降本的目标绝非单靠电池企业能够完成，需要整个新能源汽车产业链的互相配合才能实现。

动力电池结构要与电动汽车进行一体化设计，这是一种平衡，而不仅仅是能量密度要多高。

第一，电动汽车需要根据动力电池的特性（包括性能、结构、生产工艺）进行一体化设计；

第二，动力电池需要为满足电动车的使用要求，进行大批量、低成本、易实现自动化生产的一体化设计；

第三，动力电池需要为实现低成本梯次利用、实现无能耗环保化的材料分解回收要求，按照符合循环经济的要求进行一体化设计。

新能源汽车未来需要的动力电池需具有以下特点。

电池组的布置空间利用率高，不仅仅是强调电芯能量密度高；

电池组的循环寿命长，包括：不同温度环境下的使用寿命、大电流充电寿命和日历寿命的目标：1万次、15年；

电池组的安全性好，重点是防止过充和内部短路，目标是不着火、不爆炸；

电池组的可靠性和稳定性高，低电阻连接，热管理合理，电池组内部电芯之间的温差小；

电池可以低成本地梯次利用，重复连接方便；

电芯能够方便回收分解，分解的效率要远远高于制造效率，目标是实现自动化、低能耗、环保的材料分解；

不能满足这些要求的，就不是真正意义上的电动汽车用动力电池。

动力电池设计时需要充分重视的地方如下：

1. 综合性能的优化和平衡的选择；
2. 解决动力电池一致性差的方法；
3. 电芯可自动化制造的结构设计，提高生产效率；
4. 大批量生产的方便性；

5. 连接的可靠性，成组方便性；
6. 电池组内部温度调节的有效性；
7. 电池组的高安全可控性；
8. 长寿命使用的稳定性，优化的充电方法；
9. 实现自动化维护的方便性；
10. 实现低成本梯次利用和方便无能耗材料回收技术。

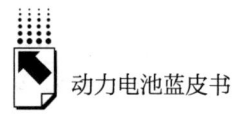

稳抓发展机遇，促进动力电池产业高质量发展

王　成*

在我国新能源汽车整体发展环境利好前提下，我国新能源汽车从政策标准数量、产业配套体系、技术研发、商业模式、推广数量、基础设施、投融资力度、人才培养等全方位得到了大幅度提升，为产业向高质量发展提供了原动力。其中，作为核心零部件的新能源汽车用动力电池产业也随之得到了快速的发展和壮大，规模、体量、数量已经世界领先，在如此利好的发展势头下，我们仍然需要冷静看待现阶段的形势，大而不强的情况仍然严峻。着眼未来，稳抓发展机遇，持续关注动力电池安全，稳步提升产品质量，不断优化产业升级，合理定位产品用途，真正把产品和企业做扎实，笔者建议对如下几点加以重点关注。

第一，持续重视动力电池安全不放松。近两年来，为应对电动汽车对提升续驶里程的迫切需要，动力电池也在不断提升能量密度，新型高比容量材料应用的同时也使得电池本体的安全隐患加大；安全是动力电池产业和新能源汽车产业发展的基石，任何时候不能轻视和放松，对于提升动力电池能量密度跨出的每一步都需谨慎，都必须确保安全。

第二，引导动力电池技术、产品的迭代与积累相结合。近两年的新能源汽车财政补贴标准主要关联了动力电池能量密度和车辆续驶里程的指标，虽然2018年新版的补贴政策更加细化和完善，但是对于产品能量密度的指标要求迭代周期过短，导致部分企业一味地追求能量密度和高补贴而忽视了产品综合性能的优化，使企业的技术和产品难以形成积累，整体技术链上看，存在局部指标突出，整体链条不稳的风险，难以打下持续发展提升的坚实基础。目前，引导企业在技术层面以及产品层面形成良性发展的健康体系需进一步完善，注重积累的效力，在不断的积累量变过程中，促成迭代质变的提

---

* 高级工程师，中国汽车技术研究中心有限公司北京工作部，副主任。

升与突破。

第三，引导企业向智能制造升级。我国动力电池企业制造能力与国外先进企业的差距仍是桎梏产业发展的重要因素。《中国制造2025》提出的智能制造是动力电池制造升级的重要引导，也是提升产业竞争力的重要举措。但目前，行业对于动力电池智能制造的认知还存在概念不清、措施不力、落地不足的情况，而相关国标的出台程序复杂、耗时较长，在此背景下，相关行业机构可以社团标准为突破口，组织优势企业积极开展智能制造规范研究，通过行业的力量来促进企业制造能力的升级进步。

第四，积极开展低温下动力电池性能研究。动力电池低温性能不佳是新能源汽车综合性能不敌传统燃油汽车的一个重要原因。目前，在我国北方的冬季，电动汽车续驶里程通常会缩减30%，如果开暖风甚至更高，给用户带来极大的不便，同时也不利于新能源汽车的大规模推广应用。因此在政策上可引导开展此方面的技术攻关，对优势产品进行相应的支持，综合促进动力电池性能的发展提升，破解低温容量衰减高的技术难题。

第五，引导消费者消费理念转型。在新能源汽车发展初期，特别是纯电动乘用车，由于无更好的对标车型和空白的使用理念，我们简单地以传统燃油汽车500公里续驶里程作为参考和对标，发展纯电动乘用车，而为能深刻挖掘纯电动乘用车的优势。随着新能源汽车的快速发展，对纯电动乘用车发展有了进一步的认识。新能源汽车国家监测和管理平台的数据显示，纯电动乘用车单车日总行驶里程集中在40公里以内，在此使用习惯之下，引导消费者树立形成"解决城市日常出行代步，为城市交通排放污染做贡献"的新能源汽车使用理念非常重要。因为城市代步可以解决90%以上的日常出行问题，不需要过多追求高续驶里程，不需要车辆搭载过多的电量。建议下一步新能源汽车财政补贴以引导在一定续驶里程（笔者个人认为250~300km比较合适）前提下，结合动力电池能量密度，优化综合性能，做好产品，降低成本、固化产业。在此基础上，补贴倾向于单位能耗低，安全性

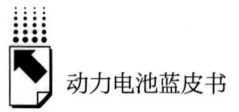

好、电池寿命长的产品。

新能源汽车的发展核心取决于动力电池综合发展，动力电池产业需要高质量的发展，需要不断推出更优质的产品。未来希望做优做强的动力电池产业能够有力助推新能源汽车产业的发展与进步。

专家评述

重压之下动力电池企业如何突围？

方建华*

2017年，动力电池行业整体发展并不轻松，上游原材料价格不合理疯涨，下游车企不断压低动力电池采购价格，同时有些企业在扩充规模的时候面临较大的资金链风险，在重重压力之下，能够轻松赢利的企业少之又少。2018年新能源汽车财政补贴继续退坡，或在不远的将来完全退出，未来面对开放的市场，面对国外动力电池企业的产品竞争，留给中国动力电池企业的准备时间已经不多，中国动力电池企业如何取得发展先机，如何突围成功，笔者认为必须苦练内功，融合创新，重视以下工作。

首先，高度重视企业工程制造能力的提升和管理水平的提升。现在全球的动力电池之争是中、日、韩之争，而中、日、韩各有特色，虽然使用的化学体系以及材料等大同小异，但由于制造能力和管理水平的差距，产品合格率及一致性存在较大差异。传统汽车工业要求核心零部件企业的CPK值为1.67，而我国动力电池企业大部分都在1.5以下。CPK值反映的是电池的品质，直接影响的是电池的成本和安全，这两个因素也是新能源汽车产业实现从政策驱动转向市场驱动、决定新能源汽车性价比、确保用户使用安全的重要因素。在制造能力和管理水平方面，我国企业和日韩企业还有差距，放大来说，中国制造这些年大而不强，其中一个很重要的原因就是我国企业的管理水平和日韩以及德国企业相比还有非常大的差距。我国动力电池企业现在刚刚从过去的半自动化开始向自动化转变，但离智能制造还有非常大的距离。未来也只有真正实现了智能制造，真正实现了数字化工厂，真正提升了企业的工程管理水平，才能把衡量制造业水平的CPK值做到传统汽车工业对核心零部件要求的1.67。

---

* 国家科技成果转化基金新能源汽车创业投资子基金执行事务合伙人兼总裁，国家新能源汽车推广应用专家组成员。

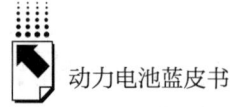

其次,高度重视动力电池全生命周期的回收利用来降低成本。车用动力电池只使用了动力电池生命周期中前20%最精华的部分,而其他部分并没有完美利用的解决方案,目前整个动力电池成本由前20%的部分在承担,如果有比较合理的回收利用模式来分担动力电池的成本,那么新能源汽车的性价比将会得到有效提升。因此企业需要在PACK集成方案中,在模组的标准化过程中,在电池连接方式的设计中去考虑电池的梯级利用,当动力电池完成了它作为汽车应用的使命以后,不需对电池进行拆解和重新串并联,而是经过简单处理之后可以直接进入下一阶段的其他行业应用,只有做了这些方面的前沿布局,动力电池的梯级利用才是一个真正的命题,企业在成本控制上也可以掌握一定的主动权。电池作为一个储能单元是一个载体,随着分布式清洁能源的发展,储能应用潜力巨大。未来,能源、交通、通信相互融合,更加创新的商业模式值得期待。

最后,希望有更多的中国动力电池企业一路披荆斩棘之后能够以强大的实力成为产业中的佼佼者。

专家评述

共同助力全球新能源汽车产业发展

生驹宗久[*]

中国动力电池产业在近年来取得了举世瞩目的发展成绩，规模已经位居全球第一，具有世界水平的企业不断涌现，尤其是全产业链在短时间内的建设和完善，值得称道和学习。

动力电池技术发展需要紧跟新能源汽车市场需求前进，在能量密度、安全性、寿命以及成本等方面寻求最优的平衡点。2017年，全球范围内的高能量密度动力电池研发掀起了一股浪潮，也期待中国在此方面发挥更大的作用。

日本的新能源产业技术综合开发机构（NEDO）正在推进下一代新型动力电池产业化基础研发项目，2018年的单体电池能量密度要达到300 Wh/kg，2020年目标达到500Wh/kg。该技术实现具有相当大的挑战，松下电池也在朝着这一目标努力，通过集结产官学的力量加大研发力度。

对于具有高比能潜力的全固态电池，解决电池内部界面问题的难度可能超乎了我们的想象，但是其仍然是产业的努力方向。松下及各电池企业正致力于该问题的解决，加速全固态电池的研发进程。

松下的动力电池业务，以2017年底辽宁省的大连工厂量产为开端，开始正式参与到中国的动力电池产业中。力争通过日本的研发成果与中国的生产活动相结合，进而推动中国动力电池产业发展。最后，松下愿与中国的动力电池产业界一同提升和进步，继续共同助力全球新能源汽车产业的发展。

---

[*] 工学博士，松下电器产业株式会社，汽车电子和机电系统公司能源业务CTO，能源技术开发中心所长。

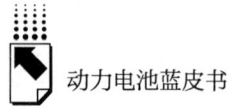

对动力电池产业的几点看法

李 钢[*]

第一,在发展历程方面,锂离子电池自1991年诞生以来,一直处于不断进化的状态。2007年前后锂离子动力电池的面世,使得锂离子电池得以进军汽车领域。十年来,锂离子动力电池更是年年"高歌猛进",如果按单体能量密度计算,各类技术路线的锂离子动力电池都经历了二代的变迁,目前正在孕育升级到第三代的过程当中。

第二,在安全性方面,在电池系统能量密度提升的过程中,各类材料技术的升级、BMS技术的完善、电池及组件等主被动安全措施的应用等,使得锂离子动力电池系统在使用中的安全系数大大增加。

第三,在售价方面,动力电池销售是按单位电量计算,尽管有些原材料在涨价,能量密度的增加最终还是导致电池成本和售价双双大幅下降。这将有利于在国家补贴退出后,新能源汽车产业凭借使用成本只有燃油汽车的十分之一、维修成本大幅下降以及绿色环保等优势,不断提高市场份额。

第四,在使用寿命方面,由于电池及其各大主要材料制作工艺水平的提升,以及电池管理技术的完善,电池的循环次数基本能稳定在较高的水平。

第五,在市场表现方面,锂离子动力电池企业表现出强者恒强的局面。宁德时代和比亚迪形成了第一梯队,与第二梯队拉开了较大的距离。在技术研发方面第一梯队也有一定的优势,这将导致从技术性能到成本控制,第二梯队企业难以追赶的局面。由于比亚迪开始对外开放电池共享市场,对于汽车企业而言将出现更加倾向于在第一梯队采购电池的市场格局。

---

[*] 国投创新投资管理有限公司董事总经理。

第六，展望锂离子动力电池的技术走向，除提升正极材料容量（例如全面应用811体系）之外，负极材料也是研发的重点。负极材料除努力实现硅碳负极制作技术的成熟之外，高硅负极（50%～80%的硅含量）已成为努力突破的方向，随之而来的还有干法生产工艺的突破。

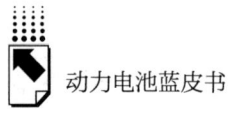
动力电池蓝皮书

冷静看待我国动力电池行业

吴志新[*]

2017年统计数据显示，在我国新能源汽车动力电池配套量中，在近一百家动力电池企业中，排名前两位的企业占比接近50%，排名前10位的企业占比超过70%，排名前20位的企业占比接近90%，高比能量动力电池逐渐进入主流市场，少数领先企业已经进入国际著名汽车公司的配套体系，整个行业技术水平不断提升，竞争力日益增强，产业规模迅速扩大，产业聚集度加速提高，宏观形势总体向好。然而，在看到成绩的同时，还应该清楚地看到我国动力电池技术创新和产业链建设方面存在的问题和不足，还应该看到真正的、残酷的市场竞争即将来临。居安思危，未雨绸缪，应进一步加大研发投入，尽快完成产业链布局，应是未来3年的必选项。对于我国动力电池未来的发展进程，笔者认为应该做到以下几点。

首先，少一些浮夸，多一些务实，加大研发投入，抢占科技制高点。近年来，虽然国家宏观政策对动力电池的能量密度发展有一定的导向，但是行业上出现了过于强调单一能量密度指标的不正确倾向，有些企业甚至以此为噱头进行融资宣传。殊不知，新能源汽车对动力电池性能的需求是综合性的，它涵盖了安全性、循环寿命与日历寿命、能量密度、倍率充放电能力、耐受振动与高低温环境的适应性、产品批量生产一致性以及成本，真正的制高点不仅仅是能量密度，还是上述多项指标综合优化组合所构成的高地。我们的科技人员、工程师需要少一些浮夸，多一些务实，耐得住寂寞，从基础做起，不放过任何细节，埋头苦干，掌握核心关键技术，才有可能在未来的残酷竞争中立于不败之地。我们的企业应该勇于舍弃短期效益，少一些恶性价格战；登高望远投资未来，研发新产品；俯下身去关注细节，完善每一个

---

[*] 教授级高级工程师，中国汽车技术研究中心有限公司副总经理，全国汽车标准化技术委员会电动汽车分技术委员会主任委员。

成熟产品；如此才能够在即将到来的产业重构、大浪淘沙的时代大潮中，成为闪亮的金子。

其次，少一些内斗，多一些合作，优化顶层设计，实现产业链纵横整合。市场开放是大势所趋，动力电池产业的市场竞争必然是国际化的。面对具有领先技术实力和产业实力的跨国集团，与强者狭路相逢，我们的产业准备好了吗，我们将是幸存者还是牺牲者，现在难下定论，留给我们苦练内功的时间还有多久，不得而知。但是，至少应该清楚在这不长的时间内，我们应该做些什么、能够做些什么。笔者粗见，至少我们的动力电池产业除了前述的科技创新外，还应该尽快开展并完成以下几件工作。

第一，领跑企业应该尽快完成产业链的纵向整合。掌控上游稀缺资源，与关键零部件供应商建立战略联盟，掌控优势资源，与下游 PACK 企业、新能源整车企业建立同舟共济、生死与共、牢固的合作关系，率领上游企业主动与下游一个或多个整车企业，建成庞大的产业集群，相互促进，共同提高。

第二，领跑企业应加快完成强强联合、强弱联合的横向整合。目前，我国为新能源汽车配套的动力电池企业，大大小小、林林总总仍有近 100 家，领跑企业各有所长，规模较大，而众多小企业也有自己的用户，数量之多、分布之广，世所罕见。可以预见，在不久的将来，能够存活的企业（或企业集团）的数量必然有限，优势企业之间的强强联合可实现优势互补，其与占据地理优势的具有特色的小企业进行整合，可迅速实现全国布局，同时也会避免在产业残酷竞争中，大批小企业破产、转产，造成行业的产能浪费和投资浪费。

第三，尽快实现整车与动力电池纵向技术链融合。如前所述，新能源汽车的整车构型、使用环境与传统汽车有很大差别，整车的设计必须以动力电池系统为核心展开。因此，贯通、融合动力电池与整车的技术链尤为重要。只有将驱动系统、动力电池系统与整车设计布局综合进行全面的安全、性能、寿命、环境适应性等整体优化设计，才能够开发出适应市场需求、具有市场竞争力的整车产品。

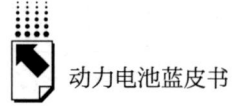

最后，少一些争抢，多一些协作，统一标准规范，尽快建立梯次利用和报废回收产业体系。新能源汽车退役动力电池的梯次利用和报废回收，对新能源汽车、动力电池产业的健康可持续发展非常重要。尽快完成新能源汽车与各类梯次利用储能装备电池模块标准规格的统一，是实现退役电池梯次利用的关键所在。在产业形成之初，相关行业之间若能够明确定位，少一些争抢，多一些协作，对新能源汽车、车用动力电池、下游梯次利用行业等，是多赢的利好，对实现资源的有效利用、保护脆弱的自然环境也极为重要。需要国家强有力的政策、法规的引导，更需要企业担负社会责任，主动协作，共同努力，尽快构建完整的产业体系。

加快非财政政策的推出，
促进动力电池产业健康发展

刘彦龙[*]

一 2017年中国锂离子电池行业概况

根据中国化学与物理电源行业协会统计分析，2017年中国锂离子电池销售收入达到1589亿元，较2016年的1330亿元增长19.5%。锂离子电池的产量由873亿瓦时增长到1009亿瓦时，同比增长15.6%。这主要是由新能源汽车动力电池和储能用电池市场的快速增长所拉动。

其中，消费类电子产品用锂离子电池销售收入由2016年的695亿元增长到2017年的757亿元，同比增长约9%；产量由490亿瓦时，同比增长7%，达到524亿瓦时。消费类电子产品用锂离子电池销售收入增长快于产量增长，主要是因为钴酸锂材料价格上涨较快。消费类电子产品用电池的主要市场是手机、笔记本电脑、电动工具和可穿戴设备等，其中手机市场增速减缓，2017年仅增长2%左右，但电动工具、移动电源对锂离子电池需求增长相对较快。

新能源汽车及电动自行车用动力锂离子电池销售收入由2016年的600亿元，同比增长30%，达到2017年的780亿元；产量由330亿瓦时，同比增长35%，达到446亿瓦时。

储能用锂离子电池销售收入由2016年的35亿元，同比增长49%，达到2017年的52亿元；产量由25亿瓦时，增长到39亿瓦时，同比增长56%。

二 动力电池产能严重过剩，行业集中度快速提升

中国汽车工业协会统计数据显示，2017年1~12月新能源汽车累计销

---

[*] 中国化学与物理电源行业协会秘书长。

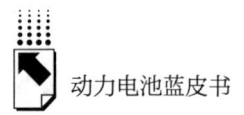

售77.7万辆，较上年同期增长53.3%。根据中国化学与物理电源行业协会动力电池应用分会研究部的统计数据，2017年1~12月中国动力锂电池产量约为44.62GWh；2017年1~12月动力电池累计出货量为44.66GWh；2017年1~12月新能源汽车动力电池装机总量为36.45GWh。

从技术路线来看，2017年三元动力电池占比大幅上升，从2016年的20.4%上升至2017年的44.8%。新版补贴调整政策以能量密度为标准作为补贴高低的调整系数，拉动三元动力电池占比大幅上升。同时，动力电池产能也在快速增长，从2017年实际产能情况来看，截至2017年底，国内动力电池总产能约140GWh，同比2016年101GWh的产能增长38.61%；2017年有效产能约为115GWh，新能源汽车锂离子动力电池装机总量为36.45GWh，动力电池的产能利用率只有30%左右；产能结构性过剩凸显，动力电池企业产品库存积压比较严重。2017年装机量排名前20的企业装机量之和为31.58GWh，占总装机量的86.3%；装机量排名前5的企业装机量之和为22.27GWh，占总装机量的61%，2018年前4个月，装机量排名前20的企业装机量之和为7.77GWh，占总装机量的96.33%；装机量排名前5的企业装机量之和占总装机量的82.1%。行业内的一线企业通过技术优势逐渐蚕食市场份额，而二、三线企业的低端产能面临被淘汰的危机。

三 国际化竞争加剧，国内动力电池企业应具有全球化视野

目前，我国新能源汽车和动力电池领域外商投资条件已经开放，包括补贴完全取消后，外资动力电池企业的进入势必会加剧国内动力电池市场的竞争，国内动力电池企业将面临来自国内外企业的全方位竞争。国内动力电池企业应该提前谋划布局，做好全球市场定位。据悉，眼下国际传统车企纷纷启动电动汽车规划，在既有品牌的影响下，有望迅速加入战局，分得中国新能源汽车产业的"一杯羹"。因此，对于中国动力电池厂商来说，能否进入国际大客户的供应链，是决定其在全球动力电池市场地位的关键一步。

《节能与新能源汽车技术路线图》指出：随着新能源汽车在家庭用车、

公交客车、出租车、物流用车、公务用车等领域的大量普及，至2030年，新能源汽车将逐渐成为主流产品，汽车产业初步实现电动化转型，新能源汽车销量占汽车总体销量的比例将达到40%以上。由此看来，中国动力电池市场需求巨大，但行业竞争加剧，行业的整合正在持续进行中，市场将进一步向优势企业集中，动力电池企业要将质量和安全放到首位，要加强过程控制和优化，完善研发全产业链建设，深度推进产品技术、工艺及路线变革，只有拥有雄厚技术积累、足够资金支撑、理性市场定位和对市场快速反应的厂商才能在未来激烈的市场竞争中占得先机，赢得市场。

四 加快非财政政策的实施，促进动力电池产业健康发展

随着国家补贴政策对能量密度的重视，三元电池正处在低镍向高镍的转化期。因此，NCM 811以及NCA的发展是当前材料企业以及电池厂商研发的重中之重。然而，高镍三元电池的量产对于企业的生产环境、自动化水平、配套负极、电解液材料等都提出更高的要求，只有具有较强技术实力的企业，才能得到快速的发展。同时，国家补贴的大幅退坡，已经倒逼全产业链共同推动技术进步，提升新能源汽车的核心竞争力。

未来几年，政府要尽快跳出财政补贴的单渠道"助力"思维，加快实施双积分、限行、购置税优惠等非财政政策，从使用环节推动消费内生动力增长。在产业链的下游，特别是售后等环节要强化政府监督，规范管理，将事故频发的动力电池企业列入黑名单，促进优质产品更多地进入市场。要尽可能保持政策的连续和稳定，一项政策出台前，一定要多听取行业和企业的意见，要留出一定的过渡期，避免出现大起大落，对行业造成严重的冲击。动力电池行业的竞争格局现已初步形成，要尽可能多发挥市场在竞争中的主导作用，让企业根据自身的实力和市场定位决定企业产能规模和产品方向，避免人为因素造成行业产能的严重过剩、结构性过剩，促进动力电池产业健康有序发展。

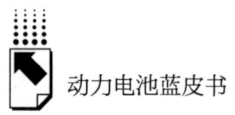

重视高比能动力电池的研究与产业化

肖成伟[*]

严峻的能源安全及环境挑战使交通能源动力转型成为全球共识，汽车产业迎来了动力系统电动化的时代，世界主要发达国家和主流汽车企业均制定了动力系统电动化的战略和规划。而动力电池作为汽车电动化最为核心的零部件，成为目前研究及产业化的焦点和热点，有力地支撑了新能源汽车产业的快速发展。

从世界范围看，高比能动力电池是当前动力电池的热点。在国家补贴政策的强力支持下，我国动力电池的技术和产业进展显著。客车领域用磷酸铁锂动力电池的单体能量密度普遍达到了150Wh/kg左右，动力电池系统的能量密度普遍达到了135Wh/kg以上；而乘用车用三元系锂离子动力电池的单体能量密度普遍达到了230Wh/kg左右，动力电池系统的能量密度普遍达到了120Wh/kg以上。中国动力电池配套总量2016年达到了280亿瓦时，2017年达到了370亿瓦时，呈现出良好的发展趋势。同时车用高比能新型锂离子电池的技术进展迅速，260Wh/kg的动力电池预计2019年实现规模生产与配套，300Wh/kg的动力电池2020年实现批量生产，400Wh/kg的动力电池2020年实现产品的技术验证；新体系电池方面，固态电池成为当前研发热点。

由于国际钴和镍等贵金属价格的大幅上涨，补贴政策的快速退坡，以及整车企业对电池成本的严苛要求，动力电池企业尤其是高比能三元系锂离子电池企业，目前面临着巨大的成本压力，2017年动力电池系统的价格在1.4元/瓦时左右，2018年动力电池系统的价格将降至1.2元/瓦时左右。随着动力电池能量密度的大幅提升，动力电池的安全性需开展深入的考核和验

---

[*] 教授级高级工程师，中国电子科技集团第十八研究所研究员，国家新能源汽车重大专项动力电池责任专家。

证，以保证在应用过程中的安全可靠。同时当前动力电池企业众多，据统计，当前年产能超过2000亿瓦时，低效产能居多，急需提升优质产能，以满足新能源汽车对高品质动力电池的迫切需求。

尽管动力电池，尤其是高比能动力电池当前面临着成本压力、优质产能不足、安全性能亟待提升等难题，从发展趋势和前景来看，我们依然对其充满信心。蓝皮书为我们提供了翔实的内容，搭建了一个深入了解动力电池行业发展的平台。

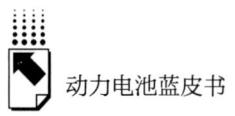

实现高质量、高安全发展，是动力电池产业由大到强的必由之路

侯福深*

经过近 10 年的发展，我国已经成为全球最大的新能源汽车市场，基本建立起较为完整的整车、关键零部件研发制造和配套体系，产业规模居于世界前列。尤为可喜的是，我国动力电池行业得到了长足的发展，宁德时代等龙头企业在国际新能源汽车产业链中已形成较强竞争力，成为支撑我国新能源汽车未来可持续发展的重要力量。

新能源汽车能否大规模普及关键在电池，未来我国动力电池产业的发展应重点遵循"高质量、高安全"的原则，力争打造成为全球最具竞争力的产业体系。所谓"高质量"，一是要突出强调创新能力，特别是要在材料基础研究领域形成世界领先的持续创新能力，使之成为动力电池和新能源汽车产业发展的不竭动力；二是要培育形成世界级的龙头企业，包括材料、电池和装备企业，不仅要在国内优胜劣汰，大幅提高市场集中度，而且要在海外市场占据较大市场份额；三是要在全产业链做到自主可控，规避国际贸易摩擦等突发事件有可能引发的产业风险。所谓"高安全"，一是要标准引领，不断提升产品设计水平和试验验证能力，提高电池大规模生产制造的质量管控能力，在源头上保证产品安全；二是科学合理、谨慎稳步推进高比能电池的大规模应用。在重视高比能的同时必须重视安全性问题，在安全性没有得到充分验证之前不能急于装车批产，同时做好在用电池的安全监控和维修维护；三是要建立覆盖全产业链、全生命周期的安全体系。在加强车辆运行安全体系的同时，特别要对安全风险较大的一些上下游环节予以足够的重视，如电池生产企业中的化成、存储，检测检验机构中的电池试验及存放设施，充电设施中的换电站、移动充电车，车辆售后服务 4S 店中的新旧电池处置

---

* 高级工程师，中国汽车工程学会副秘书长。

存放，事故后车辆电池的处置存放，以及电池回收拆解、梯次利用等，都要高度重视电池可能引发的消防安全问题，要事先做好消防风险评估，并采取必要的消防措施，确保不发生重大安全事故。马凯副总理曾经多次强调"安全是新能源汽车产业发展的命门"。因此，只有守住安全这道门，才能创造出动力电池和新能源汽车产业的美好未来。

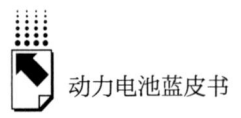

动力电池发展需要全产业链共同进步

黄学杰[*]

新能源汽车行业的可持续发展对电池的性能、质量和成本提出了更高的要求。2017年，新能源汽车销量再创新高，动力电池产销量符合预期，电池系统的比能量明显提升。随着2018年补贴政策的调整，预期电池系统比能量将进一步提升，近期系统比能量大于160Wh/kg的轿车动力电池和系统比能量大于150Wh/kg的客车动力电池将进入应用，性能已基本满足电动车辆发展的需求。所谓的"磷酸铁锂和三元正极之争"也有了一个初步答案，轿车动力电池一般倾向于使用三元正极材料，主要是高比能量的电池对私家轿车更有吸引力，客车等商用车动力电池一般倾向于使用磷酸铁锂为正极材料，因为对于商用车而言，磷酸铁锂电池的高安全性和长寿命特性更具有吸引力。随着产业规模的扩大，电池系统的价格会进一步下降，预期2020年底将实现系统价格低于1元/Wh的目标，届时纯电动车辆不依赖于补贴即可比燃油车更具有经济性。

寄语：2018年为动力电池行业阶段性升级的关键年，愿全产业链共同进步。

2017年初，动力电池生产企业首先感受到了压力，冬天比预期来得还早了一点，动力电池产品价格大幅度下降，原材料价格上涨导致三元正极材料和石墨负极材料价格快速上涨，前期销售的部分电池进入更换期，补贴发放滞后导致应收款大量增加等压力叠加。无论压力有多大，保障电池产品的安全性和可靠性应该是不可动摇的底线，在此基础上的比能量提高和成本的降低才有价值。2018年电池企业的压力无疑是更大了，这个时候优秀的企业应迎难而上，反周期地增加研发投入，及时淘汰落后产能，加速建设高端产能，经过2年左右的奋斗实现一次阶段性的产业升级，过了这个冬天，春天里可持续发展的动力电池行业将支撑我国交通行业的能源变革，也将为新能源革命做出应有的贡献。

---

[*] 中国科学院物理研究所研究员，固态离子学课题组组长。

产 业 篇

Industry Reports

B.3
2017年单体电池产业发展报告

周波 杨海燕[*]

摘　要： 2017年三元动力电池搭载比例大幅提升，从2016年的22%提升至2017年的44%；新能源乘用车中应用三元电池的比例逐渐提高，占比超过80%，从而拉动了三元正极材料需求的上涨；新补贴政策出台，对新能源汽车动力电池能量密度要求进一步提高，国内主流动力电池企业加大三元动力电池的布局力度。从电池外形来看，方形电池仍占据大部分市场，2017年动力电池企业装机量排名前十的方形、软包、圆柱电池企业数量分布比例相差不大，但方形电池装机量远高于圆柱及软包电池。在市场和政策双重压力之下，再加上行业内技术趋势，企业以及科研机构均开始研发更高能量密度的动

---

[*] 周波，中国化学与物理电源行业协会动力电池应用分会标准化工作组、行业研究部主任；杨海燕，中国化学与物理电源行业协会动力电池应用分会。

力电池。新能源汽车行业崛起，动力电池企业纷纷扩大产能，部分大型企业跨界布局新能源，动力电池快速发展，产能急剧扩大，但高端产能不足、低端产能过剩情况仍然存在。未来，具有技术优势、规模优势的企业将增加市场占有率。

关键词： 动力电池　技术路线　能量密度　外形规格　装机量

一　动力电池总体规模概况

在我国新能源汽车产业政策调整后，2017年国内新能源汽车行业逐步从低谷转入正轨，不仅如此，各项指标还创了新高。2017年全年新能源汽车动力电池装机量为36.3GWh[①]，较上年同期增长34.6%；其中，12月新能源汽车装机量达到11.8GWh，较上年同期增长43.84%，11月和12月连续两个月市场出现"抢装"现象。与此同时，2017年动力电池企业产能扩张势头持续增长，尤其是方形电池产能增长比较明显；一些生产圆柱动力电池的企业也纷纷布局方形电池产线，而以生产方形电池为主的企业，通过调整电池产品尺寸，研发大容量的电池产品来加大产能布局。目前国内生产方形动力电池的企业主要包括宁德时代、比亚迪、国轩高科、亿纬锂能、天津力神、中航锂电、星恒电源、迈科新能源、中天科技、力信源、南都电源、哈尔滨光宇、骆驼新能源、珠海银隆等。

2017年11月10日，宁德时代对外公布了创业板首次公开发行股票招股说明书，拟募集资金131.2亿元，投资宁德时代湖西锂离子动力电池生产基地项目、宁德时代动力及储能电池研发项目。产品主要包括动力电池电芯、模组及电池包，项目将建成24条生产线，共计年产能为24GWh的动力电池产品；公司计划到2020年电池产能增加到目前的6倍，将达到

---

① 数据源自动力电池应用分会调研以及企业上报。

50GWh。

据动力电池应用分会调研，国轩高科目前已具备3GWh三元电芯、7GWh磷酸铁锂电芯的生产能力，公司规划2018年在原有产能基础上再新增10GWh的电芯产能，到2020年底计划达到30GWh的产能。目前，国轩高科已与北汽新能源、北汽常州、安凯客车、江淮汽车、成都大运、奇瑞汽车、南京金龙等多家车企形成紧密合作。

亿纬锂能的产能也在持续提升，公司在动力电池方面，目前已形成磷酸铁锂电池产能2.5GWh，三元电池产能3.5GWh，公司目前还有1GWh三元软包叠片电池产能，另有2GWh方形电池产能实现量产，总产能达到9GWh。公司正在规划的新产能，也将在2018年逐步建设和陆续释放。

芜湖天弋能源科技公司现有动力电池产能4GWh，涵盖磷酸铁锂和三元两大体系电芯产品，目前投产方形磷酸铁锂电池产线3条、方形三元电池产线2条。公司二期项目扩建工程也正在紧锣密鼓地进行，预计到2020年公司整体产能将达到20GWh。目前公司已与多家知名车企建立起了紧密的供货关系，配套范围涵盖新能源乘用车、客车和专用车，针对国内新能源汽车产业的发展现状，芜湖天弋下一步将着重在三元体系上进行产能布局。动力电池应用分会调研组获悉，2018年芜湖天弋面向市场将主要推出215Wh/kg的三元方形电芯产品，并计划2019年实现单体能量密度240Wh/kg的三元方形电芯的量产；磷酸铁锂方形电芯产品方面2018年已升级单体能量密度达到160Wh/kg，并计划2019年升级电池单体能量密度到180Wh/kg。

力信能源现有电芯产能4GWh，主要生产方形铝壳电芯，共7条全自动生产线，产品涵盖了三元及磷酸铁锂两大体系，目前已经建成两个生产基地，一个研发中心，磷酸铁锂电芯产品能量密度已经达到170Wh/kg。2018年公司产能将达到8GWh，主打产品210Wh/kg方形三元电芯的生产准备工作已经完成，将在近期进行大规模量产，而下一代250Wh/kg的方形三元电芯的技术准备工作也已经完成，预计将于2019年推向市场。公司目前已经实现为一汽、中通、陕汽、金龙、亚星、申龙、森源、北汽福田等整车电池的配套，储能应用已经在中国、德国、英国、美国、加拿大、澳大利亚等全球范围内实现了销售。

塔菲尔新能源科技已经在东莞和南京建成两个生产基地，产能达到2GWh。面对不断扩大的市场，塔菲尔积极布局扩产计划，预计在2018年底总产能达到7GWh；目前与吉利汽车、东风汽车、兰州知豆、成都雅骏等车企建立起了紧密的合作关系。

当前国内动力电池竞争格局中，方形电池仍占据大部分市场。2017年动力电池企业装机量数据显示，装机量排名前10的方形、软包、圆柱电池企业数量分布比例相差不大，但方形电池总装机量远高于圆柱及软包电池。

从企业扩产结构来看，三元电池新增产能56GWh，扩产后产能将达93GWh，占总产能的41%；磷酸铁锂电池新增52GWh，扩产后产能将达123GWh，占总产能的54%；其他类型电池新增产能较小，仅约2GWh，扩产后产能约为10GWh，占比仅为不到5%。

其他类型的电池主要有钛酸锂和锰酸锂电池；钛酸锂电池代表企业珠海银隆和微宏动力，2017年产能均为4GWh；锰酸锂电池代表企业苏州星恒2017年产能为2.5GWh。目前，珠海银隆公司正在积极加强钛酸锂电池及整车企业的相关布局，预计未来珠海银隆动力电池的扩张产能将超过8GWh。

2017年多家三元材料企业大幅扩产，其中有不少新进入企业，新增产能将于2018年陆续投产，随着新增产能的不断释放，现有市场竞争格局将被打破，行业竞争也将越来越激烈。

动力电池市场一方面高端产能需求的增量在持续攀升，另一方面在供应的增长上却难以与市场形成同步，短期内高端产能的缺口很难补足。预计2020年左右，高端产能基本可以实现供需平衡。

高能量密度的发展趋势使得越来越多的电池厂商转而研发三元电池，研发力量的集聚必然导致研发速度的加快，高端电池产能放量无疑也会越来越快，但这种强化不仅要体现在产量的增长上，更应体现在提质降本的深化上。

动力电池企业将着力加强新体系动力电池基础研究，大力推进新型锂离子动力电池研发和产业化。目前我国动力电池产业正处于由高速增长向高质量增长转型的攻关阶段。产业发展取决于产品的技术进步、安全可靠性提升以及成本下降，同时顶层政策设计也有重要影响，并且中国动力电池产业将面临进一步开放形势的严峻挑战。

二 动力电池企业技术路线分析

动力电池应用分会针对国内 50 家主流电池企业的技术路线进行了详细的分析（见表1、表2）。

表1 三元电池主要生产企业

电池类型	企业名称	主要应用领域
三元圆柱	天津力神、超威创元、广州鹏辉、亿纬锂能、海四达、比克电池、华霆动力、深圳卓能、福建猛狮、上海德朗能、北京波士顿电池、山东中信迪生电源等	纯电动乘用车
三元方形	宁德时代、比亚迪、国轩高科、超威创元、海四达、南都电源、双登集团、广州鹏辉、哈尔滨光宇等	纯电动乘用车以及部分插电式混合动力乘用车
三元软包	多氟多、福建猛狮、双登集团、桑顿新能源、中航锂电、风帆、杭州天丰电源、南都电源、广东天劲新能源等	纯电动乘用车以及电动自行车

资料来源：动力电池应用分会。

表2 磷酸铁锂电池主要生产企业

电池类型	企业名称	主要应用领域
磷酸铁锂圆柱	沃特玛、福建猛狮、广州鹏辉、超威创元、风帆、上海德朗能、江苏天鹏、实联长宜、河南新太行电源等	纯电动客车、启动电源、电动工具及储能电站
磷酸铁锂方形	宁德时代、比亚迪、天津力神、国轩高科、中航锂电、超威创元、南都电源、双登集团、海四达、风帆、上海航天电源、广州鹏辉、广东天劲、浙江佳贝思等	纯电动大巴、货车、专用车以及一些数码产品
磷酸铁锂软包	北京国能、双登集团、桑顿新能源、福建猛狮、多氟多、杭州天丰电源等	新能源汽车及启动电源

资料来源：动力电池应用分会。

在50家主流电池企业中,生产三元圆柱电池的企业包括天津力神、超威创元、广州鹏辉、亿纬锂能、海四达、比克电池、华霆动力、深圳卓能、福建猛狮、上海德朗能等,而三元方形电池生产企业超过9家,三元软包电池生产的企业超过9家;生产磷酸铁锂方形电池的企业包括宁德时代、比亚迪、天津力神、国轩高科、中航锂电、超威创元、南都电源、双登集团、海四达、风帆、上海航天电源、广州鹏辉、广东天劲、浙江佳贝思等,而磷酸铁锂圆柱电池生产企业超过9家,磷酸铁锂软包电池生产的企业超过6家。此外,中航锂电、星恒电源、孚能科技、中信国安盟固利、多氟多等企业也涉及锰酸锂电池的生产。

配套三元电池和磷酸铁锂电池车辆分布在不同的车辆类型领域里,三元动力电池有着能量密度大、体积小、大倍率充电和低温性能良好等方面的优势,但循环性能方面,磷酸铁锂电池的优势则相对明显,在安全方面磷酸铁锂电池也优于三元动力电池。制造不同类型新能源车辆的厂商,在选用电池时可根据不同用途选择,新能源客车空间相对较大,对电池的能量密度和比功率要求相对较低,车企选择磷酸铁锂动力电池居多,发挥了其循环性能好的特性;而新能源乘用车空间有限,电池用量较少,各个厂商则选用高能量密度与高比功率的三元动力电池较多。

三 动力电池单体能量密度分析

在补贴金额与电池系统能量密度挂钩的压力之下,国内动力企业都加紧了研发新一代高性能动力电池的步伐;除了改进原材料属性提升电芯单体比能量之外,做大电芯尺寸规格增加容量成为电池企业提升能量密度的重点。

通过对国内50家动力电池企业电池能量密度的分析,多数企业单体能量密度在200~220Wh/kg,占比为76%,230Wh/kg以上的企业占比为18%(见图1);软包电池单体能量密度达到并已经超过160Wh/kg的企业有14家,分别是桑顿新能源、孚能科技、国能电池、微宏动力、天劲股份、妙盛动力、中兴派能、多氟多、天津捷威、上海卡耐等。

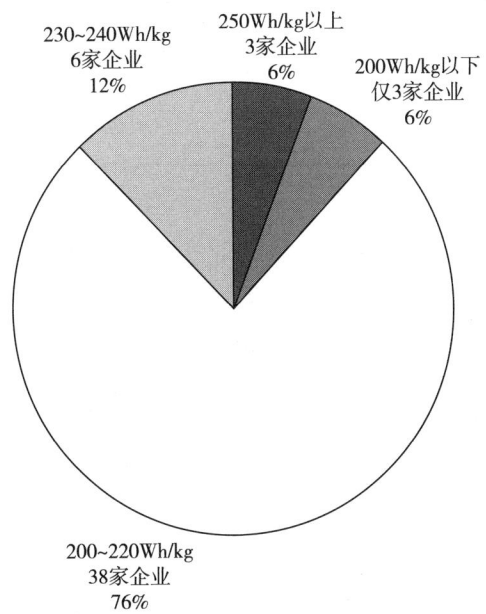

图1 国内主要电池企业三元电池能量密度区间占比

资料来源：动力电池应用分会。

通过对主要动力电池企业电池能量密度的分析，我们发现，电池轻量化处理已经成为一种普遍选择。由于磷酸铁锂电池在能量密度上存在较大短板，短期内将系统能量密度提升，难度相对较大，这直接给磷酸铁锂电池企业造成了较大的压力；实际上通过改进材料性能以提升磷酸铁锂电池单体比能量的效果比较有限，更直接的方法还是增大电池尺寸、增加电池容量、减轻电池包重量，通过物理方式提升电池系统能量密度。

目前，包括宁德时代、比亚迪、北京国能电池、亿纬锂能、国轩高科等多家电池企业的磷酸铁锂电池系统能量密度超过了 115Wh/kg，但上述企业均表示通过减轻电池包重量、进行轻量化处理等方式提升能量密度的作用更明显；包括沃特玛、鹏辉能源、桑顿新能源、湖南三迅等电池企业也在采取相应措施给电池包减重，来提升电池能量密度，均已取得了显著的效果。

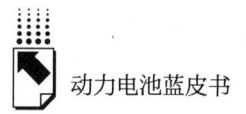

2017年国产动力电池能量密度水平得到显著提升，磷酸铁锂系统能量密度达到115Wh/kg已较为普遍，主要被应用于新能源客车领域；三元电池则从NCM 523体系向NCM 622/811和NCA迈进，主要应用于新能源乘用车领域，市场占比快速提升；新能源专用车领域，三元电池与磷酸铁锂电池不相上下。

随着三元电池的安全性逐步得到验证，加之消费市场对于续航里程的需求提升，国家政策又倾向扶持高能量密度动力电池，高镍三元材料电池被业界普遍看好，吸引众多动力电池企业的积极布局。三元电池企业多在集中布局高镍三元电池的研发，技术路线从目前主流的NCM 523体系正向NCM 622/811和NCA快速地推进。

三元正极材料的高镍低钴化在提升电池能量密度、降低材料成本等方面具有明显优势，但安全性和稳定性问题较为突出。由于高镍三元正极材料的技术壁垒较高，在制备工艺、设备及生产环境等方面的要求都远远高于普通三元材料，国产高镍三元材料走向成熟仍需要克服多项技术难题。

除了导入高镍材料提升三元电池比能量之外，更改电池尺寸提升电池容量依然是有效的方式。自2017年1月特斯拉宣布与松下联合研发的新型21700电池开始量产以后，21700电池成为新的讨论热点；动力电池应用分会在对国内电池企业和新能源车企的调研走访中了解到，目前包括远东福斯特、比克电池、福建猛狮、亿纬锂能、天津力神、海四达、创明新能源、卓能新能源、天鹏电源、横店东磁等电池企业都宣称将布局21700电池；同时也有大批圆柱电池企业表示比较关注，正在进行技术储备，将21700电池纳入公司未来产品发展的规划当中；其中，亿纬锂能、天津力神、远东福斯特等电池企业在布局21700电池方面已经进入了实质性阶段。

21700电池在能量密度、制造成本、系统优化和轻量化等方面均优于18650电池，但是否能批量化应用于产业，还有待于市场的进一步验证，要形成有效的产业链仍需要很长一段时间。

受 2017 年新能源汽车补贴额度的退坡与补贴细则变化的影响，动力电池企业也在经历提升能量密度和电池质量的调整。一方面，对电芯成组、电池箱体、PACK 结构方面进行系统性优化设计，进行轻量化处理，综合提升电池系统能量密度；另一方面，通过对电池材料体系进行改进来提升电池单体及系统的能量密度。无论是三元还是磷酸铁锂，动力电池企业对于电池系统能量密度的提升可以说是全力以赴。

从 2018 年第 1 批推荐目录来看，新能源乘用车电池能量密度提升、产品升级换代明显，在 27 款纯电动车型中，系统能量密度在 120Wh/kg 以下的车型仅有 3 款，占比为 11%；120Wh/kg 以上的车型达 24 款，可获得 1.1 倍补贴，占比达 89%；其中，系统能量密度超过 140Wh/kg 的电池企业有宁德时代、比亚迪、比克电池、中航锂电、超威创元、上海捷新、多氟多、妙盛动力、科易动力等。

从纯电动客车电池能量密度来看，51 款纯电动客车的系统能量密度都在 120Wh/kg 以上，全部都能获得 2017 版补贴的 1.2 倍最高补贴；同时，能量密度达 140Wh/kg 以上的车型有 45 款，占比达 88%，分别是由宁德时代、比亚迪、国轩高科、亿纬锂能、盟固利动力提供的电池。

从新能源专用车电池能量密度来看，在 29 款新能源专用车车型中，除一款车型的能量密度在 110.75Wh/kg 以外，其余 28 款纯电动专用车的系统能量密度均在 115Wh/kg 以上。

通过 2017 年动力电池应用分会的调研活动，我们了解到已有多家电池企业开始量产高镍 NCM 622 产品，能量密度较此前已经有了大幅的提升。例如，天劲股份目前三元单体量产比能量达 215Wh/kg，2018 年将量产 230Wh/kg 产品，近期重点发展高镍三元材料电池；比克 18650 圆柱第三代 2.9Ah 产品已经实现量产，能量密度约 218Wh/kg，目前重点开发高镍 811/NCA 体系；远东福斯特 218Wh/kg 三元电池已经批量生产；桑顿新能源 230Wh/kg 三元电池可实现量产；孚能科技 220Wh/kg 三元软包电池已批量生产；鹏辉能源 2.8Ah 的 18650 电池比能量将达到 230Wh/kg 以上，高镍三元电池将实现量产。

三元正极材料的高镍低钴化在提升电池能量密度、降低材料成本等方面具有明显优势，但安全性和稳定性问题较为突出。由于高镍三元正极材料的技术壁垒较高，在制备工艺、设备及生产环境等方面的要求都远远高于普通三元材料，国产高镍三元材料走向成熟仍需要克服多项技术难题。

四 单体电芯不同外形市场占比分析

动力电池目前主要有三种封装形式的单体电芯，分别是方形电芯、圆柱电芯和软包电芯，不同的封装形式有着不同的特点。动力电池应用分会统计数据显示，2017年1~12月方形动力电池装机量为21.4GWh，同比增长了17%；圆柱动力电池装机量为10.2GWh，同比增长了72%；软包电池装机量为4.7GWh，同比增长了49%（见图2）。

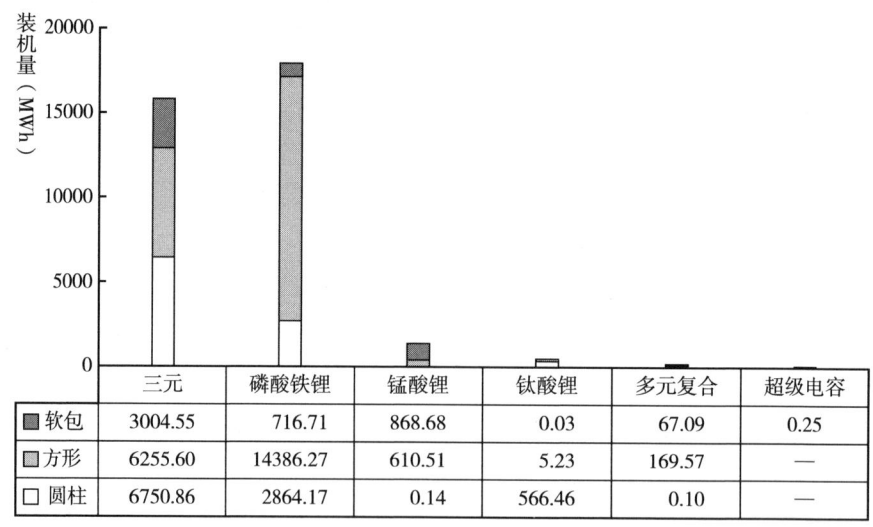

图2 2017年中国新能源汽车单体电芯外形装机量占比分析

资料来源：动力电池应用分会。

从不同类型动力电池来看，方形电芯以磷酸铁锂电池为主，占比为67.1%；圆柱单体电芯以三元动力电池为主，占比66.3%，磷酸铁锂电池为辅；软包单体电芯以三元动力电池为主，占比为64.5%。

如图3所示，从2018年第一季度动力电池装机量数据来看，方形电芯动力电池装机量为3.3GWh，同比增长高达385%，是三种封装形式电芯中增长幅度最大的一种；软包电芯动力电池装机量为0.34GWh，同比减少2.1%；圆柱电芯动力电池装机量为0.69GWh，同比增长209%。由此可以看出，方形电池在市场所占的比重较大，2018年一季度方形电池装机占比达到76%，预计未来方形电池的市场占比将会进一步增加。

从近几年的市场发展趋势来看，软包动力电池的装机量占比越来越大，按照2018年新能源汽车补贴方案，系统能量密度在140Wh/kg以上的纯电动乘用车有10%的补贴溢价，系统能量密度在160Wh/kg以上的纯电动乘用车有20%的补贴溢价，系统能量密度在135Wh/kg以上的纯电动客车可获得10%的补贴溢价。由于软包电池能进一步提升电池能量密度，发展软包电池同时也符合国家新政策引导的方向，目前软包电池在慢慢抢占市场。预计2020年软包电芯市场比重有望达到50%，将是未来发展的一大趋势。

五 不同电池类型新能源汽车装机量对比分析

由于补贴金额与电池系统能量密度直接挂钩，为能够拿到更多的补贴，车企将倾向于采购能量密度较高的动力电池。2017年1~12批推荐目录显示，磷酸铁锂、三元材料、锰酸锂、钛酸锂四大动力电池技术路线都有产品上榜。推荐目录显示，磷酸铁锂电池在客车领域依然享有绝对优势，三元电池在乘用车市场占据主导地位，锰酸锂电池是插电式混合动力客车市场的佼佼者，钛酸锂电池则更倾向于纯电动快充类客车。

磷酸铁锂电池优点有很多，缺点也很明显，其能量密度很难提升，动力电池能量密度要求的进一步提升，将会阻碍磷酸铁锂动力电池在市场上的发展，磷酸铁锂电池或将退出乘用及物流车市场；同时，由于双积分政策的实

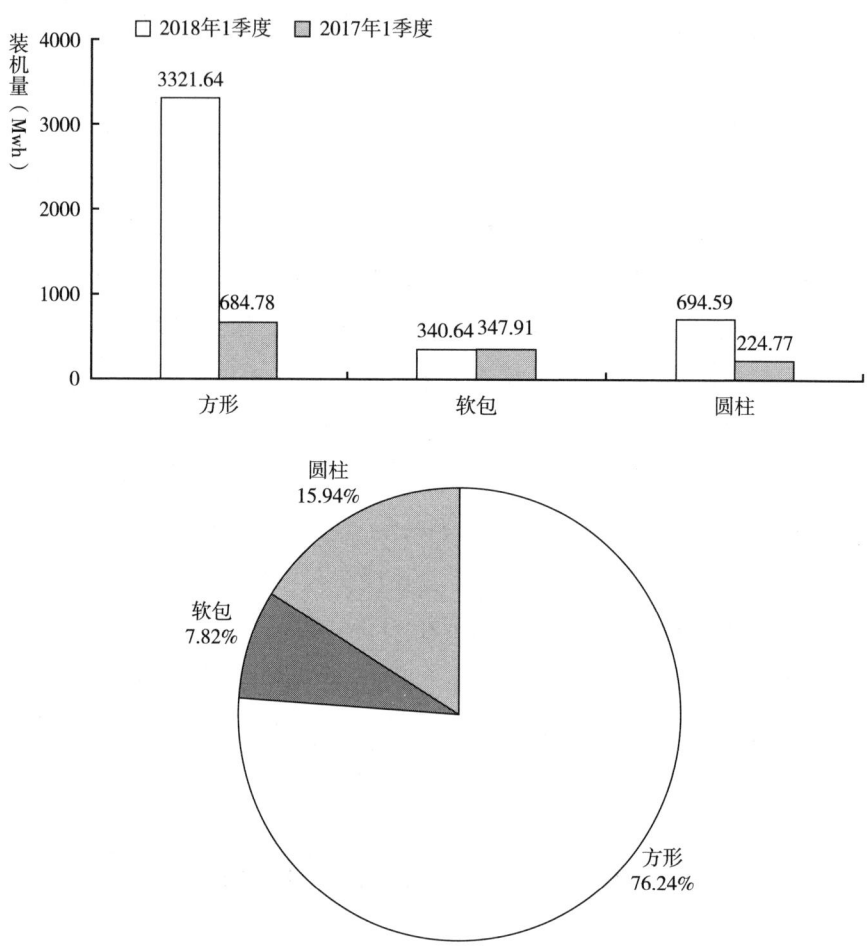

图 3　2018 年一季度中国新能源汽车单体电芯外形装机量占比分析

数据来源：动力电池应用分会。

施，乘用车市场将进一步扩大，三元材料市场占有率还将继续增加。

如图 4 所示，动力电池应用分会通过对动力电池装机量的分析可以得知，2017 年 1~12 月动力电池装机总量达 36449.93MWh；每年的第四季度一般都是动力电池装机的高峰期，12 月环比继续保持高增长，12 月动力电池装机量为 11797.93MWh，环比大幅增长 70.11%。尽管如此，动力电池企业仍然有不少销量未被列入统计，装机量低于市场实际出货量，主要由于

11~12月出货量较大，部分已装载而未销售车仍在流通渠道中，没有被计入实际统计。另外，部分电池进入储能领域也没有被纳入统计之中。

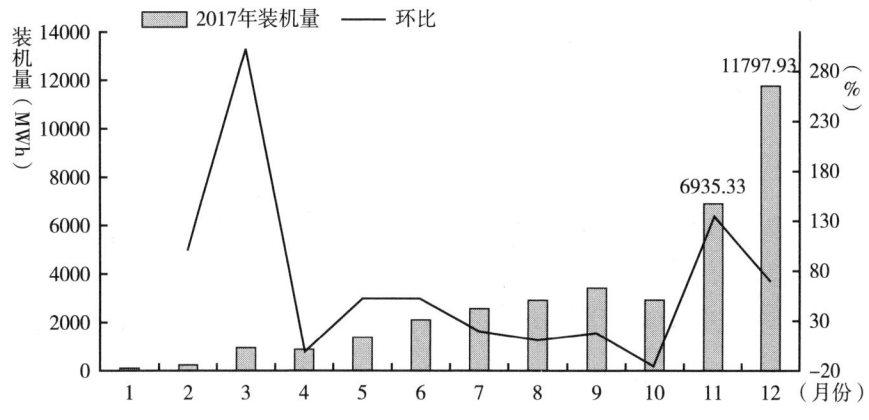

图4　2017年1~12月动力电池装机量对比

数据来源：动力电池应用分会。

如图5所示，从不同电池材料类型来看，2017年1~12月三元电池装机量为16.0GWh，占比为43.8%；磷酸铁锂电池装机量为18GWh，占比为49.31%；锰酸锂电池装机量为1.5GWh，占比为4.1%；钛酸锂电池装机量

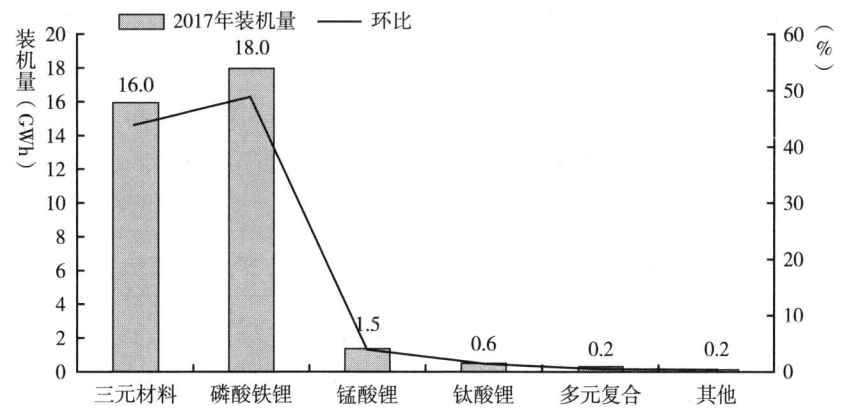

图5　2017年1~12月各类型电池装机量及占比

数据来源：动力电池应用分会。

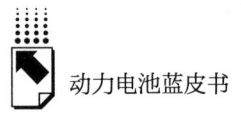

为0.6GWh，占比为1.6%；其他电池材料装机量相对较少，为0.2GWh，占比为0.55%。

从市场整体情况来看，2017年动力电池市场仍然呈现先抑后扬格局，增长态势不减，值得注意的是，出于车厂成本控制因素，动力电池单价下滑明显，这一现象在2018年继续呈现。

六 主流车企配套电芯规格尺寸分析

（一）纯电动乘用车

据统计分析，2017年1～12月生产的448405辆纯电动乘用车中，排名前五的品牌分别是：北京牌产量99079辆、众泰牌33113辆、吉利牌32779辆、比亚迪牌31475辆、江铃牌31035辆。

从各车型配套使用的单体电芯尺寸来看，北京牌配套的单体尺寸共有11种，其中使用单体电芯尺寸最多的是52×148×95（单位：mm），占比为32.08%。众泰牌纯电动乘用车搭载的动力电池都是三元电池，使用的单体电芯尺寸共15种，其中A00级车配套的单体电芯有6种，基本为圆柱单体电芯，使用最多的是Φ18×65（单位：mm），占比44.62%。吉利牌纯电动乘用车共使用了8种电芯尺寸，其中圆柱单体电芯占比53.72%，使用最多的一种是Φ18×65（单位：mm），占比为39.37%。A0级车和A级车使用的是同一尺寸电芯。比亚迪牌生产的纯电动乘用车配套的动力电池都是磷酸铁锂电池，使用的单体电芯尺寸有3种，都是方形单体电芯。江铃牌配套的动力电池都是三元电池，使用的单体电芯尺寸有8种，以圆柱单体电芯为主，使用最多的一种尺寸是Φ18×65（单位：mm），占比为97.54%。

整体来看，2017年1～12月纯电动乘用车排名前五的品牌配套的动力电池有81.67%的车辆使用的是三元电池，生产的车型级别以A00级车型为主。这一现象主要受政策补贴及整车技术要求提升影响，再加上磷酸铁锂现在处于瓶颈期，好多电企不得不把目光投放到了三元电池上。

（二）纯电动客车

据统计分析，2017年1~12月共生产了88418辆纯电动客车，产量排名前五的企业分别是宇通、比亚迪、中通、广通和中国中车，排名前五的企业产量合计为48238辆，占比为54.56%。

宇通在2017年1~12月共生产了20004辆纯电动客车，配套的动力电池以磷酸铁锂电池为主，锰酸锂为辅；从单体电芯来看，10米以上的纯电动客车单体电芯尺寸有9种，使用最多的是54×174×200（单位：mm），8~10米的纯电动客车单体电芯尺寸有7种，使用最多的尺寸也是54×174×200（单位：mm），占比达57.41%；整体来说，宇通配套的磷酸铁锂动力电池以方形电芯为主，软包为辅。比亚迪在2017年1~12月共生产8665辆纯电动客车，占比为9.8%。从使用的单体电芯来看，总共有3种尺寸，以416×145.5×57（单位：mm）为主。中通在2017年1~12月共生产了6938辆纯电动客车，从配套的动力电池来看，以磷酸铁锂电池为主，锰酸锂电池为辅；从使用的单体电芯尺寸来看，总共有12种；使用最多的一种是140×100×20.5（单位：mm）。广通在2017年1~12月共生产了6330辆纯电动客车，占比为7.16%；从配套的动力电池来看，以钛酸锂电池为主，占比61.28%，并且都是快充纯电动客车；从使用的单体电芯来看，总共有6种尺寸，使用最多的是Φ66×160（单位：mm）。中车2017年1~12月共生产了6301辆纯电动客车，占比7.13%，主要集中在10米以上的纯电动客车中，占比达83.37%；从使用的单体电芯来看，使用最多的尺寸是（54±1）×（174±1）×（200±1）（单位：mm），总共有14种。

整体来看，新能源客车车长基本集中在8~10米和10米以上；从配套的动力电池来看，以磷酸铁锂电池为主，纯电动快充客车配套的动力电池以钛酸锂电池为主；从使用的单体电芯来看，以方形单体电芯为主。

（三）纯电动专用车

从车辆品牌来看，纯电动专用车2017年1~12月一共有118个品牌，

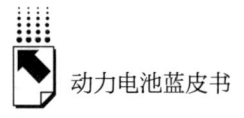

排名前五的品牌分别是东风牌、楚风牌、通家福牌、大运牌和开沃牌，产量之和为68453辆，占比达44.62%。

东风牌在2017年1~12月共生产了28463辆纯电动专用车。从车辆类型产量来看，以物流车为主，产量为26552辆，占比达93.29%，配套的动力电池有四种，分别是三元电池、磷酸铁锂电池、锰酸锂电池和铅酸电池，以三元电池为主，占比达66.7%，磷酸铁锂电池为辅，占比为27.89%；从使用的单体电芯尺寸来看，物流车有24种尺寸，以方形（45±1）×（173±1）×（125±1）和圆柱Φ18×65（单位：mm）为主；环卫车有6种尺寸，特种车有11种尺寸，以圆柱单体电芯为主。

楚风牌在2017年1~12月共生产了13872辆纯电动专用车，有两种车型，以物流车为主，占比达99.99%，另一种车型是环卫车，产量只有1辆；从配套的动力电池来看，楚风牌纯电动物流车以磷酸铁锂电池为主，占比为77.51%，三元电池占比22.49%；从使用的单体电芯来看，楚风牌纯电动物流车共使用了8种尺寸的单体电芯，其中方形电芯有1种，软包电芯有2种，圆柱电芯有5种，以Φ32×70（单位：mm）为主。

通家福牌在2017年1~12月共生产了11612辆，全部为物流车，搭载三元动力电池的车辆有11609辆，占比达99.97%，使用的单体电芯尺寸有11种，以软包电芯为主，9.5×90×130（单位：mm）尺寸是最受欢迎的一种。

大运牌在2017年1~12月共生产了7888辆，车辆类型有物流车和特种车两种，物流车占比98.27%，特种车占比1.73%；从配套的动力电池来看，车辆搭载的动力电池类型有三种，分别是三元电池、锰酸锂电池和磷酸铁锂电池，其中三元电池占比为77.14%，磷酸铁锂电池占比22.86%；从使用的单体电芯来看，大运牌纯电动专用车使用的单体电芯有49种尺寸，使用最多的一种是直径（1.83±0.2），高度（64.7±0.3）（单位：mm）。

开沃牌在2017年1~12月共生产了6618辆纯电动专用车，生产车辆都是物流车，配套的动力电池有三元和磷酸铁锂两种，以三元动力电池为主，使用的单体都是圆柱电芯，Φ（18.3±0.1）×（65±0.1）（单位：mm）尺寸使用最多。

通过对排名前五的品牌进行参数分析，整体来说，物流车是纯电动专用车市场的主要贡献者，这一现象由政府推力和市场需要导致；从配套的动力电池来看，以三元动力电池为主，使用的单体电芯外形以圆柱电池为主，其中 Φ18×65（单位：mm）使用最多。

七 主要动力电池企业竞争格局分析

（一）宁德时代：2020年规划产能将达到50GWh

2017年1~12月宁德时代动力电池配套新能源汽车装机总量为10507.66MWh，从各类型电池配套量来看，三元电池配套量为4645.67MWh，磷酸铁锂电池配套量为5861.99MWh；全年搭载的新能源汽车总量为19.79万辆。

在与车企的合作方面，宁德时代目前已经与超过64家车企进行了合作，其中2017年产量排名前十的车企分别是北京新能源48799辆、上海汽车集团33252辆、郑州宇通客车17099辆、浙江吉利汽车14135辆、北京汽车股份13776辆、浙江豪情汽车10965辆、东风汽车8414辆、上汽通用五菱汽车股份7506辆、湖南中车时代4664辆、江西昌河汽车4032辆，排名前十的车企合计电池装机量占总装机量的70.73%。2017年宁德时代排名前五的配套车企新能源汽车装机量如图6所示。

截至2017年底，宁德时代的总产能为17.09GWh，而新版招股书中显示，当湖西锂离子动力电池生产基地项目达产后，宁德时代将新增产能24GWh，总产能将达到41.09GWh。公司规划到2020年产能达到50GWh，2020年之前电池能量密度达到300~350Wh/kg，并将电池成本降低到每瓦时低于1元，让新能源汽车能够和传统燃油汽车同台竞争。

（二）比亚迪：2018年产能将达26GWh

据动力电池应用分会调研组最新了解，为满足现阶段纯电动乘用车

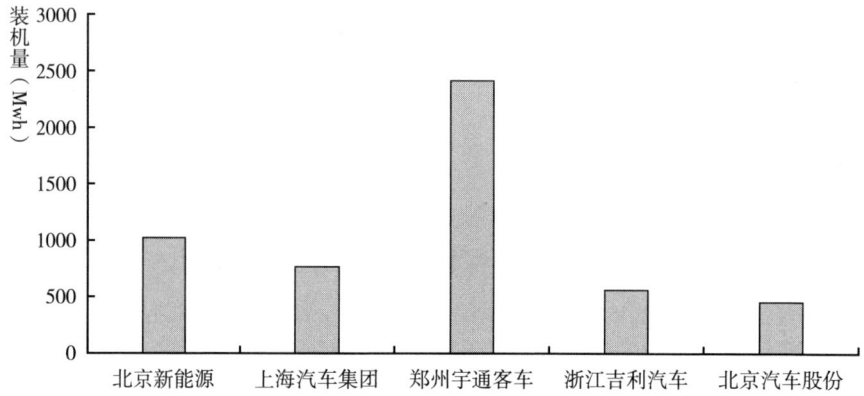

图 6　2017 年宁德时代排名前五的配套车企新能源汽车装机量

数据来源：动力电池应用分会。

的市场需求，比亚迪在锂电产品的布局上快速反应，截至 2017 年底公司已建成拥有 16GWh 产能的动力电池产线。此外，比亚迪青海基地共 24GWh 三元产线正在建设中。受上游原材料价格上涨影响，动力电池行业利润率普遍下降，这同时也给车企发展新能源汽车原材料供应造成了很大障碍。

现阶段比亚迪生产的动力电池主要供给集团内部使用，随着电池事业的拆分，比亚迪的动力电池产品向外流通部分将会更多。除此之外，比亚迪的电芯产品还广泛应用于国外专用车和储能领域。

2017 年 1～12 月比亚迪动力电池配套新能源汽车装机总量为 5645.77MWh，从各类型电池配套量来看，三元电池配套量为 852.44MWh，磷酸铁锂电池配套量为 4793.33MWh；全年搭载的新能源汽车产量为 10.35 万辆，除北京华林特装车有限公司的 958 辆新能源汽车是搭载的比亚迪电池外，其余全部为比亚迪汽车自产车。2018 年，随着比亚迪动力电池业务的拆分，公司将为更多的车企提供电池。2017 年比亚迪排名前五的配套车企新能源汽车装机量如图 7 所示。

公司动力电池产品方面以方形铝壳路线为主，也有部分采用软包路线。

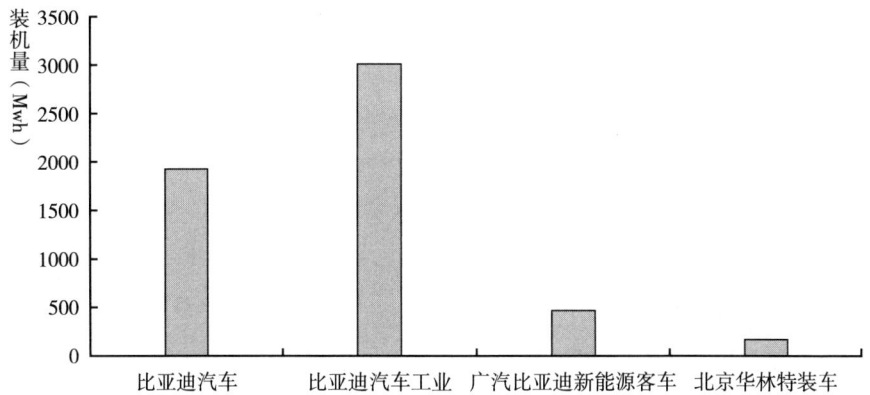

图 7　2017 年比亚迪排名前五的配套车企新能源汽车装机量

资料来源：动力电池应用分会。

比亚迪选择以方形铝壳路线为主，主要考虑到电池的质量和安全等问题。除了比亚迪，宁德时代、三星、松下等电池企业也选择方形路线，目前18650电池技术比较成熟，其体积比较小，可随意组合，串并联也比较灵活，因此，在未来一段时间内，方形和圆柱18650电池仍是动力电池技术路线的主流。

目前，比亚迪磷酸铁锂电池的单体能量密度为150Wh/kg，后续开发计划将能量密度继续提升到160Wh/kg；除了磷酸铁锂电池，比亚迪也在同步开发三元电池，而如果将三元锂电池的技术应用到磷酸铁锂电池上，对原有用石墨作为负极材料的做法进行一些调整，那么在2020年左右，比亚迪计划将磷酸铁锂电池的单体能量密度提升到200Wh/kg。另外，比亚迪的三元电池已经具备量产条件，目前能量密度也达到了200Wh/kg，比亚迪计划2018年三元电池比能量达到240Wh/kg，2020年达到300Wh/kg。

与此同时，比亚迪新能源产业还涉及上游矿产、电池材料（六氟磷酸锂、隔膜、电解液、正极材料）、锂电池、电动汽车领域，公司已经打通了上游矿产资源到下游整车全产业链，实现产业链闭环。在锂电行业深耕多年,积累了过硬的锂电制造技术,凭借优秀的产品品质,比亚迪有信心在未来占据更加广阔的锂电市场。

(三)国轩高科:加大三元领域的投入力度

2017年1~12月国轩高科动力电池配套新能源汽车装机总量为2049.34MWh,装机总量排名第四;从各类型电池配套量来看,三元电池配套量为308.02MWh,磷酸铁锂电池配套量为1741.33MWh;全年搭载的新能源汽车产量为4.91万辆。其中,安徽江淮汽车股份有限公司配套数量最多,为2.71万辆,其次是北京新能源的1.14万辆和上海汽车商用车的2425辆。2017年国轩高科排名前五的配套车企新能源汽车装机量如图8所示。

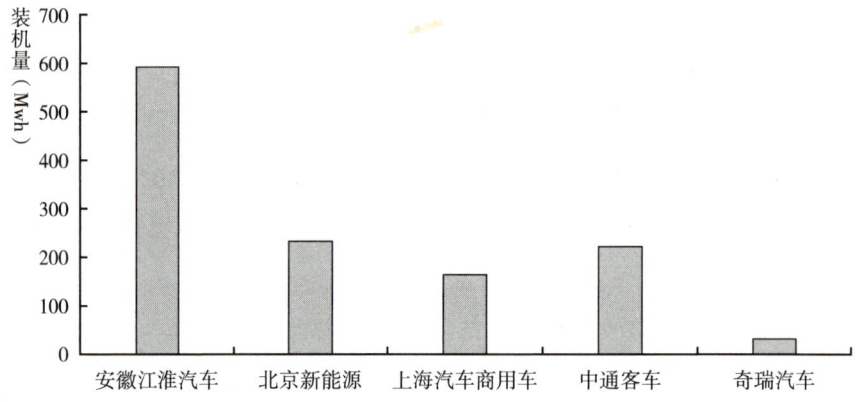

图8 2017年国轩高科排名前五的配套车企新能源汽车装机量

资料来源:动力电池应用分会。

国轩高科同时拥有电池产业链布局的优势。2017年4月与星源材质的合资公司开始量产隔膜,到2017年第四季度自产的正极材料也已经放量,实现成本最高的正极材料和隔膜的量产,可以降低30%的采购成本,总的电芯成本可以降低到900元/kWh。

2017年国轩高科顺利实现6000吨高容量磷酸铁锂产线和3000吨622三元材料自动化产线的投产;搭配公司50Ah三元电芯,采取轻量化设计的乘用车PACK，成组系数已经达到68%。商用车标准箱系统能量密度达到140Wh/kg。

2018年动力电池市场的趋势，一是140Wh/kg可能重新成为补贴门槛，二是新能源汽车市场乘用车比重加大，在这样的大环境下，身居一线梯队的磷酸铁锂龙头企业已经明显加大了在三元领域的投入力度；国轩高科表示2018年上半年，其三元622产线产能达5GWh。其将在300km以上中高端乘用车型中使用升级后的三元622VDA电池，开拓新汽车品牌目录。

此外，国轩高科与众泰汽车开发的中高端乘用车续350km以上续航里程车型电池系统，而这款车从三元622正极材料到三元622电池均由其研发制造，电芯成组后PACK能量密度预计超过140Wh/kg。

（四）比克电池

2017年1~12月比克电池动力电池配套新能源汽车装机总量为1652.23MWh，从各类型电池配套量来看，三元电池配套量为1652.03MWh，磷酸铁锂电池配套量为0.2MWh；全年搭载的新能源汽车产量为4.73万辆。其中，湖南江南汽车制造有限公司配套数量最多，为1.99万辆，其次是海马汽车有限公司5736辆和成都大运汽车集团有限公司5355辆。2017年比克电池排名前五的配套车企新能源汽车装机量如图9所示。

在能量密度提升上，比克电池从2007年开始三元电池研发，正极材料体系经过NCM 111、NCM 532到目前NCM 811、NCA的研发；负极材料方面，人造石墨已到达能量密度提升"天花板"，目前多集中在硅基材料的研发。比克电池主营18650圆柱电池，比克电池第三代2.9Ah产品已实现量产，三元电池能量密度实现约218Wh/kg，充放1000次后能量保持率80%以上。

2017年在电池降成本与上游原材料涨价的压力之下，业内延长产业链的呼声不断高涨。但早在此之前，比克电池就着手以电池产品为核心，打造出锂离子电池、电动汽车、电池回收三大核心业务为一体的完整锂电生态链。

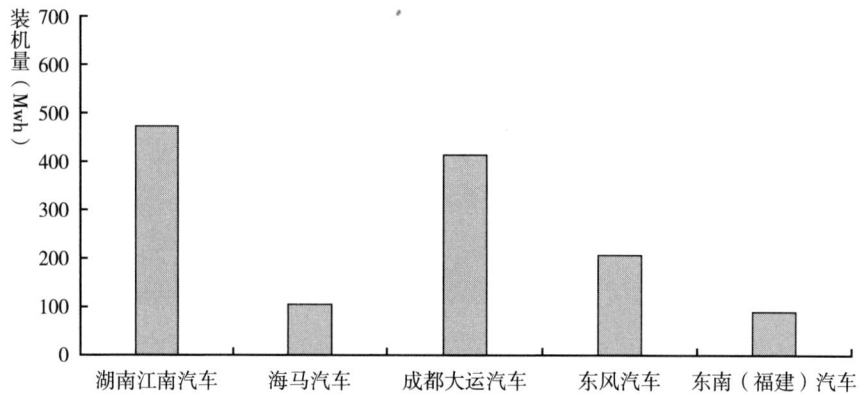

图 9　2017 年比克电池排名前五的配套车企新能源汽车装机量

资料来源：动力电池应用分会。

除单体电芯之外，比克电池目前拥有完善的 PACK 成组技术，涵盖标准化模块开发、系统集成、自动化系统组装、主动热管理、ES 管理系统等技术，其使用的电解液也由自身研发调制。此外，比克电池在聚合物动力电池、方形大电池、锂硫电池、全固态电池等多种动力电池领域均进行了积极的储备开发。

八　国内主流电池企业合作整车供应商分析

在高额补贴、牌照与限行优惠、政府直接干预"三大政策"合力推动下，新能源汽车产业已经连续四年呈现高速发展态势。中国汽车工业协会统计数据显示，2017 年 1~12 月新能源汽车累计生产 79.4 万辆，比上年同期增长 53.8%，累计销量为 77.7 万辆，比上年同期增长 53.3%，市场保有量超过 160 万辆，占全球市场的 50%。随着新能源汽车补贴政策的退坡，以及外资品牌车企的不断注入，在政策引导产业向提质增效、实现高质量发展的背景下，2018 年中国新能源汽车产业发展将迈向一个新台阶。

动力电池应用分会对 2017 年新能源汽车装机量排名前十的动力电池企业的配套车企进行了分析（见表 3）。

表3 2017年新能源汽车装机量排名前十的动力电池企业的配套车企

电池企业	电池装机量:MWh	配套电池类型	配套新能源车企数量
宁德时代	10507.66	三元、磷酸铁锂	64家
比亚迪	5645.77	三元、磷酸铁锂	2家
沃特玛	2411.08	磷酸铁锂	30家
国轩高科	2049.34	三元、磷酸铁锂	38家
比克电池	1652.23	三元	29家
力神动力	1069.84	三元、磷酸铁锂	31家
孚能科技	975.42	三元	8家
亿纬锂能	813.56	三元、磷酸铁锂	33家
北京国能	810.01	三元、磷酸铁锂、多元复合	38家
江苏智航	734.23	三元	18家

资料来源：动力电池应用分会。

通过以上数据，我们可以看出，在新能源车企配套数量方面，宁德时代以总数64家高居榜首，国轩高科和北京国能均为38家，亿纬锂能为33家，力神动力为31家，沃特玛为30家，比克电池为29家，江苏智航为18家，而比亚迪乘用车与客车的配套电池仍是企业自产。

2017年新能源汽车装机量排名前十的电企及配套车企见表4。

表4 2017年新能源汽车装机量排名前十的电企及配套车企

电池企业	配套车企
宁德时代	北京新能源汽车、上海汽车集团、郑州宇通客车、浙江吉利汽车、北京汽车股份、浙江豪情汽车、东风汽车、上汽通用五菱汽车、湖南中车时代电动汽车、江西昌河汽车、重庆长安汽车、长城汽车股份、厦门金龙联合汽车、厦门金龙旅行车、中通客车控股股份、广州汽车集团乘用车、北汽福田汽车、华晨宝马汽车、吉利四川商用车、奇瑞汽车股份
比亚迪	比亚迪汽车
沃特玛	湖北新楚风汽车、中通客车控股股份、东风汽车、湖北世纪中远车辆、上海申龙客车、山东唐骏欧铃汽车、湖南中车时代电动汽车、成都大运汽车、珠海广通汽车、扬州亚星客车、中国重汽集团济南豪沃客车、安徽星凯龙客车、南京金龙客车、深圳五洲龙汽车、东风特种汽车、江西博能上饶客车、一汽客车（大连）、湖北三环专用汽车、广西华奥汽车、安徽安凯汽车
国轩高科	安徽江淮汽车、北京新能源汽车、上海汽车商用车、中通客车控股、奇瑞汽车、上海申龙客车、安徽安凯汽车、北汽福田汽车、珠海广通汽车、江苏陆地方舟新能源车辆股份、南京公共交通车辆厂、金龙联合汽车、北汽（常州）汽车、昆明客车、江西昌河汽车、成都大运汽车、东莞中汽宏运汽车、郑州宇通客车、湖南中车时代电动汽车股份

续表

电池企业	配套车企
比克电池	湖南江南汽车、海马汽车、成都大运汽车、东风汽车、东南(福建)汽车、云度新能源汽车、南京汽车集团、东风裕隆汽车、安徽江淮汽车、华晨鑫源重庆汽车、成都雅骏汽车、安徽猎豹汽车、东风柳州汽车、中植一客成都汽车、河北御捷车业、郑州日产汽车、北汽福田汽车、厦门金龙旅行车、海马商务汽车、四川国宏汽车
力神动力	湖南江南汽车、安徽猎豹汽车、郑州宇通客车、东风汽车、荣成华泰汽车、重庆长安汽车、成都大运汽车、郑州日产汽车、东风悦达起亚汽车、金华青年汽车、北京现代汽车、中通客车、南京金龙客车、山东沂星电动汽车、中国重汽集团济南豪沃客车、国宏汽车、芜湖宝骐汽车、陕西汽车集团、北汽(常州)汽车、江苏卡威汽车工业集团
孚能科技	北京新能源汽车、江铃控股、北京汽车、重庆长安汽车、江西昌河汽车、北汽(镇江)汽车、江西昌河铃木汽车、北汽云南瑞丽汽车
亿纬锂能	南京金龙客车、荣成华泰汽车、河北御捷车业、成都雅骏汽车、湖北新楚风汽车、湖南江南汽车、陆地方舟新能源、广西玉柴专用汽车、吉利四川商用车、东风汽车、沈阳金杯车辆制造、成都大运汽车、河北长安汽车、扬州亚星客车、辽宁乾丰专用车、金华青年汽车、郑州宇通客车、柳州五菱汽车、江苏卡威汽车、湖北三环专用车
北京国能	湖北新楚风汽车、重庆力帆乘用车、珠海广通汽车、一汽解放青岛汽车、东风汽车、安徽安凯汽车、江西凯马百路佳客车、江苏九龙汽车、江西宜春客车厂、南京金龙客车、中植一客成都汽车、北奔重型汽车集团、重庆穗通新能源汽车、昆明客车、苏州益茂电动客车、陕西汉中客车、石家庄中博汽车、哈尔滨通联客车、陕西秦星汽车、湖南中车时代电动汽车
江苏智航	烟台舒驰客车、山西成功汽车、一汽客车(大连)、中植一客成都汽车、东风汽车、东风云南汽车、扬子江汽车、南京汽车、国宏汽车、襄阳九州汽车、江苏陆地方舟新能源车辆、贵州航天成功汽车、湖北三环专用汽车、南京金龙客车、江苏奥新新能源汽车、中国第一汽车、贵州新山地新能源汽车、江苏卡威汽车

资料来源:动力电池应用分会。

从2017年新能源汽车装机量排名前十的电池企业的合作车企,我们可以看出,新能源整车企业在选择电池企业时,并不局限于一家电池企业;多数电池企业与20家以上的车企进行合作;也就是说,双方在合作中追求长期性、稳定性的同时,也在追求灵活性,以降低政策或者市场变化带来的不利影响。动力电池企业与车企之间的合作往往是强强联合:一方面,可以让两者成为利益共同体,有利于两者达成更加牢固的合作关系;另一方面,企业有利于将高端电池产能快速绑定。

动力电池作为新能源汽车的核心部分,其发展势头持续高涨。目前对于电池企业来说，原材料价格不断上涨，车企亟待降低供应价格，其面临双向压力；对于新能源车企来说，动力电池的成本、技术与制造等水平，决定了新能源汽车的成本、续航里程、性能、安全性与舒适度等，双方是相互依存的关系。出于整合产业链、实现优势互补、创造新的增长点等目的，动力电池生产商与新能源汽车厂商深度合作的案例也是层出不穷。例如唐骏汽车与骆驼股份、国能电动汽车与宁德时代、国轩高科与北汽新能源、宁德时代与上汽集团、国轩高科与江淮汽车、孚能科技与北汽集团等。

总体而言，国内新能源汽车企业和动力电池企业已进入深度融合阶段，产业洗牌期也就此展开。当前，动力电池市场低端产能严重过剩，从稀缺到泛滥，动力电池企业之间的竞争更多的是取决于其产品的质量；而车企选择与之合作的电池供应商也将遵循安全、实用以及全生命周期价值。从市场趋势来看，车企和电池企业已由单纯的供需关系转变为基于市场、商业模式创新等的深度绑定合作。除了自建配套电池厂的整车厂外，其他车企与电池厂商合作模式还有战略合作模式、联盟合作模式以及外购模式。未来中国市场会涌现一批新能源汽车合资企业和独资企业，它们使用谁的电池，将对动力电池企业的生存发展具有至关重要的影响。

B.4
2017年动力电池系统集成产业发展报告

江文锋*

摘　要： 动力电池是电动汽车的核心关键技术之一，对整车的性能具有重要影响。本文对电动汽车动力电池模组的设计要求和方法进行了详细阐述，对动力电池模组轻量化、标准化和系统集成智能制造进行了简单的梳理总结。最后，对电动汽车动力电池的热管理系统和控制系统的技术与发展进行了详细的介绍与分析。

关键词： 模组设计　轻量化　标准化　智能制造　电池管理系统

一　整体概况

动力电池系统集成是单体电池与整车之间的桥梁，从事系统集成的企业有三种类型，包括单体电池企业、整车企业以及第三方独立PACK企业。据中汽中心动力电池产业发展研究室统计，2017年国内共有172家动力电池系统集成企业为国产新能源汽车提供配套，其中单体电池企业78家，整车企业15家，第三方独立PACK企业79家。从配套量上看，单体企业动力电池系统出货量为286.6亿瓦时，占比77%，整车企业出货量为14.4亿瓦时，占比4%，第三方独立PACK企业出货量为71.5亿瓦时，占比19%。

---

* 比亚迪股份有限公司电池技术部经理。

二 技术发展

(一)动力电池成组工艺

锂离子动力电池以电池模组(电池包)的形式应用于电动汽车,电池模组则是由多个单体电芯通过串并联方式连接组装。单体电芯之间的相互连接,要求连接片与电池极柱的接触电阻小、耐振动以及牢靠程度高。所以无论是电阻焊接,还是激光焊接,或是螺栓机械锁紧,都必须保证电池成组后的可靠性和耐久性。在不同的电池系统设计需求中,其质量能量密度、体积能量密度以及体积功率密度等与电池系统中单体电池之间的连接结构和工艺密切相关。

1. 模组设计要求[①]

纯电动或者混合动力乘用车,预留给动力电池系统的空间通常都较为有限,但对其安全性及可靠性的要求又非常高,这就对电池模组的开发提出了很高的要求。锂离子动力电池模组的设计开发,通常需要考虑以下几个方面。

(1) 电池单体的合理排布。针对方形和软包电池模组,电池单体的合理排布关键在于电池单体之间间隙的确定。而间隙的确定需要综合考虑模组结构的稳定性、单体电池的散热性及鼓胀限制等要求。

(2) 连接电池单体的汇流排设计。汇流排起到实现电芯之间的串并联连接、承载电流的作用,因此汇流排在设计上必须满足导电性能这一前提。除此之外,汇流排还应当具备良好的抗振动冲击性及散热性。

(3) 汇流排与电池单体的连接工艺。汇流排与电池单体之间的连接方式主要有螺栓连接和焊接,而常用的焊接方式又可分为电阻焊接、激光焊接以及超声波焊接等。

(4) 电池模组内部线束及接口设计。模组内部的电压、温度等信号采

---

① 徐丹、赵晓军:《锂离子动力电池模组设计浅析》,《电源世界》2017年第2期。

集线束应可靠固定,并设置易于与其他电子设备连接的接口。

(5)温度控制器接口的设置。考虑到恶劣环境的影响,电池模组内部还需预留安装温度控制器的结构和接口,从而增加电池模组对不同环境的适应能力。

(6)电池模组整体结构设计。

电池模组的整体结构设计过程中,需要全面考虑高低温、高湿、高海拔等恶劣环境的影响,并保证电池模组在此类环境使用过程中安全、可靠。

2. 模组设计方法①

(1)电池单体的合理布置。

方形铝壳电池在使用过程中,随着充放电的不断进行,锂离子在阳极材料中不断嵌入、脱出,其尺寸会发生周期性的变化。并且,在电池寿命终期,其尺寸与使用初期相比也会有比较大的改变,主要体现在电池的厚度。为了避免电池膨胀导致电池外壳相互接触从而产生绝缘失效,电池单体之间通常会保留一定间隙(一般在2mm以上)。但间隙的存在会使电池系统内部空间利用率降低,从而降低电池模组的体积比能量密度,电动车辆所能够携带的最大电量也将减少。为了避免这种情况出现,电池单体之间可尽量保持紧密接触,即电池单体之间除必要的绝缘或绝热垫片之外,不再预留间隙,并对电池单体施加一定的预紧力,可在一定程度上限制电池的鼓胀,并可对电池单体循环寿命的提高起到积极的作用,电池单体排布方式见图1。

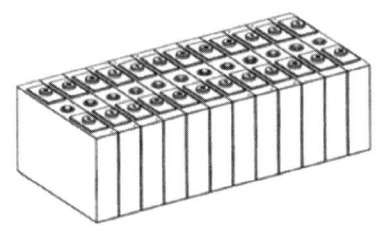

图1 电池单体排布方式

---

① 徐丹、赵晓军:《锂离子动力电池模组设计浅析》,《电源世界》2017年第2期。

（2）连接电池单体的汇流排设计

考虑到电池系统对汇流排导电性能的要求，其材质一般选择铜或铝。铜材可选择导体用阴极铜或 T2 标号以上的纯铜，铝材则可选择电工导体用铝材。另外，在汇流排表面还可施加镍、锡或银等镀层，目的在于提高其表面抗氧化性，改善焊接性能，并提高防腐能力。汇流排的结构设计中，在保证其横截面积能够满足导电性能要求的前提下，应尽量使其具备较大的表面积。因为在电池模组工作过程中，汇流排可能长时间承载较大电流，并因其自身阻抗而生热，热量如果持续积聚将会引起汇流排温度升高，而高温则会对电池寿命产生危害。因此，汇流排的散热状态，往往关系到电池模组的整体性能。为提高电池模组的散热性能，汇流排的结构形状尽量做到薄而宽大，并且采用不规则的形状（如翻边等）来增加其表面积，如图 2 所示。这样，在有强制空气对流的情况下，可以更快地带走汇流排在工作过程中所产生的热量。

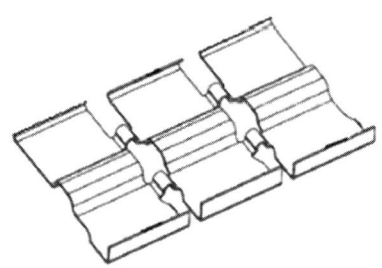

图 2　汇流排形状

另外，结合电动车辆行驶的实际工况，电池模组还应具备良好的耐振动、冲击性。因此，汇流排可设计为层状金属薄片焊接方式，并适当增加能够吸收变形的弹性（弧形）连接结构，图 3 为此类汇流排的典型结构。

（3）汇流排与电池单体的连接工艺

螺栓连接方式的优点在于装配方便、维修简单，可以比较快速、便利地更换电池单体。但是，螺栓、螺母等紧固件的存在导致此种连接方式会占用较大空间（通常会超出电池壳体高度 15~20mm），从而增加电池模组体积

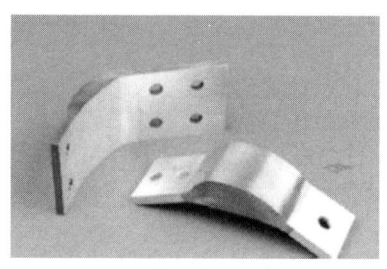

图 3　金属薄片层压式汇流排

及重量，使其能量密度下降。而采用焊接方式，则不存在这样的问题。采用焊接方式连接而成的电池模组与采用螺栓连接方式的电池模组相比，在能量密度方面占有较大优势。

考虑到螺栓连接方式的缺陷，汇流排与电池单体的连接应尽量选择焊接方式，并选择合理的焊接工艺。激光焊接效率较高，焊接可靠，焊接处的过电流能力较强，但是焊接设备价格较高，实现自动化焊接需要较大投入。电阻焊设备比较容易获得，但是焊接效率不及激光焊接，且由于焊点数量限制，其焊接可靠性与激光焊接相比较低。因此，根据不同的应用情况，批量化生产的电池模组比较适合采用激光焊接方式。表 1 给出了不同极柱类型单体电池的连接工艺及优缺点。

表 1　不同极柱类型单体电池的连接工艺及优缺点

极柱类型	连接工艺	优点	缺点
外/内螺纹极柱型	机械紧固	组装连接可以采用多种方式，易于拆卸，简便灵活	由于自身结构限制，相对于其他极柱类型，其体积偏大，体积能量密度受到一定影响
平头型极柱电池	电阻焊接或激光焊接	相对于机械紧固连接工艺，焊接成形后的电池模组体积小，能量密度高	连接工艺方式单一，组装后电池不易拆卸替换，只能以焊接方式完成成组组装
长条型极耳电池	激光焊接或锡焊接	体积能量密度和质量能量密度较高	不利于更换单体电池
	机械压紧接触式	单颗电池可拆卸和替换	成组工序复杂，需要较多辅助的支架等

(4) 电池模组内部线束及接口设计

出于对电池监控的需要，电池模组内需布置电压、温度信号采集线束，用于采集电池单体的电压和温度，以便于判断各个电池单体的实时状态。

电池模组内部进行信号采集线束的布置，需预留线束安装空间与固定装置。以柔性线路板（FPC）代替传统采样线束的运用创新，解决了动力电池企业在PACK环节对于空间节省、自动化水平提升的核心"痛点"问题。相对于传统线束，FPC拥有高度集成、自动化组装、装配准确性高、超薄、超柔软、轻量化等诸多优势，帮助PACK实现布局规整、结构紧凑的效果。

(5) 温度控制器接口的设置

由于电动车辆使用环境的差异性，电池模组可能在寒冷、炎热的气候中工作，这对于电池性能的发挥是非常不利的。针对这种情况，在电池模组的设计过程中，还需预留温度控制器的安装位置和线束接口，以便于电池模组应对不同的环境要求，从而避免其在恶劣环境中运行，这样能够延长电池使用寿命。例如，在电池模组温度控制器的内部空腔中可布置PTC加热器或者冷却液管路，装配在电池模组底部，并通过导热绝缘材料与电池壳体接触，比较方便地实现对电池模组的温度控制。

(6) 电池模组整体结构设计

为适应电动汽车不同的使用环境要求，电池模组通常需要经过比较严苛的环境考验，主要包括振动、冲击、挤压等测试内容。

电池模组的设计在满足相关要求的情况下，还应当尽量使用轻质材料，以实现电池模组及车辆的轻量化需求。图4、图5展示了一种电池模组的结构，此模组的外框由铝质端板和侧板组成，在模组装配过程中，通过端板对其施加一定的预紧力，在控制电池单体变形的同时，大大增加电池单体之间的摩擦力。侧板通过螺栓与端板连接，并能够承受电池使用过程中由于鼓胀所产生的拉力。12只电池单体由其外框架紧紧地箍成一个整体，从而保证此模组能够比较顺利地通过与结构强度相关的验证测试。

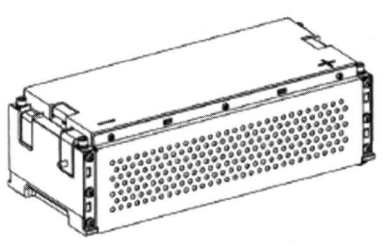

图 4　某电池模组外形

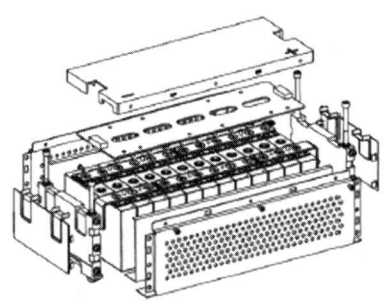

图 5　某电池模组结构分解

3. 模组的标准化①

目前，业内专业人士认为，单体电池规格的多样化并不是当前制约动力电池发展的关键，反而是电池组的标准化更加重要，建议首先推动动力电池组的标准化，待模组统一化后再反向规定电芯的规格。一般认为电池模组的标准化可从两个方向进行，一是在统一电芯规格尺寸的基础上，电池单体通过串并联的方式连接成模块，根据整车布置的需要，推荐模块一个面的二维尺寸，在第三维尺寸上体现串并联数量的变化，适应整车空间的限制和设计的需要。二是逆向思维，按照整车类型如客车、乘用车、专用车的分类，以每一车型的动力要求及预留空间来统一电池模组的外形尺寸、输出功率等指标，然后据此确定并统一电池模组构成的基础单元，即电池单体的规格。电池模组规格的标准化，无论是顺向还是逆向统一，都是一项相当复杂的系统

---

① 张沛贤、谢秋菊、方君：《新能源汽车用电池及电池模组的标准化探究》，《中国标准化》2017年第10期。

工程，涉及不同整车企业、电池生产企业相互竞争共赢、自主分立的错综关系以及专利与独有技术保护等。但从未来发展角度讲，一定要形成联动局面，打破整车厂与电池供应商各自为战，或是部分小联盟体系的局限，只有这样才能有效地降低新能源汽车的成本，促进新能源产业的发展。

（二）智能制造的实现与发展

自中国版的"工业4.0"战略规划《中国制造2025》公布以来，国家以及各地政府也出台了系列配套政策，继而拉开了实施国家制造强国战略的序幕。智能化制造作为工业4.0的核心，重点在于软件以及管理。近年来在国家新能源政策鼓励下，新能源汽车行业迅猛发展，而作为电动汽车的核心组件之一的动力电池更是得到资本的青睐，许多动力电池工厂都采用了自动化设备，自动化的应用也带来了对 Manufactory Executive System（MES）管理软件平台的大量需求，从而为动力电池工厂实现智能化生产模式奠定了基础。运用MES制造执行系统来管控整个计划、生产、质量、库存、出货、售后过程，成为制造企业进入高端市场必不可少的一部分，同时也是制造企业实现智能化制造的必经之路。

动力电池企业实现智能化制造的途径如下。

（1）动力电池生产全自动装配检测线。整合热压工艺、X光检测、激光焊接、电芯入壳、氦检验漏、自动物流线等多种技术和工艺。

（2）动力电池模组组装焊接自动线。兼容多种模组，采集分析整线运行数据，对电池进行检测和故障自我诊断。

（3）电动汽车BMS控制盒全自动装配线。

具体而言，将现场生产设备与实时的生产执行有机地联动起来，实现产品质量和产量的双提高，就要做到以下几点。

第一，对原材料数量、重量、温度等信息的管控由人工计算控制，转变为MES系统综合控制，缩减备料周期，进而缩短生产周期。

第二，将容易出错、缓慢的手工操作工位更换为自动化控制设备并与MES系统集成，实现电芯性能数据的自动采集，提高数据的精准度，提高

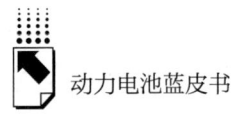

产品质量。

第三，由原先的人工纸张记录数据方式更改为在MES系统中录入，减少纸质化数据、减少产线人员劳动力的使用，快速地展现产线生产数据和各工位不良率数据，方便品质管理人员简单、快捷地分析产品质量并对产线和工艺进行完善和改造，最终趋向智能化制造。

通过MES系统的实施、先进自动化设备和机器人的使用，动力电池厂商可以实现产品的智能化生产。同时，我们还需注意的是，通过实施MES作为实现智能制造管理的手段，也要同时引进智能化制造的管理经验模式，只有这样才会在生产现场产生更实际的效果

（三）高能量密度需求之下的协调发展[①]

电池的质量比能量和体积比能量是决定电动汽车性能的两大关键指标。当然，电池的寿命、一致性和安全性肯定更重要，但是就电动汽车长远的发展和与传统汽车竞争的需要以及满足用户长途运行的要求来说，提高电池的比能量是必须要尽快解决的问题。电池能量密度的提升换言之就是实现电池的轻量化或是开发更先进的电池。

一方面，现有的电池（包括铅酸系列、镍系、锂系）实际比能量与理论比能量还存在不小的差距，说明还有提升空间，如在提高极板材料比表面积、电池结构设计、工艺水平、工艺方法、电解质等方面均有可能改善，需要联合所有的力量、资源加以突破。同时，系统的比能量更低，管理系统的优化也是重点改善方向之一。希望科学家们和实业家们尽快开发提升现有电池的比能量。

另一方面，全世界都在寻找大于300Wh/kg的新电池，也有说法称这个指标是电动汽车能否与传统汽车性能相抗衡的临界值。氢氧燃料电池被认为是终极电源，但是独立"氢"的获取成本、储存技术、铂催化剂的替代、氢气站的建设成本和安全性等经济技术问题的解决似乎还很遥远，若干年后

---

① 史践：《电动汽车与轻量化技术》，《汽车工艺与材料》2011年第1期。

才可以考虑其商品化。除了氢燃料电池以外，事实上国外很多机构都在研究锂空气电池、铝空气电池、镁空气电池及锌空气电池等金属燃料电池。我国北京和上海都有锌空气电池汽车的应用。金属燃料电池可能比氢氧燃料电池更早商品化，同时在制造、使用成本、安全性等方面甚至比锂电池更具优势。金属燃料电池的开发和应用极有可能是电动汽车轻量化的最重要方向之一。

除了对电池单体或电池组进行合理选型之外，动力电池系统的轻量化还可通过对电池仓进行新材料、新工艺、结构优化设计达成减重目标，且必须以保证动力电池系统可靠性和整车安全性为前提。在具体实施的过程中应采取设计先行、材料与工艺相辅相成的技术路线。

在动力电池总成轻量化设计中，高强钢性能优异且成本低于铝、镁合金，故在动力电池总成托架、内部支架、加强梁和固定支架等设计中常采用高强钢。在保证等强度的情况下，可用高强钢代替普通强度钢板，通过减少材料使用量的方式对零部件进行轻量化设计，在保证原有结构的条件下可显著提高零部件结构强度，进而提升动力电池总成碰撞安全性。

在动力电池总成箱体轻量化设计中，应采用碳纤维复合材料作为动力电池总成下箱体、加强梁以及其他一些主要承载零部件，保证总成强度满足设计要求；采用塑料作为护壳、护板等绝缘零部件材料，保证总成具备良好的绝缘性能，并实现总成轻量化设计。

（四）系统集成与整车电动底盘的结合设计[①]

新能源汽车的底盘创新设计中，"滑板式底盘"是最初的设计。在底盘设计上不再延续传统汽车常规性的底盘设计，而是着重于铝制滑板式底盘的设计。采用这种底盘设计，虽然底盘系统在设计上有所创新，但是，核心系统并没有发生改变，包括变速系统、转向系统等，都使用一个电气连接，向

---

① 彭晓然：《新能源汽车底盘设计方向分析》，《中小企业管理与科技》（中旬刊）2016年第7期。

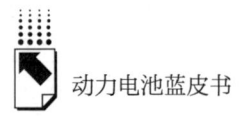

汽车的车身延伸。当引入了线传操控技术之后，根据技术需要，汽车的底盘设计也相应地有所创新。此时，转向系统以及制动系统在机械形式上摒弃了传统的形式，将电子控制用于汽车的各项控制。汽车底盘的空间扩大了，原有的转向柱和踏板都被取消，汽车的空间得以增大。

通常电动汽车的动力电池模块，根据容积的大小主要布置在后地板备胎舱下，或前地板中央通道下，主要靠前、后地板的骨架（如纵梁）来实现支撑。当动力电池模块布置在后地板备胎舱下时，由于动力电池模块较小，可以通过传统轿车的前、后地板的骨架来实现支撑，但这种布置的动力电池模块，在一定程度上限制了电动轿车的续驶里程。为了保证动力电池模块的连接强度、抗扭转性能、后碰保护，需要对备胎舱做一定程度的加强。

当动力电池模块主要布置在前地板中央通道下时，需要对传统轿车前、后地板的骨架进行修改或增加。修改的中央通道两旁的纵梁增加了车辆的正碰性能，增加的中央通道尾部的横梁，增加了车辆的侧碰性能，但修改或增加的零件达到下车体结构件的17%，重量随之增加。

三 BMS技术的发展

（一）热管理技术①

锂离子电池组在快速充放电的过程中会产生大量的热，若散热不及时，则会造成电池局部温度过高、模块间温度分布不均衡，在高寒地区或低温环境下，会导致电池电量流失严重、充电缓慢。研究表明，锂离子电池最佳工作温度为25～40℃，电池单体之间的温差应低于5℃。电池冷却方式主要包括空气冷却、液体冷却、冷媒直冷以及相变材料冷却。

1. 空气冷却技术

空气冷却技术是一种以低温空气为介质，降低电池温度的散热方式。该

---

① 白帆飞、宋文吉、陈明彪、冯自平：《锂离子电池组热管理系统研究现状》，《电池》2016年第3期。

技术利用自然风或风机，配合电动汽车自带的蒸发器为电池降温，结构简单、质量轻、成本低廉且易维修，在电动汽车电池热管理系统中应用广泛。

利用自然风对流的冷却方式，不用借助外部设备，依靠汽车在行驶过程中形成的自然风穿过电池组，从而将电池组的热量带走。该方法结构简单，成本低，但空气的对流换热系数不高，电池的换热能力相对有限，且对电池组在汽车上的位置布置和电池组结构有较高的要求。借助风机或局部散热器可以提供流动的冷气，是一种强制对流冷却方式，电池的换热能力相对较高，且电池组在电动汽车上的位置布置不再受限。

换热空气流经电池表面有两种形式：串流法和并流法。串流法是指空气依次流经各个电池单体，带走电池表面热量。并流法是指空气同时流过电池单体，换热条件相对均匀。串流法沿流场方向前后的温度会有较大的不一致性，对于个体数量较大的电池组，效果不是十分理想。并流法由于换热条件相对均匀，换热性能相比串流法更为优秀。对空气冷却系统的优化，主要目标是提升不同位置流场条件的一致性。

2. 液体冷却技术

液体冷却技术是通过液体对流换热，将电池产生的热量带走，从而降低电池温度。液体介质的换热系数高、热容量大，对降低最高温度、提升电池组温度场的一致性具有显著效果，且热管理系统的体积也相对较小。根据冷却液流道的设置，液体冷却系统又可分为外部液冷和内部液冷。

外部液冷系统中，冷却液通过与电池外表面换热，以达到冷却电池的目的。该冷却系统形式多样：可将电池单体或模块沉浸在液体中，也可在电池模块间设置冷却通道，或在电池底部采用冷却板。电池与液体直接接触时，液体必须保证绝缘（如矿物油），避免短路。

内部液冷系统中，冷却液流过电池内部的通道将电池热量带走。可在圆柱形电池中心设置轴向通道，也可在方形电池电解液内部设置冷却通道，以流动的电解液为冷却介质，在泵的驱动下，在电池内部循环散热。

采用外部液冷系统时，要优化冷却通道的数量、尺寸、几何形状等参数，以降低导热热阻。相对于外部液冷，内部液冷系统可更好地降低电池内部温度、提高温度场的一致性和安全性,但改变了电池的原有结构,对电池内部电化学反应的影响,有待进一步研究。

3. 冷媒直冷技术

冷媒直冷技术采用制冷剂(冷媒)作为换热介质,制冷剂在蒸发器内气液相变过程中可以吸收大量的热,从而带走电池系统的热量。相较于液体冷却技术,直冷技术的换热效率可提升三倍以上,更快速地将电池系统内部的热量带走,且成本上也有很大的优势。BMW i3 中曾采用过直冷方案。

但目前直冷技术还存在一些技术难点。首先,冷媒直冷的温差大,无法做到很好的均温性;其次,直冷技术的控制策略难度大。为了实现蒸发器的精确控制,需要采用电子膨胀阀,而国内做电子膨胀阀的厂家很少,成熟的电子膨胀阀控制策略需要重新开发。还有一个难点是加热方式,冷媒直冷技术只能是直接式加热,而直接式加热对于弹性支撑结构件的设计是一个关键点,有时会出现局部过热的问题。

4. 相变材料冷却技术

相变材料(PCM)是一类特殊的功能材料,能够在恒温或近似恒温的条件下发生相变,同时吸收或释放大量的热。石蜡的毒性低、价格便宜,单位质量的相变潜热较高,相变温度位于电池安全运行温度范围内,适合用作锂离子电池组热管理的 PCM。目前,主要可采用石蜡与多孔物质相结合、添加高导热系数添加剂的方式,提高石蜡的导热性能。

泡沫铜吸附石蜡可用于电动汽车电池组的热管理,在运行工况发生变化时,电池组的最高温度和最大温差可得到很好的控制。石蜡与石墨片制成的复合材料,具有较高的导热性能和机械强度,应用于电池组热管理,不仅可降低电池组的最高温度和模块间的温差,降低电池组容量衰减率,在寒冷条件下还可对电池组进行持久保温。

基于 PCM 的电池热管理系统结构简单,节省空间,相变潜热大,温度均匀波动较小;但 PCM 冷却技术属于被动冷却,如果不能及时将热量移除,电池组在经历长时间连续充放电循环后,仅靠空气自然对流无法保证热量的排出,最终会导致冷却系统的失效。可考虑结合强制风冷,以保证电池组热管理持续有效。目前该技术基本处于试验阶段，在实际的应用还需要进一步的研究。

5. 电池组预热技术

锂离子动力电池组在高寒地区或低温环境下的电量流失严重、充电缓慢，如何快速地恢复正常的充放电性能，是电池加热系统所要解决的问题。在低温环境中，需要对电池组进行预热，预热方法可分为外部加热和内加热。

外部加热主要利用加热板、加热套、加热膜和珀尔贴效应。目前，电动汽车上主要采用电池组底部安装加热板的方法，结构简单但加热时间长，电池组内的温度不均匀，且能耗较大。用加热套预热时，电池受热均匀、加热速度较快，但不利于高温环境下电池的散热。加热膜预热以聚酰亚胺作为绝缘材料、合金箔为发热体，加热电池单体的两个侧面，成本较低，对电池散热影响小，但只适合方形电池单体。珀尔贴效应是指电流流过两种不同导体的界面时，向外界吸收或放出热量。珀尔贴效应热泵通过改变电流方向和大小，对电池进行加热和制冷，可作为主动式电池组热管理系统。

内部加热可提升单体电池的内部温度，且升温较快，方式有交流电加热、电池单体自加热。采用高倍率的交流电对电池电解液进行预热时，速度较快，但需要配备供给交流电的装置，而且会影响电池寿命，在动力电池上应用较少。

（二）控制技术

1. 控制技术的发展与进步（算法、模型、精度）

电动汽车电池管理系统（BMS）是动力电池的"保护神"，为动力电池的安全运行、提高动力电池利用效率、延长电池使用寿命保驾护航，并对电动汽车运行过程中动力电池发生的异常产生报警并生成工作日志，有助于电动汽车的安全管理和高效运行。BMS 的功能主要包括监测电池、估计电池状态、调节电池一致性、电池故障检测及安全监控等。电池状态主要包括荷电状态（SOC）、健康状态（SOH）、功率状态（SOP）等，可用于获得电池电量、续驶里程、寿命衰减、均衡状态、功率输出等重要参数，因此 SOC、SOH、SOP 的算法提升对整个 BMS 的控制算法提升具有核心意义。BMS 基础框架见图 6，BMS 控制算法框架见图 7。

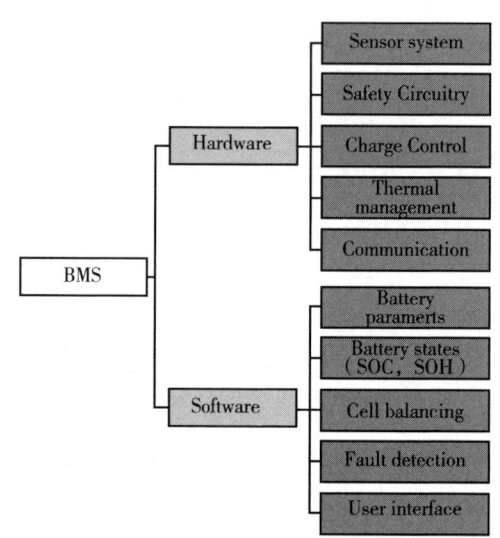

图 6　BMS 基础框架

资料来源：Languang Lu, Xuebing Han, Jianqiu Li, Jianfeng Hua, Minggao Ouyang, "A Review on the Key Issues for Lithium – Ion Battery Management in Electric Vehicles," *Journal of Power Sources*, 2013（226）: 272 – 288。

a) SOC 算法的发展与进步

传统的 SOC 估算采用安时积分法，即将电流传感器采集的电流值与采样时间相乘后再除以总容量。此方法精度受限于电流传感器精度和采样率，一段时间后会造成误差累计，加之电流传感器的零漂，会造成不小的 SOC 偏差。开路电压法通过 OCV ~ SOC 对应关系来估算 SOC，但需要静置较长时间以使电池内部到达平衡，无法在变电流工况中进行估算。对于电压平台很平的电池如 C/LiFePO$_4$ 电池，需静置更长时间和更高的电压采样精度。为了在线获得 OCV，需使用电池模型。常用的电池模型包括等效电路模型和电化学模型。等效电路模型简单、计算量小，适合在单片机上计算使用，可

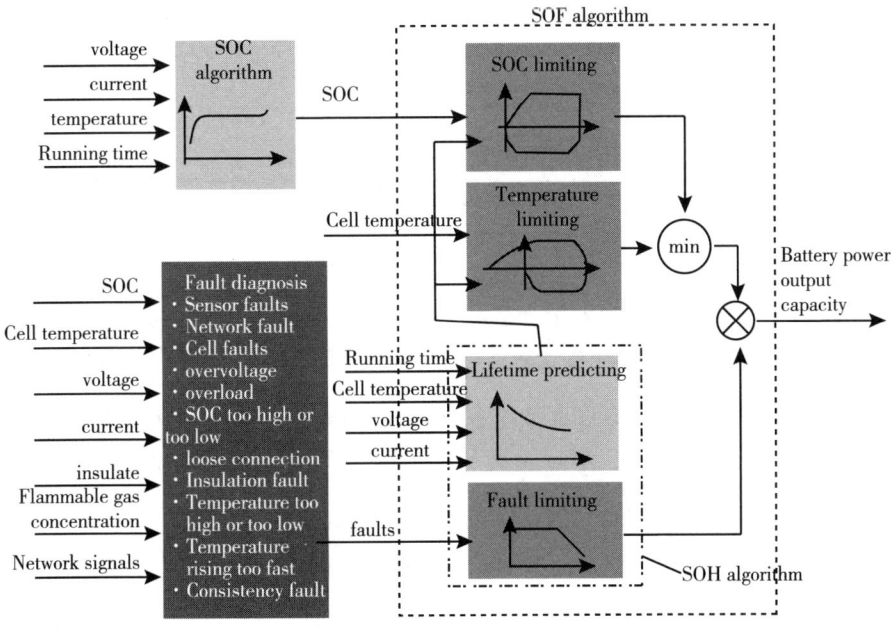

图 7 BMS 控制算法框架

资料来源：M. A. Hannan, M. S. H. Lipu, A. Hussain, A. Mohamed, "A Review of Lithium – Ion Battery State of Charge Estimation and Management System in Electric Vehicle Applications: Challenges and Recommendations," *Renewable and Sustainable Energy Reviews*, 2017 (78): 834 – 854.

用（1）式表示。其中，U 是电池端电压，U_{OC} 是电池 OCV，U_R 是欧姆内阻引起的电压降，U_P 是极化过程引起的电压降。

$$U_{OC} = U - U_R - U_P \tag{1}$$

U_P 根据采用 0 阶、1 阶、2 阶等不同的 RC 等效电路模型具有不同的参数，根据电流、电压和预设的 RC 参数可得 U_{OC}，通过 OCV ~ SOC 查表可得 SOC。

即使把电池的 RC 参数关于 SOC 和温度的变化预设进算法中，不同的电池老化路径引起的 RC 参数变化不同，因此无法把老化因素提前考虑进模型。一些自适应追踪算法，如迭代最小二乘法、扩展卡尔曼滤波、无迹卡尔曼滤波、粒子滤波等，可以实时计算并校正实测电压、电流和模型预测值的差，增强估算的准确性和鲁棒性，因而成为近期学术界和工业界的研究热点。目前存在的难点主要是如何调节滤波器参数以满足精度和鲁棒性，另外单片机计算资源占用较大。因此，如何设定滤波器参数和优化计算资源占用是未来一段时间需研究的问题。除此以外，神经网络模型、支持向量机、模糊逻辑、滑模观测器、多振动自适应回归样条曲线等算法也有人提出，但出于计算量大、算法复杂等原因，仍处在研究阶段。上述算法的混合应用也在研究中。

b) SOH 算法的发展与进步

随着电池的使用，其容量会逐渐衰减，内阻会逐渐增大。电池容量不准会导致 SOC 和续驶里程计算不准，内阻不准会导致 SOP 计算不准。传统的方法是对电池进行一次深度充放电获得电池衰减后的容量。但正常使用时，尤其是一些特殊车辆，如公交车等，保险起见，用户很少会放电至低 SOC 段，从而很难获得深度充放电条件进行容量校正。

基于内机理和外特性有两种 SOH 模型。内机理模型从电池内部电化学机理本质出发，考虑锂离子损失、副反应和 SEI 膜增厚等因素，概念清晰，可以获得较全面的电池老化信息，但模型复杂，需要精确的设计参数和传质系数等，很难应用；外特性模型从电池容量衰减和内阻增加的特性出发，简单易用，但需要较多的实验数据来拟合模型参数。现阶段，前者还需进一步研究完善，后者可以开始实际应用。通过电池实验数据，可以基于一些重要的衰减因素，如循环次数、静置时间、温度等来拟合衰减模型。实际使用时，根据电池的工况和历史数据，可以估算容量衰减和内阻增加量。另外，外特性模型还可以结合自适应滤波算法，对关键因素进行在线预估和修正，进一步提高预测的准确性。

c) SOP 算法的发展与进步

人们对 SOP 的关注度远不及对 SOC 和 SOH 的关注度，SOP 的估算准确性对于电池保护、整车加速、工况策略、用户体验等具有重大意义。在低温或低 SOC 时，获得准确的 SOP 尤其重要，可以避免动力突变、断电保护等问题。电池的 SOP 与其 SOC、内阻、放电时间等都有关，因此获得准确 SOP 的前提是获得准确的 SOC 和内阻等参数。SOC 可由上述算法获得，内阻可由查表或在线估算获得。加入一些平滑滤波算法可以降低波动，获得较稳定准确的 SOP。也可采用卡尔曼滤波、粒子滤波等算法，根据实测的电压、电流和模型估算的内阻对 SOP 进行追踪校正。

2. 新技术的应用和介绍

电池在使用过程中会产生大量的数据，对这些数据进行采集、处理、分析，可对电池的性能和状态进行远程监控，指导售后服务。对大数据进行数据挖掘，可以获得电池参数的变化规律，对电池制造和算法优化提供参考。在梯次利用时，通过分析电池的历史数据可以快速准确得知电池的状态和数据，大幅减少电池的检测成本。另外，分析不同工况下电池参数的变化规律，可以有针对性地对不同工况的电池进行个性化算法定制。通过对电池大数据进行数据挖掘和机器学习，可以发掘规律，优化算法，提高控制算法和策略的智能性和适用性。由于学习过程计算量巨大，只能在服务器上进行，使用时可以在单片机上进行，若芯片供应商将单片机针对神经网络等计算进行硬件级优化，则可大幅提升计算速度。

随着通信、物联网、人工智能技术的发展，BMS 将向大数据、智能化方向发展，成为电池进入互联网的接口，为电池全生命周期管理、整车控制、用户服务提供支持基础。

3. BMS 成本组成和变化

国家政策强力助推新能源汽车产业发展，产业链进入高速增长期。受益于下游新能源汽车的旺盛需求，动力电池管理系统的市场规模随之加速扩大。《〈中国制造 2025〉重点领域技术路线图》明确指出，到 2020 年，中国自主新能源汽车年销量要突破 100 万辆，市场份额达到 70% 以上，国产关键零部件份额分别达到 70%（商用车）和 50%（乘用车）；到 2025 年，实现与国际先进水平同步的新能源汽车年销量 300 万辆，市场份额达到 80% 以上，国产关键零部件份额则分别达到 80%（商用车）和 60%（乘用车）。届时需要配套的 BMS 需求量也随之增大。随着电动车动力系统变得日益复杂，BMS 所掌管的功能也会不断增多，BMS 将在不断优化性能的同时降低价格。

2012~2017 年全球 BMS 产能及毛利见表 2。

BMS 的生产方式包括自主生产和外协加工两种：部分 BMS 企业通过建设 SMT 标准全自动化配置生产线完成自主生产，如超思维等；另一部分 BMS

表2 2012~2017年全球BMS产能及毛利

	2012年	2013年	2014年	2015年	2016年	2017年
产能(千套)	205	367	489	914	1193	1306
产量(千套)	154.2	274.2	375.3	929.1	929.1	1062.1
产能利用率(%)	75.26	74.68	76.78	73.59	77.89	81.35
价格(元/套)	6175	5667	5262	4772	4512	4239
收入(百万元)	952.19	1553.89	1974.83	3211.08	4192.10	4502.24
成本(元/套)	3974	3658	3420	3113	2966	2916
毛利(元/套)	2201	2009	1842	1659	1546	1423
毛利率(%)	35.64	35.45	35.01	34.76	34.26	33.57

资料来源：恒州博智汽车。

企业委托外协加工厂根据企业提供的技术资料进行加工组装，如科列技术等。生产方式并未对BMS企业的成本结构产生影响，无论是自主生产还是外协加工，制造成本在BMS生产总成本的占比都在10%左右，BMS的生产成本主要集中在原材料部分，占据了总成本的85%，人工成本占比约5%。BMS生产成本构成见图8。

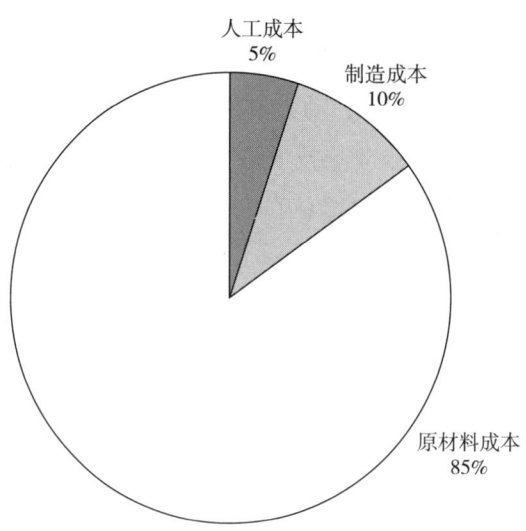

图8 BMS生产成本构成

资料来源：广证恒生。

BMS 企业上游原材料包括 PCB 板、芯片、电容电阻等电子元器件以及线束等，上述硬件原材料是电子行业通用材料，供应充足，不构成 BMS 的核心竞争力。作为成熟的行业，PCB 和电子元器件行业竞争格局分散。2015 年全球排名前 20 的 PCB 供应商销售额占全球总产值的 46.8%，比重不足一半，2016 年以来中国已经成为 PCB 第一制造国，国内 PCB 供货充足；2016 年国内电子元器件最大分销商科通芯城的市占率不足 0.7%，供应商众多，行业集中度低。

BMS 业务盈利能力较强，软件技术是 BMS 的主要增值基础。数据显示，2016 年国内企业的纯 BMS 业务毛利率平均在 30% 以上。BMS 的产品溢价主要来自软件技术。

B.5
2017年动力电池材料产业发展报告

史鑫 陈佚*

摘　要： 2017~2018年新能源汽车产业多个环节正经历产能出清及整合。部分龙头企业凭借优质技术竞争实力，逐步扩大产业版图，逐步从本环节向上下游环节延伸，如动力电池环节开始向上游锂矿或者钴矿资源进行渗透，或者向下游主机环节进行参股。这一方面能够保障长期供应链的安全，另一方面也有利于逐步增强企业的盈利能力及终端销售的竞争力。正极材料环节受上游原材料涨价影响明显，尤其是三元材料的不同体系的价格上涨幅度及盈利能力已出现分化，三元材料将从2016年主流的532材料进阶到622/811体系。高能量密度要求及成本控制需求同步驱动高镍材料的快速产业化，有望在2018年中开始形成领跑态势。我国正极材料占全球份额逐年提高，具备高镍材料生产能力的企业有望凭借技术优势，再度提升动力材料领域的市占率，龙头发力高镍有利于率先胜出，再度引领产业格局的优化。电解液方面，2016年扩产产能释放导致买方市场渐趋明显，新型锂盐发展备受瞩目。电解液价格、毛利率、市值增长率都有大幅削减，未来行业存在兼并整合趋势。LiFSI性能优异引起关注，添加剂配方引领未来核心竞争力；技术已突破外企垄断，国产化带动价格下降，未来，

---

* 史鑫，材料学硕士，国泰君安证券资深新能源分析师；陈佚，硕士，工程师，中国汽车技术研究中心有限公司新能源汽车技术服务中心。

电解液的核心竞争力仍在于添加剂配方。

关键词： 锂钴资源　关键材料　行业规模　技术竞争力

一　动力电池材料

（一）正极材料

正极材料是决定锂电池能量密度性能的关键材料。随着钴、锂材料的价格连续上涨，近两年对于高镍正极材料及富锂正极材料的研发和产业化进展加速，目前动力锂电池领域的正极材料体系正在从523向622材料体系过渡，当前811材料体系也在动力方面实现初步应用。

动力锂电池的正极材料通常为磷酸铁锂、三元材料和锰酸锂。其中，磷酸铁锂资源易得，循环及安全性优异，市场占比于2015年达到峰值69%。但其导电性不足、比容量较低的局限使其无法达到2020年动力电池能量密度300Wh/kg的目标；随着三元技术的普及，磷酸铁锂在动力电池领域的发展空间受到一定程度的挤压，2016年有所回落，达到60%，2017年则继续下降到54%。

三元材料指的是NCM 622、NCM 811、NCA等材料，其能量密度高，制造工艺条件较苛刻，安全性能略不稳定，日韩动力电池企业掌握较为先进的技术，但随着国内技术的提升，高能量密度的优势使其成为电动乘用车市场的主力选择，2017年市场占比升至46%。

锰酸锂成本较低，安全性好，在高倍率快充领域有一定的优势，但高温循环寿命较短，目前占据了小部分商用车市场。

1. 全球正极材料格局

全球正极材料产值稳步提升，中国竞争力及份额持续提高。2017年中国正极材料产量达到32.3万吨，同比上年增长49.54%。正极材料产值达到413亿元，同比增长了98.56%，增速为2016年的两倍左右，呈现迅猛增长的态势。爆发增速远超过去十年全球锂电池正极材料复合增速27%。锂电池正极材料呈现中、日、韩企业垄断格局。日韩的锂电正极材料产业起步早，整体技术水平和质量优于我国锂电正极材料产业，占据锂电正极材料市场高端领域。但随着我国龙头正极材料厂商的研发、生产逐渐成熟，我国正极材料的市场份额逐步扩大。

2. 国内产业情况

国内正极材料企业各有所长，竞争激烈、市场格局初现雏形。正极材料种类较多，性能和应用场景也有所不同，正极厂商各自在不同的细分领域发力。2017年国内磷酸铁锂生产量为6万吨，磷酸铁锂领域贝特瑞超越比亚迪成为市占率第一的企业。锰酸锂领域，青岛乾运以25%的市场份额排名第一；三元材料领域，长远锂科以12%的市场份额居国内第一，当升科技、杉杉股份紧随其后。

正极材料企业受上游锂钴等资源公司、下游电池公司挤压，毛利率在隔膜、电解液、负极材料、正极材料四项中最低，其生产相对更透明。近两年受益于上游原材料的涨价，毛利率呈现上涨态势，NCM 532及NCM 622毛利为15%~20%。

当前正极材料的格局尚未稳定，正极企业的竞争集中在技术要求高、运营资金需求量大的区域，主流的正极企业一方面需要抢占新材料的研发投产时间窗口，另一方面产品进步需要更多资金改造生产线，受电池厂要求，均在对应进行产能扩张。若产能跟不上，则可能存在边缘化风险。国内2017年不同类型正极材料企业产量前四名如表1所示。

2011~2016年正极材料市场结构如图1所示。

龙头正极企业因其产能大、议价能力强、库存原料多、技术壁垒高，在竞争中占据优势。在这种情况下，小型企业及前驱体生产企业难以突围，面临着停产兼并收购的风险，行业整合趋势逐渐明朗。

为了进一步巩固和加强龙头地位优势，国内主要动力电池生产厂家纷纷加速研发，筹建项目，扩大产能。

表1 国内2017年不同类型正极材料企业产量前四名

正极材料	前四名企业	正极材料	前四名企业
锰酸锂	青岛乾运	三元材料	长远锂科
	湖南杉杉		当升科技
	湖南瑞翔		湖南杉杉
	河北强能		厦门钨业
磷酸铁锂	比亚迪		
	安达科技		
	贝特瑞		
	北大先行		

资料来源：EVTank。

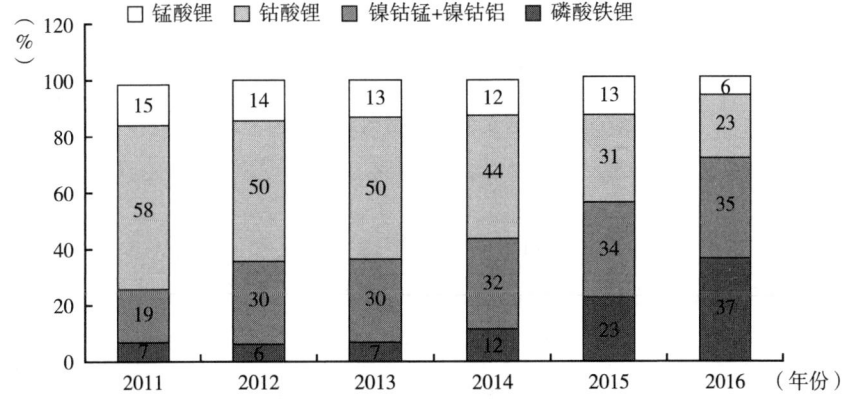

图1 2011~2016年正极材料市场结构

资料来源：石油和化学工业规划院。

当升科技：突破关键技术难题，622产品完成升级换代，811完成量产工艺开发，循环寿命达2000次，2018年上半年实现量产；NCA进入中试阶段。NCM 622/811产能各4000吨，后续仍有1.8万吨的扩产规划。

湖南杉杉：湖南杉杉一般每年都有1万吨左右的正极扩建。预计2018年NCA、NCM 811将进入量产阶段。

其他的例如北大先行、贝特瑞等也都有一些扩产计划。根据目前主要企业三元产能、近期计划及远期布局，对其未来产能进行初步预测。2017年龙头正极材料厂商产能占比见图2。

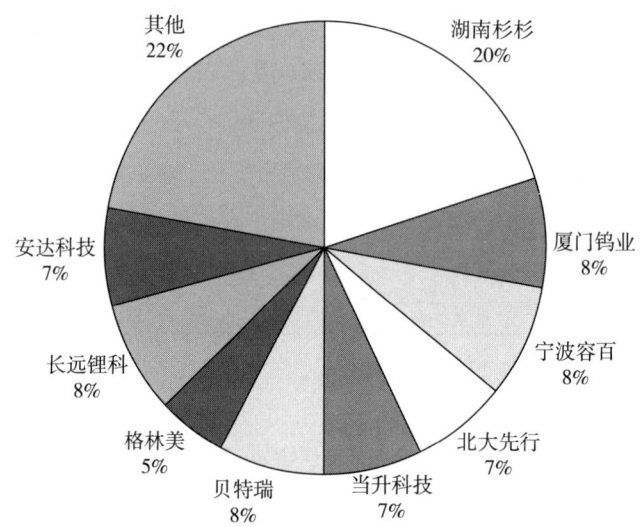

图2　2017年龙头正极材料厂商产能占比

资料来源：中国电池网。

（1）原料价格上涨，资源紧缺，产业链一体化趋势明显

中国锂电池三元正极材料产能预测见表2。

表2　中国锂电池三元正极材料产能预测

单位：GWh

简称	宁德时代	比亚迪	深圳比克	波士顿	广西卓能	孚能科技	天津力神	远东福斯特	亿纬锂能	国轩高科	其他
2016年产能（GWh）	1.59	0.7	2.5	5.5	3.5	2	1.6	3	1	2	16.87
2017年产能（GWh）	8.5	5.5	8	5.5	6	8	4	3	3.5	2	44.09
2018年产能（GWh）	13.5	14	7	5.5	6	5	9	6	7	7	50.3

资料来源：国泰君安证券研究。

2017年受制于供给紧缺，钴金属价格持续高涨，下游电池厂商已承受明显成本压力，正极环节的成本传导能力承压，钴酸锂成本传导能力最强，价格上涨的压力也在增大。NCM 333、523面临着激烈的竞争。

钴金属及钴盐的价格上涨导致其在正极材料中的成本占比大幅提升，掌握资源的矿企盈利能力提升，凭借体量规模优势，开始进军下游产业链，生产附加值更高的前驱体和正极材料。如华友钴业、格林美等公司均有前驱体产能，并在正极材料加工环节实现了产业布局。

传统的前驱体及正极材料公司的体量规模较小，不具备向上游扩张的资本实力，前驱体公司的产业链扩张难度更大，向下游做正极材料，会与原有客户产生直接竞争，不利于业务拓展。未来独立的前驱体企业生存空间缩小，正极龙头企业杉杉股份在宁夏投建前驱体产能，国轩高科与比亚迪联合建设前驱体项目，都是在三元正极材料大发展背景下的补救手段，也是未来保证原材料供应安全、提升与上游客户议价能力的有效措施。

（2）正极材料毛利率出现分化，未来竞争、整合越来越取决于资本和技术实力的竞争

正极材料的生产相比负极环节更加透明，近年来由于钴价上涨，三元材料与传统的磷酸铁锂材料的毛利率已经出现分化。磷酸铁锂、磷酸铁前驱体等材料因技术逐渐成熟，竞争扩大，毛利率面临下滑态势。三元材料的技术壁垒高，部分材料向下游传导成本的能力较强。毛利率排序依次是 NCM 333 ＜523＜622＜811；虽然 NCM 333 和 523 竞争激烈，但三元材料的毛利率普遍在 15% 以上，NCM 622、811 等前沿材料毛利率仍呈现上升态势，NCM 811 甚至达到毛利 25%。

2017 年正极材料的毛利率大幅攀升，得益于其原材料库存的收益，正极材料行业的定价模式为：价格 = 原材料成本 + 加工费。钴含量较高的 333 成本受上游影响最大，钴价上涨 60%，其成本提高 45%，高镍 811 的钴含量下降一半左右，影响逐步减小。2017 年正极材料企业有 2 个月左右的钴盐库存，价格上涨带来的毛利率的增厚，预计 2018 年钴盐维持在高位，如涨幅未超 2017 年，则毛利率有下降的可能。

3. 技术发展趋势

（1）高镍三元材料性能凸显，逐步成为主流。高镍三元材料是中长期重要技术路径。三元正极材料是指正极材料为镍钴锰酸锂（Li（Ni$_x$Co$_y$Mn$_z$）O$_2$ - NCM）或镍钴铝酸锂（Li（Ni$_{0.8}$Co$_{0.15}$Al$_{0.05}$）O$_2$ -

NCA）材料，一般简称为 NCM 和 NCA。

NCA 是 LiNiO2 的 Co 和 Al 深度掺杂型，能量密度上与 811 相当，优于其他 NCM，但合成工艺复杂，需要严格的温度、气氛和湿度控制。松下量产 NCA 18650（供应特斯拉 Model S）能量密度可达 230Wh/kg。

NCM 根据 Ni/CO 含量比例可以分为 333/532/622/811 型号，Ni 含量能提高能量密度。Ni 的存在使层间距减小，有助于提高比容量；而 Ni 含量过高将会与 Li 产生混排效应而降低循环性能和倍率性能，此外会导致材料 pH 值过高影响实际使用。一般而言，提高 NCM 中镍的比例可以提高其比容量，523 型 NCM 的比容量在 165Ah/kg 左右，而 811 型 NCM 的比容量可达到 200Ah/kg 以上。

Co 有利于稳定层状结构并抑制阳离子混排，提高电子导电性和循环性能，并且一定比例的 Co 含量降低能导致晶胞参数改变，减小层间距。动力电池材料体系见图 3。

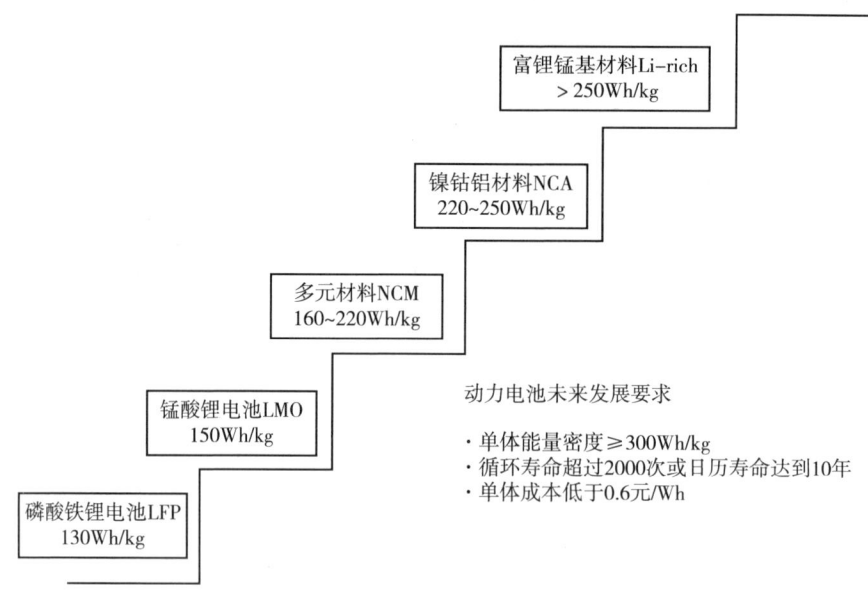

图3　动力电池材料体系

资料来源：国泰君安证券研究。

（2）技术壁垒逐渐提高，中小企业、纯前驱体生产企业面临淘汰风险。与磷酸铁锂、锰酸锂不同的是，目前，三元材料的生产还是主要集中在一些龙头正极材料厂家，技术壁垒较高。技术领先优势创造盈利时间差。对于国内公司而言，高镍622/811的技术突破需要6~12个月的时间，另外从小试到中试到量产保障工艺的稳定性和一致性，也需要一定的时间。对于龙头企业如当升科技、贝特瑞、宁波容百等而言，是用持续的高昂研发投入换来的技术领先条件下的盈利，因此其在生产NCM 622、NCM 811以及NCA等三元材料方面速度较快，是公司的长期核心竞争力。未来有望在NCM三元领域挑战优美科、日亚化学、L&F公司。但NCA材料离日本、韩国的水平仍有一定差距。

前驱体材料在生产过程中需要定制化，技术难度较大，一般为正极材料厂家提出定制要求，或与前驱体厂家协同开发。然而随着正极材料技术难度的增加，专业的前驱体企业面临被下游整合兼并或被上游资源龙头企业替代的风险。

（二）负极材料

1. 全球市场格局

（1）负极格局稳定，强者恒强，中国有望供应全球。全球锂电池负极材料市场集中度高，负极材料市场竞争格局基本稳定，总体表现为寡头垄断。2017年全球锂电负极材料总出货量超过18万吨，中日两国企业分别凭借丰富的资源和领先的技术优势，合计市占率达到76%左右。其中国的贝特瑞在天然石墨市场占比超过50%，贝特瑞、长沙星城、上海杉杉三家公司占比79%。日本负极材料供应商日立化成、日本碳素、日本JFE与三菱化学，常年领跑世界市场，其中前三者以人造石墨为主，三菱化学以天然石墨为主。

（2）全球锂电池负极材料国产化率逐年高。2017年中国负极材料产量14.6万吨，同比增长24%。其中动力型石墨成为主要增长点。以贝特瑞、江西紫宸、上海杉杉为代表的企业出口保持增加，尤其是江西紫宸，随着其

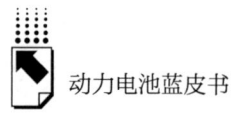

产能的释放，对日韩企业的出口量大幅增加。2017年中国负极材料市场产值同比增长28.5%，达83亿元，增速高于同期产量增速，主要是因为针状焦价格上涨和石墨化加工费用价格上调，负极材料市场价格在2017年第三季度出现上调，全年均价同比提高。

贝特瑞、上海杉杉、江西紫宸三家公司市场份额占整个负极材料市场的57%。其中天然石墨市场贝特瑞占比超过50%，贝特瑞、长沙星城、上海杉杉三家公司占比79%；人造石墨市场，江西紫宸、上海杉杉、深圳斯诺三家占比54%。二线厂商翔丰华、湖南星城、湖州创亚也拥有稳定的市场份额。随着市场越来越成熟，以及技术更新换代，具有规模及技术优势的负极龙头企业将更具竞争力，行业将呈现强者恒强的局面。主要负极材料厂家产品客户情况见表3。

表3 主要负极材料厂家产品客户情况

企业	主要产品	客户
贝特瑞	天然石墨、硅碳复合材料、软碳、石墨烯等	三星、LG、松下、索尼、ATL、力神、比克电池、比亚迪、国轩高科
上海杉杉	人造石墨、复合石墨、中间相、天然石墨、合金、硬碳	LG、索尼、ATL、力神电池、比克电池、比亚迪、哈光宇等
江西紫宸	人造石墨、硅碳等	ATL和CATL
深圳斯诺	常规型、倍率型、容量型锂电子电池负极材料	远东福斯特、迪凯特等
湖南星城	人造石墨、天然石墨、改性石墨材料	远东福斯特、比亚迪、星恒电源、CATL等
湖州创亚	改性人造石墨、改性天然石墨、复合类石墨、中间相炭微球等	比克电池、哈光宇、深圳邦凯等
江西正拓	人造石墨、天然石墨等	深圳华粤宝、中山天茂、宁波维科、比克电池等
天津锦美	人造石墨、天然石墨等	欧辉能源、天能、捷威动力
大连宏光	天然石墨、人造石墨、复合石墨、中间相等	比亚迪、比克电池等

资料来源：国泰君安证券研究。

2. 国内产业情况：上下游双向挤压，龙头竞争力显现

（1）降成本＋原材料涨价，龙头企业竞争力显现。人造石墨负极材料是将石油焦、针状焦、沥青焦等通过粉碎、改性、分级、高温石墨化制成的，过程中还会用到沥青和少量其他辅料。其中焦类采购比例占到总采购的24%左右，是主要原材料之一。2017年，由于供给侧改革力度加大，炼钢质量要求提高，市场逐步使用电弧炉替代中频炉，使得电弧炉生产用料石墨电极需求猛增，而前期市场低迷，国内石墨电极产能萎缩，无法满足快速增长的需求，供需失衡推动石墨电极价格一路上涨，同时带动上游针状焦、石油焦、煅烧焦等原料跟涨。天然石墨价格也相应上涨，从2017年初的3000～3500元/吨，上涨至4400～5000元/吨，涨幅较大。石油焦价格涨幅如图4所示。

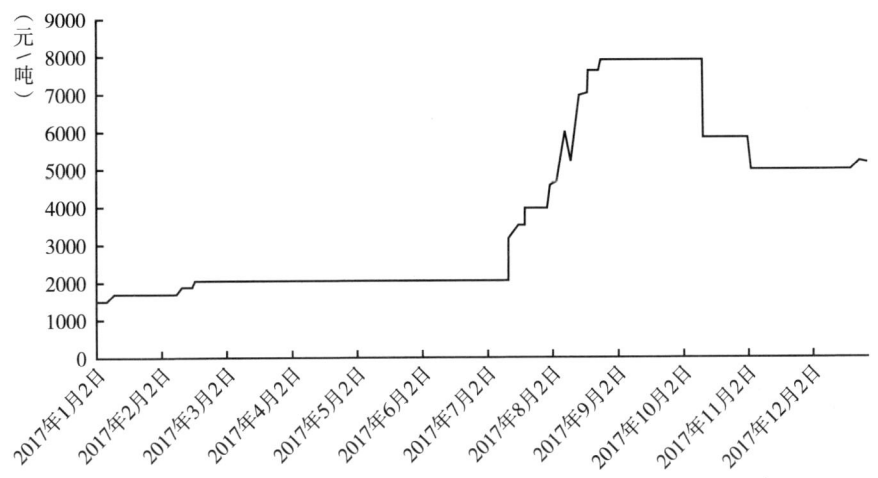

图4 石油焦价格涨幅

资料来源：国泰君安证券研究。

随着原材料涨价力度持续加强，负极材料开始结构性涨价。低端负极材料涨价最为明显，从年初的1.8～2.2万元/吨到目前的2.6～3.2万元/吨；中端负极材料从4～5.5万元/吨涨至4.8～6.2万元/吨；高端负极材料基本没有涨价。低端负极材料毛利较低，因此受原材料涨价影响较大。

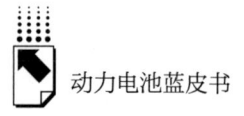

受到上游涨价推动，负极厂商涨价幅度明显受限。在上游价格波动且供应量紧缺的情况下，负极龙头企业的抗压能力相对更强，其稳定的上下游关系、规模效应带来的成本优势、存货量的保障都有利于其稳定市场地位。

高中低端价格分布区间广、盈利能力较强。负极的价格分布也非常宽。以湖南星城为例，它共拥有5个人造石墨型号，其中最低端的只有1.88万元/吨，高端的接近6万元/吨，低高端产品的价格相差了三到四倍。高端产品的盈利能力无疑远高于中低端产品。以3家以人造石墨为主营业务的公司上海杉杉、江西紫宸、凯金能源为例。江西紫宸的吨盈利（每吨1.52万元）远高于另外2家（约每吨0.5万元），主要原因就是江西紫宸的产品定位高端，均价高达6.5万元/吨，而另外2家的产品均价只有3~5万元/吨，产品偏中低端。得益于产品差异化和不透明的成本结构，虽然负极行业的竞争一直很激烈、产品价格逐年下滑，但盈利能力一直很稳定，主要企业的毛利率水平一直维持在30%左右。

（2）产业链整合控成本、涉足石墨化、行业产能扩大

产业链上下游整合控制成本，负极材料厂商相继涉足石墨化环节。考虑到技术、资金、环保成本等问题，大多数负极厂商石墨化环节一般采取代工方式，其代工成本占到整个采购成本的60%左右。主要构成如下。①石墨化环节的固定资产投资比较大，且环保成本较高；②石墨化环节的耗电量非常大，需委外给电价较低的内陆省份的碳素厂。近几年来，除原材料涨价外，负极厂商同时面临石墨化代工紧张的局面，主流负极厂商纷纷自行投产建设石墨化厂，或并购现有石墨化厂。如上海杉杉扩建在郴州的石墨化基地，新增7000吨/年的产能，另外收购碳素公司；贝特瑞也在山西合资成立石墨化公司，目前年石墨化产能也达到了5000吨；此外湖南星城等企业也在积极筹建自己的石墨化基地。

2018年随着上海杉杉、贝特瑞、江西紫宸、深圳斯诺等企业新增石墨化产能达产和针状焦供应紧张的问题逐渐缓解，负极材料企业成本压力有望得到缓解。负极材料涉及石墨化工厂见表4。

表4 负极材料涉及石墨化工厂

企业	石墨化厂	类型
凯金能源	元氏县槐阳碳素有限公司	外部
	郴州杉杉新材料有限公司	外部
江西紫宸	青岛青北碳素制品有限公司	外部
	江西申田碳素有限公司	外部
	山东八三碳素厂	外部
江西正拓	四川都江堰西马碳素有限公司	外部
	江西申田碳素有限公司	外部
	江西新卡奔科技有限公司	外部
湖南星城	贵州格瑞特新材料有限公司	外部
	四川石棉集能材料有限公司	外部
	都江堰泰晶科技有限公司	外部
上海杉杉	元氏县槐阳碳素有限公司	自建
	郴州杉杉新材料有限公司	自建
贝特瑞	山西贝特瑞	自建

资料来源：国泰君安证券研究。

3. 技术发展趋势

（1）人造石墨循环寿命长、倍率性能好，是主流的负极品种。

负极可分为碳材料和非碳材料两大类，碳材料包括人造石墨、天然石墨、中间相炭微球和硬碳软碳等，非碳材料包括硅基材料、锡基材料和钛酸锂等。硬碳软碳在技术上还不够成熟，硅基等合金类负极材料虽然已开始在特斯拉/松下动力电池上应用，但仍处于推广的初期，需求还比较有限。中间相炭微球具备倍率性能优异的特点，但是制备工艺复杂、产率低、成本难以下降，发展也比较受限。目前应用最广的负极材料仍然是天然石墨和人造石墨两大类（以及性能介于天然石墨和人造石墨之间，以天然石墨为基础和其他负极材料掺杂形成的复合石墨）。负极材料分类见图5。

天然石墨是从天然石墨矿中提炼出来的，它的颗粒外表面反应活性不均匀，晶粒粒度较大，在充放电过程中表面晶体结构容易被破坏。为了解决这些问题，一般采用碳包覆工艺对天然石墨进行改性处理。其优势是比容量

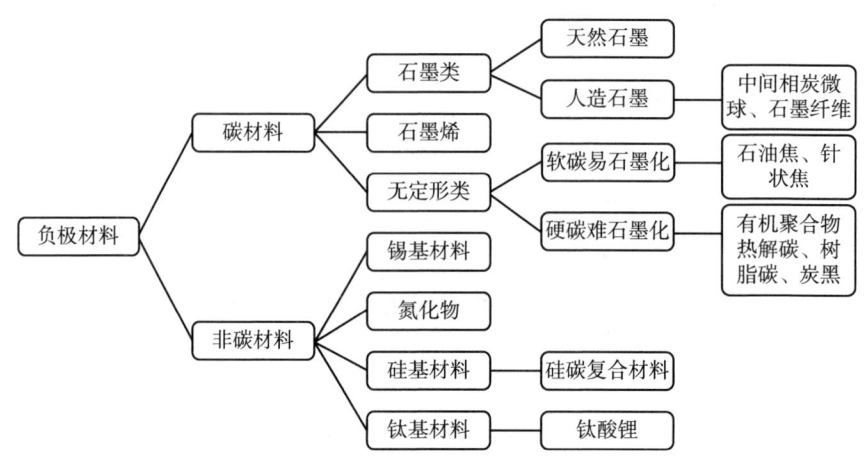

图 5　负极材料分类

大、压实密度高、成本低，缺点是循环寿命短、倍率性能差。人造石墨是焦炭类原料经过高温石墨化处理后转化成石墨的产品。它的石墨晶粒小、石墨化程度低、结晶取向度小，在倍率性能、循环寿命以及体积膨胀、防止电极反弹方面都好于天然石墨，比容量和压实密度与天然石墨也已经很接近，差距只有2%~3%，主要的缺点是成本高。负极材料性能比较见表5。

表 5　负极材料性能比较

	类型	比容量（mAh/g）	首次效率（%）	循环寿命（次）	安全性	快充特征	技术	倍率性能
碳材料	天然石墨	340~370	90	>1000	一般	一般	成熟	●●
	人造石墨	310~360	93	>1000	一般	一般	成熟	●●●
	中间相炭微球	300~340	94	>1000	一般	一般	成熟	●●●●
	石墨烯	400~600	30	>1000	一般	差	不成熟	—
	软碳	230~270	80	>1000	一般	好	一般	●●●●
	硬碳	380~430	80	>1500	一般	好	一般	●●●●
非碳材料	钛酸锂	160~170	99	>30000	最高	最好	不成熟	●●●●●
	硅碳复合材料	>1000	84	300~500	差	差	不成熟	●

资料来源：国泰君安证券研究。

应用上，国内除比亚迪之外的动力电池基本全部使用人造石墨，比亚迪和日韩动力电池以天然石墨为主，但也在转向人造石墨；对于手机、笔记本电脑等小型锂电池，高端产品以人造石墨为主，中低端产品采用天然石墨较多。

从我国负极材料的产量结构看，2013年时天然石墨占比在50%以上，但人造石墨的渗透率不断提升，2016~2017年，人造石墨的产量已经超过了天然石墨的2倍，成为最主要的负极材料品种。

人造石墨的工序长、技术壁垒高。造粒和石墨化体现技术门槛。人造石墨的四大工序中，破碎和筛分相对简单，体现负极行业技术门槛和企业生产水平的主要是造粒和石墨化两个环节。

造粒：石墨颗粒的大小、分布和形貌影响着负极材料的多个性能指标。总体来说，颗粒越小，倍率性能和循环寿命越好，但首次效率和压实密度越差，反之亦然，而合理的粒度分布（将大颗粒和小颗粒混合）可以提高负极的比容量；颗粒的形貌对倍率、低温性能等也有比较大的影响。

石墨化是人造石墨制备过程中另一个关键环节，这个环节的作用是将碳原子由热力学上不稳定的"二维无序重叠"排列转变为"三维有序重叠"。

人造石墨生产中最常用的石墨化炉是艾奇逊石墨化炉。艾奇逊石墨化炉的问题是容易造成温度分布不均并产生热应力。当炉温上升较快时，可能产生明显的外热内冷的情况，产生裂纹废品。近年来另一种兴起的石墨化炉内串炉也有不小的问题（如容易造成坩埚上石墨粉脱落引入杂质粉尘，同时产品在石墨化过程中所产生的挥发也不易排出，导致纯度不高）。

为了得到较好的石墨化效果，负极企业需要做好以下几个方面。第一，掌握向炉中装入电阻料和物料的方法（有卧装、立装、错位和混合装炉等），并能根据电阻料性能的不同调整物料间的距离；第二，针对石墨化炉容量和产品规格的不同，使用不同的通电曲线，控制石墨化过程中升温和降温的速率；第三，在特定情况下，在配料中添加催化剂，提高石墨化度，即"催化石墨化"。

除此之外，原料品种（石油焦、针状焦、黏结剂）的选择和配比也是负极的一大核心技术。人造石墨的生产工序见图6。

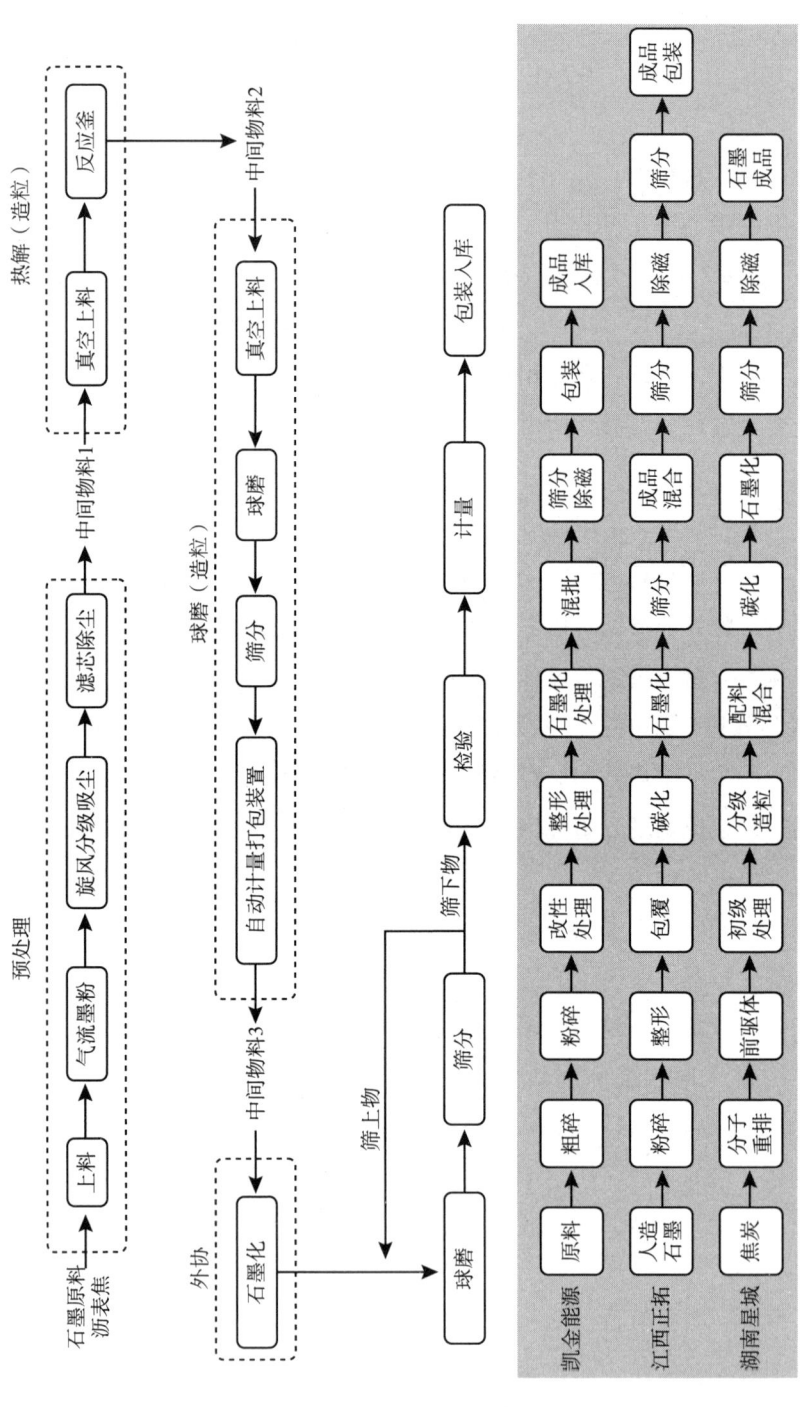

图6 人造石墨的生产工序

资料来源：国泰君安证券研究。

（2）硅碳负极应用大幅提升电池能量密度。2020年，新型锂离子动力电池单体比能量超300Wh/kg，系统比能量达260Wh/kg；到2025年，单体比能量达500Wh/kg。传统石墨很难达到这一要求，而硅碳复合材料的超高理论能量密度可以显著提升单体比能量，有望成为未来主流负极材料。

硅碳复合材料主要分为三种结构：包覆型、嵌入型、掺杂型。包覆型的表面碳层主要为无定形碳，嵌入型碳基质主要为无定形碳、石墨和石墨烯等，目前掺杂型硅碳复合材料为研究热点。硅碳复合材料类型划分见图7。

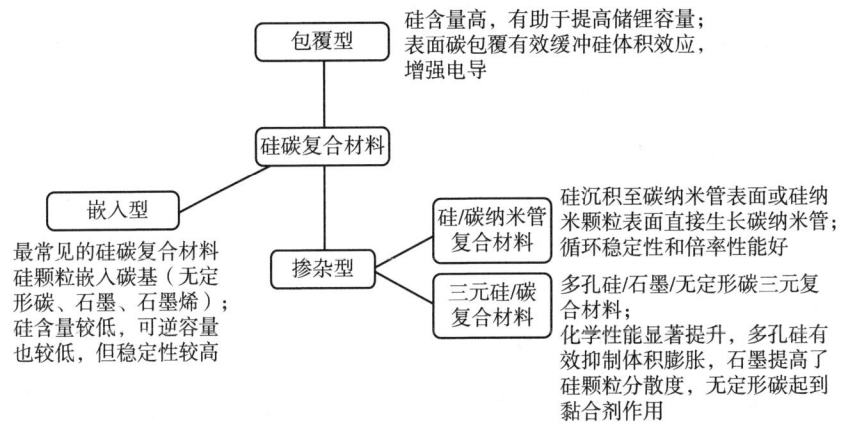

图7 硅碳复合材料类型划分

资料来源：国泰君安证券研究。

硅碳复合材料逐步产业化，技术成为制胜关键。国外企业已经实现硅碳负极材料量产，松下2013年量产的NCR 18650C型号电池即采用硅碳负极材料；日本GS汤浅推出的硅基负极材料锂电池也已应用于三菱汽车；特斯拉推出的Model 3成功应用硅碳负极材料，实现300Wh/kg比能量，更加明确了硅碳负极的未来地位。我国主流负极厂商已扩大硅碳负极投入，新进入者也开始布局硅碳负极，新增产能2017年底开始陆续投产。提前布局硅碳负极、拥有技术优势、更快实现产业化的企业，将有望改变负极产业的现有格局。

（三）隔膜

1. 全球市场格局：国产化势不可挡

全球锂离子电池隔膜产量由2010年的5亿平方米增至2017年的28亿平方米，年均复合增长率达到27%，据测算2020年全球锂电池隔膜总需求有望达56亿平方米，2017~2020年年均复合增长率达25.9%，其中动力电池为最主要的贡献量，预计占比达68%。从全球锂离子电池隔膜市场来看，2016年以前日韩厂商占据明显竞争优势，2018年起国产隔膜的快速投产将引领全球隔膜价格的下行，加速国产化竞争力。

2016年全球前四大锂电隔膜企业日本旭化成、日本东丽、美国Celgard和韩国SKI分别占据全球20.8%、15.1%、10.8%和9.6%的市场份额，排名前四的隔膜企业占据超过50%的市场份额，这四家企业仅有美国Celgard为干法路线（已经被日本旭化成收购）。

锂电池隔膜国产化率正在不断提升，但是高端湿法隔膜目前还是大部分依靠进口。

海外企业扩产速度低于国内。如日本旭化成在2017年3月宣布投资150亿日元，计划在2019年建成2亿平方米湿法隔膜产能，日本住友化学则计划将当前产能扩大4倍，在2018年产能达到4亿平方米，韩国W-Scope在2016年9月宣布投资3000万美元在韩国新建生产线，预计2018年底产能达到3亿平方米。

我国锂离子电池隔膜销量由2010年的0.55亿平方米增至2017年的13.6亿平方米，年均复合增长率达58.1%；我国锂离子电池隔膜行业市场规模从2010年的4.2亿元增至2017年的51.1亿元，年均复合增长率达42.9%（见图8）。

2. 国内产业情况

（1）我国锂离子电池隔膜两极分化竞争格局明显，国内市场快速扩张，行业格局快速变化。从2004年新乡格瑞恩公司第一条生产线调试成功并产出合格品开始，十几年间我国企业在锂电池隔膜行业迅速发展。特

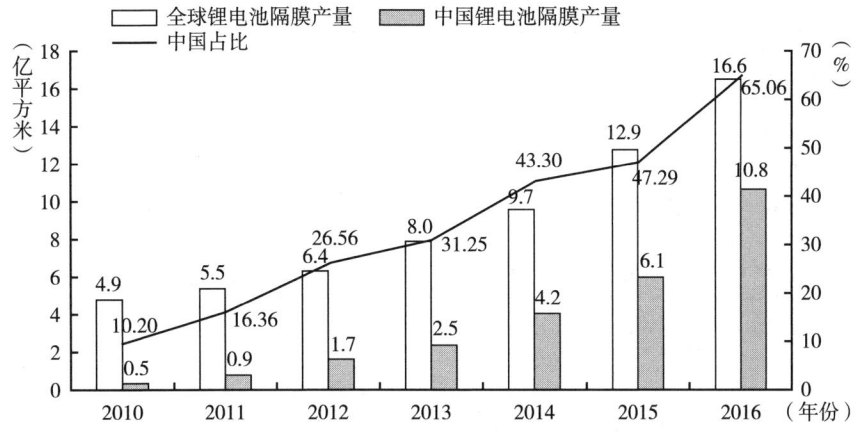

图8 中国隔膜的产量占比逐步提升

资料来源：国泰君安证券研究。

别是2010年之后，在新能源汽车产业链的带动下，锂电池行业迅速发展。与国外企业相比，国内企业之前生产的隔膜以干法拉伸为主，且多为中低端产品，高端湿法隔膜多年来一直被国外企业所垄断。但是近年来随着国内隔膜生产企业在湿法生产工艺上的持续改进，湿法隔膜的产量和性能越来越接近国外企业水平，国内企业纷纷迅速扩产湿法隔膜，隔膜市场的格局也在发生变化。2012年国内企业还是以生产干法隔膜为主，新乡格瑞恩、星源材质、佛山金辉、山东正华、佛山东航占据了国内市场前五名，而2017年国内生产湿法隔膜为主的上海恩捷、中锂新材、中科科技、义腾新能源等企业出货量排名前列。国外主流隔膜生产企业及扩产情况见表6。

国外隔膜市场都是以现有企业扩产为主，新进入者很少，而国内隔膜市场在资本的推动下，除原有企业扩产迅猛外，近两年仍有众多新进入者杀入隔膜市场，2017年中国锂电池隔膜产能前七名的企业市场占比达到78%，预计2018年起随着各大企业在建产能的逐步投产，市场集中度将进一步提升。

表6 国外主流隔膜生产企业及扩产情况

企业	工艺	全球市场占有率(%)	扩产情况
日本旭化成	湿法	20.8	较缓慢
美国 Celgard	干法	10.8	未见扩产计划
东燃化学	湿法	15.1	较缓慢
韩国 SKI	湿法	9.6	较缓慢
韩国 W-Scope	湿法	6.0	—
日本宇部	干法	4.0	未见扩产计划

资料来源：国泰君安证券研究。

3. 技术发展趋势

（1）技术更新，湿法成主流。市场上的生产工艺主要是干法单向拉伸技术、干法双向拉伸技术和湿法拉伸技术。三者相比，干法单向拉伸隔膜横向强度较差，但因几乎没有热收缩现象而具有较高的安全性。干法双向拉伸技术只能生产单层隔膜，但隔膜的微孔尺寸和孔的分布不均匀，稳定性较差。湿法拉伸隔膜孔隙率和透气性更高，可以生产更轻薄的隔膜，最薄能达到5微米，但是热稳定性较差，高温下容易收缩，且投资成本较高。

湿法的成孔方式不是通过机械拉伸，而是利用聚乙烯与成孔剂发生热致相分离而产生的微孔，因此孔隙率和孔径大小更易控制，产品的力学性能和均一性更好。从微观形貌对比中可以看到，干法拉伸制成的薄膜中的孔径会按照一定的方向分布，并且薄膜的结晶和非结晶区域之间有明显的分隔，而湿法工艺制成的隔膜形貌上面明显更加均匀。目前特斯拉、LG、松下等使用的薄膜已经在10微米以下了，这种厚度，当前技术仅有湿法可以做到，干法在技术层面达不到。从安全性方面来说，隔膜 MD、TD、Z 等方面的强度要求越来越高，这点只有湿法能够做到。湿法可能会导致其安全性的热收缩性较差，但是可以通过在基膜上涂覆陶瓷、聚偏氟乙烯（PVDF）等方式解决。

此外，就湿法产品工艺而言，质量差异的核心两大因素：一是产线设备（设备按性能排序为：日本制钢所、德国布鲁克纳、日本东芝、韩国/法国企业、国产设备);二是有经验的调试人员。国内主流隔膜生产厂家产能及采购情况见表7,湿法与干法对比见图9。

表7 国内主流隔膜生产厂家产能及采购情况

	预计2017年底产能(万平方米)		核心设备采购来源
	干法	湿法	
苏州捷力	—	2800	日本制钢所
上海恩捷	—	5000	日本制钢所
辽源鸿图	—	11000	制钢所韩国分公司、韩国明胜
星源材质	17000	7000	德国布鲁克纳、法国ESP
沧州明珠	10000	12100	德国布鲁克纳、中科华联
天津东臬	—	22500	日本东芝、桂机所
湖南中锂	—	40000	日本东芝
中彩科技	—	14700	法国ESP
纽米科技	6000	11000	日本制钢所

资料来源:国泰君安证券研究。

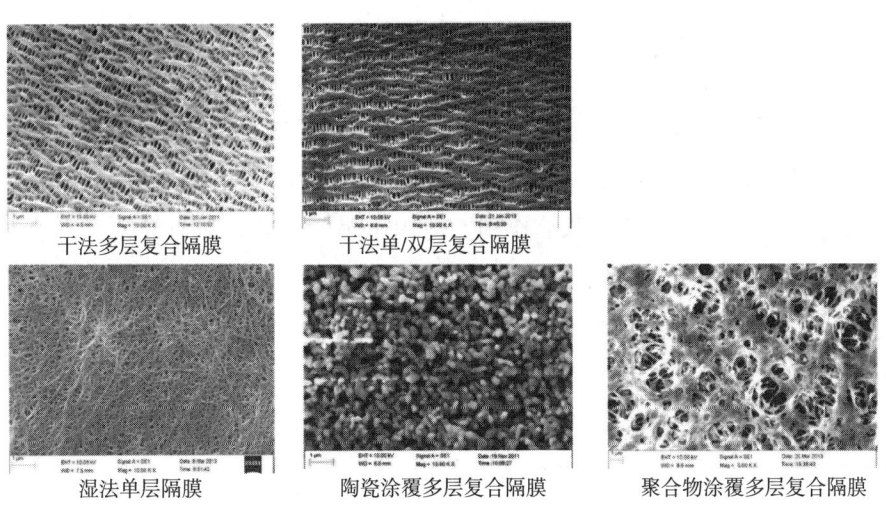

图9 湿法与干法对比

资料来源:国泰君安证券研究。

（2）湿法隔膜综合性能较强，"湿法+涂覆"成为趋势。

涂覆后可弥补湿法隔膜的性能缺陷。干法工艺的原材料一般是PP，而湿法工艺的原材料一般则是PE。一般来说，PP的熔融温度在170℃左右，PE的熔融温度在140℃左右。因此湿法工艺生产的隔膜虽然较薄，但是较低的熔融温度使得隔膜在高温下容易收缩，从而造成电池短路，电池的安全得不到保障。在隔膜表面涂覆一层无机纳米颗粒或者耐高温的有机化学物可以提高隔膜的高温安全性能，能够很好地弥补湿法工艺的这个缺陷。

湿膜+涂覆的技术是未来行业主力，看好耐热树脂。目前湿法隔膜有70%以上的已经采用涂覆，有些国家是功能涂覆（不一定指陶瓷，也有可能是聚合物，还有可能是其他耐热性树脂），还有一部分不采用。电池厂一直希望采用涂覆，在隔膜涂覆成为主流之前，电池厂采用了正极涂覆、负极涂覆，包括比亚迪、LG、三星，2010年左右都采用了负极涂覆技术。但随着对技术要求的不断提升，包括比亚迪在内的企业都发现隔膜涂覆优势明显。首先，负极涂覆对于隔膜热收缩没有影响，因为极片作为金属热收缩性本来就较小。其次，负极涂覆对于隔膜的厚度减薄没有帮助。LG率先在2010年左右开始使用隔膜+陶瓷涂覆的组合模式，与此同时降低隔膜厚度。在涂覆材料方面，国内目前都采用三氧化铝，特斯拉、松下采用耐热树脂。三氧化铝密度在高分子耐热树脂/PPP密度约为1，同样涂一个微米的三氧化铝，相当于涂了4微米的耐热树脂。所以以重量密度会大打折扣。陶瓷这块主要起到降低热收缩作用，适用于湿膜工艺，对机械强度没有帮助，而耐热树脂能够起到这个作用，重量更是前者的1/4，唯一缺点是成本太高，目前大家接受不了。如果价格能与性能中和，其将成为主流。湿法涂覆后的形貌见图10。

根据产品要求，隔膜可以进行单面涂覆或者双面涂覆，厚度通常在1~2微米。经过涂覆后的隔膜不仅在热收缩方面有改善，还可以提高拉伸强度和吸液率，同时降低孔隙率和透气速率。隔膜更高的拉伸强度可以改善电芯制作可控性，更低的热收缩率可以使电池在高温下更安全，孔隙率相对变小可以减少电芯的短路率，吸液率提高有助于增加电池的能量密度。隔膜生产

图10 湿法涂覆后的形貌

资料来源:国泰君安证券研究。

企业一般会根据下游的需求来使用不同的涂覆材料,基膜+涂覆的技术方案为隔膜产品提供了可定制化能力(见表8)。

表8 涂覆后的性能指标更优化

样品	厚度 /μm	面密度 /mg·cm^{-2}	孔隙率 /%	吸液率 /%	拉伸强度-纵向 /kN·cm^{-2}	热收缩率/%		透气速率 /s·(100ml)$^{-1}$
						纵向	横向	
常规隔膜	25	15.61	42	70	12.47	3	0	约300
涂覆隔膜	26	16.27	32	82	15.09	2	0	324~407

资料来源:国泰君安证券研究。

由于湿法隔膜更薄,同时其高孔隙率和透气率可以使电池具有更高的能量密度和充放电性能,在经过涂覆提高安全性能后弥补了湿法隔膜的短板,越来越多地应用于新能源汽车的动力电池中。未来在电动汽车提高续航里程的发展趋势下,随着湿法隔膜的国产化率的提高,以及湿法隔膜生产成本的降低,我们预计越来越多的动力锂电池将采用湿法隔膜+多功能材料涂覆的工艺方案。干湿法对比见表9,陶瓷涂覆和未涂覆对比见图11。

表9 干湿法对比

制作工艺	干法		湿法
工艺原理	晶片分离	晶型拉伸	热致相分离
厚度	>20μm	>12μm	可达5~7μm
孔径	0.1~0.2μm	0.1~0.3μm	0.01~0.1μm
孔隙率	30~40	30~40	40~60
透气率（Gurley值）（s/100ml）	200~600	200~600	80~220
热收缩率（90℃,2h/%）	横向1.3~1.6,纵向0	1.3~1.6	横向(120摄氏度,1h/%)3.4~5.1,纵向2.3~3.2
拉伸强度	较差	横向90~150,纵向10~30	横向100~200,纵向80~100
刺强度(gf)	200~600	200~600	200~600
孔径均匀度	差	差	好
拉伸均匀度	差	差	好
破膜温度	150	—	120
代表厂家	美国Celgrad,日本UBE,星源材质,沧州明珠	美国Celgrad,中科科技(格瑞恩)	日本旭化成,东燃化学,韩国SKI,金辉高科,纽米科技

资料来源：中国知网、国泰君安证券研究。

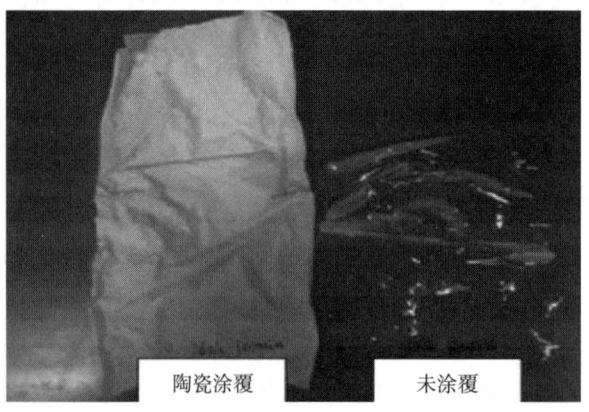

图11 陶瓷涂覆和未涂覆对比

资料来源：国泰君安证券研究。

4. 湿法扩张速度远超干法，占比将持续高增长

隔膜世界主要为两大路线问题，一为日本松下圆柱，一为LG软包模式。但从以后的技术发展来看，国内普遍认为湿法+涂覆是主要方向，其余为软包采用干法+陶瓷涂覆，也有直接采用干法隔膜（三层或者单层）。目前国内隔膜市场上基本都是上市公司，或者已被上市公司收购，星源中80%的仍为干法，恩捷、纽米科技为市场上有代表性的湿法制造商。干法隔膜2013~2016年为收获期。在2015年之前能保持一个较好的价格，毛利率高达60%，净利率为25%~30%，2016年之后降幅较大，湿法给予其巨大的压力。预计后面毛利率降至50%，净利率降至20%左右。湿法方面，2015年之前几乎没有企业盈利，2016年之后才逐步走入收获期，到2018年为止都将是湿法隔膜的收获期。

湿法隔膜行业集中度相对较低，影响实际产能水平。根据海外发展经验，隔膜行业属于高技术密集及资本密集的行业，产能的集中利于规模效应的形成，规模效应下，企业的固定资产和技术提升都具备较大的优势，下游订单也稳定，因此相比之下，国内湿法隔膜市场形成规模经济的产能占比相对较少，国内生产工艺总体尚处于较低水平。国内主要隔膜厂家目前产能情况见表10。

表10 国内主要隔膜厂家目前产能情况

单位：亿平方米

企业名称	目前产能	企业名称	目前产能
上海恩捷新材料科技	13.2	中材科技	2.4
湖南中锂新材料	10	天津东皋膜技术	2.25
青海北捷新材料科技	5	河北沧州明珠塑料	2.65
深圳星源材质	2.26	苏州捷力新能源材料	2.3
湖北江升新材料	2.6	河北金力新能源科技	1
重庆云天化纽米科技	3		

资料来源：国泰君安证券研究。

预计2018年国内能达到36.1亿平方米隔膜产能。非上市体系中具有较大规模的隔膜企业数量不多，并且计划投入的产能大多在2018年之后才能

释放。统计数据显示，到2020年国内的锂电池隔膜总产能或将达到100.4亿平方米，其中在上市公司体系内的统计产能将达到67.8亿平方米，非上市公司体系内的统计产能将达到32.6亿平方米。值得注意的是，目前已经明确规划将在2020年之前投产的新产能中，根据我们的统计，干法产能仅有4.7亿平方米新增产能（其中上市公司体系中明确投产的仅为2.3亿平方米），同期规划将投产的湿法隔膜新增产能则达到67.9亿平方米。因此随着未来湿法产能的大量投产，我们预计国内隔膜产能中湿法工艺的产能占比将从目前的69%提升至2020年的88%。虽然2016年干法隔膜的出货量略多于湿法隔膜，但是从2017年开始随着湿法隔膜的产能逐步释放，未来隔膜市场中湿法隔膜将占据越来越大的比例。2016~2020年干湿法隔膜产能占比见图12，2010~2016年隔膜销量和同比增速见图13。

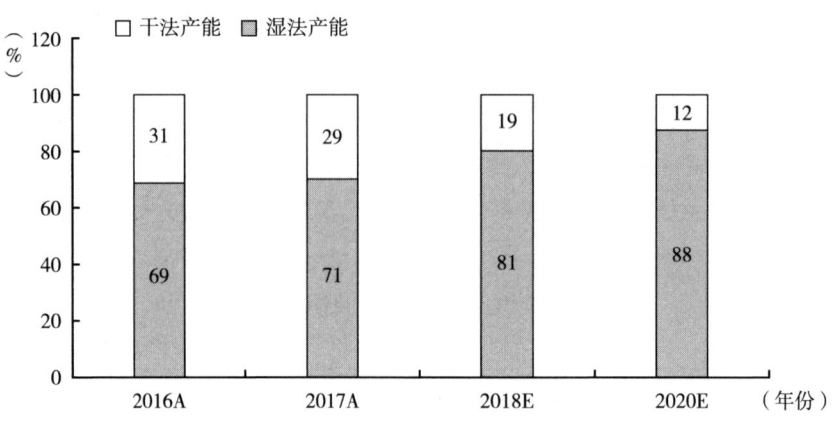

图12　2016~2020年干湿法隔膜产能占比

2017年湿法隔膜处于供应偏紧的状态，市场对于湿法隔膜的需求量的爆发已加速新产能的投放，预计2018~2020年将新增40~45亿平方米的产能，从2018年起国内隔膜将进入供给大于需求的通道。根据预测，2020年国内动力锂电池隔膜需求量为20亿平方米，若考虑消费、储能等电池需求则共计需求量为29亿平方米。我们认为在此期间，规模降本将是发展的核心点，随着隔膜价格的下行，我国隔膜将完成进口替代，逐步走向海外出

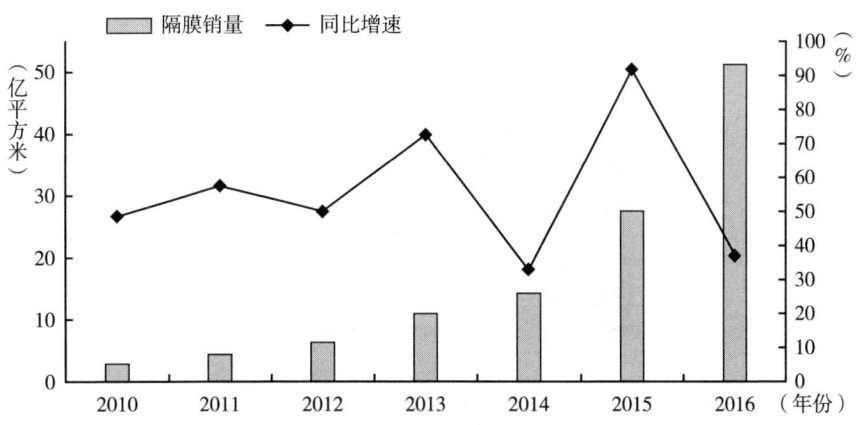

图 13　2010~2016 年隔膜销量和同比增速

口。2017 年国内湿法产能格局如图 14 所示,国际湿法产能格局如图 15 所示。

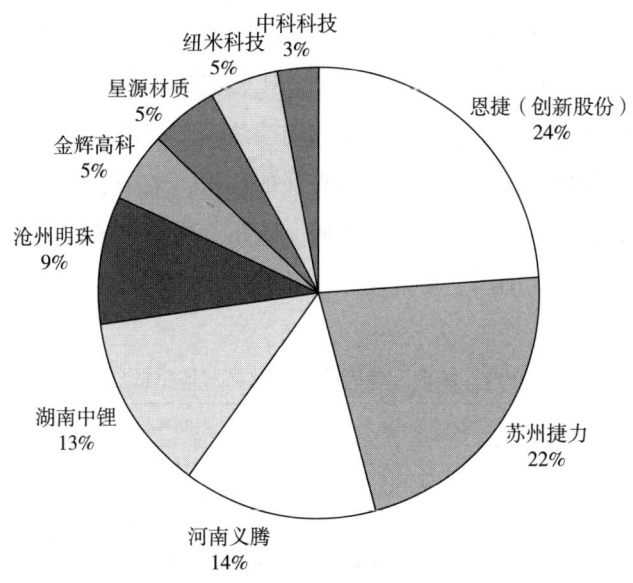

图 14　2017 年国内湿法产能格局

资料来源:国泰君安证券研究。

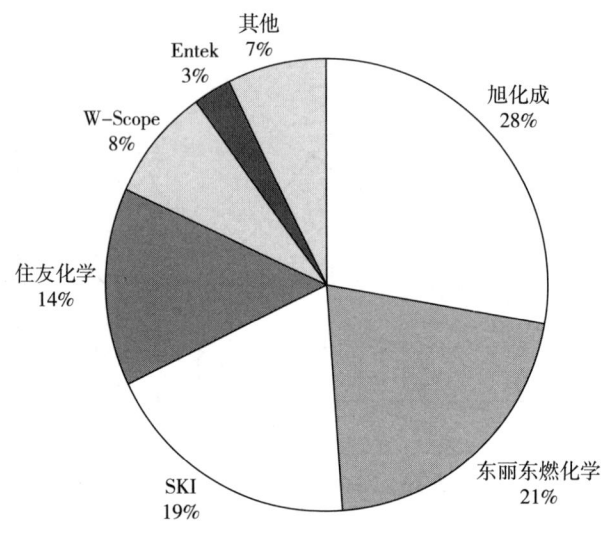

图15 国际湿法产能格局

资料来源：国泰君安证券研究。

现有规模及客户决定了未来的成长空间。当前市场上主要从事三元锂电池生产的龙头公司有宁德时代、比亚迪、国轩高科、力神等。这些电池客户的扩张将直接拉动隔膜企业的销量。当前湿法隔膜行业众多公司已经深入绑定电池厂，一旦进入供应链，即受到企业的认可，未来更换主材的概率将降低。目前，前十大电池厂已被优质隔膜企业瓜分完毕。预计未来行业格局的集中度将持续提升。国内主要隔膜厂家及其对口电池厂见表11。

表11 国内主要隔膜厂家及其对口电池厂

企业	生产工艺	主要客户订单情况
上海恩捷	湿法	三星 SDI、LGChem、CATL、比亚迪、国轩高科
星源材质	干法为主	韩国 LG、比亚迪、天津力神、中航锂电、国轩高科
沧州明珠	干法为主	中航锂电、比亚迪、苏州星恒
中科科技	干法	比亚迪、天津力神、ATL、哈光宇、比克电池、福斯特
金辉高科	湿法	比亚迪、比克电池、3C 消费电子电池
河南义腾	干法	中航锂电、深圳金能、哈光宇
苏州捷力	湿法	LG、SDI、ATL、比亚迪

资料来源：国泰君安证券研究。

（四）电解液

电解液一般由高纯度的有机溶剂、电解质锂盐（六氟磷酸锂等）、添加剂等原料，在一定条件下，按一定比例配制而成的。纯电解液制备的装备门槛不高，工艺要求也基本实现了国产化。常见电解液材料分类见图16。

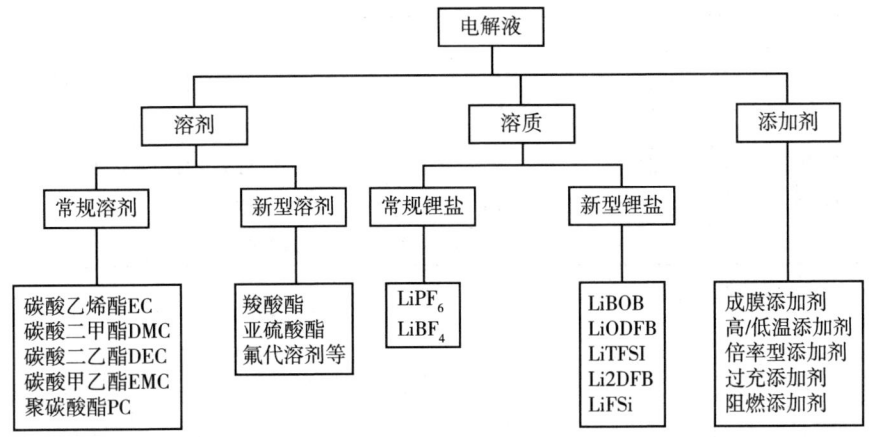

图16　常见电解液材料分类

资料来源：国泰君安证券研究。

电解液作为电池中锂离子传输的媒介，连接着电池的正负极，具有较高的离子电导率和极好的电子绝缘性。电解质的选择对锂离子电池能量密度、循环性能、倍率性能、储存性能等的发挥至关重要，对电池的安全性能也有很大影响。电解液材料发展见表12。有机溶剂是电解液的主体部分，与电解

表12　电解液材料发展

组成部分	传统材料	新型材料
锂盐	$LiPF_6$	$LiBF_4$、LiBOB、LiODFB、LiTFSI、LiFSI 等
有机溶剂	EC、PC、DMC、DEC、EMC 等	EA、EB、EP、FB 等
添加剂	VC、FEC、VEC、ES、PS、CHB 等	PRS、VES、MMDS、TAB、SN、ADN 等

资料来源：中国知网、国泰君安证券研究。

液的性能密切相关,一般采用高介电常数溶剂与低粘度溶剂混合而成,目前常用的有机溶剂主要是碳酸乙烯酯(EC)、碳酸二乙酯(DEC)、碳酸二甲酯(DMC)、碳酸甲乙酯(EMC)等,占电解液成本的约30%。锂盐成分见表13。

表13 锂盐成分

锂盐	优点	缺点
$LiPF_6$	综合性能好	热稳定性差、易吸水水解
$LiBF_4$	低温性能较好	价格昂贵、溶解度比较低
$LiClO_4$	综合性能好	强氧化性致安全性不高
$LiAsF_6$	综合性能好、高电导率、高稳定性、高电池充放电率	剧毒
导电率	$LiAsF_6 > LiPF_6 > LiClO_4 > LiBF_4$	

资料来源:高工锂电。

添加剂总类繁多,通常用于改善SEI膜的性能,降低电解液中的微量水和HF酸,防止过充电放电,成本占比约10%。常用添加剂及其作用见表14,电解液材料构成见图17。

表14 常用添加剂及其作用

添加剂	结构式	作用
VC	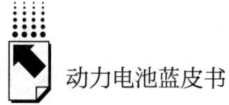	负极成膜,改善循环性能
FEC	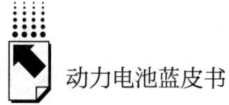	负极成膜,改善循环性能;改善低温性能
VEC	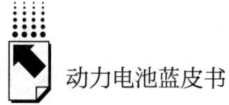	负极成膜,改善循环性能;改善高温存储性能

续表

添加剂	结构式	作用
ES		负极成膜,改善循环性能;改善高温存储性能
PS		负极成膜,改善循环性能;正极成膜,抑制金属溶出和高电压下电解液分解;改善高温存储性能
PRS		负极成膜,改善循环性能;正极成膜,抑制金属溶出和高电压下电解液分解
CHB		过充保护(电聚合型)
SN		吸附在正极表面,抑制金属溶出和高电压下电解液分解;改善高温性能

资料来源：中国知网、国泰君安证券研究。

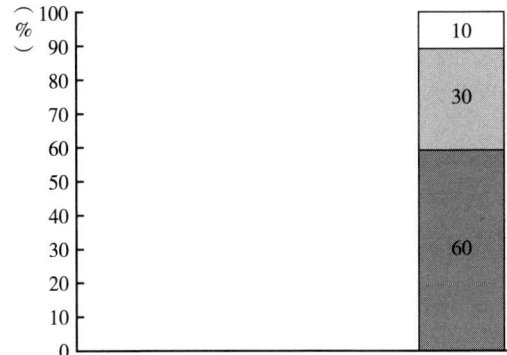

图17　电解液材料构成

资料来源：国泰君安证券研究。

1. 全球格局

全球电解液格局呈现中日韩三国三足鼎立，日本的宇部兴产、三菱化学，韩国的旭成化学仍是主要供应商。中国电解液产量增速明显高于全球平均水平，在全球电解液的市场份额逐年提高。2017年中国电解液产量为10.2万吨，同比增长15%，增速有所放缓，远小于动力电池增速；市场产值为63.6亿元，同比增长3.9%，电解液价格大幅下滑，导致产值增速低于产量增速。

中国电解液产值下降、价格下滑的主要原因如下。

第一，受2016年磷酸铁锂市场景气的影响，部分企业进行磷酸铁锂扩产。扩产的六氟磷酸锂新增产能于2017年上半年陆续释放，供求发生逆转，价格降幅超过50%，从年初的32万元/吨下降至15万元/吨。2017年下半年价格逐渐回归理性，维持在14~15万元/吨，但价格大幅下降已成定局。

第二，随着补贴削减，动力电池企业成本压力增大，传导给上游材料企业，电解液企业被迫降低价格。

第三，2017年多家企业产能释放，价格战竞争激烈，出现买方市场。国内主要电解液厂商份额及其客户见图18，2011~2017年电解液产量见图19。

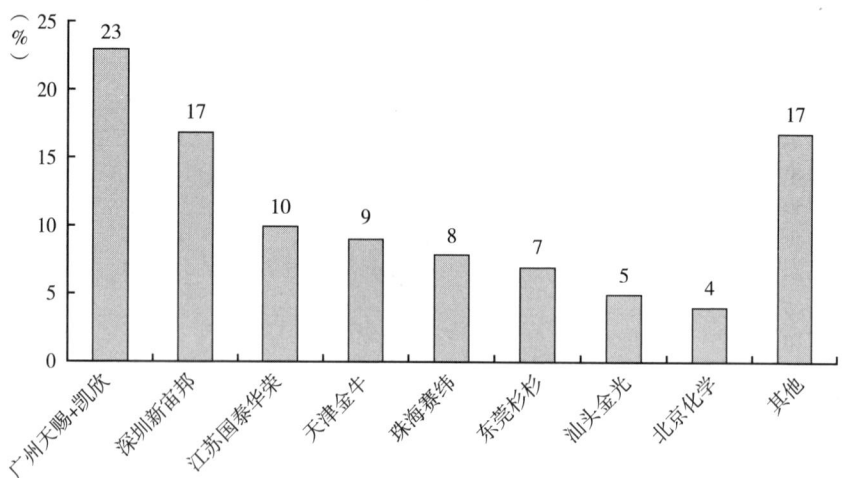

电解液	客户
天赐材料	比亚迪、国轩、万向钱潮、中航锂电、CATL、力神、光宇、宁波维科、沃特玛、威能、波士顿、索尼等
新宙邦	比亚迪、中航锂电、力神、比克、中山天茂、沃特玛、微宏动力、威能、索尼、松下、SDI、LG化学等
杉杉股份	比亚迪、CATL、力神、光宇、比克、邦凯、鹏辉能源、沃特玛、SDI等
国泰华荣	国轩、CATL、力神、松下、LG化学等
天津金牛	力神、威能、波士顿、索尼、SDI、国轩高科、远东福斯特等
惠州天骄	比亚迪、万向钱潮、力神、环宇赛尔等
香河昆仑	盟固利、北京国能、微宏动力、天丰电源、深圳豪鹏
珠海赛纬	CATL、沃特玛等
北化所	南都电源、中航锂电等

图18 国内主要电解液厂商份额及其客户

资料来源：国泰君安证券研究。

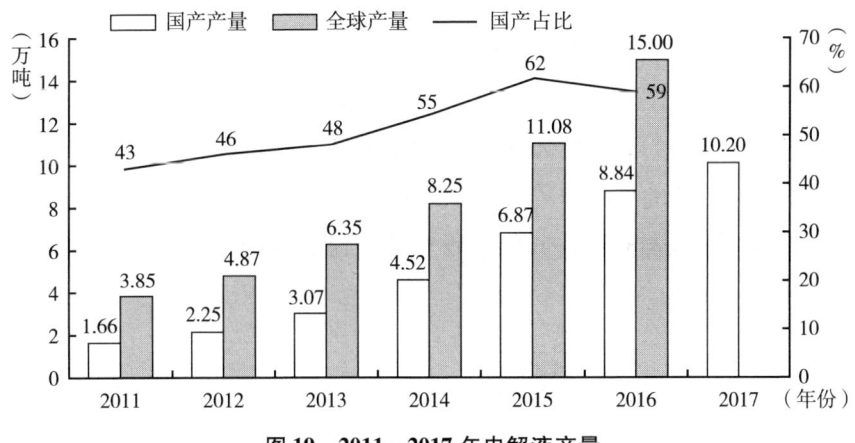

图19 2011~2017年电解液产量

资料来源：国泰君安证券研究。

电解液价格受溶质影响较大。溶质波动影响更大：电解液目前的成本构成中，溶质占比40%~50%，溶剂占比25%~30%，添加剂占比较低，溶质的波动影响更大。添加剂与溶剂可能暂无大的价格波动：添加剂行业价格波动较小，主要的企业如江苏华盛等公司大规模扩产（现有产能2000吨，扩产5000多吨），行业供给较稳定，价格大幅波动的可能性较低。溶剂方面，过去溶剂行业的价格主要受环氧丙烷的影响，环氧丙烷的价格波动主要系环保整治带来的供给周期性波动，后续如果没有大的供给受环保整治而退出，环氧丙烷与溶剂环节可能就会比较稳定。在产能规划方面，内资企业产能扩张较强势，在建项目规模较大，外资企业则相对保守。

2. 电解液核心竞争是配方和定制，盈利能力可能稍有压力

电解液的核心竞争壁垒是配方和定制：对各种原材料的配比和添加剂也对锂电池的容量、寿命、安全性、高低温特性产生重要的影响，因此对电解液企业的生产工艺和过程控制有较高要求。对企业的进入有一定的技术门槛。但从本质上来讲，除必要的工艺控制之外，电解液的核心壁垒就在于配方与定制。电解液产品需要与用户的正极、负极材料相适应（一般其用户先设计正负极材料，最后选电解液进行匹配与平衡），并优化、提高或适应一些性能要求。因此，针对不同的用户，电解液往往设计不同的配比和添加剂进行定制。

此外，主要材料也需要提纯，需要使用精馏、结晶、吸附、膜分离、离子交换、层析、络合及萃取等方法或不同组合，对工艺过程进行强化和优化，以实现产品的高纯度，并使杂质含量达到 ppm 级甚至到 ppb 级。电解液生产流程见图20。

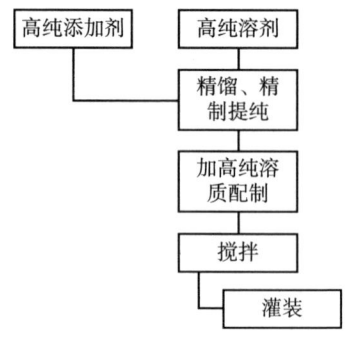

图20 电解液生产流程

资料来源：中国知网、国泰君安证券研究。

电解液行业过去保持了比较平稳的盈利水平。电解液前期的盈利比较稳定，行业总体保持着30%以上的毛利率，在数码时代，即2010~2013年，主要企业的毛利率小幅上涨。在之后新能源汽车快速发展时期，电解液企业也没有获得过很高的投资回报率。不管在数码电池还是动力电池发展期间，上市公司净资产回报率也在10%左右。这与数码电池下游集中度太高，以及电解液自身的产业壁垒有关。2013年以来，电解液盈利能力呈现下降的趋势。电解液的毛利率变化，除行业竞争格局之外，受六氟磷酸锂等上游材料的影响大，对于纯外购溶质、添加剂合成电解液的公司，盈利能力波动就更明显。纯电解液合成的环节，预计后续盈利可能会有一定压力。

3. 技术趋势

（1）添加剂配方引领未来核心竞争力，已形成全球主导。电解液性能差异多体现在添加剂上。电解液的添加剂"用量小，见效快"，虽然产值占比目前比较少，但对锂电池容量和安全性能的改善有明显作用，其最常见的作用是辅助SEI成膜，提高电池倍率、高温性能、低温性能、过充安全性能、储存性能、阻燃性能等。添加剂的种类繁多，不同的锂离子电池生产厂家对电池的用途、性能要求不一，所选择的添加剂的侧重点也存在差异。各家电池的溶剂、溶质成分差别不大，但添加剂成分、比例很难分析出来。因此，从某种意义上讲，电解液企业在锂盐、溶剂上的差异很小，更多的差异就体现在配比和添加剂上。添加剂制备壁垒比较高，产品要求99.999%的纯度，前道产品也需要99.53%的纯度，并且环保要求也越来越严格，目前全球集中度也较高，江苏华盛（长园集团子公司）在全球主流市场占有率第一，其余中国公司有瀚康化学、太仓华一、吉慕特等。添加剂重要性会继续提升。随着电池性能要求的提高，添加剂的作用日益重要，长期来看，添加剂的使用比重应该会不断上升。VC（碳酸亚乙烯酯）是目前动力电池中最为常用的添加剂、FEC（氟代碳酸乙烯酯）过去主要集中在小型电池使用，目前向动力电池渗透的趋势已十分明显。随着硅碳负极电池的应用，FEC的使用质量比会大幅提升。

添加剂已经在主导全球供给。添加剂行业规模小，壁垒高，过去长期为

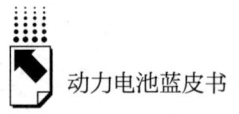

日企主导，2000年以后，韩国部分企业替代了日企一部分市场，价格长期维持在百万元每吨的水平。江苏华盛等中国企业突破日企壁垒后，维持着较平稳的盈利水平，获得全球主流客户的大部分市场份额，已经开始主导全球供给。电解液中的主要添加剂及其作用见表15。

表15　电解液中的主要添加剂及其作用

类型	作　　用
成膜添加剂	电极在首次充电过程中成膜添加剂先于溶剂化锂离子插层建立起优良的SEI膜，允许锂离子自由进出电极而溶剂分子无法穿越，从而阻止溶剂分子对于电极的破坏，提高电极的嵌脱锂的容量和循环寿命
过充添加剂	在电池充满电或略高于该值时，添加剂在正极发生氧化反应，然后扩散到负极；氧化还原对在正极和负极之间穿梭，吸收过量的电荷，形成内部防过充的机理
阻燃添加剂	使易燃有机电解液变成难燃或不可燃的电解液，降低电池放热值和电池自热率，同时也增加电解液自身的热稳定性，避免电池在过热条件下的燃烧或爆炸
提高导电率	添加剂分子与电解质离子发生配位反应，促进锂盐的溶解和电离
稳定剂	电解液稳定剂一般都是路易斯碱化合物，能够与 PF_5 形成络合物，提高电解液稳定性

资料来源：中国知网、国泰君安证券研究。

（2）新型溶质替代刚起步。新型溶质产业化刚刚开始。LiFSI环境友好，且安全性能良好，所以具备产业化生产的基本条件。同时，相比于传统电解液溶质 $LiPF_6$，其最大的优势在于稳定性高，低温性能优异，电导率高。目前将LiFSI与 $LiPF_6$ 等混合使用。

（3）新型锂盐发展备受瞩目，LiFSI性能优异引起关注。未来动力电池三元高镍化趋势的逐步成形，对电池材料提出了更高的要求，电解液也将朝着高安全性、高比能、长寿命和宽温程的方向发展。传统锂盐 $LiPF_6$ 存在较多的局限性，例如在高温下易分解且对水敏感，使得电解液在高温、高电压领域的应用受限，不能够满足大功率储能材料的要求。因此性能更为优异的新型锂盐是未来的方向，双草酸硼酸锂（LiBOB）、二氟草酸硼酸锂

(LiODFB)、双（氟磺酰）亚胺锂（LiFSI）、双（三氟甲烷磺酰）亚胺锂（LiTFSI）等是目前市场上已经开始少量应用的新型电解质锂盐，它们与传统溶质相比，最大的优势在于稳定性高，低温性能好，环境友好性，分解产物对环境影响较小。新型锂盐性能对比见表16。

表16 新型锂盐性能对比

材料名称	优点	缺点
双草酸硼酸锂（LiBOB）	良好的电化学稳定性和热稳定性，能与特定溶剂反应形成稳定的SEI膜，可以经过多次循环能量不衰减，对水相不敏感，制备所用的原料价廉易得，制备方法相对简单，不会腐蚀正极集流体铝箔	溶解性不好，在部分低介电常数的溶剂中几乎不溶解，在碳酸酯类有机溶剂中的溶解性及电导率都低于$LiPF_6$，导致电池的大电流放电性能不好
二氟草酸硼酸锂（LiODFB）	具有成膜功能，可作为添加剂使用；有低SEI膜阻抗；对不同正极和石墨负极有良好的相容性，能够提高电池的高低温放电性能及电池循环性能；结合了LiBOB与$LiBF_4$的优点，可在较宽的温度范围内保持较高的电导率，有利于拓宽锂离子电池的应用范围	初始放电容量偏低，合成工艺繁琐，实际商用较少
双（氟磺酰）亚胺锂（LiFSI）	较高的热稳定性、电化学稳定性和电导率；高温下稳定，且不产生腐蚀性气体（HF），能抑制膨胀，延长电池寿命；遇水不水解；4.2V下使用，LiFSI-碳酸酯电解液并不会侵蚀Al集电体；毒性小，环境友好	对正极集流体铝箔有一定的腐蚀作用；生产工艺复杂，壁垒较高；价格昂贵
双（三氟甲烷磺酰）亚胺锂（LiTFSI）	热稳定性高，安全，具有高的离子传导性，但仍低于$LiPF_6$	对正极集流体铝箔有一定的腐蚀作用，制备成本高

资料来源：中国知网、国泰君安证券研究。

LiFSI的性能卓越，已步入产业化前期。其具有提高电解液的电导率、高低温性能和耐水解性的特点，同时还能抑制气胀，安全性能高，预计未来在低温、高电压、高倍率电解液中有广泛应用。电解液中添加LiFSI后，可提高离子导电率及电池充放电特性。提高保持率是LiFSI一大特性，反复充放电300次后，1.2M $LiPF_6$的情况下放电容量保持率会降至约60%，而在1.0M $LiPF_6$中添加0.2M LiFSI后，保持率可超过80%。LiFSI能提高低温下的放电负荷特性以及高温保存后的容量保持率,同时还可抑制膨胀。30℃下充满电(4.2V)并在80℃下放置1周后的,使用1.2M $LiPF_6$ 的电池单元的厚度变化设定为100,那么在1.0M $LiPF_6$ 中添加0.2M LiFSI时便会降至60。目前已应用在日韩电池企业的部分高端产品中,国内包括天赐、新宙邦、苏州氟特等在内的主流电解液厂家和添加剂厂家都在积极建设LiFSI生产线,产业化序幕正在逐步拉开。

B.6
2017年动力电池制造装备产业发展报告

阳如坤*

摘　要：	目前，我国的动力电池出货量已居全球第一，但总体上高端产能不足，低端产能过剩，其根本原因之一是装备智能化程度不高，自动化、数字化、信息化集成度低，造成企业的锂电池产品在一致性、安全性等方面与日韩先进企业存在差距。装备是锂电强盛的基础，也是质量强盛的保证。随着锂电市场规模的扩大，锂电装备行业已从最初的锂电池生产的功能实现，朝着高精度、安全性、标准化以及智能化的方向发展。智能制造不仅仅是动力电池未来的一种发展趋势，更重要的是，它可以提高电池企业的产品质量，提高制造安全性，降低生产成本，对提升我国动力电池企业的整体竞争力和市场占有率有着重要的意义。
关键词：	锂电装备　智能制造　装备发展路线图　技术趋势

一　2017年我国动力电池制造装备产业发展情况

（一）产业概况

根据《中国制造2025》的总体部署和《智能制造工程实施指南（2016～

---

* 阳如坤，研究员，深圳吉阳智能科技有限公司董事长，全国电工专用设备标准化技术委员会专家，中国锂电创新联盟工程装备分会理事长。

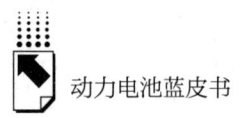

2020)》等有关规定，财政部会同工业和信息化部，组织开展了"智能制造综合标准化与新模式应用"项目，旨在建立健全国家智能制造标准体系，并在制造业重点领域实施。培育推广智能制造新模式，加快智能制造关键技术装备集成应用。

专项项目实施以来，国内顶级动力电池制造企业宁德时代、国轩高科、天津力神、中航锂电、浙江天能等先后分别承担了2015年、2016年和2017年的新模式应用项目。2017年度立项的综合标准化类项目共计43家企业，新模式类项目共计165家企业，涵盖了北京、天津、山东、安徽、湖北、重庆、福建、广东等地的优秀企业。

智能制造综合标准化与新模式应用专项项目实施周期为两年，首批参与该专项的企业已进入验收阶段。2017年12月11日，宁德时代承担的"锂离子动力电池数字化车间建设"项目顺利通过验收。该项目以生产制造过程为依托，通过建立设备的统一接入标准和导入规范，达成生产设备间的互联互通。通过建设覆盖人员、机器、工具、物料、工艺、环境等全部生产要素的分布式的制造执行系统，实现全生产过程的数据采集、信息追溯、状态检测和防呆控制，确保生产过程的成本节约、安全可控、精益高效和质量一致，最终提升公司的智能制造水平。2018年1月17日，由国轩高科承担的"新能源汽车锂动力电池智能工厂（年产6亿安时锂动力电池生产基地二期项目）"国家智能制造新模式项目在合肥顺利通过验收。该项目将智能化装备数据采集端与ERP和MES无缝连接，建设锂电池智能工厂，实现自动化、数字化、网络化、智能化生产运营管理新模式，促进生产方式、管理方式的创新。

通过该类专项项目的实施，锂电池行业的传统制造模式将向智能制造模式转化。而智能制造是基于新一代信息通信技术的新型制造模式，是新一轮产业变革的核心驱动力，是《中国制造2025》确定的抢占未来产业竞争制高点的主攻方向。

当前，我国经济由高速增长阶段转向高质量发展阶段，动力电池行业发展也进入了新时期，面临一系列新形势新任务，亟须进一步提高创新研发能力和制造水平。工程装备作为产业链上的重要一环，是提升产品品质和企业竞争力的重要保证。

（二）制造技术发展趋势

1. 动力电池制造装备现状

动力电池制造装备包括材料装备、电芯装备和 PACK 制造装备。其中材料装备和 PACK 制造装备可以部分借用其他行业的设备，电芯装备是动力电池制造设备的核心。动力电池生产工艺见图1。

电芯制造工艺主要分为三段：极片制造、电芯组装和化成分容。这三段又可以分成六个主要的系统，即浆料制备、极片制备、芯包制备、电芯装配、干燥注液和化成分容。动力电池制造系统见图2。

中国装备的优势在产业体量大，有不断创新升级的机会，相对于半导体产业和汽车产业，锂电装备的国产化率达到70%以上。国产锂电装备的劣势在于缺少行业规范，野蛮发展，由于工业基础薄弱，制造理念落后，低端重复，粗制滥造现象严重，其虽然产能大，但优质的设备不多。中国在世界动力电池装备的规模占35%~40%。中国锂电工程装备的综合评估，核心优势在于：锂电产品转型升级适应的优势、联合创新优势、价格优势；核心区别在于创新升级优势，这才是中国车用动力电池企业利益、团体利益、国家战略利益所在。

2. 电池技术对应的结构与制造工艺方法

电池技术对应的结构与制造工艺方法见表1。

总体来看，车用动力电池制造工艺呈现不断发展提升的趋势，具体表现在以下几个方面。

■电池结构方面：电池安全度高的结构、制造合格率高的结构不断被引入；

■制造工艺方法：不产生毛刺的工艺、粉尘少的工艺不断被引入；

■适合大规模制造、高的制造合格率的工艺方法才能站得住，才能走向稳定制造；

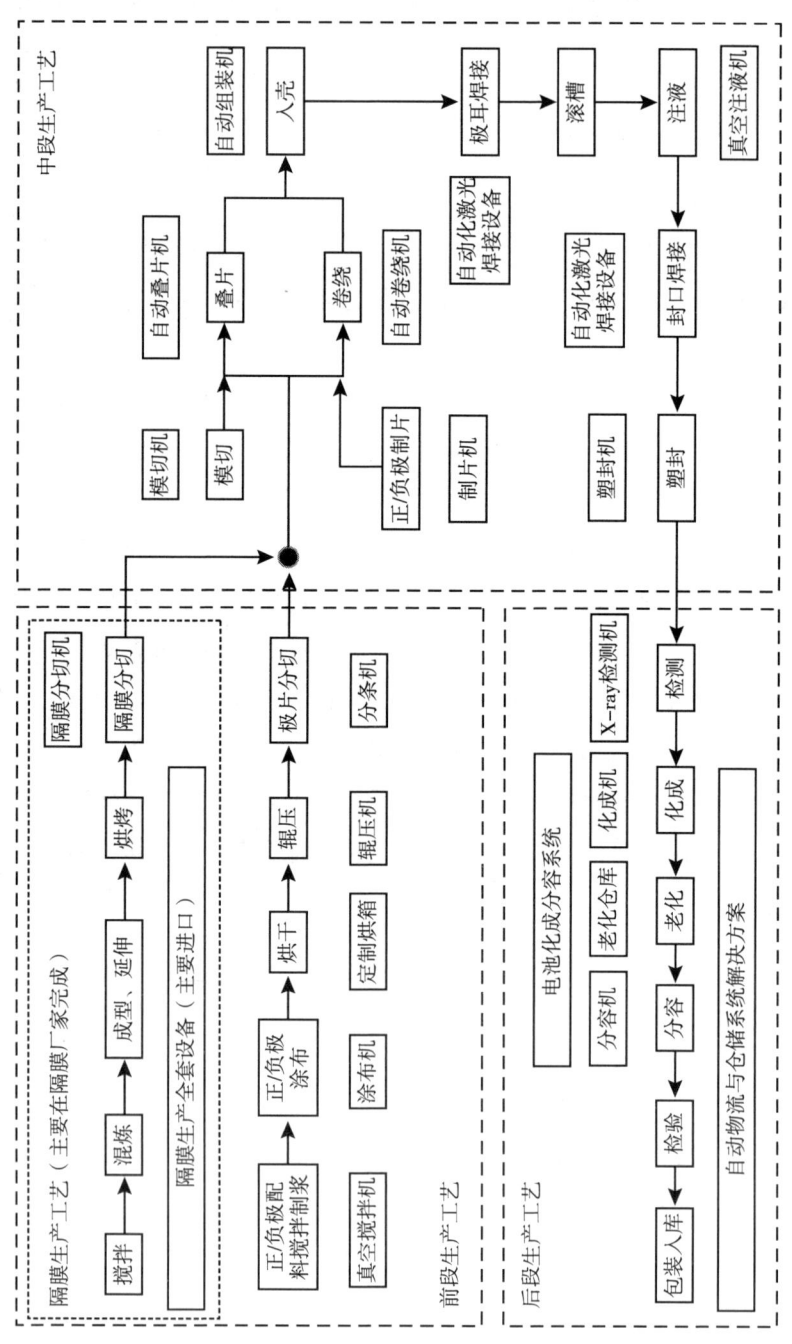

图1 动力电池生产工艺

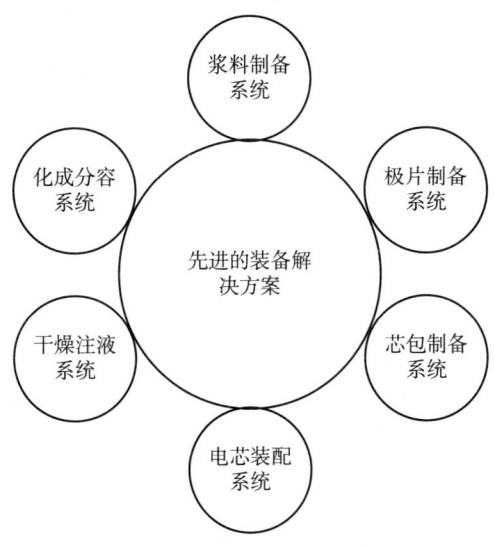

图 2　动力电池制造系统

表 1　电池技术对应的结构与制造工艺方法

	现在至 2020 年	2020~2025 年	2025~2030 年
电池体系	磷酸铁锂、三元	三元、半固态、全固态	锂硫电池、锂空电池
电池容量	单体 350Wh/kg 系统 260Wh/kg	单体 400Wh/kg 系统 280Wh/kg	单体 500Wh/kg 系统 350Wh/kg
浆料制造	混浆、分散	混浆、分散	混浆、分散
极片制造	双面涂布 预锂负极	双面涂布、PECVD 真空蒸镀锂金属 浸泡复合制片	真空蒸镀锂负极 PECVD 多孔碳正极
芯包制造	极耳成型 方、圆卷绕 模切、叠片	高速激光模切、3D 打印 多单元复合叠片 层叠串联叠片	3D 打印 多层复合叠片
电芯装配	极柱焊接、包膜 入壳、封口	极柱焊接、包膜 入壳、封口	极柱连接 入壳、封口
干燥注液	干燥、注液	注液	无
化成分容	化成、分容	化成、分容	化成、分容

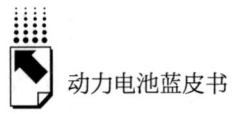

■逐步取消辅助工艺,以提升材料利用率和合格率。

3. 动力电池制造综合趋势

随着汽车电动化的快速发展,动力电池的需求量不断提升,在能量密度提升的同时,单一设备、单一生产线的产能不断提升,按照制造业发展的规律,这必然带动成本大幅度下降,这就是动力电池大规模、智能化发展的动力。动力电池生产综合趋势见表2。

表2 动力电池生产综合趋势

年份	主要关键制造技术指标	能量密度	单体成本	单体制造成本	单线产能
2016	涂布速度:30m/min 卷绕速度:600mm/s 组装效率:8PPM	160Wh/kg	1.2元/Wh	0.25元/Wh	1G
2018	涂布速度:50m/min 卷绕速度:1000mm/s 叠片效率:200PPM 组装效率:20PPM	200Wh/kg	0.8元/Wh	0.20元/Wh	2G
2020	涂布速度:80m/min 卷绕速度:1500mm/s 叠片效率:400PPM 组装效率:40PPM	300Wh/kg	0.6元/Wh	0.15元/Wh	4G
2025	涂布速度:120m/min 卷绕速度:3000mm/s 叠片效率:600PPM 组装效率:60PPM	400Wh/kg	0.5元/Wh	0.10元/Wh	8G

4. 核心装备发展目标路线图

动力电池核心装备发展目标路线图见表3。

(三)动力电池智能制造的意义和作用

在能源制约、环保压力的大背景下,全球新能源汽车发展迅速。混合动力汽车已实现商业化,插电式混合动力汽车、纯电动汽车和燃料电池汽车处

表3 核心装备发展目标路线图

系统名称	设备名称	目前指标	第一阶段 2020年12月目标	第二阶段 2025年12月目标
浆料制造	真空搅拌机/高速分散机	固含量精度:1% 温度控制精度:±5℃ 粘度精度:±500cps 金属异物含量:50PPM 高速搅拌速度:3%	连续制浆,浆料连续输送 单机产能大于1GWh 温度控制精度:±3℃ 固含量精度:0.5% 粘度精度:±300cps 金属异物含量:30PPM 高速搅拌速度:2%	连续制浆,浆料连续输送 单机产能大于4GWh 温度控制精度:±1℃ 固含量精度:0.2% 粘度精度:±100cps 金属异物含量:10PPM 高速搅拌速度:1%
极片制造	宽幅高速涂布/正反面同时涂布	涂布宽度:0.8m,涂布速度大于50m/min,精度±2.0μm	涂布宽度:1.2m,涂布速度大于70m/min,精度±1.5μm,AGV自动换卷	涂布宽度:2.0m,涂布速度大于120m/min,精度±1.5μm,AGV自动换卷
极片制造	预锂化涂布/纯锂涂布	无	预锂厚度4~15μm,速度40m/min,精度±1.5μm	预锂厚度4~15μm,速度70m/min,精度±1.0μm
极片制造	预变形滚压	走带速度40m/min; 精度±1.5μm; CCD在线质量检测; 双联加热轧辊; 预测性维护	走带速度70m/min; 厚度自动闭环,精度±1μm; CCD在线质量检测; 滚压分条一体化; 双联加热轧辊; 预测性维护	走带速度120m/min; 涂布自动连接,滚压分条一体化; AGV换料自动对接
芯包制造	双幅高速激光模切机	走带速度:40m/min; 切割精度:±0.5mm; 粉尘≤30万级;	走带速度:60m/min; 切割精度:±0.3mm; 粉尘≤1万级;波浪边,贴标自动智能适应	走带速度:120m/min; 切割精度:±0.2mm; 粉尘≤1万级;AGV换料自动对接,波浪边,贴标自动智能适应
芯包制造	高速直驱方形卷绕机	卷绕线速度:60m/min 对齐度:±0.5mm; 张力波动小于10%	卷绕线速度:90m/min 对齐度:±0.4mm; 张力波动小于5%;波浪边,贴标自动智能适应	卷绕线速度:180m/min 对齐度:±0.2mm; 张力波动小于5%;AGV换料自动对接;波浪边,贴标自动智能适应

续表

系统名称	设备名称	目前指标	第一阶段 2020年12月目标	第二阶段 2025年12月目标
芯包制造	21700高速卷绕机	21700卷绕22PPM；对齐度：±0.4mm；张力波动小于10%	21700卷绕60PPM；对齐度：±0.2mm；张力波动小于5%；波浪边，贴标自动智能适应	21700卷绕120PPM；对齐度：±0.2mm；张力波动小于5%；AGV换料自动对接；波浪边，贴标自动智能适应
	高速复合叠片一体机	叠片效率：60PPM	单层复合，极片宽100mm；叠片效率：300PPM；对齐度单体±0.3mm，整体±0.3mm；AGV换料自动对接	双层复合，极片宽100mm；叠片效率：600PPM；对齐度单体±0.2mm，整体±0.3mm；AGV换料自动对接
电芯组装	高速自动入壳机	入壳效率：12PPM	入壳效率：30PPM；传输定位一体化、智能参数适应	入壳效率：60PPM；传输定位一体化、智能参数适应
	高效封口焊接	封口效率：12PPM	封口效率：30PPM；传输定位一体化、智能参数适应	封口效率：60PPM；传输定位一体化、智能参数适应
干燥注液	高效电芯干燥线	连续流程化干燥，综合干燥时间小于4小时	连续流程化干燥，综合干燥时间小于2小时	连续流程化干燥，综合干燥时间小于1小时
	高效无人化注液	效率20PPM；注液精度：1.5%；电解液损失率小于2%	全过程无人化；效率大于60PPM，注液精度：1%；电解液损失率小于1%	全过程无人化；效率大于120PPM，注液精度：1%；电解液损失率小于0.5%
化成分容	加热能量回馈负压化成	电流精度：万分之五；回馈效率大于55%	电流精度：万分之三；回馈效率大于70%；电解液完全收集	电流精度：万分之一；回馈效率大于75%；电解液完全收集
	智能化成	一致性变异系数1.5%	一致性提升10%	一致性提升15%
自动检测	正极粉料连续加料自动化管检测	无	自动称重精度：0.2%；连续自动称量	自动称重精度：0.1%；连续自动称量
	负极粉料连续加料自动化管检测	无	自动称重精度：0.2%；连续自动称量	自动称重精度：0.1%；连续自动称量

续表

系统名称	设备名称	目前指标	第一阶段 2020年12月目标	第二阶段 2025年12月目标
自动检测	液体连续加料自动化管检测	无	自动计量精度:0.2%;连续自动称量	自动计量精度:0.1%;连续自动称量
	极片厚度连续检测	检测精度:0.5μm	检测精度:0.3μm	检测精度:0.1μm
	极片表面质量连续检测	误判率万分之五	误判率:万分之三	误判率万分之一
电池PACK	电芯分选	单机自动化	柔性自动化	—
	模组自动化	单机自动化	柔性自动化	—
	PACK自动化	手工+物流	追溯、检测自动化	柔性自动化

于规模化推广及示范应用阶段,预计2020年插电式混合动力汽车、纯电动汽车将快速发展,步入应用普及的阶段。

中国动力电池制造依然存在的问题是制造安全性差,制造合格率低,制造一致性差,制造规范体系有待建立,制造智能化处于初级水平。中国汽车产能虽然世界最大,但核心装备的70%依靠进口。中国半导体芯片用量世界最大,但芯片制造业很弱,半导体芯片制造设备95%以上依赖进口,芯片制造装备占世界的不足2%。动力电池是移动产品的心脏,是新能源能否持续发展的关键,在未来移动产品、网联汽车、智能移动方面占有40%的成本,中国过去的几年在国家政策的驱动下,正处于产能最大,技术不落后的有利局面,我国锂电装备国产化率达到了70%以上,我们应该抓住世界电动汽车发展的战略机遇期,把中国移动产品心脏的质量、效率、制造成本达到最优,这是关系到我国的能源战略、生态文明、便捷出行,快速实现制造业弯道超车的大事。要实现这一目标,电芯制造必须实现大规模、智能化生产,其核心在于制造工程装备健康发展。

通过研究我国锂离子动力电池大规模智能制造成套装备系统,将突破锂离子电池大规模制造效率、可靠性、数字化、网络化、智能化的瓶颈技术,大幅度提升动力电池的规模制造效率,解决以往装备产能低、数量多、制造合格率低,电池产品制造安全性差、一致性差、耐久性差等问题。

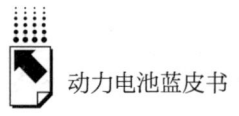
动力电池蓝皮书

二 动力电池制造装备标准进展情况

(一)锂电设备标准化的意义和现状

《国家智能制造标准体系建设指南》指出:"智能制造、标准先行"。标准是国家利益在技术经济领域中的体现,是国家实施技术和产业政策的重要手段,面对动力电池智能制造发展的新形势、新机遇和新挑战,有必要在系统梳理现有相关标准、明确动力电池智能制造标准化需求和重点领域的基础上,建立动力电池智能装备标准体系并开展其标准化工作,来引领动力电池智能制造产业健康有序发展。

锂离子电池产业是全球高新技术发展的重要方向。锂离子电池具有高比能量、高比功率、高转换率、长寿命、无污染等优点,是未来动力电池的发展方向。随着锂离子电池汽车逐步走向市场,世界锂资源的使用和消耗将大幅增长,由此衍生的产业链发展潜力巨大、前景广阔。在新一轮国民经济发展中,新能源装备制造业正扮演着越来越重要的角色。《国务院关于加快振兴装备制造业的若干意见》中指出:"装备制造业是为国民经济发展和国防建设提供技术装备的基础性产业。大力振兴装备制造业,是党的十六大提出的一项重要任务,是树立和落实科学发展观,走新型工业化道路,实现国民经济可持续发展的战略举措"。振兴装备制造业的目标及重点都与标准化工作密切相关。经过多年的发展,我国锂离子电池生产装备呈现快速发展态势,具有较为广阔的应用前景,随着中国新能源汽车政策的逐步落实,动力电池将成为新的业绩增长点。

相关专家指出,标准化工作滞后制约着我国新能源装备制造业的进一步发展和产业竞争力的提升,加强新能源装备制造业标准化建设迫在眉睫。

随着动力电池行业的火爆发展及国家政策的东风助力,动力电池市场需求剧增的同时,对锂电设备制造企业来说是极大的利好。然而,行业竞争越来越激烈,技术也在不断优化升级,同时行业也提出了更高的工艺制造要求。若像以前没有标准化概念和思路，没有技术持续积累提升，各家"自扫门前雪"的模式必定限制一个企业的发展和强大，也将严重阻碍产业的发展。锂电设备标准化对我国动力电池行业的发展将产生极大的推动作用，而且是势在必行的工作。标准化推动规模化生产的同时，对提高产品质量、提升整个行业的内在竞争力有着至关重要的作用。

标准是制造业发展的根本，锂电设备标准化有利于稳定锂电池质量，降低制造成本，规范锂电应用平台，明确过程责任，进行技术的持续积累。锂电设备包括自动封口设备、电容器自动充放电设备、浆料高速分散设备、分条机、连续式真空干燥系统、自动套管设备以及锂离子制程NMP回收设备等。

随着新能源汽车产业创新升级，动力电池产业对锂电生产设备提出了新的要求：

第一，设备具有规范的通信标准，实现远程数据收集和传输，远程诊断和维护；

第二，设备稳定、可靠性高、精度高、能耗低、自动化程度高；

第三，运用信息化工具，形成信息化和工业化深度融合，实现深度学习、优化等，从而最终实现大规模智能制造的目标。

（二）锂电设备领域相关标准

1. 锂电池产品标准

规定锂离子电池的性能、规格、使用、检验的规范，现已发布标准包括如下4项国家标准：GB/T34013-2017《电动汽车用动力蓄电池产品规格尺寸》；GB/T34014-2017《汽车动力电池编码规则》；GB/T 34015-2017《车用动力电池回收利用余能检测》；GB/T 31241-2014《便携式电子产品用锂离子电池和电池组安全要求》。这些标准的出台给电池制造带来重要影响。

围绕电动汽车产业，中国质量监督检验检疫总局和国家标准化管理委员会出台了一系列的国家标准。而相关标准中包括了整车、零部件、接口及设施几部分。动力电池属于零部件类，针对电动汽车用动力蓄电池，中国质量

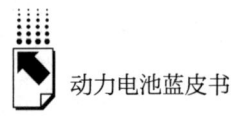

监督检验检疫总局和国家标准化管理委员会于 2015 年 5 月 15 日联合发布了 6 项国家标准，并在 2016 年全面实施。动力电池相关的 6 项国标文件有：GB/T 31484-2015《电动汽车用动力蓄电池循环寿命要求及试验方法》、GB/T 31485-2015《电动汽车用动力蓄电池安全要求及试验方法》、GB/T 31486-2015《电动汽车用动力蓄电池电性能要求及试验方法》、GB/T 31467.1-2015《电动汽车用锂离子动力蓄电池包和系统第 1 部分：高功率应用测试规程》、GB/T 31467.2-2015《电动汽车用锂离子动力蓄电池包和系统第 2 部分：高能量应用测试规程》、GB/T 31467.3-2015《电动汽车用锂离子动力蓄电池包和系统第 3 部分：安全性要求与测试方法》。其中经国家标准化管理委员会批准：GB/T 31467.3-2015 的"7.1 振动"由三方向振动改为正弦波振动，"7.6 挤压"项中压力值等部分内容有变更，并于 2017 年 7 月 1 日起实施。

2. 锂电池制造标准

规定锂离子电池制造过程的规范、质量控制、生产管理、交付和服务的相关规范，现已发布标准如下：

JB/T 11143-2011《锂离子蓄电池充电设备接口和通讯协议》；

DB44/T 1885-2016《无人机用锂离子电池组 技术要求》；

锂离子电池企业生产安全规范 T/CIAPS0002-2017，物理化学电源行业协会团体标准。

3. 锂电池设备标准

规定锂离子电池制造装备的要求、规格、性能、使用、维护、验收、服务的相关规范，现已发布标准如下：

JB/T 12763-2015《锂离子电芯卷绕设备》；

DB44/T 1668-2015《锂离子电池连续焊接机》；

DB44/T 1925-2016《锂离子电池刮片设备》；

正在起草的标准：2015-1325T-JB《锂离子电池极片涂布机》、2015-1326T-JB《锂离子电芯叠片机》、20160533-T-604《锂离子电池生产设备通用技术要求》。

（三）锂离子电池制造设备标准体系规划

随着锂电技术不断发展，锂电制造工艺及装备也不断进步，按照科学合理、协调配套，总体规划、分步实施的原则，加快落实国家综合标准化技术体系中明确提出的标准制修订项目，优先制定基础和通用类标准、安全性能标准，以及产品生产环境和回收环节所需的标准，加快已立项标准的制定进度，注重与各相关领域标准的衔接。同时，根据技术和产业发展的需求，不断完善和优化锂离子电池设备标准化体系。积极吸纳各方力量加入标准的规划、制定和修订工作中，为标准制定建立稳固的人才和技术保障，为锂离子电池产业的健康发展保驾护航。锂离子电池制造设备标准体系见表4。

表4 锂离子电池制造设备标准体系

分段序号	分段名称	总序号	设备标准名称
00	总体系统	01	锂离子电池制造设备术语
		02	锂离子电池制造设备通用技术条件
		03	锂离子电池制造设备可靠性要求
		04	锂离子电池制造设备安全要求
		05	锂离子电池制造设备能耗规范要求
		06	锂离子电池制造设备环境要求
		07	锂离子电池制造设备对锂离子电池产品安全保障要求
		08	锂离子电池制造设备数据元与大数据构架
		09	锂离子电池制造设备来料数字化要求
		10	锂离子电池制造设备数字化设计规范
		11	锂离子电池制造设备互联互通互操作规范
		12	锂离子电池制造设备数据字典通用要求
		13	锂离子电池制造设备智能化通用技术规范
		14	锂离子电池制造设备APP通用规范
		15	锂离子电池制造设备数字孪生通用规范
		16	锂离子电池制造设备预测性维护(PHM)通用要求
		17	锂离子电池制造设备制造质量闭环通用要求
		18	锂离子电池制造设备制造过程VR/AR通用要求
	检测设备	19	锂离子电池制程检测设备总体技术要求
		20	锂离子电池液体来料在线检测设备规范

续表

分段序号	分段名称	总序号	设备标准名称
00	检测设备	21	锂离子电池粉体来料在线检测设备规范
		22	锂离子电池浆料在线检测设备规范
		23	锂离子电池内阻开路电压测试设备
		24	锂离子电池极片对齐度在线检测设备
		25	锂离子电池极片厚度在线检测设备
		26	锂离子电池泄漏在线检测设备规范
		27	锂离子电池透视测量检测规范
		28	锂离子电池内压在线检测设备规范
01	浆料制备	29	锂离子电池自动加料系统技术要求
		30	锂离子电池搅拌机技术要求
		31	锂离子电池高速分散设备技术要求
		32	锂离子电池浆料传输系统技术要求
		33	锂离子电池浆料缓存周转罐技术要求
		34	锂离子电池浆料脱泡机技术要求
		35	锂离子电池浆料过滤机技术要求
02	极片制备	36	锂离子电池涂布机
		37	锂离子电池隔膜涂布机
		38	锂离子电池滚压机
		39	锂离子电池分条机
		40	锂离子电池极片真空烘烤机
03	芯包制备	41	锂离子电池模切机
		42	锂离子电池制片机
		43	锂离子电池极片激光模切机
		44	锂离子电池极片制袋机
		45	锂离子电池卷绕机
		46	锂离子电池叠片机
		47	锂离子电池制片卷绕一体机
		48	锂离子电池卷绕式叠片机
		49	锂离子电池叠片式卷绕机
		50	锂离子电池复合叠片一体机
		51	锂离子电池模切叠片一体机

续表

分段序号	分段名称	总序号	设备标准名称
04	电芯装配	52	锂离子电池芯包热冷压设备
		53	锂离子电池极柱预焊裁机
		54	锂离子电池极柱焊接机
		55	锂离子方形电池电芯自动包胶机
		56	锂离子方形电池电芯自动包膜机
		57	锂离子方形电池电芯自动入壳机
		58	锂离子圆柱电池电芯入壳机
		59	锂离子圆柱电池机械封口机
		60	锂离子方形电池激光焊接封口机
		61	锂离子电池铝塑膜成形机
		62	锂离子电池铝塑膜封口机
05	干燥注液	63	锂离子电池电芯连续烘烤机
		64	锂离子软包电池注液机
		65	锂离子硬壳电池转盘式注液机
		66	锂离子硬壳电池直线式注液机
		67	锂离子电池电芯泄漏测试设备
06	化成分容	68	锂离子电池活化设备
		69	锂离子电池预充设备
		70	锂离子电池自动封口设备
		71	锂离子电池分容设备
		72	锂离子电池生产存储设备
		73	锂离子电池立体库预充化成设备
07	电池包设备	74	锂离子电池电芯配组分选设备
		75	锂离子电芯模组组装设备
		76	锂离子电池包泄漏测试设备
		77	锂离子电芯模组激光联接设备
		78	锂离子电芯模组热丝联接设备
		79	锂离子电池包自动组装设备
		80	锂离子电池包容量测试设备
		81	锂离子电池包老化设备
08	回收设备	82	锂离子电池制程 NMP 回收设备
		83	锂离子电池制程电解液回收设备
		84	锂离子电池包拆解设备
		85	锂离子电池电芯拆解设备
		86	锂离子电池材料回收提取设备

（四）锂离子电池相关标准对制造装备及产业的影响

标准化的原则就是为了经济有效地满足生产、制造、使用、维护、回收等产品全生命周期的需求，对标准化对象的结构、形式、规格或其他性能进行筛选提炼，剔除其中多余的、低效能的、可替换的环节，精炼并确定所必要的高效能的环节，保持整体构成精简合理，使之功能效率最高。从制造和使用的观点出发，电池的尺寸规格影响电池材料规格、制造工艺、制造积累优化、制造设备、制造成本，更影响电池的使用、替换和比较，最终影响电池制造企业的竞争力。目前表现在以下几点。

第一，电池尺寸、形状五花八门，品种太多，难以实现大规模制造，电池制造装备也难以标准、成熟，急需规范统一，以形成行业规模效应。

第二，电池使用的可连接性、互换性很差；没有标准，导致难以通用、互换；对用户而言几乎都是专门设计，导致成本居高不下。

第三，电池内部设计更是"百花齐放"，导致可制造性差，急需建立统一的设计及制造规范。

锂离子电池制造标准是锂离子电池产品标准落地的保证，也是制造竞争力的体现。由于锂离子电池产业创立时间不长，对制造工艺的研究不够深入，导致制造核心技术缺乏、竞争力低下，锂离子动力电池作为新兴电池，电池包由多块电芯组成，而单电芯的科技含量高，生产难度大。多芯组电池中若单个电池芯的性能不达标，则整个电池组的性能将大打折扣。分析认为，动力电池制造企业必须建立如下制造相关的标准和规范：

➢建立材料承认书——测试、认可、替代标准；

➢建立电芯制造的工艺、生产、品质标准；

➢建立电池的量产认可体系：100只、1000只、10000只；

➢电芯认可评估的标准：性能、一致性、耐久性、可靠性等；

➢电池组合、应用评估体系：不同应用条件下电池的组合标准。

三 动力电池智能制造概述

（一）动力电池智能制造系统框架

随着动力电池需求的大规模增长，原来的制造装备及制造模式已经无法满足日益增长的需求，必须着重提高设备的效率、制造合格率和机器的运转率。当前动力电池制造合格率较低，为80%～90%，这意味着有10%～20%的浪费。锂电池制造将朝着大规模、智能化的方向发展，生产效率和质量必须大幅度提升。

动力电池的制造目标主要从产品品种、制造的一致性、制造成本、制造合格率及材料利用率等几个方面进行考量。至2020年，产品品种从150种降到80种；变异系数从1.2%降低至0.8%；制造成本从0.25元/Wh降低至0.20元/Wh；制造合格率从90%提升至94%；材料利用率从88%提升至90%。动力电池智能制造技术架构见图3。

（二）智能制造分级

动力电池智能制造分为5个级别，0级无智能、1~2级初级智能、3级恒定智能以及4~5级开放智能，具体智能制造分级见表5。

目前，我国动力电池制造依然处于初级智能状态。离真正意义的实现智能制造有较大差距，行业需要更多的努力，推进产业升级。

（三）动力电池制造评价指标

整个动力电池制造的评估指标主要有材料利用率、电池制造合格率、人工成本率、WH制造成本、WH设备投入、安全指标、能耗指数及运转可靠性。用这8大指标来衡量一个动力电池企业的生产水平，作为评估任何一条动力电池的生产线都是合适的。未来围绕这8大指标不断优化，是非常有意义的，到2020年希望总体合格率能够达到96%，这是材料利用率优化的状

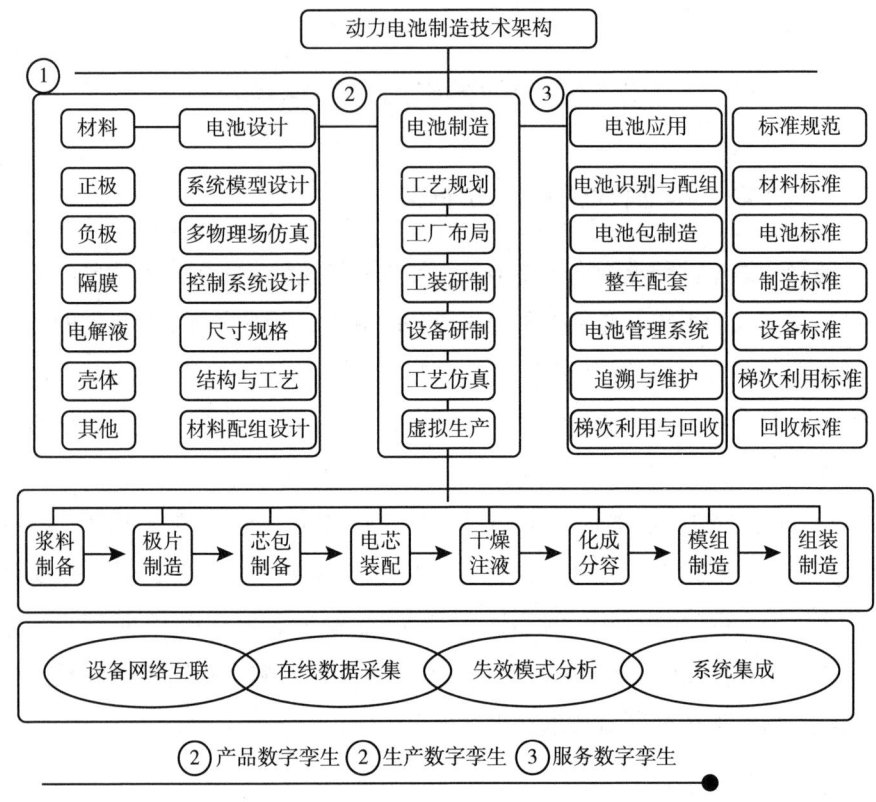

图3 动力电池智能制造技术架构

表5 具体智能制造分级

智能级别	网络连接	感知、计算能力	实现智能功能	制造合格率
0级无智能	无网络连接单机生产	无反馈	手工抄写数据	小于80%
1~2级初级智能	设备网络互连、互通	状态感知	产能、质量统计、设备诊断、产品追溯	小于90%
3级恒定智能	设备网络互连、互通、互操作	综合数据分析	工序闭环,质量、产能反馈闭环,失效模式分析	小于95%
4~5级开放智能	设备网络互连、互通、实时互操作	深度自学习提升、优化、VR/AR同步	质量自完善、物料、产能自平衡,按单自动生产	99%

态。8大指标的定义如下。

电池制造合格率:满足电池要求特性的电池与总投入电池的比;要求特

性指电池使用要求的基本特性：如容量、内阻、倍率、尺寸、自放电等。

材料利用率：实际产出合格电池的材料价值与投入材料价值之比，包括构成电池的主材、辅材及回收价。

人工成本率：人工成本在制造成本中所占的比例；

WH 制造成本：电池制造周期内，所消耗的费用与在此期间生产的合格电池 WH 之比。

WH 设备投入：生产线所有固定投入与连续 20 小时生产的合格电池 WH 之比。

安全指标：遵从安全标准，杜绝不安全因素。

能耗指数：WH 能耗标准，每生产 WH 电芯消耗的能源 WH。

运转可靠性：单机 MBTF 大于 10000 小时；生产线总体的 Down Time Rate 小于 10%。

（四）锂电智能制造的目标路线图

国内的权威机构对锂电池未来的市场需求进行了细致的分析研究，到 2020 年我国锂离子的电池市场需求量为 243GWh。从动力电池市场需求来看，动力电池走向大规模智能化制造已成为必然。

到 2020 年，动力电池大规模智能制造目标如下：

■单一化型号：18650、21700、2714891、48174170；

■单线产能：1~4GWh；

■制造合格率：96%；

■材料利用率：95%；

■制造成本：0.15 元/Wh；

■能耗指标：（5000kW/GWh），环境、环保指标；

■来料数字化、过程数字化、设备网络互联、大数据优化、零缺陷制造。

（五）智能制造目标路线图

动力电池的智能制造的核心方法是基于模型的数字化和基于大数据的智

能化，首先是建立动力电池制造系统信息模型，将设备、物料、信息系统模型化，建立基于模型定义的企业（Model Base Enterprise，MDE），有了模型就可以数字化，实现了数字化就可以实现基于大数据的智能化。这就是动力电池产业智能化的路径。

有了模型就可以数字化，把实体模型和虚拟模型两者通过数字连接就是数字孪生。通过数字孪生可以对系统进行优化，实现虚拟调试。基于模型的数字化孪生如图4所示。

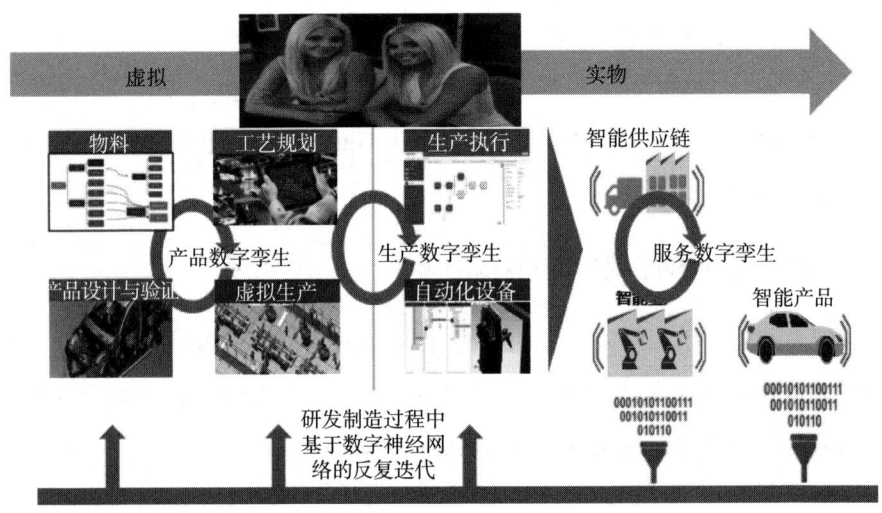

图4 基于模型的数字化孪生

没有模型的制造优化方式是人为认识问题，调整影响要素，解决问题，最后实现的是人的经验积累。而模型可以数字化，这就实现了数字化积累，计算机自己就可以积累优化和深度学习，这就是模型优化的魅力。基于模型的数字化智能制造路径演绎见图5。

有了模型和数据，可以基于模型寻找影响质量的关键因素和关键质量控制点，控制关键因素获得最佳质量，这就是解决了显性问题。有了数据，可以进行数字特征分析提取关键特征，实现预测性维护和健康管理，大大提升生产线运行的合格率。不仅如此，还可以优化设计模型实现反向升级，进一

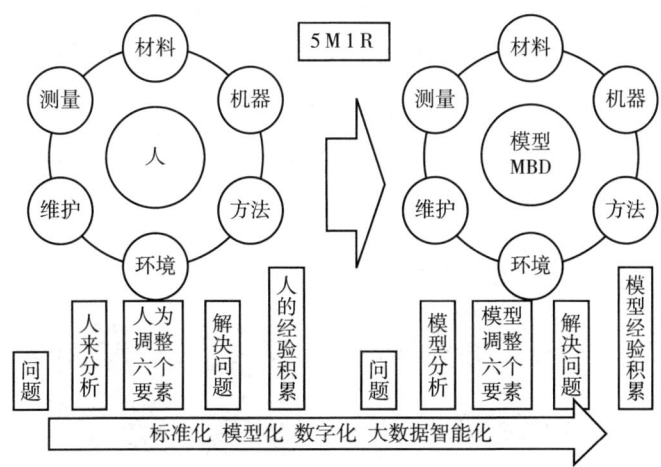

图 5　基于模型的数字化智能制造路径演绎

步优化制造,这就是智能制造的本质。

从来料到极片制造到电芯制造到化成分容到模组,通过互联互通来实现大约 2000 个点的数据监控,以此来实现电芯的失效模式分析和电池包的失效模式分析。零缺陷制造的失效模式分析如图 6。

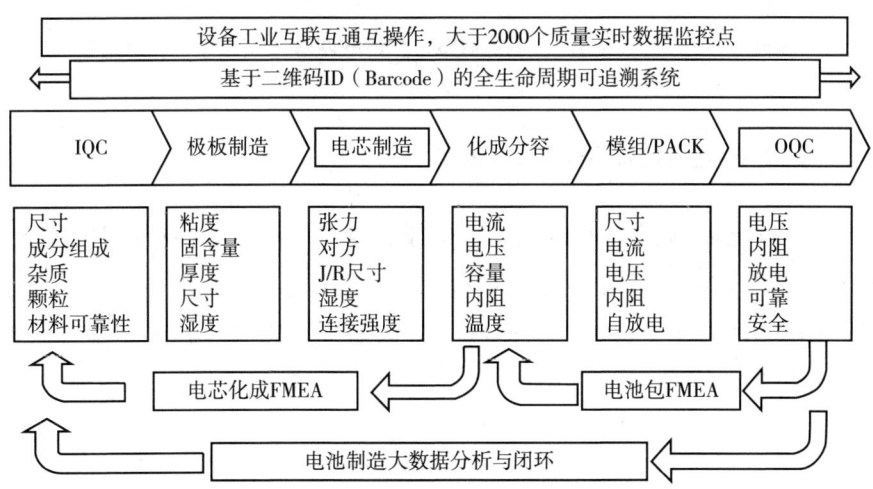

图 6　零缺陷制造的失效模式分析

智能化很重要的一个原则就是追溯，追溯应该实现从材料到极片等的追溯，电池企业要做的第一步就是建立整个电池的追溯系统，零缺陷制造，我们要实现质量制造过程的工序闭环、局部闭环和整体闭环。这三大闭环对整个电池企业非常有价值，控制系统的闭环原理，所运用的工具就是互联互通互操作。电芯制造过程追溯体系如图7。

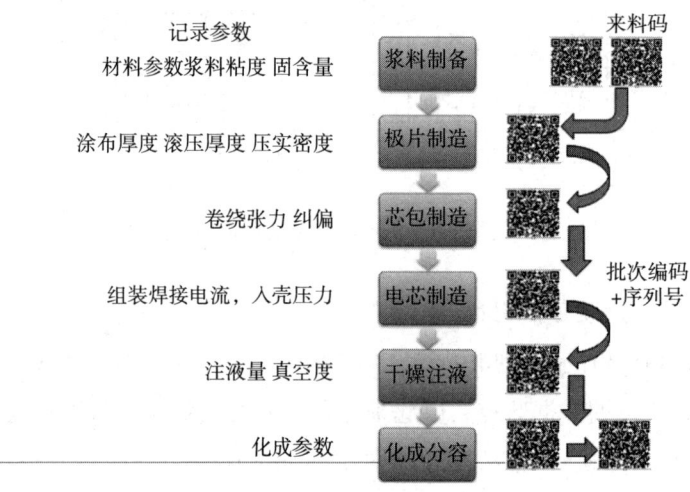

图7　电芯制造过程追溯体系

（六）锂电智能制造的未来愿景

由于锂电制造过程非常复杂，影响因素众多，应当通过智能制造，建立优化提升模型，不断深度学习优化，提升电池制造的质量，降低成本，提高制造效率，这就是智能制造可以实现的愿景。智能制造实现路径见图8。

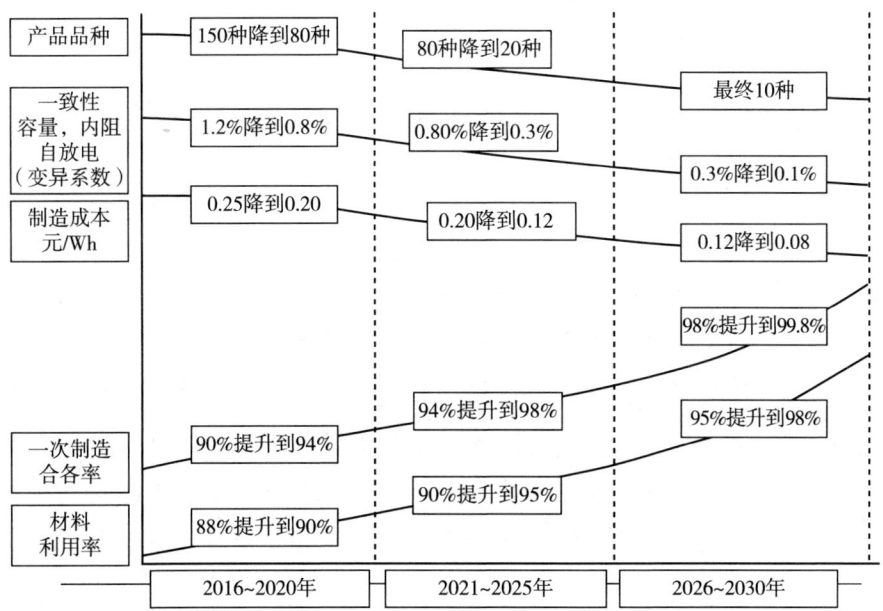

图 8　智能制造实现路径

B.7
2017年动力电池梯级利用产业发展报告

李震彪　黎宇科*

摘　要： 近年来，我国新能源汽车推广使用数量快速上升，随之而来的动力电池回收利用问题已引起社会和国家政府有关部门的高度重视。梯级利用被认为是一种高效的回收利用方式，能够有效延长动力电池使用寿命并降低成本，得到行业的广泛关注，迅速成为发展热点。当前，我国动力电池梯级利用产业已处于由示范工程向商业化应用转变的过渡阶段，已攻克和掌握了部分动力电池梯级利用关键技术，未来随着政策的进一步支持，梯级利用将进入市场化快速发展阶段。本文以我国新能源汽车动力电池梯级利用政策标准现状为切入点，系统梳理梯级利用在各应用领域的市场和技术发展现状，同时对我国动力电池梯级利用产业存在的问题进行了重点分析，并给出了相关建议。

关键词： 动力电池　梯级利用　行业发展　行业政策

一　政策标准现状

近年来，我国新能源汽车推广使用数量快速上升，部分动力电池已开

---

* 李震彪，硕士，工程师，中国汽车技术研究中心有限公司政策研究中心汽车产业政策研究室；黎宇科，高级工程师，中国汽车技术研究中心有限公司政策研究中心汽车产业政策研究室副主任。

始进入报废期,随之而来的动力电池回收利用问题也引起社会和国家政府有关部门的高度重视,已逐步开始制定和完善动力电池回收利用相关政策和标准。梯级利用被认为是一种高效的回收利用方式,能够有效延长动力电池使用寿命并降低成本,更是得到行业的广泛关注,迅速成为发展热点。

(一)政策体系

国家积极鼓励动力电池梯级利用,已出台的相关政策中,虽然对动力电池梯级利用均有所提及,但是对梯级利用所涉及的诸多管理问题,目前尚无明确的政策进行有序规范,暂未建立起完善的动力电池梯级利用政策体系。目前,已出台的与动力电池梯级利用相关的政策详见表1。

表1 动力电池梯级利用相关政策

发布时间	政策名称	发布单位	政策要点/解读
2012年7月	《节能与新能源汽车产业发展规划(2012~2020年)》	国务院	●加强动力电池梯级利用和回收管理。制定动力电池回收利用管理办法,建立动力电池梯级利用和回收管理体系,明确各相关方的责任、权利和义务 ●加大财税政策支持力度。新能源汽车示范城市安排一定资金,重点用于支持充电设施建设、建立电池梯级利用和回收体系等
2016年1月	《电动汽车动力蓄电池回收利用技术政策(2015年版)》	国家发展改革委、工业和信息化部、环境保护部、商务部、质检总局	●废旧动力蓄电池的利用应遵循先梯级利用后再生利用的原则,提高资源利用率 ●国家支持动力蓄电池生产企业或具备相应技术条件的再生利用企业开展废旧动力蓄电池梯级利用 ●鼓励废旧动力蓄电池梯级利用企业不断开发和推广新技术

续表

发布时间	政策名称	发布单位	政策要点/解读
2016年2月	《新能源汽车废旧动力蓄电池综合利用行业规范条件》《新能源汽车废旧动力蓄电池综合利用行业规范公告管理暂行办法》	工业和信息化部	• 规范条件从企业布局与项目建设条件、规模、装备和工艺、资源综合利用及能耗、环境保护要求、产品质量和职业教育、安全生产、职业健康和社会责任七个方面对综合利用企业提出要求，综合利用企业包括了梯级利用企业 • 办法适用所有类型新能源汽车废旧动力蓄电池综合利用企业，企业按自愿原则进行申请。2018年有可能发布第一批符合条件的企业名单
2018年2月	《新能源汽车动力蓄电池回收利用管理暂行办法》	工业和信息化部、科学技术部、环境保护部、交通运输部、商务部、国家质量监督检验检疫总局、国家能源局	• 国家鼓励开展梯级利用 • 综合利用企业应符合《新能源汽车废旧动力蓄电池综合利用行业规范条件》（工业和信息化部公告2016年第6号）的规模、装备和工艺等要求，鼓励采用先进适用的技术工艺及装备，开展梯次利用和再生利用 • 梯次利用企业应遵循国家有关政策及标准等要求，按照汽车生产企业提供的拆解技术信息，对废旧动力蓄电池进行分类重组利用，并对梯次利用电池产品进行编码。梯次利用企业应回收梯次利用电池产品生产、检测、使用等过程中产生的废旧动力蓄电池，集中贮存并移交至再生利用企业 • 梯次利用电池产品应符合国家有关政策及标准等要求，不符合该要求的梯次利用电池产品不得生产、销售 • 工业和信息化部会同有关部门对梯次利用电池产品实施管理，加强对梯次利用企业的指导，规范梯次利用企业产品，保障产品质量和安全
2018年3月	《新能源汽车动力蓄电池回收利用试点实施方案》	工业和信息化部、科学技术部、环境保护部、交通运输部、商务部、国家质量监督检验检疫总局、国家能源局	• 在京津冀、长三角、珠三角、中部区域等选择部分地区，开展新能源汽车动力蓄电池回收利用试点工作，以试点地区为中心，向周边区域辐射 • 总体要求提出突破动力蓄电池梯次利用产业发展瓶颈 • 试点内容中包括推动形成动力蓄电池梯次利用规模化市场；开展废旧动力蓄电池余能检测、残值评估、快速分选和重组利用、安全管理等梯次利用关键共性技术研究

（二）标准体系

当前，我国在动力电池梯级利用相关标准制定方面，已走在了世界的前列，汽标委车用动力电池回收利用标准工作组等组织机构，积极组织企业开展动力电池回收利用相关标准的起草工作，并逐步完善标准体系，已出台和研究制定中的与动力电池梯级利用直接和间接相关的标准详见表2。

表2 动力电池梯级利用相关标准

环节	标准名称	标准号/计划号	状态	简介/解读
设计生产	《电动汽车用动力蓄电池产品规格尺寸》	GB/T 34013-2017	已发布实施	●标准规定了电动汽车用动力蓄电池单体、模块和标准箱规格尺寸 ●规格尺寸的标准化利于动力蓄电池梯级利用的规模化发展
	《汽车动力蓄电池编码规则》	GB/T 34014-2017	已发布实施	●标准规定了汽车动力蓄电池编码的对象、代码结构组成、代码结构标识方法和数据载体 ●编码规则利于动力蓄电池梯级利用监管
	《车用动力电池回收利用 可梯级利用设计指南》	—	预研中，预计2018年立项	—
拆卸	《车用动力电池回收利用 拆卸要求》	20150670-T-339	2018年2月已公开征求意见	●标准规定了车用动力蓄电池拆卸的术语和定义、总体要求、作业要求及贮存和管理要求
余能检测	《车用动力电池回收利用余能检测》	GB/T 34015-2017	已发布实施	●标准规定了车用废旧动力蓄电池余能检测的术语和定义、符号、检测要求、检测流程及检测方法

续表

环节	标准名称	标准号/计划号	状态	简介/解读
运输	《车用动力电池回收利用 包装运输规范》	20150678-T-339	2018年2月已公开征求意见	• 标准规定了车用废旧动力蓄电池的包装、运输要求以及标志要求 • 标准适用于电动汽车用废旧锂离子动力蓄电池和镍氢动力蓄电池的包装和道路运输 • 标准适用于拆卸后的废旧动力蓄电池包、模组、电池单体的包装运输
梯级利用	《车用动力电池回收利用 梯级利用要求》	20150671-T-339	2017年已召开标准审查会,预计2018年正式发布	• 规定了车用动力蓄电池梯级利用的总体要求、性能要求、检测方法要求和产品要求,适用于废旧锂离子动力蓄电池和镍氢动力蓄电池单体、模块和电池系统(包)的梯级利用
	《车用动力电池回收利用 梯级利用标识》	—	预研中,预计2018年立项	—

二 市场技术现状

从2013年起,我国相关企业、高校和科研院所等,就已积极开始布局和开展动力电池梯级利用的理论研究和示范工程建设,应用领域主要是替换原有铅酸电池及部分新锂电池的应用场景,经过几年的研究探索和试点示范,我国动力电池梯级利用应用领域已集中在电力系统储能、通信基站备用电源、低速电动车以及小型分布式家庭储能、风光互补路灯、移动充电车、电动叉车等其他相关领域。

（一）市场现状

当前，我国动力电池梯级利用产业已处于由示范工程向商业化应用转变的过渡阶段。梯级利用产业发展初期，受限于退役废旧动力电池的规模，我国梯级利用研究仍是以技术可行性研究和示范工程为主，大多数也是以测试电池或新旧动力电池混用的方式来进行探索研究。近年来，随着部分动力电池的逐步退役，已有相关企业在积极探索"以租代售、提供服务"等新商业模式在梯级利用领域的应用。2018年之后，随着退役动力电池总量的爆发，梯级利用领域所潜藏的巨大商业机遇，必将引起众多企业和资本的积极参与和激烈竞争，新产品、新技术和新商业模式也都将层出不穷。

1. 电力系统储能

电力系统储能应用可贯穿发电、输电、配电和用电各个环节，主要类别包括：发电侧储能，用于负荷调节，平滑间歇性能源，提高新能源消纳，提高备用电网容量，参与调频等；输配电储能，用于提高电能质量，降低线路损耗，提高电网的备用容量，提高输配电设备利用效率，延缓增容需求；用户侧分布式储能，用于提高分布式能源消纳，移峰填谷、负荷转移，平抑负荷、控制需量，降低用电费用，提高供电可靠性和电能质量。我国开展的废旧动力电池梯级利用相关研究和示范工程在以上三个方面均有涉及，详见表3。

表3　我国电力系统储能领域部分动力电池梯级利用示范工程和项目汇总

序号	案例描述	参与主体	性质
1	利用测试退役的动力电池，由宁德时代设计和组装，于2013年在上海投放了一套300kWh的储能系统，结合光伏、电动汽车充电、办公设施用电等组成了智能微电网系统。该系统运行稳定，且经济性较好	宁德时代新能源科技股份有限公司、BMW中国技术中心、华晨宝马	示范工程
2	25kW/100kWh梯级利用锰酸锂电池储能系统示范工程。该工程于2014年6月19日通过验收，位于北京大兴电动出租车充换电站内，主要功能为稳定节点电压水平，并且在电网失电的情况下，可由移动式储能电站带动用户负荷离网运行	中国电力科学研究院、国网北京市电力公司、北京交通大学	示范工程

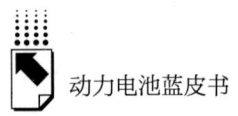

续表

序号	案例描述	参与主体	性质
3	唐山曹妃甸25kW/100kWh梯级利用电池储能系统示范工程。该工程主要功能为移峰填谷,保证用户供电可靠性和电能质量,离网运行	国网冀北电力有限公司唐山供电公司、北京交通大学	示范工程
4	退役动力电池储能系统示范工程。该工程于2014年8月建成,位于郑州市尖山真型输电线路试验基地,是由役电池储能系统与多品硅光伏发电系统、风力发电系统、退役电池储能双向变流器组成的风光储混合微电网系统	国网河南电力公司、南瑞集团等	示范工程
5	250kW/1MWh梯级利用磷酸铁锂电池储能系统。示范工程建设于张北储能系统并网试验基地内,主要功能是风电平滑和调频,并于2016年投入运行至今	中国电力科学研究院	示范工程
6	180kW/1MWh梯级利用工商业储能系统项目。该项目采用移峰填谷的运行策略,谷电价阶段厂区低压侧电网向储能系统充电,峰电价阶段储能系统向厂区负载供电,以合同能源管理的商务模式与客户分享峰谷价差带来的收益。2017年9月在江苏溧阳实现正常运营,并于12月成功接入了国网江苏省电力公司的大数据平台。该项目通过0.78元/kWh的峰谷价差,自投运以来每天可产生大约625元的峰谷价差收益,预计5年收回投资成本。该项目的预期寿命可达8~10年,全投资收益率预期在12%以上,具有一定的商业化推广价值	上海煦达新能源科技有限公司	商业探索

2. 通信基站备用电源

通信基站的主要功能是提供无线覆盖,即实现有线通信网络与无线终端之间的无线信号传输,为了保证通信基站的不中断供电,通信基站通常安装有备用电源系统,主要应用的是铅酸电池,在市电停电时为基站用电设备供电。

在通信基站备用电源领域,国内主要由中国铁塔股份有限公司(以下简称"中国铁塔")牵头积极开展相关研究。2015年10月开始,中国铁塔组织天津、黑龙江、山东、河南、上海、浙江、福建、广东、四川9个省(市)安排10家厂商建立了57个测试站点,涵盖了各种类型的应用工况。

试验站点地域范围覆盖全国大部分地区。试点结果发现，新能源汽车退役动力电池能量密度高、功率密度高、温度特性好、循环寿命长、自放电率低，这些特性与目前中国铁塔使用的铅酸电池相比更适合做备用电源，成本可控制在 1.0~1.2 元/Wh，未来如退役动力电池规模扩大，成本有望进一步降低，具有实际应用的参考价值。试点运行近 2 年，梯次电池运行状况良好，后备保障时长明显增加。

2017 年 3 月，中国铁塔决定扩大试点应用，计划采购 30 万 kWh 梯次电池，在云南、黑龙江、河北、山东、福建 5 省进行应用。同年 11 月，其在线商务平台发布消息称，将面向社会全面拓展长期、稳定的战略合作伙伴渠道，并大量采购电动汽车退役动力电池及 B 品动力电池。2018 年 1 月，中国铁塔与重庆长安、比亚迪、银隆新能源、沃特玛、国轩高科、桑顿新能源等 16 家企业，在北京举行了新能源汽车动力电池回收利用战略合作伙伴协议签约仪式。2018 年 3 月，中国铁塔成为国家新能源汽车动力电池回收利用试点企业，开展动力电池梯级利用示范工程建设。

从上述多项举措，可以看出中国铁塔下一步还将积极推动废旧动力电池在通信基站备用电源领域的梯级利用。

3. 低速电动车

本文中的"低速电动车"是一个宏观概念，既包括了以铅酸电池为动力源的低速电动车，也包括了电动摩托车、电动三轮车、电动观光车和电动自行车等。当前，我国在低速电动车和电动自行车等领域已具有非常高的市场保有量，在相关政策影响下，未来也会由铅酸电池向锂电池转变，因此，该领域的废旧动力电池梯级利用也是国内相关企业开展有关研究的热点，许多企业已开始进行相关研究和探索。

杭州锣卜科技有限公司已积极开展动力电池在低速电动汽车领域梯级工程化应用与推广。从 2016 年 4 月起，该公司已开发出 36V/48V/60V/72V，15~80Ah 等各类产品，初步形成完整产品体系和成熟技术标准和规程，投放的区域从杭州余杭区域逐步拓展到浙、苏、沪、皖等业务节点，快速覆盖京津、广深等一线城市，用户已覆盖邮政 EMS、顺丰速运、京东物流、三通一达、美团外卖、凯旺低速车等各类用户及210个站点，已完成各类产品租、售投放超过1300台套。该公司产品在2017年的生产制造成本约为0.7元/Wh，与传统铅酸电池基本持平，产品性价比优势明显，后续伴随着规模化效益发展，收益还可继续提升。

4. 其他领域

主要指小型分布式储能、风光互补路灯、UPS电源、电动叉车等其他铅酸电池领域，电动汽车退役动力电池应用于这些领域在技术上也是可行的，在实际应用时按照各领域的相关技术标准和要求进行相应的重组即可，我国也有部分企业已在进行相关示范和市场化应用。

（二）技术现状

当前，我国已攻克和掌握了部分动力电池梯级利用技术。2017年10月，国家工信部公告了《国家工业资源综合利用先进适用技术装备目录》，其中第46项储能系统－废旧汽车动力电池梯级利用技术的综合利用效率达到50%，拥有国内专利44项。在配套的《国家工业资源综合利用先进适用技术装备应用指南及案例》中对该技术解释如下：基于SOC/SOH多电池模组的BMS管理技术的电残值评价技术，通过对汽车使用后的动力电池进行回收、拆解、检测、评价和分类，二次使用实现动力电池梯级利用，可实现动力电池30%~60%的成本降低目的。关键技术有基于SOC/SOH多电池模组的BMS管理技术的电池残值评价技术、二次电池不同荷电下直流内阻的测试技术。设备主要有MSD固定及动力线连接装置、电梯能量回收利用保障装置、微网分布式新能源储能装置等。

动力电池梯级利用的最大价值在于以较低的成本，获得较高的性能，从而在某些应用领域获得良好的经济效益，因此，梯级利用的技术研究一定要以低成本为核心，目前，我国已攻克的梯级利用相关技术仍需要较高的成本，后续，行业应综合考虑性能、寿命、安全和效益等因素，加强相关技术研究，需重点突破的相关技术详见表4。

表4　需重点突破的相关技术

序号	技术名称	简　介
1	动力电池柔性无损拆解工艺、重组技术	研发柔性化的动力电池拆解流水线，能够适应多种不同型号电池包的拆解，并开展无损拆解工艺研究，不断提高电池包的拆解、电池模组的拆解以及电芯分离时可再利用电池组件的拆解无损率 将检测分选出电池性能相似的电池包（模组或单体）按照拟梯级利用应用领域，选择单体应用，或单模块应用，或进行重组，再结合热管理模块和均衡性管理模块等，最终形成梯级利用产品
2	基于动力电池全生命周期监控的大数据信息技术	建立动力电池系统全生命周期监控平台，对动力电池生命周期运行的各项数据进行监控、收集、记录、分析，为动力电池的梯级利用的寿命预测和性能评估提供数据支持
3	动力电池剩余寿命预测、性能评估和筛选技术	通过快速获得退役动力电池的当前状态参数，利用建立好的动力电池剩余寿命预测模型，结合动力电池系统全生命周期监控的该电池的历史运行大数据，对退役动力电池进行剩余寿命预测和性能评估 根据动力电池的外观、外特性、剩余寿命和拟应用场景的电池特点设定筛选条件和标准，将不符合条件的电池剔除掉
4	动力电池利于梯级利用设计技术	当前动力电池在设计时大部分只考虑满足电动汽车使用，而没有考虑退役后电池的梯级利用，随着动力电池梯级利用行业的发展，需要从新电池的研究设计阶段即考虑动力电池的梯级利用，包括外形尺寸设计、电池容量和使用寿命等

三　存在问题及建议

（一）产业现存问题

1. 法规和标准体系不完善

我国政府虽然明确表示支持与鼓励动力电池梯级利用产业发展，但目前相关政策法规和标准体系还很不完善。一是梯级利用企业准入条件不清晰，2016年工信部发布了《新能源汽车废旧动力蓄电池综合利用行业规范条件》《新能源汽车废旧动力蓄电池综合利用行业规范公告管理暂行办法》，但不具备法律强制性，虽涵盖了梯级利用企业，但相关技术性的准入门槛和条件

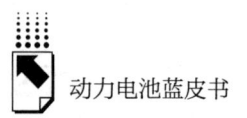

并不清晰。目前，尚未有任何法规明确动力电池梯级利用企业的准入条件。在国家没有明确准入条件的情况下，市场上必然会出现缺乏安全环保处理能力的小型回收企业，高价回收废旧动力电池进行非法经营，不仅扰乱了市场，还会给社会带来安全环保风险。

二是车用动力电池产品规格尺寸仍太多，不利于动力电池梯级利用的规模化发展。2018年2月，国家推荐性标准《电动汽车用动力蓄电池产品规格尺寸》（GB/T34013-2017）已正式实施，对车用动力电池产品规格尺寸的标准化有积极的推动作用，但是就行业发展现状来看，各种动力电池产品的规格尺寸还是太多。

三是车用动力电池在电动汽车上的退役标准不清晰。当前行业内普遍认为，当动力电池容量衰减到初始容量的80%时，不适合在电动汽车上继续使用，但是，目前国家并没有明确的动力电池退役标准和规定。

四是梯级利用涉及众多其他应用领域，相关标准协调工作滞后。例如：退役车用废旧动力电池进入储能等梯级利用环节时，BMS层级构架及通信协议与储能不通，增加梯级利用的成本。

2. 关键技术尚需突破，研究缺乏资金支持

我国相关企业和科研院所虽已开展诸多梯级利用探索和示范项目，但在废旧车用动力电池的一致性和电池成组连接技术、残余寿命模型、安全性能指标评价、工程实际应用等方面缺乏技术支撑，还难以有效实现动力电池梯级利用的快速发展。废旧动力电池梯级利用作为一个新兴产业，我国目前已走在国际前列，但还没有得到国家中央财政科技计划（专项、基金等）的支持，这不利于产业的前沿技术研发和应用。

3. 缺乏成熟的商业化模式

梯级利用电池系统与新电池系统成本之差是梯级利用能否实现经济性的关键，近年来，新电池性能的快速提升和成本的快速下降无疑成为影响梯级利用市场发展的最大因素，再加上新能源汽车推广前期，动力电池技术还不完善，梯级利用涉及的回收、拆解、检测、评估和重组等各项成本，导致梯级利用的商业优势不明显，当前我国开展的各项目研

究和示范工程的投资回报周期均较长，且尚无成熟可市场化推广的商业模式。

（二）发展建议

1. 完善相关法规标准，加强监管

一是明确梯级利用主体相关要求和条件，对梯级利用企业从生产能力、作业要求、设备工艺、产品检测、重组能力和售后服务等方面做出具体规定。二是加强对梯级利用产品的管理，强化编码要求，明确动力电池梯级利用产品的具体技术要求和应用范围。三是进一步推进车用动力电池产品规格尺寸的标准化，明确动力电池在电动汽车上的退役标准，推进梯级利用应用侧企业牵头开展相关梯级利用产品标准的制定和完善。四是加强对动力电池梯级利用企业的安全性监督和检查，对私自回收和以梯级利用为名倒卖动力电池的企业及个人进行处罚，无论是对企业还是对消费者的惩罚都可以与信用中国建设中的企业及个人信用进行对接。

2. 加大技术和装备科研支持力度

一是认真研究动力电池梯级利用涉及的关键技术、工艺和装备研发清单，通过国家中央财政科技计划（专项、基金等），加大对废旧动力电池梯级利用剩余寿命评估等关键基础技术和装备研发的支持力度，攻克一批动力电池回收利用关键技术与成套装备，推动我国在动力电池梯级利用技术方面形成国际引领。二是鼓励产学研合作，支持以企业为主体，联合全国优秀科研资源开展产学研项目合作，联合开展技术攻关项目。例如：新能源汽车生产企业与动力电池生产企业联合推进动力电池的梯级利用设计，即从新电池的设计阶段即考虑动力电池的梯级利用，包括尺寸规模的标准化和模块化，以提升梯次利用的拆解重组效率；大力提高动力电池的使用寿命、改善寿命曲线，并在研发设计时即考虑到车用电池退役后的梯级利用应用领域和使用寿命。三是研究出台相关优惠政策，加强对相关梯级利用企业的支持。

3. 推进梯级利用的市场化创新发展

在保障安全、环保的前提下,支持企业联盟或企业群联合梯级利用应用侧骨干企业,共同开展梯级利用示范工程建设和商业模式探索,带动技术升级,探索出成功可复制的经验模式,并积极总结发展经验,推动完善梯级利用管理规范和标准体系,带动行业发展,推动更具活力的动力电池梯级利用市场化创新发展。

B.8 2017年动力电池再生利用产业发展报告

孙峙 郑晓洪 曹宏斌 林晓*

摘　要： 随着新能源汽车产业的快速发展，动力电池的需求也逐年攀升，退役动力电池的回收受到了社会的高度关注。从2018年起我国新能源动力汽车电池进入规模化退役期，预计到2020年中国动力电池回收拆解和梯次利用的总体市场规模将达到66.8亿元，到2022年整体市场规模将达到131.0亿元，动力电池回收市场份额巨大。在政策、市场和责任的驱动下，动力电池生产企业、新能源汽车企业以及第三方回收企业都在纷纷布局电池回收，动力电池回收产业链逐步完善。在回收商业模式上，以生产者为主导的回收模式和以第三方回收企业为主体的回收模式初步成形。

关键词： 退役动力电池　回收　资源再生

一　前言

根据国家"十三五"新能源汽车规划，到2020年我国新能源汽车累计产销超过500万辆，实现当年产销200万辆以上，产值规模达到10万亿元

---

* 孙峙，博士，中国科学院过程工程研究所研究员，国家"青年千人计划"入选者；郑晓洪，硕士，中国科学院过程工程研究所工程师；曹宏斌，博士，中国科学院过程工程研究所研究员，过程污染控制环境研究中心主任；林晓，博士，中国科学院过程工程研究所副研究员。

以上。政策的驱动极大地促进了我国新能源汽车行业的发展。中国汽车工业协会统计数据显示，仅 2017 年我国新能源汽车产销分别达到 79.4 万辆和 77.7 万辆，同比分别增长 53.8% 和 53.3%，至此，我国新能源汽车的保有量已经达到 160 万辆左右。作为新能源汽车的心脏，动力电池的发展成为新能源汽车产业发展的关键，据高工产业研究院（GGII）统计，2017 年我国的动力电池出货量达到 44.5GWh，同比增速 44%。我国的新能源汽车从 2009 年开始起步，2013 年起中国的新能源汽车呈现爆发式增长，而动力电池在新能源汽车上的使用寿命普遍在 5～8 年，这意味着我国前期投入市场的新能源汽车动力电池已经开始进入退役期。预计 2019 年动力电池回收量将达到 11.14 万吨，增速达 108.9%；2020 年将达 25.7 万吨，增速达到巅峰，为 130.69%；2021 年达到 39.11 万吨，增速为 52.16%；到 2022 年这一数据将达到 42.2 万吨，增速回落至 7.9%。从市场规模来看，到 2020 年，中国动力电池回收拆解和梯次利用的总体市场规模将达到 66.8 亿元，到 2022 年整体市场规模将达到 131.0 亿元。①

达到使用寿命后的退役的动力电池通过梯次利用和资源化回收两种方式实现资源的循环。然而目前我国动力电池还未实现标准化，回收体系尚不健全。为解决动力电池回收过程中存在的诸多问题，进一步加快推进动力电池回收产业的发展，从 2017 年 1 月开始，政府部门陆续出台了《生产者责任延伸制度推行方案》《车用动力电池回收利用拆解规范》《电动汽车用动力蓄电池产品规格尺寸》《汽车动力蓄电池编码规则》《车用动力电池回收利用余能检测》等相关电池回收利用的政策和标准，填补了电池回收利用领域法规的空白。2018 年 2 月 26 日，工信部、交通运输部、商务部、科技部、环境保护部、质检总局、能源局七部门联合印发了《新能源汽车动力蓄电池回收利用管理暂行办法》。《新能源汽车动力蓄电池回收利用管理暂行办法》明确了"汽车生产企业应建立动力蓄电池回收渠道，负责回收新能源汽车使用及报废后产生的废旧动力蓄电池"，并鼓励汽车生产企业、电

---

① 《中国汽车动力电池回收拆解及梯次利用行业发展白皮书（2018）》。

池生产企业、报废汽车回收拆解企业与综合利用企业等通过多种形式，合作共建、共用废旧动力蓄电池回收渠道。在政策、利益、责任等多重动力驱动下，宁德时代、比亚迪等动力电池主流企业均展开针对动力电池回收的布局。此外，骆驼股份、宁德时代、华友钴业、国轩高科、中航锂电等锂电材料企业和电池生产企业，均在动力电池回收领域展开了布局。

二 动力电池回收行业现状

（一）退役动力电池回收市场分析

随着我国新能源汽车行业的快速发展，退役动力电池的回收将成为重要的新兴领域。我国的新能源汽车从2009年开始起步，2013年起中国的新能源汽车呈现爆发式增长，截至2017年底，我国新能源汽车保有量为160多万辆。预计2018年后我国的新能源汽车动力电池将进入规模化退役期，2018年我国动力锂电池的报废量将达到5.08GWh，至2023年将进一步增加至48.09GWh（见图1）。废旧动力电池中通常含有Co、Li和Ni等有价金属，以三元动力电池为例，其中主要金属含量如表1所示。从表1可以看

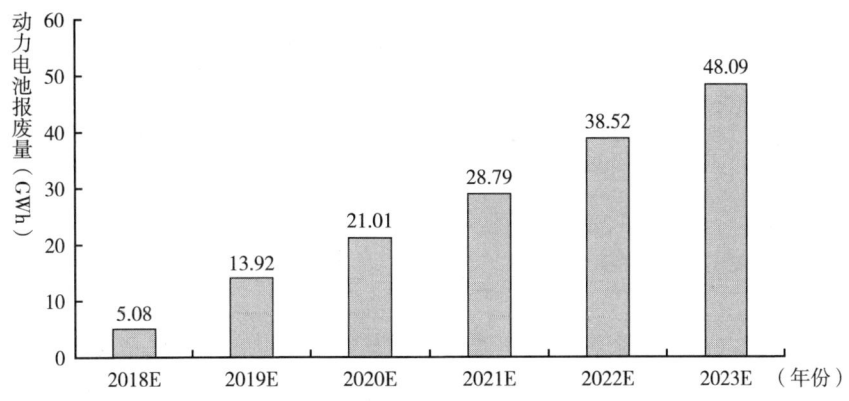

图1 我国动力电池报废量预测

数据来源：中国电池联盟。

出，三元电池中 Li 的含量为 2%，Ni 的含量为 12%，Co 的含量为 3%。此外，还含有 Mn 5%、Al 12%、Cu 13% 以及其他金属组分。若退役动力电池中的有价金属组分能够得到充分的回收利用，将是一个很大的市场。

表 1　三元动力电池中主要金属组分含量

金属	Li	Ni	Co	Mn	Al	Cu	其他
含量(%)	2	12	3	5	12	13	53

国内磷酸铁锂电池应用较早，技术较为成熟，广泛应用于商用车，因而，磷酸铁锂动力电池的退役时间相对靠前。2016 年之后新能源乘用车才开始以三元材料动力电池为主，因此，2020 年之后三元材料动力电池的报废量才会有明显增长，2023 年之前以磷酸铁锂电池为主（见图 2）。

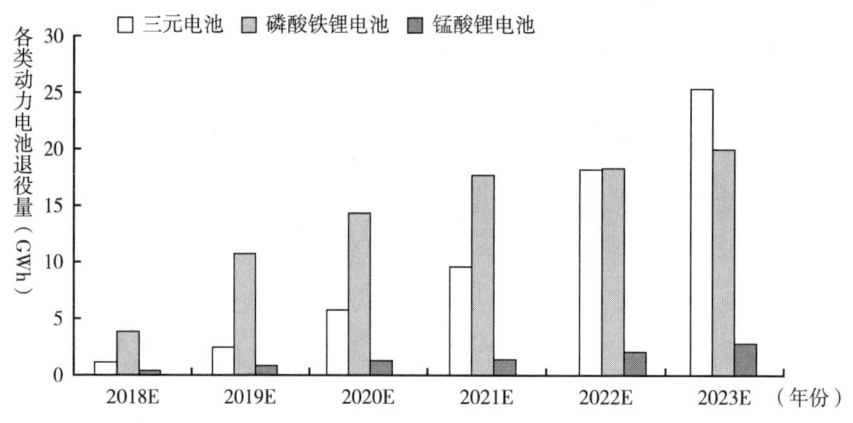

图 2　各类动力电池报废量预测

数据来源：中国电池联盟。

从回收价值角度来看，磷酸铁锂动力电池正极材料不含贵金属，仅含有锂、铝、铁、磷和碳等元素，因而回收价值不高。但是磷酸铁锂动力电池循环寿命更长，80% 的循环寿命可达 2000~6000 次。因此，退役后的磷酸铁锂动力电池适宜梯次利用。与磷酸铁锂相比，三元材料电池使用寿命较短，

80%的循环寿命仅为800～2000次，且安全性存在一定的风险，不适用在储能电站、通信基站后备电源等应用环境复杂的梯次利用领域。但是三元材料中含有镍、钴、锰、锂等稀贵金属，其金属回收价值高，资源化回收具有一定的经济性。

（二）退役动力电池回收产业布局

在政策、责任和利益的多重动力驱动下，目前已有很多企业开始布局动力电池的回收。从锂电池再生利用的布局主体上看，资源、材料、电池、新能源汽车等锂电池产业链上下游相关企业均在积极开展电池再生利用的布局，同时也有第三方的资源回收企业。动力电池生产企业开展回收业务的主要有超威动力、中航锂电、宁德时代、沃特玛、国轩高科、威能电源以及比克电池。新能源汽车生产企业开展回收处理业务的企业主要有比亚迪、北汽新能源。第三方的资源回收企业有赣州豪鹏、邦普循环、格林美、龙南金泰阁、芳源环保、金源新材料等。其中动力电池生产企业和新能源汽车生产企业利用其渠道优势，采用梯次利用的方式将退役动力电池在储能、低速电动车等领域实现其回收价值。表2列出了国内布局废电池回收处理的企业。

表2 国内布局废电池回收处理的企业

企业类型	企业名称	回收业务
动力电池生产企业及新能源汽车生产企业	宁德时代	梯次利用＆资源再生（邦普）
	比亚迪	梯次利用＆资源再生
	国轩高科	梯次利用＆资源再生
	沃玛特	梯次利用
	比克电池	梯次利用＆资源再生
	中航锂电	资源再生
	雄韬电源	梯次利用
	猛狮科技	梯次利用
	北汽新能源	梯次利用＆资源再生

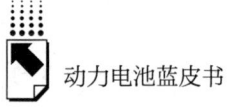

续表

企业类型	企业名称	回收业务
第三方回收企业	格林美	资源再生
	邦普集团	资源再生
	赣州豪鹏	资源再生
	超威集团（长兴亿威新能源）	梯次利用&资源再生
	芳源环保	资源再生
	西恩科技	资源再生
	龙南金泰阁	资源再生
	金源新材料	资源再生

（三）动力电池回收工业技术

目前对于动力电池的回收处理，并没实现整电池上各类材料的全面回收。动力锂电池的正极材料种类主要有钴酸锂、锰酸锂、三元正极材料和磷酸铁锂等。其成本一般占据单体电池成本的1/3以上，所以目前动力电池的回收技术主要是针对电池正极材料的回收。目前，国内外针对动力电池的回收处理都建立了不同工业回收工艺。比较目前国内外主流动力电池回收工艺可以发现，目前电池的回收方法主要有物理法、火法和湿法三种技术，其中为了更好地实现有价金属组分的回收，很多企业采用物理法和湿法、火法和湿法组合的技术。与其他技术相比，湿法冶金技术因其能耗较低、回收效率高、得到的产品纯度高等优点被认为是一种理想的回收方法，也成为目前我国动力电池回收的主要方法。

1. 物理法[①]

物理法是利用废锂离子电池中各种组分的密度、磁性等物理性质的差异，采取机械破碎、机械研磨、物理分选等物理方法实现电池中组分的分离，以实现有价金属的初步分离以及体积的减小。物理法工艺简单，可以实

[①] 吴越等：《废旧锂离子电池中有价金属的回收技术进展》，《稀有金属》2013年第2期；赵鹏飞等：《废旧锂离子电池回收工艺研究进展》，《电池工业》2011年第6期。

现各物质组分的简单分离。一般用于动力电池的预处理，配合湿法回收技术实现动力电池中有价金属的回收。

美国的Toxco公司采用物理法将废旧电池破碎分选后实现锂和其他技术组分的分离，然后再采用湿法技术实现碳酸锂的制备。其过程如下：将分类后的废旧电池浸入卤代锂溶液中，然后采用锤式破碎机进行机械破碎，经过物理分选后得到塑料、含铜、钴、铝的金属混合料以及浆料。浆料经过进一步的分离提纯后可得到含钴、碳的钴滤饼和卤代锂滤液；滤液中加入碳酸钠溶液可以制备碳酸锂，制备的碳酸锂经过水洗、干燥后可得到工业级或电池级碳酸锂。[1]

物理法工艺操作简单、处理量大，且能够实现有价金属组分的分离，有价金属锂、钴、镍等回收率高。但回收的有价金属组分杂质含量高，需进一步处理，且铝箔、铜箔以及金属壳体碎片的分离回收困难。在处理过程中，易导致电解质$LiPF_6$的分解，造成环境污染。

2. 火法冶金

火法回收电池的方式一般有两种，第一种方式是通过高温还原焙烧使电池中的有价金属氧化物被还原为单质金属或合金，第二种方式是通过低温焙烧使电极材料中的有机物发生氧化还原反应以除去其中的有机物。通常所说的火法冶金是指第一种方式，即通过高温使电池中的金属及其化合物发生氧化还原反应。第二种方式一般用于电池的预处理过程。比利时的优美科公司采用典型的火法冶金技术回收废旧电池中的有价金属[2]，其回收过程主要是将废旧电池直接投入炉中还原熔炼，电池中的有机物及石墨分解或燃烧为过程提供一定的热量，而有价金属组分Ni、Co、Cu等被还原后以合金的形式回收，Al、Si、Mn、Fe和Li等进

---

[1] Meshram Pratima, Pandey B. D., Mankhand T. R., "Extraction of Lithium from Primary and Secondary Sources by Pre-treatment, Leaching and Separation: A Comprehensive Review," *Hydrometallurgy*, 2014 (150): 192 – 208.

[2] 张西华：《锂离子电池正极废料中镍钴锰酸锂的短程清洁循环技术》，博士学位论文，中国科学院大学，2015；李建波等：《废旧锂离子动力电池回收的研究现状》，《稀有金属》2017年第9期。

入炉渣。

典型的火法冶金工艺原料适应性强，减少了动力电池回收过程中的预处理步骤，但是在回收过程中电池中的隔膜、电解液、石墨等得不到有效的回收，尤其是有价金属锂得不到有效的回收。另外，火法冶金过程通常会排放有害气体，需要安装配套的废气处理设施。

3. 湿法冶金

湿法冶金技术通常采用酸或碱将电极材料中的固态金属转移到浸出液中[①]，得到的浸出液再通过溶剂萃取、化学沉淀、吸附等技术，将溶液中的金属离子分离并制备成金属盐、金属氧化物。湿法冶金技术主要包括化学浸出、化学萃取、化学沉淀、水热法和电化学法等方法。湿法冶金技术工艺相对复杂，工艺流程长，但是有价金属锂、镍、钴、锰的回收率高，再制备的产品纯度高，已经成为目前国内外技术领先企业所采用的主要回收方法。

在湿法冶金技术中，浸出是其中最重要的环节，其主要目的是将预处理后的电极材料中的目标金属转移至溶液中，以实现后续的分离回收。然而由于动力电池中所含组分较为复杂，在浸出前一般需要将废旧电池进行预处理，然后再进行化学浸出。典型的湿法冶金提取步骤主要有预处理、浸出、除杂、组分分离以及产品制备。其流程如图3所示。

湿法冶金回收工艺由于其回收效率高、工艺相对成熟，已经成为目前国内外回收动力电池的主流技术路线。从国外来看，AEA、Toxco等公司均采用了湿法技术作为锂、镍、钴等有价金属回收的主要技术。而国内虽然在动力电池领域起步较晚，但随着政策的支持和利益的驱动，目前已经涌现出一批动力电池回收企业，其中赣州豪鹏、邦普集团等领先企业主要采用湿法冶金技术回收有价金属。动力电池回收工业技术汇总见表3。

---

① 杨光等：《废旧锂离子动力电池的回收研究进展》，《广东化工》2018年第5期。

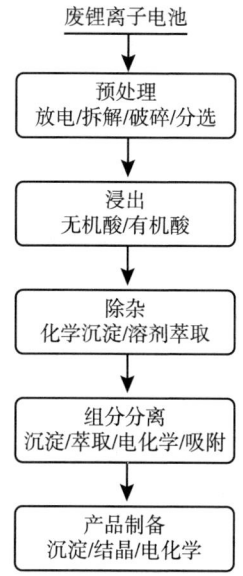

图3 典型湿法冶金回收路线

表3 动力电池回收工业技术汇总

国家	回收方法	企业	回收产品
美国	物理法、湿法	Toxco	Li_2CO_3、镍、钴等
法国	物理法、湿法	Recupyl	Li_2CO_3、$Co(OH)_2$
比利时	火法	Umicore	$LiCoO_2$、$Ni(OH)_2$
英国	湿法	AEA	$LiOH$、CoO
中国	物理法、湿法	赣州豪鹏	$CoSO_4$、$NiSO_4$
中国	物理法、湿法	邦普集团	Co_3O_4、$LiNi_xCo_yMn_zO_2$
中国	物理法、直接再生	赛德美	正极材料、负极材料

三 动力电池回收政策布局及产业链分析

我国新能源汽车产业蓬勃发展,动力电池产业也随之飞速发展,动力电池的回收利用逐渐成为一个突出问题。为进一步推进新能源汽车动力电池回收体系建设,推进资源综合利用,规范动力电池回收利用行业健康发展,国

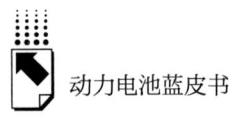

家相关部门在产业规划、生产准入、专项规划、示范推广等方面均明确提出了动力电池回收的要求，2017年以来针对动力电池回收责任主体、技术规范、管理等方面出台了一系列的政策（见表4）。

表4 2017年我国政府出台的动力电池回收相关法规政策

时间	政策、法规	颁发机构	内容简介
2017年1月	《生产者责任延伸制度推行方案》	国务院办公厅	明确汽车生产企业的责任延伸评价标准。要求建立电动汽车动力电池回收利用体系
2017年1月	《关于加快推进再生资源产业发展的指导意见》	工信部、商务部、科技部	开展新能源汽车动力电池回收利用试点示范，建立完善废旧动力锂电池资源化利用标准体系，推进废旧动力锂电池梯级利用
2017年5月	《车用动力电池回收利用拆解规范》	国家质检总局 国家标准化管理委员会	明确指出回收拆解企业应具有相关资质
2017年7月	《电动汽车用动力蓄电池产品规格尺寸》《汽车动力蓄电池编码规则》《车用动力电池回收利用余能检测》	国家标准化管理委员会	对动力电池产品规格尺寸、编码规则和回收利用余能检测等进行了规定
2018年2月	《新能源汽车动力蓄电池回收利用管理暂行办法》	工信部、科技部、环境保护部、交通运输部、商务部、质检总局、能源局	强调汽车生产企业承担动力蓄电池回收的主体责任，按照先梯次利用后再生利用原则，对废旧动力蓄电池开展多层次、多用途的合理利用，并保障不可利用残余物的环保处置
2018年3月	《新能源汽车动力蓄电池回收利用试点实施方案》	工信部、科技部、环境保护部、交通运输部、商务部、质检总局、能源局	明确了在京津冀、长三角、珠三角、中部区域等选择部分地区，开展新能源汽车动力蓄电池回收利用试点工作，以试点地区为中心，向周边区域辐射

动力电池的回收处理是一个复杂的产业链，其回收过程涉及电池生产、汽车生产、经销网络、消费者、梯次利用企业、再生利用企业等多个环节（见图4）。《新能源汽车动力蓄电池回收利用管理暂行办法》规定动力电池

生产企业和汽车生产企业作为责任主体,在产品设计环节要考虑可回收性、可拆解性,优先使用再生原料、安全环保材料。电动汽车及动力电池生产企业应负责建立废旧电池回收网络,利用售后服务网络回收废旧电池,统计并发布回收信息。① 退役的动力电池通常含有80%的电量,经过回收网络回收的动力电池通常需要先经过梯次利用,然后再进入资源再生环节,实现有价组分的资源化再生。动力电池的回收需要电池生产、汽车生产以及回收环节的密切配合,从而实现动力电池产业资源－产品－资源的闭路循环。

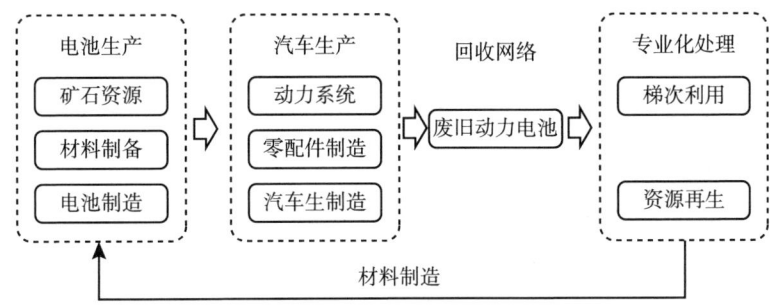

图4　动力电池回收产业链

四　动力电池回收商业模式分析

2017年1月,由国务院办公厅颁发的《生产者责任延伸制度推行方案》提出建立电动汽车动力电池回收利用体系,明确了电动汽车动力电池回收网络建设主体是电动汽车及动力电池生产企业。2018年2月,七部门联合印发了《新能源汽车动力蓄电池回收利用管理暂行办法》,进一步强调了汽车生产企业承担动力蓄电池回收的主体责任。从新能源汽车上退役的动力电池根据其可再生利用的特点,通常有两种处理方式:梯次利用和资源再生。但目前,我国动力电池退役数量还较少,回收市场规模相对较小。动力电池材

---

① 《新能源汽车动力蓄电池回收利用管理暂行办法》,《资源再生》2018年第2期。

料生产企业、动力电池生产企业、新能源车企、储能企业以及第三方回收企业都在积极布局动力电池回收产业。从目前动力电池回收的商业模式来看，主要有生产者主导的回收商业模式和第三方回收企业为主体的回收商业模式。

（一）生产者主导的回收商业模式

动力电池生产环节包括动力电池材料生产商、动力电池生产商以及新能源汽车生产商，《生产者责任延伸制度推行方案》规定，生产者对动力电池从生产到产品设计、应用、回收以及处置等全生命周期承担资源环境责任。在国内政策驱动下，动力电池材料生产商、动力电池生产商以及新能源汽车生产商纷纷进入动力电池回收产业链，积极布局以生产者为主导的动力电池回收处理网络的构建。图5是生产者主导的动力电池回收商业模式。

在生产者主导的商业模式中，动力汽车生产企业成为动力电池回收过程的主体。车企利用其生产销售过程渠道对新能源汽车维修或更换下来的退役动力电池进行回收，之后将退役动力电池直接转移至动力电池回收利用及资源再生企业。这种回收模式可以缩短以动力电池生产商为责任主体的回收流程，减少回收过程中的物质流动，降低回收成本。①

随着退役动力电池报废潮的来临，动力电池的回收利用已经受到了新能源汽车企业的广泛关注，并且有一些新能源车企已经开始开展动力电池回收利用业务。2018年1月，比亚迪、北汽新能源、银隆新能源等16家新能源汽车企业和动力电池生产企业与中国铁塔公司签署了战略合作伙伴协议，将退役的动力电池用于铁塔公司的通信基站等领域。北京北汽鹏龙汽车服务贸易股份有限公司与格林美共建动力电池回收体系，涵盖了梯次利用、资源再生、报废汽车拆解等领域。

---

① 谢英豪等：《回收动力电池商业模式研究》，《电源技术》2017年第4期；陈庆明、吕勇强：《废旧锂离子动力电池回收体系与商业模式的构建》，《中国工程咨询》2016年第4期。

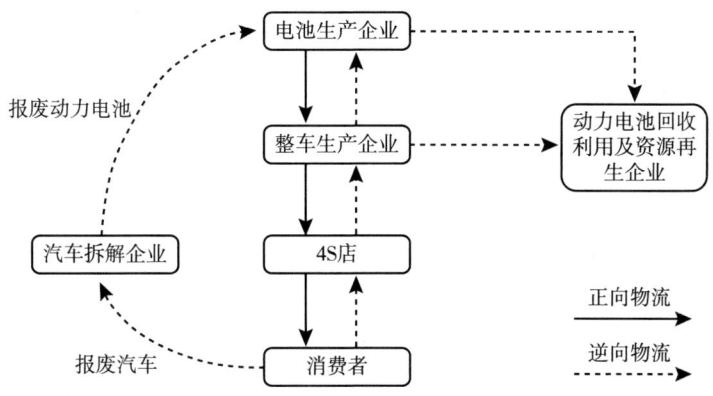

图 5　生产者主导的动力电池回收商业模式

（二）第三方回收企业为主体的回收商业模式

目前国内从事动力电池回收的第三方企业主要有格林美、赣州豪鹏、邦普集团等，这些企业具有较为成熟的动力电池回收技术，资质完善。在以第三方回收企业为主体的回收模式中，第三方企业没有电池生产企业和新能源汽车生产企业在生产和流通过程中的回收渠道，因此，需要投入大量的人力、物力成本建立动力电池回收网络。

第三方回收企业通过与动力电池生产企业、新能源汽车生产企业建立合作关系以及从消费者或者其他回收渠道获得废旧动力电池。回收得到的动力电池其将根据动力电池的残余能量、材料特征等区别对退役动力电池进行梯次利用或资源化回收。第三方回收企业为主体的回收商业模式见图6。

五　动力电池回收技术——直接再生

（一）动力电池回收技术概述

锂离子电池凭借其高能量密度、高比容量及良好的循环稳定性，已成为

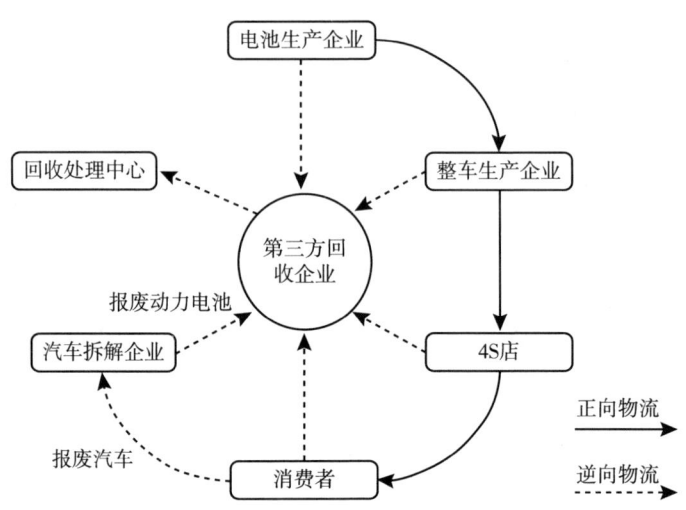

图6 第三方回收企业为主体的回收商业模式

当今新能源领域中的研究热点,并已应用在手机、笔记本电脑、电动汽车、智能电网等多个领域。① 近年来,随着锂离子电池相关技术的不断突破,新能源领域呈现快速发展的态势,锂离子电池的应用也更加广泛。锂离子在正负极间不断嵌入、脱嵌,进而实现电子在外电路的移动。但经历多次循环之后,锂离子电池电极材料的电化学性能逐渐降低,无法满足使用要求,大量废旧锂离子电池源源不断地产生。同时在锂离子电池的生产过程中,也会产生一定数量的生产废料。如何对废旧电极材料进行有效处置,是科研人员面对的一个严峻挑战。

正极材料是锂离子电池的最关键部件,其成本约占整个电池的30%。锂离子电池经历多次充放电后,正极材料的晶体结构逐渐被破坏,直至失效。因此高效低成本回收这些废旧正极材料,不仅可以避免其对环境和人体

---

① Tarascon J. M., Armand M., "Issues and Challenges Facing Rechargeable Lithium Batteries," *Nature*, 2001 (414): 359 – 67; Goodenough J. B., Kim Y., "Challenges for Rechargeable Li Batteries†," *Chemistry of Materials*, 2010 (22): 587 – 603; Goodenough J. B., Park K. S., "The Li-ion Rechargeable Battery: A Perspective," *Journal of the American Chemical Society*, 2013 (135): 1167 – 1176.

健康的潜在威胁,而且能够为锂离子电池生产提供原材料,降低对矿石资源的依赖,促进电池行业的可持续发展。

当前,在废旧锂离子电池正极材料回收领域,应用最为广泛的方法是基于湿法冶金的溶剂浸出法。该方法利用酸或碱作为浸出剂,对废旧正极材料中的金属元素如 Li、Ni、Co、Mn、Fe 等进行选择性提取。郑(Zheng)等人针对 $LiNi_{1/3}Mn_{1/3}Co_{1/3}O_2$ 正极废料,开发出氨 - 铵盐选择性浸出体系。[1] 结果表明,氨水浓度 $4mol·L^{-1}$,硫酸铵浓度 $1.5mol·L^{-1}$,亚硫酸钠浓度 $0.5mol·L^{-1}$,搅拌速率 500rpm,固液比 $10g·L^{-1}$,反应温度 353K,浸出时间 300min 的最佳工艺条件下,三元正极生产废料中有价金属的浸出率分别为 Li 95.3%、Ni 89.8%、Co 80.7% 和 Mn 4.3%,实现对 Li、Co 和 Ni 的选择性提取。陈(Chen)等人将浸出过程同废旧电池的再生相结合,利用草酸作为浸出剂,通过共沉淀、水热及煅烧等步骤,从废旧电池中再生出 $Li_{1.2}Co_{0.13}Ni_{0.13}Mn_{0.54}O_2$,首次放电比容量可达到 258.8mAh/g,50 圈后的放电比容量为 225.1mAh/g,具有较高的循环保持率。[2] 邹(Zou)等人利用共沉淀的方法,从废旧电池浸出液中再生出 $LiNi_{1/3}Mn_{1/3}Co_{1/3}O_2$,该正极材料的首次放电比容量可达到 158mAh/g,100 圈过后的循环保持率为 80%。[3] 基于湿法冶金的溶剂浸出法可有效回收废旧锂离子电池正极材料中的金属元素,但在其回收过程中所产生的含有重金属的废液会对环境造成二次污染。

直接再生技术凭借其短程、高效、无二次污染等特点,逐渐成为废旧动力电池正极材料回收领域中极具发展潜力的再制备技术。直接再生技术的主要工艺流程包括废旧动力电池放电、拆解、正极废料分离、除杂、组分调

---

[1] Zheng X., Gao W., Zhang X., He M., Lin X., Cao H., et al., "Spent Lithium-Ion Battery Recycling-Reductive Ammonia Leaching of Metals From Cathode Scrap by Sodium Sulphite," *Waste management*, 2017 (60): 680-688.

[2] Li L., Zhang X., Chen R., et al., "Synthesis and Electrochemical Performance of Cathode Material $Li_{1.2}CoO_{.13}Ni_{0.13}Mn_{0.54}O_2$ from Spent Lithium-Ion Batteries," *Journal of Power Sources*, 2014 (249): 28-34.

[3] Zou H., Gratz E., Apelian D., Wang Y., "A Novel Method to Recycle Mixed Cathode Materials for Lithium Ion Batteries," *Green Chemistry*, 2013 (15): 1183.

控、煅烧再制备等，在不破坏正极材料晶体结构的前提下，实现对其结构的修复及电化学性能的提升。

（二）直接再生技术研究进展

近年来，废旧动力电池正极材料的直接再生技术受到了广泛的关注，且实现了对钴酸锂、磷酸铁锂等正极材料的直接再生。在不产生二次污染的前提下，有效提升了废旧正极材料电化学性能，具有良好的环境效益和经济效益。

聂（Nie）等人利用直接再生技术，对废旧钴酸锂正极材料进行短程高效再制备。[①] 该研究首先对废旧钴酸锂动力电池进行放电、拆解、分离，回收得到钴酸锂正极废料，再通过球磨、除杂、补 Li_2CO_3 等工艺实现对钴酸锂正极废料的短程高效再制备。经过添加 Li_2CO_3 补锂再生，$LiCoO_2$ 正极材料的电化学性能得到显著提升。在 $900^\circ C$ 下再生的 $LiCoO_2$，其 X 射线衍射、扫描电镜图、振实密度、粒径分布、比表面积和 pH 等指标都接近商品化 $LiCoO_2$，其放电比容量达到 $152.4 mAh \cdot g^{-1}$，达到了重复利用的要求。与此同时，区别于传统的溶剂浸出法，直接再生技术可消除回收过程中所产生的二次污染，实现对废旧动力电池的绿色化回收，具有良好的环境效益。废旧钴酸锂电池回收处理工艺流程和钴酸锂正极废料直接再生工艺流程见图 7。

李（Li）等人利用直接再生技术实现对废旧磷酸铁锂正极材料的再制备。[②] 如图 8（a）所示，通过利用拆解设备，废旧磷酸铁锂电池可被拆分为正极片、隔膜和负极片。废旧正极片再经过粉碎、稀碱液搅拌、水洗、干燥和筛分等工艺，得到磷酸铁锂正极材料。

---

① Nie H., Xu L., Song D., Song J., Shi X., Wang X., et al., "$LiCoO_2$: Recycling from Spent Batteries and Regeneration With Solid State Synthesis," *Green Chem*, 2015 (17): 1276 – 1280.

② Li X., Zhang J., Song D., Song J., Zhang L., "Direct Regeneration of Recycled Cathode Material Mixture from Scrapped $LiFePO_4$ Batteries," *Journal of Power Sources*, 2017 (345): 78 – 84.

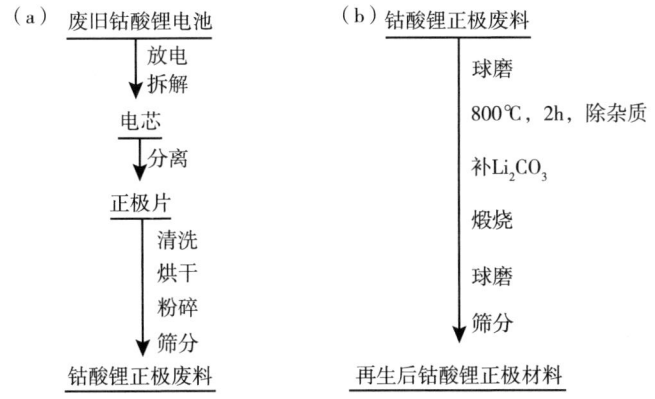

图7 （a）废旧钴酸锂电池回收处理工艺流程
（b）钴酸锂正极废料直接再生工艺流程

磷酸铁锂正极废料的直接再生工艺流程如图8（b）所示。向经过预处理得到的磷酸铁锂正极材料中添加一定计量比的 Li_2CO_3，经过球磨混合后、采用400目筛筛分，然后将其放入管式炉中煅烧，煅烧气氛为 H_2/Ar（其中 H_2 含量为5%），煅烧控制升温速度为 $2℃/min$，煅烧温度 $650℃$，煅烧时间为1小时。煅烧后的正极材料采用水洗脱除材料表面的 Li_2CO_3 后，干燥即可得到再生的磷酸铁锂正极材料。通过直接再生技术修复后的磷酸铁锂正极材料，其首次放电比容量可达 $140.4mAh/g$，100圈后循环保持率高达95.32%，电化学性能得到提升。

表5对化学溶剂浸出和直接再生这两种回收技术进行了多方面的比较，可以发现：在回收废旧正极材料类型方面，化学溶剂浸出适用范围更加广泛。其通过破坏废旧材料的晶体结构，实现对正极材料中金属元素的回收。基于目前的文献分析，直接再生技术可实现对废旧 $LiFePO_4$、$LiCoO_2$ 正极材料的回收再利用，还被成功应用在三元正极材料的回收上。在二次污染方面，直接再生具有显著优势。其通过对废旧正极材料晶体结构的修复，提升废旧正极材料电化学性能。而在化学溶剂浸出回收废旧正极材料的过程中，大量的浸出废液、废渣会对环境造成严重的二次污染。目前，直接再生技术

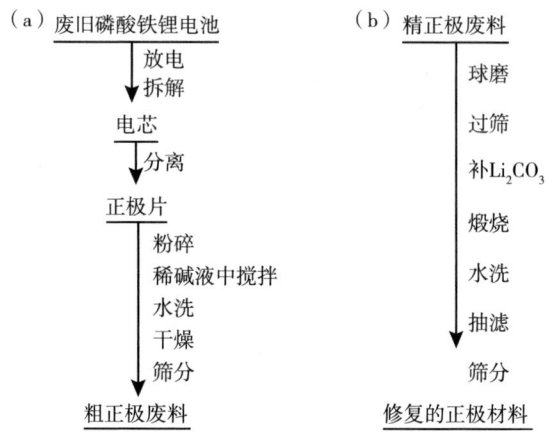

图8 （a）废旧磷酸铁锂电池回收处理工艺流程
（b）磷酸铁锂正极废料直接再生工艺流程

再制备得到的正极材料电化学性能较低，但凭借其流程短、成本低、无二次污染等优势，通过对工艺流程的不断优化，直接再生技术仍是废旧动力电池正极材料回收领域中极具潜力的再制备技术。

表5 化学溶剂浸出和直接再生技术对比

回收技术	适用材料	二次污染	再制备材料性能
溶剂浸出	$LiFePO_4$、$LiNi_{1-x-y}Co_xMn_yO_2$	有	较高
直接再生	$LiFePO_4$、$LiCoO_2$	无	较低

与此同时，随着直接再生技术在动力电池废旧正极材料回收领域不断受到关注，何时能够实现直接再生技术的产业化，也是大家所广泛关注的问题。当前三元正极材料（NCM、NCA）已实现工业化量产，且广泛应用在电动汽车上。但是针对三元材料的回收方法大多是基于湿法冶金的浸出法，浸出过程中所产生的废液造成了二次污染。因此在下一阶段，科研人员需开发出适用于废旧三元材料的直接再生技术，以满足市场上对废旧动力电池资源化、无害化处理的要求。

（三）直接再生技术展望

直接再生技术凭借其流程短、无二次污染等优势，已成为废旧动力电池正极材料回收处理领域中极具潜力的一项技术。但是，目前已有文献对废旧正极材料直接再生的分析，仅适用于磷酸铁锂和钴酸锂这两种正极材料。而针对目前应用较广的三元正极材料的直接再生研究较少。对于含有 Ni 的废旧三元正极材料来说，阳离子混排较为严重，层状结构在一定程度上遭到破坏，普通的直接再生技术很难对其层状结构进行修复。因此，科研人员需进一步开发出更为先进、高效的方法，来实现对废旧三元正极材料的直接再生。如废旧动力电池自动拆解设备的研制，对后续废旧正极材料的直接再生起到关键作用。自动拆解设备可高效地将正极片从废旧动力电池中分离出来，有利于提升直接再生技术的处理能力。与此同时，废旧正极材料中的杂质对后续再生过程有较大影响，开发出环境效益和经济效益更好的去除杂质的技术，也是直接再生技术工业化的重要因素。

当前阶段，废旧正极材料直接再生机理尚未被提出，废旧正极材料在直接再生过程中晶体结构的变化尚未得到揭示。因此，为了对直接再生过程进一步优化，有必要对其原理进行深度分析。目前，在电池材料制备过程的机理研究领域中，同步辐射装置是一个有效的研究手段。可利用同步辐射装置所产生的高能 X 射线，对废旧正极材料直接再生过程进行原位高能 X 射线衍射测试。该技术可实时检测废旧正极材料在直接再生过程中的物相、晶体结构及晶胞参数的变化，有助于直接再生机理的提出，可为日后进一步优化直接再生过程提供理论依据。

与此同时，动力电池正极材料失效机理的研究也可以为废旧正极材料的修复，尤其是为直接再生提供明确的方向。在动力电池充放电过程中，锂离子在正极上不断嵌入、脱嵌。经历过上千次循环后，正极材料的晶体结构发生了怎样的变化，这些问题仍需要科研人员进行深入研究、探讨。可预期的是，正极材料失效机理的研究成果将会有效地指导直接再生技术的进一步优化，有利于推动其实现产业化。

六 动力电池回收行业展望

（一）回收体系需进一步完善

动力电池回收体系是废旧动力电池回收利用行业发展的基础和重中之重，直接关系到回收利用企业的根本生存和发展。在我国动力电池尚未大量报废的背景下，2017年除少数企业开展实质性废旧动力电池回收处理工作外，绝大多数企业处于布局、技术研发、工程示范阶段。《新能源汽车动力蓄电池回收利用管理暂行办法》对产生废电池各个环节的回收责任都有明确规定和要求。未来废旧动力电池主要由车企组织或授权建立的回收服务网点负责收集，交给与车企协议合作的电池生产企业，先进行梯次利用，再经由梯次利用企业回收并交予再生利用企业回收处置。目前，新能源汽车生产企业、动力电池生产企业以及第三方回收企业都在积极构建动力电池回收试点，动力电池回收网络初步成形。考虑到目前绝大多数回收责任主体尚未建设完善的回收体系，个体回收、流动商贩回收是主要渠道。

（二）技术水平有待提高

废动力电池回收利用产业链包括电池包整体拆解、余能检测、储能利用、放电、拆解、电极材料分类收集、再生利用、废物处理处置等若干环节。其中梯次利用和再生利用是动力电池回收技术开发的重中之重。梯级利用的核心技术环节有电池包拆解、余能检测和状态评估、匹配再集成等，其中所需的信息、自动化、智能化等高新技术含量较高。其目的是提高梯级利用电池模块的安全性和一致性，达到再利用的标准。由于动力电池市场竞争愈发激烈，新材料使用、价格战等将导致动力电池价格下降，梯级利用在可接受的成本范围内，其市场仍有待培育，梯级利用对象依然是降级使用、储能使用。

我国已经基本掌握动力电池再生利用技术，涌现出一批优秀的再生利用企业。目前对于动力电池的再生利用主要关注三元系废旧动力电池，回收的主体为有价金属镍、钴和锰等，对于动力电池中的金属锂以及其他组分的回收有待进一步加强。因此，动力电池再生利用工艺面临转型提升问题，未来的主流发展方向是以锂回收为先、能综合处理多种动力电池且安全环保的回收工艺。

B.9
2017年燃料电池产业发展报告

邢丹敏　李飞强　张龙海*

摘　要： 燃料电池汽车因其效率高、零排放等特点被认为是未来新能源汽车发展的选择之一。本文介绍了国内外车用燃料电池技术现状、国产化能力、关键技术及制约因素，燃料电池汽车的发展现状、生产制造和产业链配套情况，以及各国政府的支持政策和措施，并提出了燃料电池产业发展的问题和建议。

关键词： 燃料电池　新能源汽车　产业链

一　国内车用燃料电池产业现状

（一）发展概况

借助近年来的新能源汽车产业兴起浪潮，国内车用燃料电池产业发展势头强劲，至2017年底，国内注册的燃料电池汽车相关企业数量已超过220家，业务涵盖车用燃料电池产业的上游（氢能设施，如制氢、运输、储存、加注设备等）、中游（燃料电池动力系统及其关键部件，如空压机、氢泵、加湿器、车载氢瓶等，燃料电池电堆及其关键材料和部件，如膜电极、双极

---

* 邢丹敏，副总工程师，新源动力股份有限公司技术研究部经理；李飞强，燃料电池高级经理，郑州宇通客车股份有限公司；张龙海，燃料电池专业主管，郑州宇通客车股份有限公司。

板、催化剂、质子膜、扩散层等）和下游（燃料电池汽车，如乘用车、商用车、专用车等）。

车用燃料电池产业发展动力主要来自产业下游的燃料电池汽车开发需求的爆发式增长，最明显的标志是2016年上海汽车、宇通客车、北汽福田、东风汽车等整车企业布局燃料电池乘用车和客车开发，2017年已经陆续开始商业化运行。表1为目前国家工信部公布的2017年1月至2018年3月《道路机动车辆生产企业及产品公告》和《新能源汽车推广应用推荐车型目录》规定的燃料电池汽车生产企业及其车型，共有13家企业、35款车型，其中客车24款，专用车11款。

在燃料电池乘用车开发方面，进展最为明显的是上海汽车集团。基于自主的燃料电池动力系统、整车集成技术，上汽集团开发了荣威750和荣威950燃料电池轿车，2017年已有60余辆荣威950燃料电池轿车投放市场，其中40辆用于分时租赁。上汽大通是目前国内唯一通过工信部39号令的燃料电池车生产企业，2017年11月国内第一款运用工信部最新准入标准的燃料电池轻客车FCV80正式上市，其拥有技术先进、超长续航、绿色环保、环境耐受性强、安全可靠等诸多优势，已经陆续交付100台进行商业化运行。

从市场适应性来看，燃料电池汽车有望在客车和专用车领域率先突破，因此，有较多企业布局客车和专用车开发。在广东佛山、云浮首批28辆燃料电池公交车已经投入营运，2017年已经有500辆青年汽车和东风汽车开发的氢燃料电池物流车进入试营运阶段。2018年1月，福田客车49辆、宇通客车25辆中标张家口市区公交车辆采购项目，这74辆燃料电池客车将在2022年张家口冬奥会期间为市民提供出行服务。

表1 我国获得燃料电池汽车产品公告的企业及车型

企业	乘用车	客车	专用车
上汽大通汽车有限公司	1款		
北汽福田汽车股份有限公司		5款	
上海申龙客车有限公司		3款	
佛山飞驰汽车制造有限公司		5款	

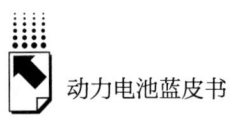

续表

企业	乘用车	客车	专用车
郑州宇通客车股份有限公司		3款	
南京金龙客车制造有限公司		1款	
厦门金龙旅行车有限公司		1款	
厦门金龙联合汽车工业有限公司		1款	
东风汽车公司			6款
金华青年汽车制造有限公司		1款	3款
江苏奥新新能源汽车有限公司			2款
中植汽车(淳安)有限公司		2款	
成都客车股份有限公司		1款	
合计		24款	11款

注：数据统计时间为2017年292批至2018年306批公告。

2017年车用燃料电池产业链的中游——燃料电池动力系统呈现蓬勃发展的态势，表2为我国车用燃料电池动力系统相关企业及业务情况。从产业链整体来看，业务涉及动力系统、电堆及其关键部件和材料，但很多企业的产品仅限于燃料电池动力系统，只有8家企业可以提供燃料电池电堆产品，这与燃料电池汽车开发的旺盛需求相比明显不足。对于关键材料和部件的产业布局有所展开，相关企业正在以国家项目和商业合作的方式进行产品研发和应用对接，但仍然存在薄弱的环节，未形成完整的产业链，如炭纸、氢循环泵和增湿器等关键部件的产品开发投入严重不足，导致产品应用几乎空白。

表2 我国车用燃料电池动力系统相关企业及业务情况

企业	动力系统	电堆	膜电极	双极板	催化剂	质子膜	炭纸	空压机	氢循环泵	增湿器	水泵	车载氢瓶
新源动力股份有限公司	√	√	√									
北京亿华通科技股份有限公司	√	√										
广东国鸿清能科技有限公司	√	√										
上海重塑能源科技有限公司	√											

续表

企业	动力系统	电堆	膜电极	双极板	催化剂	质子膜	炭纸	空压机	氢循环泵	增湿器	水泵	车载氢瓶
上海燃料电池汽车动力系统有限公司	√											
北京氢璞创能科技有限公司	√	√										
武汉众宇动力系统科技有限公司	√											
武汉喜玛拉雅光电科技股份有限公司	√	√	√		√							
大连光阳机电有限公司	√											
北京碧空氢能源科技股份有限公司	√											
武汉理工新能源有限公司		√	√									
江苏清能新能源科技股份有限公司		√										
上海攀业氢能源科技有限公司		√										
上海治臻新能源装备有限公司				√								
上海弘枫实业有限公司				√								
云南省贵金属新材料控股集团有限公司					√							
山东东岳集团						√						
广东广顺新能源动力科技有限公司								√				
福建雪人股份有限公司								√				
上海新源动力有限公司											√	
沈阳斯林达安科技公司												√
张家港富瑞特种装备股份有限公司												√
北京科泰克科技有限公司												√
廊坊天海高压容器有限公司												√

新源动力股份有限公司针对商用车和乘用车应用需求，开发出HYMOD®300型复合双极板电堆和HYMOD® 400型金属双极板电堆，并形成包括膜电极、双极板、电堆组装及系统集成的批量生产线，围绕上述两款产品，在2017年实现了200余台的销售，销售收入超过1亿元。其中，100台HYMOD® 300型电堆交付上汽商用车公司用于大通FCV80，60台HYMOD® 400型电堆交付上汽集团用于荣威燃料电池950轿车，目前这两款燃料电池汽车已经开始商业化运行，单车运行里程已达4万公里。预计在2018年这两款产品将实现500台的销售。

与中、下游相比，车用燃料电池产业链的上游得到的关注和投入一直比较少，已经成为燃料电池汽车发展的最大障碍，主要原因是建设成本高、法律法规不完善、运营收益慢。可喜的是，2017年这种状态有所改变，据统计，开建的加氢站已达31座，尽管大部分还未投入运营，但也说明我国的加氢站建设已经进入规划实施阶段，这将对燃料电池汽车的示范或商业运行提供有力支撑。与此同时，氢基础设施产业也在逐步布局之中，表3为我国氢能基础设施相关企业及业务情况，目前首要问题是技术瓶颈，包括制氢、储氢和加氢等环节的关键技术及核心元器件，国内技术还未达到实际应用水平，没有形成商业化产品，仍然依赖进口。

表3 我国氢能基础设施相关企业及业务情况

企业	制氢设备	储运	加氢设备
宁德时代新能源科技股份有限公司	√		
北京氢璞创能科技有限公司	√		
北京派瑞华氢能源科技有限公司	√		√
淳华氢能科技股份有限公司	√		
张家港富瑞特种装备股份有限公司		√	√
安泰科技股份有限公司		√	
新兴能源装备股份有限公司		√	
福建雪人股份有限公司			√
中国华能集团公司			√
北京海德利森科技有限公司			√

综上所述，我国的车用燃料电池技术在工程化验证、关键零部件制造以及氢基础设施等方面仍与预期存在明显差距，产业链还不够完整。

（二）不同类型产品的规模和产能

从表4所列数据来看，目前我国车用燃料电池企业的产能布局不合理，产能建设大部分集中在燃料电池动力系统和燃料电池电堆，而关键材料和部件的产能不能与之相匹配，甚至存在空白。

表4 燃料电池动力系统相关产品产能

产品	企业	2017产能	扩产产能
燃料电池动力系统	新源动力	300套	1000套
	北京亿华通	2000套	20000套
	广东国鸿	5000套	10000套
	上海重塑	5000套	20000套
燃料电池电堆	新源动力	300台	1000台
	广东国鸿	20000台	50000台
	上海攀业	100台	1000台
膜电极	新源动力	2000m^2	10000m^2
	武汉理工新能源	1000m^2	10000m^2
金属双极板	上海治臻	50000片	50万片
催化剂	云南贵金属	10kg	20kg
质子膜	山东东岳	5000m^2	20000m^2
水泵	上海新源	1000台	5000台

（三）技术状况

1. 整体技术水平和成本以及关键组件的国产化技术能力

车用燃料电池电堆及动力系统的产业化开发有明显进步，在功率密度、寿命和低温性能方面都有所提高。新源动力股份有限公司针对乘用车应用需求，通过电池结构的仿真设计优化、高性能膜电极和金属双极板开发，突破了金属双极板的加工技术、电堆分配技术和电堆性能验证，开发的高性能大功率燃料电池电堆额定功率达到 45kW，峰值功率 60kW，体积比功率 2.0kW/L，同时具有较好的环境适应性，可以实现 -20℃ 无辅助低温启动和 -30℃ 低温储存，为实现电堆体积比功率 3.1kW/L 的目标奠定了基础。新源动力公司针对商用车应用需求开发的复合双极板电堆，寿命得到明显提升，经台架测试和整车应用验证，突破了车用燃料电池 5000 小时的耐久性难关，成为我国首例自主研发的超越 5000 小时耐久性的燃料电池产品。经过燃料电池汽车开发单位进行的整车冬季试验考核和模拟环境试验验证，该产品可以实现 -20℃ 启动和 -40℃ 存储。通过模拟仿真与实验验证相互结合的方法，采用阳极氢气循环技术成功开发出空气无增湿燃料电池发电系统，实现了零空气增湿条件下的燃料电池稳定运行。

长寿命、低铂高性能膜电极是开发大功率燃料电池电堆的核心部件。新源动力公司通过优化催化层的材料体系和结构开发的膜电极产品铂担量为 $0.4mgPt/cm^2$，功率密度达到 $0.96W/cm^2$，并且通过了 10000 小时的单电池耐久性考核。同时，新源动力、武汉理工、上海交大、大连化学物理研究所等正在研发的新一代膜电极铂担量已经降低到 $0.3gPt/kW$，比功率 $\geq 1W/cm^2$，其正在进行工程化开发和验证。

高性能低成本双极板是大功率燃料电池电堆的另一个核心部件。目前在商用车上以采用石墨板燃料电池电堆为主，包括纯石墨双极板和金属-石墨复合双极板，这种双极板在体积、批量制造、低温特性等方面存在问题，因此在燃料电池乘用车开发中需要普遍采用功率密度更高的金属双极板燃料电池电堆。在国内，大连化学物理研究所、上海交通大学、新源动力公司等进行了金属双极板及电堆的设计和开发，通过金属双极板的结构设计、制备工艺开发，使金属双极板接近或达到国外先进水平，而且成本大幅下降，2017 年 3 月上海交通大学与上海汽车集团联合组建了上海治臻新能源装备有限公司，并开建年产 50 万件的金属双极板生产线。

燃料电池用电催化剂的性能及成本是限制燃料电池大规模商业化的因素之一。国内燃料电池催化剂尚处于开发阶段，还未形成有竞争力的产业化产品。我们目前需要解决的关键问题是如何开发具有我国自主知识产权的燃料电池催化剂批量生产技术，实现燃料电池催化剂的国产化。云南贵金属集团积极进行催化剂的开发和产业化，研发的铂基催化剂产品已经达到商用催化剂的水平，小批量样品已经满足应用需求，预期在2018年可投放市场。

东岳集团是我国唯一研发和生产燃料电池用全氟质子交换膜的企业。自"十五"以来，东岳集团在国家科技部门的支持下，突破了全氟离子交换树脂合成和浇铸成膜等一系列核心技术。2015年经科技部批准在东岳集团筹建含氟功能膜材料国家重点实验室。已定型并批量生产的DF 260型全氟质子膜，耐久性处于世界领先地位，成为我国在燃料电池关键零部件领域第一个实现工程化的关键材料。

炭纸技术经过多年的持续研发，水平取得了较大提高，炭纸性能已经达到或部分超过国际商业化产品，但由于产品开发不充分、设备投入不足，尚处于试验阶段，未获得大规模使用验证，还不能满足产业化应用要求。

2. 关键技术与瓶颈技术的制约和发展

我国车用燃料电池技术在国家科技和产业政策的支持和推动下得到了快速发展，以上汽、北汽等为代表的整车企业已成功开发出燃料电池轿车和客车等车型，以清华大学、同济大学、大连化学物理研究所等单位为代表的研究机构，在燃料电池动力系统及燃料电池材料基础研究方面已与国外科研机构同步发展，以新源动力股份有限公司、北京亿华通科技股份有限公司为代表的制造企业已经具备车用燃料电池的工程开发和批量制造能力，以山东东岳集团、上海治臻、云南贵金属集团和广东广顺为代表的企业已经在工程化开发适用于燃料电池的关键材料和零部件。但是，与国际先进水平相比，我国车用燃料电池技术在工程设计与验证能力、关键材料和零部件水平等方面仍存在不少问题，耐久性、可靠性是目前我国燃料电池汽车快速发展的技术瓶颈。

由于汽车使用条件的复杂多样性和载荷动态频繁性，容易发生燃料电池电堆的水热管理失效、欠气等问题，从而导致燃料电池电堆材料衰减，降低燃料电池耐久性。燃料电池电堆的发电是一个包含气体传递、电化学反应、热量管理等不同动态特性的多物理量耦合过程。燃料电池动力系统的动态特性直接影响到燃料电池电堆的性能、寿命及可靠性。因此，要求燃料电池动

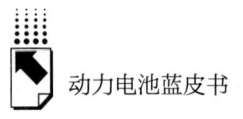

力系统具有良好的动态响应能力和可靠性,包括关键零部件(空气和燃料的供给、控制组件)和系统控制策略。

在燃料电池电堆方面,关键问题是解决大功率、高功率密度电堆开发中的高性能和低成本与长寿命间的矛盾。通过开发高活性催化剂、超薄质子交换膜、薄金属双极板等高性能材料和部件,实现高性能和低成本的目的。同时,通过优化燃料电池电堆、膜电极和双极板的结构设计,开发电堆低湿度操作的阳极水管理技术,使电堆内水、热、气分布更加稳定和合理,满足长寿命的要求。

长寿命、高性能、低成本的关键材料和部件是实现燃料电池电堆及动力系统产品要求的基础。必须解决的关键问题包括如基于低铂担量和超薄膜的高性能长寿命电极设计及金属双极板的精密加工和表面涂层技术等。

燃料电池产业化应用还需要燃料电池电堆及动力系统组装、关键部件的批量制造技术,以及快速检测技术。

3. 技术能力水平与国外技术能力的对比

表5为国内外车用燃料电池产品技术水平对比。可以看出,在燃料电池动力系统方面,主要差距还是可靠性和低温环境适应性。在燃料电池电堆方面,主要问题是大功率燃料电池电堆的开发不充分、电堆功率密度低。在燃料电池关键材料和部件方面,其基本性能已经非常接近国际同类产品水平,但是在产品的验证和制造能力方面差距明显。

表5 国内外车用燃料电池产品技术水平对比

技术	国内水平	国际水平
燃料电池动力系统	可靠性:20万公里 环境适应性:-20℃启动,-40℃存储 增湿方式:阴极外增湿 批量制造	可靠性:40万公里 环境适应性:-40℃启动,-40℃存储 增湿方式:阳极氢循环 批量制造
燃料电池电堆模块	输出功率:~60kW 功率密度:2.0kW/L 寿命:5000h 批量制造	输出功率:~110kW 功率密度:≥3.0kW/L 寿命:5000h 批量制造

续表

技术	国内水平	国际水平
金属双极板	厚度：1.0mm 腐蚀电流：0.5μA/cm² 小批量制造	厚度：1.0mm 腐蚀电流：0.5μA/cm² 批量制造
膜电极	铂担量：0.4gPt/kW 电流密度：1.5A/cm² 小批量制造	铂担量：0.2gPt/kW 电流密度：≥2.0A/cm² 批量制造
催化剂	电化学活性面积：78m²/mgPt 质量比活性：182A/gPt 小批量试制	电化学活性面积：71m²/mgPt 质量比活性：166A/gPt 大批量生产、商业化销售
质子交换膜	质子传导率：0.0083s/cm 屈服强度：18MPa 渗氢电流：2.0mA/cm² 小批量制造	膜厚度：15MPa 质子传导率：≥0.008s/cm 屈服强度：≥15MPa 渗氢电流：≤2.0mA/cm² 大批量生产、商业化销售
炭纸	弯曲强度：≥40MPa 弯曲模量：≥10GPa 抗拉强度：≥50N/cm 电阻率：≤60mΩ·cm(⊥)/4.0mΩ·cm(∥) 透气率：2100ml·mm/cm²·hr·mmAq 样品	弯曲强度：≥40MPa 弯曲模量：≥10GPa 抗拉强度：≥50N/cm 电阻率：≤60mΩ·cm(⊥)/4.0mΩ·cm(∥) 透气率：2000ml·mm/cm²·hr·mmAq 大批量生产、商业化销售

二 生产制造与产业配套现状

（一）国际燃料电池系统生产制造现状

随着美国、日本、加拿大、德国等国燃料电池汽车技术日趋成熟，燃料电池系统功率密度、低温冷启动等问题已经基本解决，研究重点逐渐转移到降低燃料电池系统成本、延长燃料电池寿命以及大规模建设加氢基础设施、推广商业化的示范上。据美国能源部预测，2020年燃料电池系统的成本将下降到＄35/kW（按年产50万台），达到与内燃机成本同样的水平。

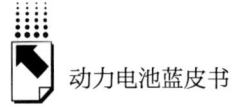

美国作为国际燃料电池研发和示范的主要区域之一，近年来在能源部（DOE）、交通部（DOT）和环保局（EPA）等部门的支持下，燃料电池技术取得了很大的进步。通用、福特、丰田、戴姆勒奔驰、日产、现代等整车企业都在美国加州参加了燃料电池汽车示范运行，并培育了联合技术公司（UTC）等多个国际知名燃料电池研发和制造企业。美国在2006年专门启动了国家燃料电池公共汽车计划（National Fuel Cell City Bus Program, NFCBP），进行了广泛的车辆研发和示范工作。2011年美国燃料电池公共汽车实际道路示范运行单车寿命最长超过11000小时；到2015年，运行的公交车平均累计运行时间已经达到9000小时（仍然在运行），最长的车辆寿命超过了18000小时。预计到2020年，在年生产量20万辆的条件下，随着燃料电池技术的进步（100kW电堆铂用量下降到10g），燃料电池轿车成本将低于3万美元。国际燃料电池系统生产企业见表6。

表6 国际燃料电池系统生产企业

序号	国家	企业名称	介绍
1	加拿大	Ballard	主要业务是质子交换膜燃料电池产品(包括燃料电池堆、模块和系统)的设计、开发、制造和服务，专注于商用市场(电信备用电源、物料搬运和工程服务)和开发阶段市场(公车、分布式发电和连续电源等)。目前具备140多辆燃料电池客车装车经验，拥有全自动的MEA组装线，开发的9SSL和FCGENTM 1020ACS与Plug Power公司配套。装载FCveloCityR－HD6燃料电池公共汽车已实现了超过25000小时的耐久性记录，而燃料电池电堆(核心发动机部件)没有重大维护。低温启动：-5℃
2	加拿大	Hydrogenics	从事燃料电池的设计、开发、制造、销售及售后维护等，同时还包括质子交换膜水电解制氢及加氢业务。其燃料电池产品在韩国1MW装机连续运行超过7000h，计划燃料电池产品2016年生产500套，2017年1000套，2018年及以后3000套/年
3	加拿大	Loop Energy	从事氢能燃料电池开发的初创公司，推出56kW用于重型车辆的燃料电池系统，BOP能耗5.9kW，实际对外净输出50.1kW，预计产能2018年100～400套，2019年1000套

续表

序号	国家	企业名称	介绍
4	美国	US Hybrid(UTC)	2013年开始设计和生产燃料电池系统,与Vanhool开发的燃料电池客车,在加州交付AC Transit进行示范运行。公司对外宣布燃料电池客车实际道路运行时间突破25000h。公司与江苏德威新材料合作,计划是2016年生产200套,2017年生产400套,2018年在中国组装生产1500套。电堆采用水传输板技术,不适用于低温存储与启动
5	瑞典	Power Cell	燃料电池电堆供应商,专注金属板燃料电池电堆开发;开发了S1(2008年,1~5kW)和S2(2015年,5~35kW)两款产品,并参与欧洲Autostack项目,正在进行S3产品开发,预计2018年底达到批量状态。从2000年至今,电堆产品累计进行超过120000小时测试。产品主要应用于汽车、卡车、公交车、船舶等领域
6	美国	Plug Power	提供燃料电池动力叉车整体解决方案,包括燃料电池系统、储氢系统、动力电池系统和加氢服务。公司建立了一整套完善的燃料电池系统和加氢基础设施的监控系统,及时收集燃料电池的运行数据,掌握燃料电池系统的故障并及时处理。公司在北美有76个加氢站点,提供了超过14000套的叉车电源。已完成超过14000套的燃料电池叉车电源。主要客户包括Walmart、P&G、BMW、Sysco、Mercedes-Benz等
7	德国	Bosch Engineering GmbH(BEG)	BEG是Bosch的全资子公司,具备燃料电池系统测试实验室,曾开发40kW和70kW燃料电池系统,并应用于机场行李车、比利时公交客车等整车
8	德国	Elring Klinger(EK)	2014年正式推出金属双极板电堆,已经完成自动生产线的调试,EK第一代电堆经过8100小时台架测试,衰减10%之内,第二代电堆已经进行超过4000小时的台架测试,能够实现-30℃低温自启动

(二)国内燃料电池系统生产制造现状

我国已掌握了关键材料、核心部件及动力系统的关键技术,建立了具有自主知识产权的车用燃料电池动力技术平台,累计开发数百辆燃料电池汽车和数百套燃料电池系统。在产业层面上,我国燃料电池产业链不完善,燃料电池质子交换膜、双极板等关键材料依赖进口，从事燃料电池相关业务的企业技术开发和制造能力与国际主流水平差距比较明显。我国主要燃料电池系统生产企业见表7。

表7 我国主要燃料电池系统生产企业

序号	企业名称	介绍
1	北京亿华通科技有限公司	专业从事氢燃料电池发动机系统研发及产业化的国家级高新技术企业，专注于氢燃料电池汽车的发展，持续探索新能源汽车领域的终极发展方案。目前已在多种形式新能源汽车整车设计、动力系统研发、电子控制系统开发、车用加氢站与氢能示范园的建设与运营方面取得重要成果，开发出多款客车用燃料电池动力系统、有轨电车燃料电池动力系统，产品已被宇通、金龙、福田、四方机车等国内主流整车厂选用。生产四款燃料电池发动机：YHT15、YHT30、YHT60、YHT200
2	上海重塑能源科技有限公司	成立于2014年，与加拿大巴拉德公司合作，进行商用车燃料电池模块在中国的本地化生产，主要产品覆盖物流车、客车、轿车。已实现基于巴拉德电堆产品的燃料电池系统自主集成，30kW产品开发已完成，为佛山飞驰客车提供了13套燃料电池客车动力系统，已经在实际公交线路运行
3	新源动力股份有限公司	国内最早从事燃料电池开发的公司，2001年由大连化学物理研究所发起成立，2006年取得国家工程中心授牌，是中国领先的PEMFC设计、开发、制造商。开发的金属双极板燃料电池，产品体积比功率超过2.0kW/L，用于上汽燃料电池乘用车，实车寿命测试已超过5000小时
4	大连光阳机电有限公司	致力于车用燃料电池系统、燃料电池测试设备和技术咨询服务，具有多种型号燃料电池系统开发和集成能力，具有燃料电池系统核心零部件开发和供货能力，其燃料电池系统可应用于包括燃料电池客车在内的多种车辆
5	武汉喜玛拉雅光电科技股份有限公司	2015年依托清华大学的技术，成立了清华喜玛拉雅氢燃料电池产业化基地，自主开发燃料电池电堆核心材料及零部件。计划2018年6月完成年产3000套30kW燃料电池电堆的自动化生产线。开发的低成本模压复合双极板技术，可以大幅度降低双极板的成本，从而降低电堆的成本

（三）国际燃料电池整车技术进展

从世界范围来看，日本和欧洲的燃料电池汽车市场呈发展态势，预计2020年以后市场规模会急剧扩大，到2025年日本市场规模将达到约1万亿日元,世界约为 3 万亿日元。日本富士经济调查公司在《2015 年燃料电池相关技术及市场展望》中预测,到 2030 年燃料电池汽车全球市场规模为 198 万~199 万辆,总金额将达到 4.75 万亿日元。富士经济调查公司认为,到 2030 年,燃料电池汽车加上家庭、企事业单位燃料电池系统的全球市场规模将增至 2014 年度的 60 倍,达 6.49 万亿日元。

在公交产品开发方面,最具代表性的是丰田 Sora 客车,其将在 2020 年东京奥运会运行 100 台。Sora 最多可搭载 78 名乘客,采用类似 Mirai 的燃料电池系统,燃料电池电堆输出功率为 228kW,将提供 308 马力动力,可一次性加注氢燃料 600 升,续航里程为 200 公里。此外,这款概念车还将装备一套强大的应急备用电源,输出功率为 9kW,电池组带电量 235kW/h。

在乘用车产品方面,具有代表性的是现代 FE 和本田 CLARITY。现代 FE 搭载现代汽车第四代氢燃料电池,与上一代现代 ix35 燃料电池车的技术相比,重量方面减轻 20%,动力性能提高 20%,功率达到 163 马力。另外,新一代燃料电池电堆功率密度提高 30%,最大续航里程提升至 800km,储氢罐储存密度方面也有了显著提升。本田 CLARITY 车内有两个 70MPa 的高压储氢罐,最大储氢量为 141L。接入 Power Exporter 9000,就可将燃料电池产生的电能转换为家用交流电,输出功率为 9kW。加满氢燃料时间约 3 分钟,可以实现 750km 续航里程。

在燃料电池卡车方面,尼古拉汽车运营里程 1200 英里。动力系统采用了氢燃料电池、锂电池和电传动系统组合,0~60mph 的加速只需 30 秒。

(四)国内燃料电池整车生产制造进展

现阶段国内各厂家以开发生产燃料电池客车和物流车为主,乘用车规模较小,中车唐山开发了一款燃料电池有轨电车。

通过对比工业和信息化部发布的《道路机动车辆生产企业及产品公告》中的各厂家燃料电池公告,2017 年至 2018 年 4 月第 306 批次公告,行业燃料电池产品公告共 35 款,包括燃料电池客车公告 24 款(详见表 8)、燃料电池物流车公告 11 款(详见表 9),燃料电池轿车 3 款(详见表 10),为 2015~

2016年公告车型,之后无新增车型。35款燃料电池汽车产品公告由亿华通、广东国鸿、南通百应、广东鸿运、上海重塑、东方电气、江苏兴邦、大连新源、江苏清能、爱德曼氢、加拿大博能和安徽易智等燃料电池企业配套。

表8 燃料电池客车公告明细

序号	中文品牌	米段	车辆型号	燃料电池额定功率/kW	燃料电池品牌
1	宇通牌	12米	ZK6125FCEVG3	30.5	亿华通
2		12米	ZK6125FCEVG5	60	亿华通
3		12米	ZK6125FCEVG6	50	广东国鸿
4	福田牌	8米	BJ6852FCEVUH	30	亿华通
5		8米	BJ6851FCEVCH	30.5	亿华通
6		10米	BJ6105FCEVCH	30.5	亿华通
7		12米	BJ6123FCEVCH-1	60	亿华通
8		12米	BJ6123FCEVCH	60	亿华通
9	飞驰牌	7米	FSQ6700FCEVG	30	广东国鸿
10		8米	FSQ6860FCEVG	30	广东国鸿
11		11米	FSQ6110FCEVG1	60	广东鸿运
12		11米	FSQ6110FCEVG	60	广东鸿运
13		12米	FSQ6120FCEVG	30	广东国鸿
14	申龙牌	8米	SLK6859UQFCEVH	30	亿华通
15		10米	SLK6109UQFCEVH	30.5	亿华通
16		12米	SLK6129UQFCEVH	60	亿华通
17	蜀都牌	9米	CDK6900CEFCEV	45.3	东方电气
18	青年牌	10米	JNP6103BFCEV	30	南通百应
19	开沃牌	12米	NJL6129FCEV	30	江苏兴邦
20	中植汽车	10.5米	SPK6100FCEVG	40	江苏清能
21		9米	SPK6890FCEVP	31	江苏清能
22	金龙牌	12米	XMQ6127AGFCEV	60	广东国鸿
23	金旅牌	8米	XML6809JFCEV10	30	亿华通
24	大通牌	6米	SH6612A4FCEV	30	大连新源

(五)燃料电池产业链发展情况

国外方面,氢燃料电池汽车为追求更大的储氢量,普遍采用工作压力为70MPa的车载氢系统。其中代表产品有日本丰田燃料电池轿车MIRAI、丰田与日野合作研发的氢燃料电池大巴FC公交车、即将在2018年上市的梅赛德斯－奔驰GLC燃料电池轿车、现代ix35燃料电池轿车等（见表11）。

表9 燃料电池物流车公告明细

序号	中文品牌	吨	车辆型号	燃料电池额定功率/kW	燃料电池品牌
1	青年曼牌	7.5吨	JNP5080XXYFCEV3	30	南通百应
2	青年曼牌	7.6吨	JNP5080XXYFCEVB	30	南通百应
3		7.6吨	JNP5080XXYFCEVBT	30	南通百应
4	东风牌	7.5吨	EQ5080XXYTFCEV1	30	广东国鸿、上海重塑
5		7.5吨	EQ5081XXYTFCEV	30	爱德曼氢
6		7.6吨	EQ5080XXYTFCEV4	30.1	安徽易智
7		7.6吨	EQ5080XLCTFCEV	30	芜湖国氢能源
8		7.5吨	EQ5080XXYTFCEV3	30	亿华通
9		7.5吨	EQ5080XLCTFCEV2	30	广东国鸿
10	达福迪牌	7.5吨	JAX5080XXYFCEV	30	广东国鸿
11		2.1吨	JAX5027XYZFCEV	12	弗尔赛

表10 燃料电池轿车公告明细

序号	中文品牌	轴距	车辆型号	燃料电池额定功率/kW	燃料电池品牌
1	荣威	2837	CSA7004FCEV	30	新源动力
2	荣威	2837	CSA7003FCEV	30	新源动力
3	帕萨特	2803	SVW7553FCV	40	上海神力科技

表11 国外燃料电池汽车

制造商	车型	储氢压力	储氢密度	氢瓶数量
丰田	MIRAI	70MPa	5.7wt%	2
丰田、日野	FC公交车	70MPa	—	8
梅赛德斯－奔驰	GLC	70MPa	—	2
现代	ix35	70MPa	—	3

国内方面，近年来国内燃料电池汽车高速发展，车载氢系统也进入快速发展期，国内35MPa车载氢系统集成技术日趋成熟。零部件方面，国内已经可以独立研发和生产35MPa储氢瓶，制造商正在或已经开发完成35MPa氢系统关键零部件如减压阀、瓶阀、加氢口等，国内产业链正在完善。同时为达到更高的储氢量，国内已经逐步开展70MPa车载氢系统的研发，70MPa氢系统关键零部件储氢瓶、瓶阀、减压阀等国内企业已经在研发或研发完成，预计2018年70MPa车载氢系统将逐步上市并批量应用。

1. 北京亿华通科技有限公司

亿华通产品覆盖氢燃料电池发动机及与之配套的DC/DC、整车控制器、氢系统等。目前产业化产品已经广泛应用于客车、物流车、乘用车、叉车、有轨电车、固定电源等诸多领域，并与宇通客车、福田汽车、中通客车、厦门金旅等国内主流车企展开广泛合作。

公司批量销售的是工作压力为35MPa的车载氢系统，主要应用在物流车、公交客车、轿车、叉车领域。工作压力为70MPa的车载氢系统尚处于研发阶段，预计在2018年下半年上市销售。氢系统的主要类型和应用客户见表12。

表12　氢系统的主要类型和应用客户

适用车型	工作压力(MPa)	气瓶数量(只)	气瓶容积(升)	主要应用客户
物流车	35	3	140	东风特汽、福田汽车
公交客车	35	4/6/8/10	140	福田汽车、宇通客车、申沃客车、海格客车
轿车	35	1/2	28/74	北汽、长安、广汽

2. 北京派瑞华氢能源科技有限公司

北京派瑞华依托中国船舶重工集团公司第七一八研究所成立，并与国内知名高校和科研院所合作，是从事氢能技术研发及产业化的高新技术企业。目前批量销售的是工作压力为35MPa的车载氢系统，主要应用在物流车、公交客车、轿车领域。工作压力为70MPa的车载氢系统已经研发完成，市场上已经微量销售（2套）。氢系统的主要类型和应用客户见表13。

表13 氢系统的主要类型和应用客户

适用车型	工作压力（MPa）	气瓶数量（只）	气瓶容积（升）	主要应用客户
物流车	35	3	140	青年汽车
公交客车	35	4/6/8	140	宇通客车、飞驰客车
叉车	35	1	28	—
轿车	70	2	52	重塑

3. 上海舜华新能源系统有限公司

上海舜华新能源成立于2004年，是由上海燃料电池汽车动力系统有限公司和上海航天能源股份有限公司等股东投资建立的从事氢能和分布式能源技术研发和推广的高新技术企业。公司的主营业务包括供氢系统及加氢设备研发销售、加氢站设计与工程技术服务、分布式能源动力装置的研发和系统集成等。其中完全自有或具有自主知识产权的产品有控制器、瓶阀、减压阀、加氢口，具有较强的系统集成能力和较高的安装工艺水平，氢系统的主要类型和应用客户见表14。

表14 氢系统的主要类型和应用客户

适用车型	工作压力（MPa）	气瓶数量（只）	气瓶容积（升）	主要客户
物流车	35	2	—	上汽大通
公交客车	35	6/8	128	苏州金龙、南京金龙、中国重汽
轿车	35+70	2	28/74	上汽

4. 张家港富瑞氢能装备有限公司

张家港富瑞氢能装备有限公司是民营上市公司张家港富瑞特种装备股份有限公司的控股合资公司。其于2014年将氢能装备产业列为公司三大战略之首，2016年成立氢能装备有限公司，主要业务涉及制氢、储氢、运氢和终端供氢等领域，目标是建立氢能装备全产业链整体解决方案体系。目前批量销售的氢系统是工作压力为35MPa的车载氢系统，主要应用在物流车和公交客车领域。氢系统的主要类型和应用客户见表15。

表15 氢系统的主要类型和应用客户

适用车型	工作压力(MPa)	气瓶数量(只)	气瓶容积(升)	主要应用客户
物流车	35	3	140	东风特汽
公交客车	35	4	140	—

5. 北京天海工业有限公司

北京天海工业有限公司是北京京城机电股份有限公司所属主要骨干企业，可生产800余个品种规格的气瓶、蓄能器、储气式特种集装箱及低温储运装备等系列产品，其传统产品——钢质无缝气瓶产销量已位居世界第一。天海工业定位为"跻身全球气体储运装备行业最前列的公司"。2016年开发出储氢瓶，并开始研发35MPa车载氢系统，产品处于初期推广阶段，没有实现批量销售。氢系统的主要类型和应用客户见表16。

表16 氢系统的主要类型和应用客户

适用车型	工作压力(MPa)	气瓶数量(只)	气瓶容积(升)	主要应用客户
牵引车	35	3	140	中国重汽

6. 北京科泰克科技有限责任公司

北京科泰克科技有限公司长期从事纤维缠绕的工艺研究工作，致力于复合材料工艺研究达20余年，是国内唯一的专门从事铝内胆复合气瓶制造的企业，铝内胆复合气瓶的设计制造在国内处于最高水平。2007年，科泰克35MPa、140L氢气瓶应用于北京奥运燃料电池示范车。科泰克车载储氢瓶在国内市场占有率超过一半，并于2017年开始35MPa车载氢系统的研发和销售。氢系统的主要类型和应用客户见表17。

表 17 氢系统的主要类型和应用客户

适用车型	工作压力(MPa)	气瓶数量(只)	气瓶容积(升)	主要客户
物流车	35	2	145	上汽大通

7. 沈阳斯林达安科新技术有限公司

沈阳斯林达安科新技术有限公司主要从事工业和车载气瓶的研发和销售,产品涉及无缝不锈钢/铝合金内胆缠绕气瓶、铝合金无缝气瓶、钢质无缝气瓶、低温绝热LNG气瓶等多种型号。产品应用范围涉及消防、化工、医疗及交通领域。其先后承担国家863项目"高压容器储氢技术和装备""车载高压供氢系统""70MPa高压氢气储存加注系统关键技术及装置"。车载氢系统产品仅向东风特汽和申沃客车各提供两套样品,目前没有批量销售。氢系统的主要类型和应用客户见表18。

表 18 氢系统的主要类型和应用客户

适用车型	工作压力(MPa)	气瓶数量(只)	气瓶容积(升)	主要客户
物流车	35	2	145	东风特汽
公交客车	35	7	145	申沃客车

8. 加氢站

欧美日加氢站普遍采用与汽车配套的70MPa压力标准,氢气压缩机、高压储氢罐、氢气加注机已实现量产,在加氢技术方面,已趋于成熟。2017年欧美日加氢基础设施主要呈现以下两个发展趋势:氢气储存技术由高压气态储氢逐渐向低温液态储氢发展;加氢站与加油站合建或在旧的加油站基础上改建。另日本从制度上鼓励车载氢瓶单次充气压力的安全上限值从70MPa提高到88MPa,进一步实现技术升级。

我国首台98MPa高压储氢系统研制成功,并成功应用于丰田常熟70MPa加氢站。该高压储氢系统由浙江大学研发,北京海德利森科技有限公司与浙江巨化股份有限公司共同制造,设计压力98MPa,水容积$1m^3$,拥有全多层防氢脆、薄钢板与钢带错绕、先进设计和传感安全监测、模块化系统设计四项创新技术。

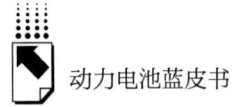

我国首个70MPa加氢站——大连同鑫加氢站顺利通过科技部高新司组织验收。该加氢站采用了北京天高隔膜压缩机有限公司生产的90MPa隔膜式氢气压缩机，石家庄安瑞科气体机械有限公司研制的87.5MPa钢质碳纤维缠绕大容积储氢容器，并配有风光互补发电耦合电解制氢系统，是我国第一座风光互补发电耦合制氢的70MPa加氢站。

撬装式加氢站逐渐成为加氢站建设主流方案，我国2017年建成的35MPa撬装式加氢站数量已超过5座。该类撬装加氢站技术方案是将45MPa氢气隔膜压缩机、加氢机、冷水机、站控系统集成于集装箱内，同时需解决电气设备防爆、设备安全间距、压缩机振动等关键技术问题。撬装式加氢站具有占地面积小、现场安装防爆、易于升级（35MPa升级为70MPa）等优点。

2017年10月14日，《加氢站安全技术规范》（GB/T 34584-2017）正式发布，该标准首次明确了加氢站与充电站合建安全技术要求，并对加氢站液态储氢、管道供氢、长管拖车供氢、加氢站内水电解制氢、天然气或甲醇重整制氢等不同供氢方式做出相关技术要求。

三 政策环境体系

近年来，随着氢燃料电池技术的突破、新能源汽车的快速发展，以及国家对清洁能源的日益重视，我国开始加大对氢燃料电池领域的规划和支持力度，国家相关部委密集出台政策。《"十三五"国家科技创新规划》《"十三五"交通领域科技创新专项规划》《中国制造2025》等纷纷将发展氢能和燃料电池技术列为重点任务，将燃料电池汽车列为重点支持领域，并明确提出：实现燃料电池汽车的运行规模进一步扩大，达到1000辆的运行规模，到2025年，制氢、加氢等配套基础设施基本完善，燃料电池汽车实现区域小规模运行。[1] 更是将氢燃料电池的发展提升到了战略高度。此外，2016年10月，中国标准化研究院资源与环境分院和中国电器工业协会发布的《中

---

[1] 《中国制造2025》。

国氢能产业基础设施发展蓝皮书（2016）》首次提出了我国氢能产业的发展路线图。对我国中长期加氢站和燃料电池车辆发展目标进行了规划。主要包括：到2020年，加氢站数量达到100座，燃料电池车辆达到10000辆，氢能轨道交通车辆达到50列；到2030年，加氢站数量达到1000座，燃料电池车辆保有量达到200万辆；到2050年，加氢站网络构建完成，燃料电池车辆保有量达到1000万辆。2017年12月发布的《质子交换膜燃料电池汽车用燃料氢气》（T/CECA-G 0015-2017）是首个氢能领域团体标准，该标准规定了燃料电池汽车用氢气的术语和定义、要求，氢气中主要杂质气体的测试方法，另外规定了氢气采样与浓度计算方法，氢气的包装、标志与储运等，并与国际相关标准保持同步。

目前上海、台州、如皋等地均已经出台氢燃料电池发展的支持政策措施，在其他区域，氢燃料电池支持方案也已经在制定中。目前出台的氢燃料电池相关地方政策见表19。

表19 目前出台的氢燃料电池相关地方政策

城市	时间	政策名称	主要内容
如皋	2016.9	《如皋十三五新能源汽车规划》	建设"氢技术示范城市"，重点突出制氢技术、氢气存储和加注技术、氢燃料大巴及燃料电池热电联供等氢能应用的示范引领。新建3~5座加氢站，基本实现如皋的区域覆盖；城区实现50%燃料电池公交大巴覆盖，燃料电池物流车实现500辆推广示范应用；氢能小镇全面推广热电联供模式
台州	2016.11	《关于促进汽车产业发展的若干意见》	探索发展以氢燃料为主的燃料电池乘用车
武汉	2017.1	《武汉"十一五"发展规划》和《武汉制造2025行动纲要》	建设氢燃料电池动力系统工程技术研发中心，到2025年累计实现燃料电池汽车推广应用规模达万辆级别
上海	2017.9	《上海市燃料电池汽车发展规划》	三年把上海打造成国内领先的燃料电池汽车技术示范城市。打造包含关键零部件、整车开发等环节的产业集群，聚集超过100家燃料电池汽车相关企业，燃料电池汽车全产业链年产值突破150亿元。建设加氢站5~10座，乘用车示范区2个，规模达3000辆。2026~2030年要实现上海燃料电池汽车全产业链年产值突破3000亿元

续表

城市	时间	政策名称	主要内容
武汉	2018.1	《武汉氢能产业发展规划方案》	建设国内领先的氢能产业园,聚焦超过100家燃料电池汽车产业链相关企业,燃料电池汽车全产业链年产值超过100亿元;建设5~20座加氢站,在轮船、无人机、分布式发电等方面形成小规模氢能燃料电池示范应用,燃料电池公交车、通勤车、物流车等示范运行规模达到2000~3000辆
佛山	2018.4	《佛山市南海区促进加氢站建设运营及氢能源车辆运行扶持办法(暂行)》	按日加氢能力固定式加氢站350公斤至500公斤、500公斤以上,撬装式加氢站350公斤及以上,建成年限2018年底前建成、2019年内建成、2020~2022年内建成等依梯度分别给予150万~800万元补贴。其中,日加氢能力500公斤以上,2018年12月31日前新建成的固定式加氢站按800万元/个的标准进行补贴

同期,在国际上,美国、日本、欧洲等国家和地区燃料电池的发展政策也有部分调整。2017年,美国能源部对燃料电池的预算进行了大幅削减,仅有的资金也只集中在研究上,如燃料电池系统、燃料供应和燃料补给基础设施,并没有直接的资金用于商业化。美国部分州有自己的计划支持燃料电池的部署,其中加州和新泽西州都在2017年缩减了规模,新泽西取消支持燃料电池接通电源的项目;加州的Self Generation Incentive项目将把全美60%的燃料电池电力安装在加州,现在主要专注于电力存储项目。

日本继续强调发展氢社会的重要性,2017年政府对燃料电池和氢燃料的补贴为3.55亿美元,与往年一致。预算一部分将用于高度成功的Ene-Farm住宅燃料电池项目、其他固体燃料电池、燃料电池汽车及氢的开发和示范,这些都会突出展示在2020年东京奥运会上。

此外,2017年是欧洲燃料电池和氢能联合项目(简称FCH JU)成立十周年纪念日,FCH JU的实行在欧洲的燃料电池开发和商业化活动中起到重要作用,2007~2020年,FCH JU将直接向研发和部署项目提供约12亿欧元的资金支持。

四 总结建议

（1）燃料电池整车技术方面，国外开发了丰田 Sora、现代 FE 和本田 CLARITY 等具有代表性的燃料电池汽车产品，国外燃料电池汽车已度过了技术开发阶段，进入市场导入阶段；基于 70MPa 储氢技术，续驶里程达到传统车水平；燃料电池寿命满足商用要求。国内燃料电池汽车性能已经与国际水平接近，但成本、耐久性等方面亟待改善，需加强整车的可靠性试验验证，并在全国范围内扩大燃料电池汽车的示范运行规模。

（2）在燃料电池动力系统平台方面：与国外典型燃料电池动力系统相比，我国燃料电池系统功率小，动力电池容量大，动力系统集成度偏低。燃料电池系统额定功率有持续增大的趋势，动力电池向高倍率、低容量方向发展。

（3）国外燃料电池最大功率达到 100kW 以上，能量密度达到 3.1kW/L，低温启动实现 -30℃，而国内燃料电池功率主要集中在 30~60kW，其低温启动温度只能达到 -20℃，可靠性、耐久性与国外先进水平有较大差距。2020 年，燃料电池寿命、环境适用性、质量比功率等方面将达到国外目前的先进水平，具备产业化的条件。

（4）燃料电池关键材料方面，我国燃料电池的产业化开发起步较晚，基础比较薄弱，所需关键材料和部件集中在少数国外供应商手中，非常不利于我国燃料电池产业化开发。一方面存在价格垄断，燃料电池电堆成本下降困难，另一方面，存在关键技术垄断，得不到最适合的产品，我国燃料电池开发的技术安全也面临威胁。尽管已经有燃料电池电堆、催化剂、质子交换膜和薄金属双极板产品逐步步入市场，但其产品验证及批量制造能力亟须提高，而炭纸及系统零部件的产品国内仍属空白。应积极推进关键材料的国内自主研究，积极鼓励替代材料的研究，降低关键材料成本。同时，考虑如何使国家新能源汽车产业扶持政策惠及国产燃料电池电堆及关键材料，并加大对先进制备技术的资金投入，鼓励先进制备技术和设备的国产化。

（5）氢基础设施方面，目前，欧美日等国家和地区已普遍采用70MPa加氢技术，加氢站关键设备已实现量产化，并可根据当地实际情况，灵活采用气态高压储氢或低温液态储氢两种方式。另外，为降低建站成本，部分加氢站采用了加氢站—加油站合建模式。我国目前加氢站以35MPa氢气加注为主，均采用高压气态储氢，除高压储氢罐外，氢气压缩机、加氢枪、阀门和管件等关键零部件均依赖进口，导致建站成本高，需尽快实现加氢站关键零部件国产化。另外，随着国内燃料电池汽车的推广和70MPa燃料电池汽车的研发成功，也需早日突破70MPa加氢、液态储氢、加氢站与加油站或加气站合建技术。

政 策 篇

Policy Report

B.10
2017年动力电池产业政策分析报告

郭 苑 任海波*

摘 要： 随着新能源汽车产销量的快速增长，国家补贴政策对能力密度等技术门槛要求的逐步提高，当前有利于动力电池行业持续健康发展的政策体系正在不断完善。2017年动力电池政策进一步加强了对上游关键材料及零部件升级、下游回收利用等环节的支持和管理规范，并加大对动力电池企业升级的支持和规范力度。本文重点梳理了从2017年1月至2018年2月动力电池相关领域的二十多项产业政策和标准，包括促进汽车动力电池产业发展行动方案、国家重点研发计划"新能源汽车"重点专项、动力电池企业智能制造示范项目、动力电池产品尺寸规格标准化、双积分政策和新能源汽车动力蓄电

---

* 郭苑，硕士，中国汽车技术研究中心有限公司新能源汽车技术服务中心动力电池产业发展研究室，经理；任海波，工程师，中国汽车技术研究中心有限公司产业发展市场咨询部。

池回收利用管理暂行办法等。从动力电池政策的类型、特点和作用分析动力电池政策体系对产业链各环节的影响，从产业链角度思考对未来政策的建议。

关键词： 动力电池　产业政策　回收利用

动力电池是新能源汽车行业持续健康发展的关键。动力电池产业的发展，取决于动力电池产业链各环节的均衡、协调持续发展。2017年，动力电池产业政策进一步加强了对上游关键材料及零部件升级、下游回收利用等环节的支持和管理规范，同时加大对动力电池企业升级的支持和规范力度，并通过对新能源汽车技术条件的加快升级，倒逼动力电池产品性能提升和成本下降。目前，有利于动力电池行业持续健康发展的政策体系已基本形成。

一　从产业链角度看2017年动力电池产业政策

随着新能源汽车产业持续快速发展，我国动力电池出货量也持续增长，2017年动力电池出货量为373.5亿瓦时，同比增长33%。然而，仍存在一些因素制约着动力电池产业的持续发展。为引导动力电池产业升级，推动动力电池全产业链协同发展，2017年我国共出台各类动力电池相关政策20余项。

1. 2017年动力电池政策的类型和作用环节

从政策类型来看，主要包括行业规划及引导类政策、行业管理及规范类政策、支持类政策。从政策的作用环节来看，政策覆盖了动力电池上游零部件、电池产品升级和规范、新能源汽车的动力电池要求、动力电池回收利用等产业链各环节。2017年动力电池政策对产业链的影响见表1。

表1　2017年动力电池政策对产业链的影响

产业链环节	上游零部件	电池企业	电池产品	汽车技术条件对电池的要求	回收利用
行业规划及引导类	明确关键材料技术目标；关键材料企业做大做强	引导形成龙头企业；引导电池装备制造提升	明确动力电池发展方向、产品性能目标	明确新能源汽车发展目标、性能指标目标	—
行业管理及规范类	—	放宽外资进入	规格尺寸标准化；安全要求；余能检测标准	双积分推动行业持续发展；补贴调整倒逼技术升级；各类车辆技术条件	明确回收利用管理办法；加快动力电池编码
支持类	支持关键材料研发；重点材料首批次应用的保险补偿机制	增加动力电池的智能制造示范项目数量	关键技术的共性研发	共性技术研发	—

上游零部件的政策以引导和支持为主，包括：明确关键材料及零部件的技术目标，支持上游企业做大做强，给予上游材料及零部件研发项目的专项基金支持，对重点材料的首次应用试点保险补偿机制。

电池企业及竞争格局方面的政策以引导和规范为主，包括引导形成龙头企业，引导电池装备升级，支持动力电池企业的智能制造示范项目等。

电池产品方面的政策以规范和管理为主，包括明确动力电池产品的发展方向、性能目标，规范动力电池产品的尺寸标准，提高安全要求，制定余能检测标准，并给予关键共性技术研发支持。

新能源汽车技术条件明确了动力电池产品的要求，对新能源汽车技术条件的政策以管理和规范为主，包括明确新能源汽车发展目标与性能指标目标，双积分、补贴政策、车辆技术条件倒逼动力电池产品升级，给予关键共性技术研发支持。

回收利用方面以管理和规范为主，包括明确回收利用暂行管理办法、加

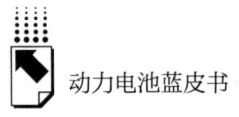

快动力电池编码等。

2. 2017年动力电池产业政策的特点

第一，加强对上游零部件、下游回收利用的支持和管理，政策体系进一步完善。

第二，新能源汽车技术条件升级加快，形成对动力电池产业的持续引领。

第三，对动力电池的支持力度加大，如智能制造等专项基金增多。

第四，创新性支持措施，如重点材料首批次应用的保险补偿机制。

2017年1月到2018年2月发布的动力电池政策汇总见表2。

二 2017年动力电池政策体系对产业链各环节的影响

1. 上游零部件政策：引导材料及零部件技术升级，鼓励形成骨干企业

动力电池产业的上游零部件政策以支持措施为主，2017年国家开始重视上游零部件发展，主要出台了四项政策：《促进汽车动力电池产业发展行动方案》《国家重点研发计划"新能源汽车"重点专项》《增强制造业核心竞争力三年行动计划（2018~2020年）》《重点新材料首批次应用示范指导目录（2017年版）》。

政策对上游零部件的引导主要包括两方面：材料体系的先进性和引导形成骨干零部件企业。

（1）支持关键动力电池材料。国家发改委制订的《增强制造业核心竞争力三年行动计划（2018~2020年）》，提出加快开发高镍三元正极材料、磷酸铁锂正极材料、高安全高比能电池等高性能电池材料及产品，并从多方面进行扶持。例如：加大资金投入力度，支持技术攻关和共性平台建设；运用相关基金推进产业化；完善对首（台）套示范应用的鼓励政策；强化金融政策扶持。

工业和信息化部围绕《中国制造2025》和军民共用新材料，组织编制《重点新材料首批次应用示范指导目录（2017年版）》，对目录内的新材料

表2 2017年发布的动力电池政策及作用的产业链环节

政策类型	政策名称	时间	部门	上游零部件	电池企业	电池产品	汽车应用的要求	回收利用
宏观政策类	促进汽车动力电池产业发展行动方案	2017.2.20	工信部 国家发改委 科技部 财政部	✓				✓
	关于调整完善新能源汽车推广应用财政补贴政策的通知	2018.2.12	财政部 工信部 科技部 国家发改委				✓	✓
	乘用车企业平均燃料消耗量与新能源汽车积分并行管理办法	2017.9.27	工信部 财政部 商务部 海关总署 质检总局				✓	
	锂离子电池工厂设计规范（征求意见稿）	2017.3.20	住建部 质检总局		✓			
行业管理类	交通部公开征求《电动营运货运车辆选型技术要求》意见	2017.11.27	交通部				✓	
	关于免征新能源汽车车辆购置税的公告	2017.12.26	财政部税务总局 工信部 科技部			✓		
	新能源汽车动力蓄电池回收利用管理暂行办法	2018.2.26	工信部 科技部 环保部 交通部 商务部 质检总局 能源局			✓		✓

续表

政策类型	政策名称	时间	部门	上游零部件	电池企业	电池产品	汽车应用的要求	回收利用
行业管理类	《新能源汽车动力蓄电池回收利用管理暂行办法》（WTO公示稿）	2017.11.6	WTO					√
	关于调整完善新能源汽车推广应用财政补贴政策的通知	2018.2.12	财政部 工信部 科技部 国家发改委			√	√	
	外商投资产业指导目录（2017年修订）	2017.6.28	国家发改委 商务部		√			
标准类	电动汽车用锂离子动力蓄电池包部分标准修订	2017.6.6	国标委			√		
	《规格尺寸》《编码规则》《余能检测》标准正式发布	2017.7.12	质检总局 国标委			√		
	《电动汽车用锂离子蓄电池安全要求》公开征求意见	2018.1.24	工信部			√		
	车用动力电池回收利用拆解规范	2017.5.12	质检总局 国标委					√

续表

政策类型	政策名称	时间	部门	上游零部件	电池企业	电池产品	汽车应用的要求	回收利用
支持类	工信部开展 2017 年智能制造试点示范项目推荐工作的通知	2017.4.21	工信部		√			
	工信部 2017 年智能制造试点示范项目的公示	2017.10.16	工信部		√			
	增强制造业核心竞争力三年行动计划(2018~2020年)	2017.11.20	国家发改委	√				
	工信部开展重点新材料首批次应用保险补偿机制试点工作	2017.9.12	工信部 财政部 保监会	√				
	国家重点研发计划"新能源汽车"重点专项	2017.10.10	科技部	√		√		
	战略性新兴产业重点产品和服务指导目录(2016版)	2017.1.25	国家发改委	√		√		
	重点新材料首批次应用示范指导目录(2017年版)	2017.9.12	工信部			√	√	
	产业关键共性技术发展指南(2017年)	2017.10.30	工信部		√	√	√	√

在有效期内实施保险补偿机制。生产首批次新材料的企业，是保险补偿政策的支持对象。使用首批次新材料的企业，是保险的受益方。新能源汽车及动力电池领域新材料目录包括：高性能锂电池隔膜、氮化铝陶瓷粉体及基板、高纯石墨、高性能钕铁硼永磁体等，并明确了目录中各类材料的详细性能指标要求。

科技部发布《关于发布国家重点研发计划新能源汽车等重点专项2018年度项目申报指南的通知》，对新能源汽车等重点专项进行支持。在国家重点研发计划"新能源汽车"重点专项的支持下，锂空电池技术、高比能电池技术、高镍正极材料技术以及电池热安全技术等项目取得重要进展。比如关键零部件领域的长续航动力锂电池新材料与新体系研究、高比能量密度锂离子动力电池开发与产业化技术攻关、高镍正极材料研发、高比能量锂离子动力电池热安全机理和安全设计等，已取得了显著的研究成果。

（2）支持上游材料及零部件领域形成创新骨干企业。政策支持加快在正负极、隔膜、电解液、电池管理系统等领域培育若干优势企业，促进动力电池与材料、零部件、装备、整车等产业协同发展，推进自主可控、协调高效、适应发展目标的产业链体系建设。力争到2020年，正负极、隔膜、电解液等关键材料及零部件达到国际一流水平，上游产业链实现均衡协调发展，形成具有核心竞争力的创新型骨干企业。

2.动力电池企业：健康的竞争格局，引导生产能力升级，放开外商进入

动力电池行业已形成"低端产能过剩、高端产能不足"的行业竞争格局，给车企配套的各类企业数量近100家，为形成更健康的产业竞争格局，支持动力电池企业及产品升级，国家出台了一系列政策，主要包括：引导形成具有国际竞争力的龙头企业，对动力电池企业的智能制造示范项目给予大力支持，放开外资准入限制。

（1）形成龙头企业，推动良性的行业竞争格局。政策明确动力电池行业总体规模及行业竞争格局，提出到2020年，动力电池行业总产能超过1000亿瓦时，形成产销规模在400亿瓦时以上、具有国际竞争力的龙头企业。

（2）智能制造推动动力电池企业升级。2017年4月，工信部开展2017年智能制造试点示范项目推荐，明确了智能制造模式的要素。工信部于2017年9月发布2017年智能制造示范项目的企业名单，6家动力电池企业入围，包括河北银隆的钛酸锂电池数字化车间试点示范、孚能科技（赣州）的新能源汽车动力电池智能制造试点示范、妙盛动力科技的新能源汽车动力电池智能制造试点示范、惠州亿纬锂能的新能源汽车动力电池智能工厂试点示范、深圳市比克新能源汽车动力电池智能工厂试点示范、青海时代新能源科技的新能源汽车动力电池智能制造试点示范。多家动力电池智能制造项目入围，说明工信部对动力电池的高度重视，将推动动力电池产品的生产成本、一致性、性能指标等持续提升，推动动力电池产业持续升级。

（3）放宽新能源外资准入限制。2017年6月28日，国家发改委、商务部发布《外商投资产业指导目录（2017年修订）》，将于2017年7月28日起在全国施行，与上一版本相比，新目录扩大了外资投资的领域，在新能源汽车以及动力电池领域均有调整。在外商动力电池投资方面，取消了2015年版本里能量型动力电池制造领域外商股比不能超出50%的限制；从新政实施起，在新能源汽车动力电池投资领域的外商准入限制放宽，外商投资不再受50%股比的限制和约束，这意味着国家将不再干预汽车动力电池制造领域的外商投资活动，国内外动力电池企业将面对同等的市场竞争发展机会。

3. 动力电池产品竞争力提升：高性能、低成本、高安全性、规格标准化

为提升我国动力电池产品的竞争力，引导动力电池产品提高性能、降低成本、提高安全性、提高产品标准化与互换性，国家出台了一系列宏观引导政策、行业管理政策、技术提升、产品标准，包括明确动力电池产品的技术路线与性能指标目标、加大动力电池产品共性技术研发、规定动力电池的安全性要求及检测标准、规定动力电池产品的规格尺寸与标准化、余能检测等。

（1）进一步明确动力电池产品性能目标：能量密度、成本。工信部等四部委于2017年2月20日印发《促进汽车动力电池产业发展行动方案》，

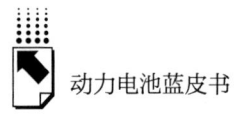

作为动力电池行业的纲领性政策,明确了动力电池产品的发展方向、性能目标、重点任务及保障措施。

明确动力电池产业发展方向：持续提升现有产品的性能质量和安全性,进一步降低成本,2018年前保障高品质动力电池供应；大力推进新型锂离子动力电池研发和产业化,2020年实现大规模应用；着力加强新体系动力电池基础研究,2025年实现技术变革和开发测试。

明确产品性能目标：到2020年,新型锂离子动力电池单体比能量超过300Wh/kg,系统比能量力争达到260Wh/kg,成本降至1元/瓦时以下,使用环境达-30℃到55℃,可具备3C充电能力；到2025年,新体系动力电池技术取得突破性进展,单体比能量达500Wh/kg。

提升产品安全性,满足大规模使用需求。新型材料得到广泛应用,智能化生产制造和一致性控制水平显著提高,产品设计和系统集成满足功能安全要求,实现全生命周期的安全生产和使用。

(2) 关键技术研发为动力电池产品性能持续提升提供保障。《产业关键共性技术发展指南（2017年）》中,提出了动力电池能量存储系统技术,正负极、隔膜及电解液等关键材料技术、电池管理系统技术、集成及制造技术、性能测试和评估技术。关键共性技术的研发与突破,为动力电池产品性能指标的持续升级提供了研发支持。

(3) 推动动力电池产品尺寸规格的标准化,控制电池成本。《电动汽车用动力蓄电池产品规格尺寸》明确规定了电动汽车用动力蓄电池的单体、模块和标准箱尺寸规格要求。可有效解决此前存在于动力电池梯次利用中,动力电池由于尺寸不一难以匹配储能电站或家用储能设备结构的难题,也降低了动力电池的梯次回收利用的门槛。

《电动汽车用动力蓄电池产品规格尺寸》明确了标准号,GB/T 34013-2017电动汽车用动力蓄电池产品规格尺寸,单体圆柱共6款,方形硬壳125款,方形软包14款。增加蓄电池产品规格尺寸通用要求。

该标准为推荐性国家标准,并未强制实施,预计短期内也难以强制实施。但是从长期来看,具有引导行业发展方向的作用,企业需重视,积极提前做好规划布局。

（4）规定动力电池单体、电池包或系统的安全要求。2018年1月25日，汽标委公开征求《电动汽车用锂离子蓄电池安全要求》意见。本标准基于《电动汽车用动力蓄电池安全要求及试验方法》（GB/T 31485-2015）和《电动汽车用锂离子动力蓄电池包和系统第3部分：安全性要求与测试方法》（GB/T 31467.3-2015），修订并升级为强制性标准。电动汽车用锂离子蓄电池安全要求的变化见表3。

表3 电动汽车用锂离子蓄电池安全要求的变化

	项目		项目
取消	锂离子电池模组安全性试验	修改	锂离子电池单体挤压
	锂离子电池单体针刺		锂离子电池包或系统振动
	电池单体跌落、低气压		锂离子电池包或系统的电子装置振动
	锂离子电池单体海水浸泡		锂离子电池包或系统机械冲击
	锂离子电池包或系统跌落		锂离子电池包或系统挤压
	锂离子电池包或系统翻转		电池系统过温保护、外部短路保护、过充电保护、过放电保护
新增	锂离子电池包或系统热稳定性第二部分:热扩散		锂离子电池包或系统热稳定性第一部分:外部火烧
修改	锂离子电池系统过流保护		电池包或系统盐雾
	锂离子电池包或系统浸水安全		
	锂离子电池单体过充		

（5）制定余能检测标准。余能检测规范了动力电池外观检查、极性检测、电压判别、充放电电流判别、余能测试等检测流程，为车用动力电池的余能检测提供评价依据，有助于提高废旧动力蓄电池余能检测的安全性和科学性。余能检测标准的主要内容见图1。

4. 新能源汽车的应用要求：补贴政策、车辆技术条件要求对动力电池产品升级提出要求

终端新能源汽车用车场景的需求，对动力电池提出了要求。2017年，国家出台多部新能源汽车技术升级的政策，包括双积分，补贴政策调整，新能源客车、新能源货车技术条件等。

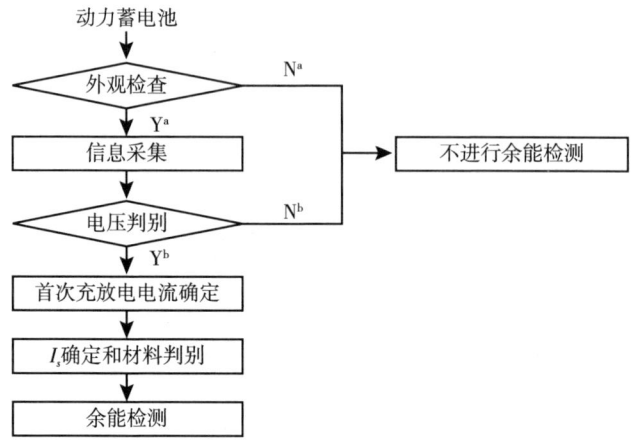

蓄电池类型	I_c/A 有标签
软包锂离子动力蓄电池	$I_c=C_n/5$ 或 $I_c=W_n/5U$
钢壳、铝壳或塑料壳锂离子动力蓄电池	$I_c=C_n/5$ 或 $I_c=W_n/5U$
金属氢化物镍动力蓄电池	$I_c=C_n/5$ 或 $I_c=W_n/5U$

【范例】
$I_c=W_n/5U$
$=275/5/3.2$
$=17.18A$

蓄电池类型	I_c/A 无标签
软包锂离子动力蓄电池	$I_c=0.0066×m+0.8321$
钢壳、铝壳或塑料壳锂离子动力蓄电池	$I_c=0.0070×m+0.6656$
金属氢化物镍动力蓄电池	$I_c=0.0108×m-0.0757$

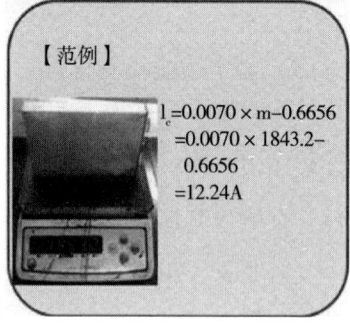

【范例】
$I_c=0.0070×m-0.6656$
$=0.0070×1843.2-0.6656$
$=12.24A$

图1 余能检测标准的主要内容

(1)双积分政策的出台,推动了新能源汽车持续发展,为动力电池行业提供了巨大的市场需求。2017年9月28日,五部门联合发布《双积分并行管理办法》,于2018年4月1日起实施,旨在建立促进节能与新能源汽车发展的市场化长效机制,接续补贴政策的退出。预计到2020年,乘用车平均油耗将达到5.0升/百公里,累计减少二氧化碳排放约6000万吨,当年新能源汽车产销量超过200万辆,全国将累计推广500万辆新能源汽车,对应130GWh的动力电池市场需求,需求量预计是2017年的3.5倍。

(2)新能源汽车补贴政策调整,倒逼动力电池能量密度提升与成本持续下降。2018年2月12日,四部委联合发布新一轮的新能源汽车补贴政策,主要目的是加快促进新能源汽车产业提质增效、增强核心竞争力、实现高质量发展。补贴政策调整的主要变化见表4。

表4 补贴政策调整的主要变化

	变 化
各类车型补贴标准变化	对于纯电动乘用车的补贴,最低档由原来的2万元降至1.5万元。对于插电式混合动力乘用车的补贴退坡幅度不大,由2017年的2.4万元降低为2.2万元
鼓励使用高性能电池	乘用车补贴车型能量密度不低于105Wh/kg,对于能量密度大的电池,给予较高的补贴系数(160Wh/kg及以上的车型按1.2倍补贴);新能源客车的能量密度要求也进一步提升; 乘用车的百公里耗电量设置调整系数
2017年目录内符合调整后补贴技术条件的车型,可直接列入新目录	相较于2017年对2016年发布的《新能源汽车推广应用推荐车型目录》1至5批需重新核定,此次符合调整后补贴技术的车型可以直接列入新的目录
补贴申请里程放宽	非个人用户购买的新能源汽车申请补贴,累计运营里程要求由必须达到3万公里降低到2万公里

补贴退坡倒逼新能源汽车企业控制成本,车企又进一步对动力电池企业提出了降成本要求。同时,提高技术门槛:提升续驶里程、电池系统能量密度、整车能耗等方面的要求,也鼓励车企使用高性能动力电池。

(3) 各类车辆的技术条件,对动力电池提出要求。

①新能源商用车。2017年10月14日,国标委发布2017年第26号中国国家标准公告,本次共批准425项国家标准。其中涉及14项新能源汽车行业标准,包括《电动汽车能量消耗率和续驶里程试验方法》《电动汽车术语》《燃料电池电动汽车加氢枪》等。新能源汽车技术条件见表5。

表5 新能源汽车技术条件

标准号	标准名称	实施日期
GB/T 18386-2017	电动汽车能量消耗率和续驶里程试验方法	2018-05-01
GB/T 19596-2017	电动汽车术语	2018-05-01
GB/T 34585-2017	纯电动货车技术条件	2018-07-01
GB/T 34598-2017	插电式混合动力电动商用车技术条件	2018-05-01

②营运货车的正规化,对选择动力电池提出了必要要求。2017年12月4日,交通部全国道路运输标准化技术委员会发布了《电动营运货运车辆选型技术要求(征求意见稿)》,意见提交日期截止到2018年1月4日。此行业标准规定了电动营运货运车辆的选型要求和试验方法,包括载质量利用系数、环境适应性、续驶里程、可靠性、充电性能等方面的规范。

《电动营运货运车辆选型技术要求(征求意见稿)》的公布推动了《促进道路货运行业健康稳定发展行动计划(2017~2020年)》的进行,宣告着电动货车标准进入正规化时代。《电动营运货运车辆选型技术要求(征求意见稿)》明确了营运电动货车的技术要求,也为电动物流车企业选择动力电池技术路线和产品提供了必要的门槛性要求。电动营运货车技术条件要求见表6。

5. 回收利用:明确暂行办法与各方责任,完善动力电池编码

(1)《新能源汽车动力蓄电池回收利用管理暂行办法》(WTO)公示。2018年1月26日,工信部牵头七部委联合发布《新能源汽车动力蓄电池回收利用管理暂行办法》,该办法将进一步加强新能源汽车动力蓄电池回收利用管理,规范行业发展,推进资源综合利用,促进新能源汽车行业持续健康发展。

表6 电动营运货车技术条件要求

	技术要求
环境适应性	车辆在 -20~45℃下仍能正常启动及行驶,按附录A进行防水安全试验时,总绝缘电阻值应大于1MΩ;按附录B进行高低温充电试验时,高温充电时动力蓄电池满电电量应不低于电池电量(标称)的90%,低温充电时动力蓄电池满电电量应不低于电池电量(标称)的80%
动力性	车辆按GB/T18385进行车辆动力性能试验,设置了30min最高车速(不低于80km/h)、加速性能以及最大爬坡度三项指标
续驶里程	N1类车辆按照GB/T 18386的工况法进行试验,N2、N3类车辆按照GB/T 18386的等速法进行试验,续驶里程应不低于200km
经济性	车辆装载动力电池系统能量密度≥95Wh/kg,且车辆单位载质量能量消耗Ekg≤0.45Wh/km·kg
可靠性	应符合GB/T 34585,且首次一般故障里程应不低于5000km,可靠性试验结束后还应进行30min最高车速、续驶里程和环境适应性能复试,复测值应不低于初始值的90%

同时,《新能源汽车动力蓄电池回收利用管理暂行办法》提交公示,明确了动力电池企业设计阶段要求、准入阶段要求、生产阶段要求、销售阶段要求、维修更换阶段要求、回收阶段要求、报废阶段要求、所有人责任要求、收集要求、贮存要求、运输要求、阶梯利用要求、阶梯利用电池产品要求、再生利用要求等。《新能源汽车动力蓄电池回收利用管理暂行办法》的责任划分见表7。

表7 《新能源汽车动力蓄电池回收利用管理暂行办法》的责任划分

	汽车生产企业	电池生产企业
总则	承担动力电池回收主体责任	保障动力电池的有效利用和环保处置
设计阶段		采用标准化、通用性及已拆解产品结构设计; 协商开放电池系统接口和通信协议(与回收利用有关) 对电池固定部件设计遵循可拆卸、易回收利用原则

续表

	汽车生产企业	电池生产企业
准入阶段	申请产品公告时需提供电池拆卸、拆解、贮存技术信息说明； 主动公开电池种类、所含有毒有害成分含量、回收措施	向汽车企业提供电池拆解及贮存技术信息及技术培训
生产阶段	按标准协同对电池进行编码； 记录汽车及其电池编码对应信息； 及时通过溯源系统上传电池编码及车辆相关信息； 生产过程报废的电池及时移交回收网点或综合利用企业	按标准协同对电池进行编码； 及时通过溯源系统上传电池编码信息； 生产过程报废的电池及时移交回收网点或综合利用企业
销售阶段	委托汽车销售商通过溯源系统记录车辆及其所有人溯源信息；在用户手册明确电池回收要求及流程等	
维修更换阶段	建立维修服务网络； 依法向社会公开电池维修、拆卸、更换及贮存等信息	
回收阶段	建立回收渠道：自建、共建、授权等方式建立网点； 提高用户移交废旧电池的积极性以及便利性	
报废阶段	与报废汽车拆解企业合作共享电池回收的有关信息	

（2）动力电池编码为动力电池回收提供保障。动力电池编码是动力电池回收利用的重要保障。《汽车动力蓄电池编码规则》（GB/T 34014-2017）规定了动力电池编码的基本原则、编码对象、代码结构和数据载体。编码对象为新生产的或梯次利用的动力蓄电池单体、模块、电池包。编码结构包括厂商代码、产品类型代码、电池类型代码、规格代码、追溯信息代码、生产日期代码、序列号、梯级利用代码。

三 总结及建议

2017年，政府主管部门推出了覆盖较为全面的产业政策，既有顶层设计也有实施准则，进一步明确了动力电池产业未来的发展方向和目标，对于提高我国动力电池产品技术水平、促进标准体系完善、构建绿色循环体系、引导行业有序发展具有积极的推动作用。但是目前，动力电池产业链仍存在一些薄弱环节，比如上游材料与装备以及下游回收利用，未来的政策需强化这些薄弱环节和制约因素，促进产业链协同创新以满足对核心技术的掌控。同时需要以新能源汽车的实际应用为导向，对动力电池产品进行持续升级，推动整体产业的迭代升级与优化。

热点专题篇

Hot Issue Reports

B.11
固态电解质和全固态锂电池研究综述

杨 豪 毕佳颖 吴伯荣*

摘 要： 全固态锂电池由于在安全性、能量密度、循环寿命和可操作温度范围等方面的优势受到了广泛关注。作为全固态锂电池的关键组成部分，固态电解质的性能改善对全固态锂电池的实现至关重要。通过合理的元素掺杂取代和引入稳定的导电缓冲层，可有效地改善全固态锂电池中固态电解质的性能缺陷，从而为全固态锂电池性能提升和实用化提供新的思路。本文介绍了全固态锂电池中固态电解质材料的研究进展，从固态电解质离子电导率、电化学兼容性以及电极与固态电解质之间的界面接触等角度概述了改善固

---

* 杨豪，北京理工大学材料学专业硕士研究生，在读，主要研究方向为固态电解质材料；毕佳颖，北京理工大学材料学专业博士研究生，在读，主要研究方向为复合固态电解质材料；吴伯荣，教授，博士生导师，北京理工大学材料学院，主要研究方向为新能源材料与器件。

态电解质性能的研究方法，并讨论了固态电解质和全固态锂电池的发展方向。

关键词： 固态电解质　全固态锂电池　离子电导率　界面

当前，面对能源和生态环境的可持续发展要求，开发具有更高能量密度且环境友好的储能系统具有重要意义。锂离子电池（LIB）自商业化以来已占据储能装置的主导地位。近年来，随着电动车市场的蓬勃发展，对电动车的续航能力和安全性能提出了更高的要求。[1] 对于锂离子电池来说，目前满足这两种需求最有前景的改进方向，一是使用具有更高比容量（3860mAh/g）的锂金属作为电池的负极材料，二是使用固态电解质取代易燃的有机液态电解质。[2] 相比于有机液态电解质，固态电解质的突出优势就在于它的不可燃性，此外其较高的机械强度也能有效地抑制电池循环过程中锂枝晶的刺穿，使锂金属的应用成为可能。两者的结合引出的全固态锂电池体系，不仅具有对锂离子电池体系的能量密度和安全性进行革新的优势，而且对进一步加速高能量密度储能系统的实际应用具有巨大作用。[3]

在全固态锂电池中，由于这种锂金属负极的设计，一方面电池的重量能量密度和体积能量密度将得到进一步的提升，且其正极材料可以延伸到更多的其他材料；另一方面，锂金属负极的应用也带来了锂枝晶生长所引起的安全问题。而固态电解质具有良好的机械性能，能有效地防止锂枝晶的穿透并

---

[1] Goodenough J. B., Kim Y., "Challenges for Rechargeable Li Batteries," *Chem. Mater*, 2010 (22): 587–603.

[2] Zhang R., Li N. W., Cheng X. B., et al., "Advanced Micro/Nanostructures for Lithium Metal Anodes," *Advanced Science*, 2017 (3)；许晓雄、李泓：《为全固态锂电池"正名"》，《储能科学与技术》2018年第1期。

[3] Manthiram A., Yu X., Wang S., "Lithium Battery Chemistrie Enabled by Solid-State Electrolytes," *Nature Reviews Materials*, 2017, 2 (3)；李泓、许晓雄：《固态锂电池研发愿景和策略》，《储能科学与技术》2016年第5期。

抑制其生长，兼具电解质和隔膜的功能。其也被尝试用于解决锂硫电池（Li-S）中多硫化物的穿梭效应问题[1]和锂氧（Li－O_2）电池中电极材料在空气中分解的有关问题。[2]

固态电解质根据组成的不同，可以分为无机固态电解质、聚合物电解质和无机－有机复合电解质三大类。理想的固态电解质材料应该考虑其离子电导率、化学稳定性、电化学窗口、机械强度、环境友好性和低成本等因素。[3] 其中，虽然提高其离子电导率是关键（ > 10^{-4} S cm^{-1}），但是全固态锂电池中电解质和电极的界面问题、电解质电化学稳定性问题以及电极中离子和电子的传导通道问题也同样重要。值得一提的是，开发全固态锂电池，无机－有机复合电解质由于复合了部分液态电解质而并非真正的"全固态"。因此，以下本文将重点介绍无机和聚合物类的固态电解质的重要进展，简要描述固态电解质中的离子传输机制，讨论解决固态电解质匹配全固态锂电池遇到的界面接触差、电化学不稳定和兼容性差等问题的思路方法，并展望了高比能全固态锂电池的发展。

（一）聚合物电解质

应用于全固态锂电池的聚合物电解质可以分为两类：①全固态聚合物电解质，由锂盐溶于高分子量聚酯如 PEO、PPO、PAN、PMMA 和 PVDF 等聚合物基体中形成，常用的锂盐有 $LiClO_4$、$LiPF_6$、LiTFSI、LiBOB、LiODFB、$LiBF_4$、LiI 和 $LiCF_3SO_3$ 等；②无机复合聚合物固态电解质，通过把无机粒子与聚合物电解质掺杂复合形成，这类无机填料包括 Li_3N、SiO_2、TiO_2、$LiAlO_2$、

---

[1] Lin Z., Liang C., "Lithium-Sulfur Batteries: From Liquid to Solid Cells," *Journal of Materials Chemistry A*, 2014, 3（3）：936－958.

[2] Sun Y., Hu X., Yu J. C., et al., "Morphosynthesis of a Hierarchical MoO_2 Nanoarchitecture As A Binder-Free Anode For Lithium-Ion Batteries," *Energy & Environmental Science*, 2011, 4（8）：2870－2877.

[3] Zhu Y., He X., Mo Y., "First Principles Study of Electrochemical and Chemical Stability of the Solid Electrolyte-Electrode Interfaces in All-Solid-State Li-Ion Batteries," *Journal of Materials Chemistry A*, 2016, 4（9）：3253－3266.

Li-Al-Ge-P-O、Li-La-Gr-O 和 Li-La-Ti-O 等一系列的材料。① 这样的设计使聚合物电解质具有优良的柔韧性和可加工性，与电极有相对较好的接触界面。

全固态聚合物电解质中，锂离子与聚合物链段上的电子施主（O、S、N等）络合形成聚合体，通过聚合物链段的运动，部分锂离子跨越势垒与电子施主解离，从而使参与缔合的活性位不断地发生移动或者替换，实现锂离子的定向迁移。这一过程主要发生在聚合体的非晶态区②，如图1所示。然而，聚合物链段一般要在高于融化温度时才能工作（如 PEO 融化温度在60℃以上），此时聚合物为无定形态，呈现较差的力学性能，因此聚合物电解质室温下较低的离子电导率和高温下较差的力学性能是聚合物电解质应用的关键问题。为解决这一问题，周（Zhou）等将具有氰乙基侧链的聚乙烯醇与丁二醇聚合在聚丙烯腈纤维膜上制备聚合物电解质（SEN），兼具较高的室温离子电导率（3.0×10^{-4} S cm^{-1}）和机械强度（15.31MPa）。③ 贝特（Bates）等提出一种 ABA 三嵌段梳状的聚合物电解质，借助化学键链接不同性质的聚合物链获得离子电导率和机械强度的平衡。④ 曾（Zeng）等结合聚醚类聚合物的柔韧性和聚丙烯酸类聚合物的刚性，设计了一种聚醚-丙烯酸互穿网络的聚合物电解质（ipn-PEA），表现出高的室温离子电导率（2.2×10^{-4} S cm^{-1}）和高的机械强度（12GPa）。⑤ 可以看到，通过对聚合物电解质进行合理的结构设计，可以实现其性能上进一步的优化。

---

① Shi K., Decheng A. N., Yanbing H. E., et al., "Research Progress and Future Trends of Solid State Lithium-Sulfur Batteries Based on Polymer Electrolytes," *Energy Storage Science & Technology*, 2017.

② Lauter U., Meyer W. H., Wegner G., "Molecular Composites from Rigid-Rod Poly (P-Phenylene) S with Oligo (Oxyethylene) Side Chains as Novel Polymer Electrolytes," *Macromolecules*, 1997, 30（7）：2092-2101.

③ Zhou D., He Y., Liu R., et al., "Electrolytes: In Situ Synthesis of a Hierarchical All-Solid-State Electrolyte Based on Nitrile Materials for High-Performance Lithium-Ion Batteries," *Advanced Energy Materials*, 2015, 5（15）.

④ Bates C. M., Chang A. B., Momčilović N., et al., "ABA Triblock Brush Polymers: Synthesis, Self-Assembly, Conductivity, and Rheological Properties," *Macromolecules*, 2015, 48（14）.

⑤ Zeng X. X., Yin Y. X., Li N. W., et al., "Reshaping Lithium Plating/Stripping Behavior via Bifunctional Polymer Electrolyte for Room-Temperature Solid Li Metal Batteries," *Journal of the American Chemical Society*, 2016, 138（49）.

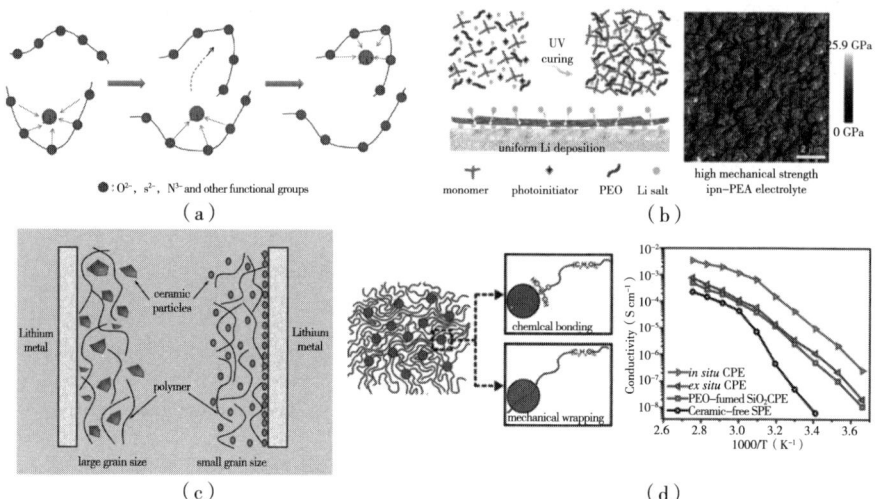

图1 （a）全固态聚合物电解质中Li＋离子在非结晶区的传输过程[a]
（b）ipn-PEA电解质的制备过程[b]
（c）无机复合聚合物电解质与锂电极界面的结构[c]
（d）原位形成SiO_2制备复合固态电解质示意图及离子电导率对比[d]

资料来源：a. Lauter U., Meyer W. H., Wegner G., "Molecular Composites from Rigid-Rod Poly (P-Phenylene) S with Oligo (Oxyethylene) Side Chains as Novel Polymer Electrolytes," *Macromolecules*, 1997, 30 (7): 2092-2101;

b. Zeng X. X., Yin Y. X., Li N. W., et al., "Reshaping Lithium Plating/Stripping Behavior via Bifunctional Polymer Electrolyte for Room-Temperature Solid Li Metal Batteries," *Journal of the American Chemical Society*, 2016, 138 (49);

c. Skaarup S., West K., Zachau-Christiansen B., "Mixed Phase Solid Electrolytes," *Solid State Ionics*, 1988, 28 (1): 975 – 978;

d. Lin D., Liu W., Liu Y., et al., "High Ionic Conductivity of Composite Solid Polymer Electrolyte via In Situ Synthesis of Monodispersed SiO_2 Nanospheres in Poly (ethylene oxide)," *Nano Letters*, 2016, 16 (1): 459 – 465.

无机复合聚合物电解质中，常用的无机填料包括活性填料和惰性填料两大类。[①] 活性无机填料自身的结构存在锂离子传导通道，将参与电解质的离子传导过程，使电解质的离子电导率明显升高；惰性无机填料本身不提供导电的离子，但它的引入可以提高固态聚合物电解质的机械强度，存在一个最佳填料浓度以

---

① Stephan A. M., Nahm K. S., "Review on Composite Polymer Electrolytes for Lithium Batteries," *Polymer*, 2006, 47 (16): 5952 – 5964.

优化固-固界面（电极/电解质）的稳定性，促进界面的电荷传质过程。目前的研究表明，当填料的尺寸控制在纳米级时能有效地提高无机复合聚合物电解质的离子电导率，并且通过原位合成（如水解反应、酯化反应和缩合反应）的方法制备具有高比表面积的多孔结构填料是未来的发展趋势。[1] 付（Fu）等通过静电纺丝和高温退火制备 LLZO 纳米纤维，与 PEO 构筑得到了具有三维锂离子传输通道的复合电解质，表现出较高的室温电导率（2.5×10^{-4} S cm^{-1}）且能一定程度上抑制锂枝晶的生长。[2] 有的学者在 PEO 中原位合成 12nm 的单分散 SiO$_2$ 微球，发现了基体和 SiO$_2$ 之间强烈的物理/化学相互作用力，能有效地抑制聚合物结晶和促进离子传导，复合电解质在 30℃ 下离子电导率达到了 4.4×10^{-5} S cm^{-1}，为高能量密度的聚合物电解质基全固态锂电池的研发提供了新的思路。[3]

（二）无机固态电解质

无机固态电解质一般又称为快离子导体（fast ion conductor）或超离子导体（super ion conductor），主要包括固相晶体材料和玻璃非晶相材料。这类材料在一定的温度范围内表现出较高的离子导电性、低的电子导电性和低活化能。在固相晶体固态电解质中，锂离子通过在配位多面体结构中的空位或间隙缺陷发生迁移传导；[4] 在玻璃非晶固态电解质中，相互连接的空位和

---

[1] Croce F., Curini R., Martinelli A., et al., "Physical and Chemical Properties of Nanocomposite Polymer Electrolytes," *J. phys. chem. b*, 1999, 74 (4): 1008 – 1025; Oudenhoven J. F. M., Baggetto L., Notten P. H. L., "All-Solid-State Lithium Ion Microbatteries: A Review of Various Three Dimensional Concepts," *Advanced Energy Materials*, 2011, 1 (1): 10 – 33.

[2] Fu K. K., Gong Y., Dai J., et al., "Flexible, Solid-State, Ion-Conducting Membrane With 3D Garnet Nanofiber Networks For Lithium Batteries," *Proceedings of the National Academy of Sciences of the United States of America*, 2016, 113 (26): 7094.

[3] Lin D., Liu W., Liu Y., et al., "High Ionic Conductivity of Composite Solid Polymer Electrolyte via In Situ Synthesis of Monodispersed SiO$_2$ Nanospheres in Poly (ethylene oxide)," *Nano Letters*, 2016, 16 (1): 459 – 465.

[4] Park M., Zhang X., Chung M., et al., "A Review of Conduction Phenomena in Li-Ion Batteries," *Journal of Power Sources*, 2010, 195 (24): 7904 – 7929; Thangadurai V., Weppner W., "Recent Progress in Solid Oxide and Lithium Ion Conducting Electrolytes Research," *Ionics*, 2006, 12 (1): 81 – 92.

间隙缺陷构建的连续扩散路径为锂离子提供各向同性的传导通道。[1] 因此，电解质结构中缺陷的浓度和分布、离子与骨架结构的作用力等因素会直接影响电解质的离子电导率。[2] 通过异价元素掺杂或机械应变处理可以有目的地调节晶体结构以获得最佳的位置尺寸和锂离子扩散通道；同时，增加空位缺陷或改变通道的大小，弱化载流子与骨架结构间的作用力也能提高离子电导率。[3] 值得一提的是，不同的固态电解质合成方法对电解质的结构获得也有影响，目前常用的合成方法可分为固相反应、机械处理和薄膜沉积等。在本节中，我们将介绍已开发的固态电解质及其离子电导率优化的途径和固态电解质在全固态锂电池应用中的研究进展。

1. NASICON 型固态电解质

1976 年，古迪纳夫（Goodenough）等通过高温固相反应法合成了 Na 快离子导体 $Na_{1+x}Zr_2P_{3-x}Si_xO_{12}$（NASICON 型）。[4] NASICON 的晶体结构由 MO_6 八面体和 PO_4 四面体共角组装而成，形成三维网络结构，Na 离子占据间隙位置并沿着 c 轴进行传输。[5] 当用 Li 取代 Na 时，NASICON 型材料的结构不变，可形成 Li^+ 传导通道的固态电解质。NASICON 型固态电解质材料的通式一般为 $LiM_2(PO_4)_3$，M 位可以被 Ge、Zr 或 Ti 等元素占据。NASICON 型固态电解质的电导率，一方面受晶体结构中锂空位和含锂缺陷的直接影响，另一方面也受"瓶颈尺寸"大小的控制（见图2）。图 2（a）为一个典型的

---

[1] Kumar P. P., Yashonath S., "Ionic Conduction in the Solid State," *Journal of ChemicalSciences*, 2006, 118 (1): 135 - 154.

[2] Xu H., Wang S., Wilson H., et al., "Y-doped NASICON-type LiZr2 (PO4) 3 Solid Electrolytes for Lithium Metal Batteries," *Chemistry of Materials*, 2017, 29 (17).

[3] Sumathipala H. H., Dissanayake M. A. K. L., West A. R., "Novel Li ion Conductors and Mixed Conductors, $Li_{3+x}Si_xCr_{1-x}O_4$ and a Simple Method for Estimating Li +/e-Transport Numbers," *Journal of the Electrochemical Society*, 1995, 142 (7): 2138 - 2143.

[4] Goodenough J. B., Hong Y. P., Kafalas J. A., "Fast Na-ion Transport in Skeleton Structures," *Materials Research Bulletin*, 1976, 11 (2): 203 - 220.

[5] Mariappan C. R., Yada C., Rosciano F., et al., "Correlation between Micro-Structural Properties And Ionic Conductivity of $Li_{1.5}Al_{0.5}Ge_{1.5}(PO_4)_3$ Ceramics," *Journal of Power Sources*, 2011, 196 (15): 6456 - 6464.

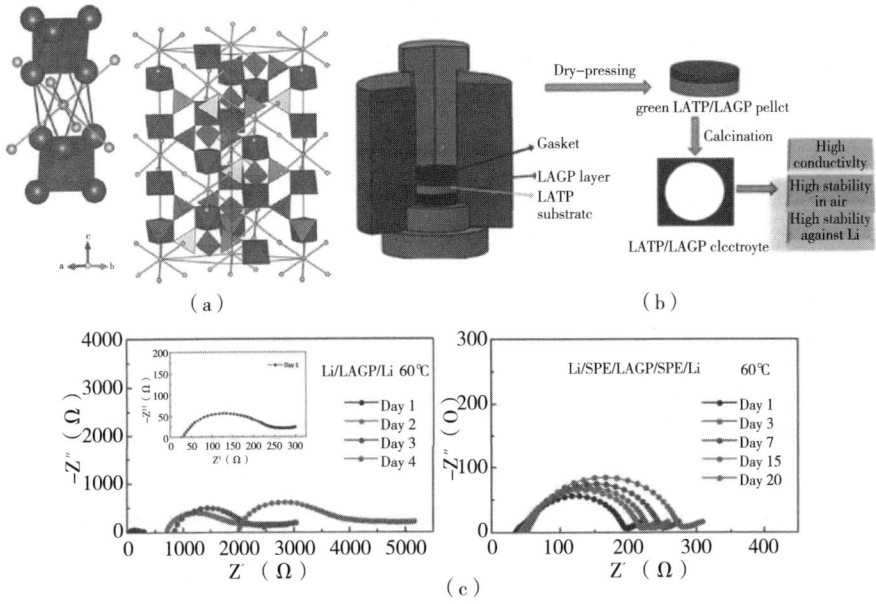

图2 （a）典型的 NASICON 晶体结构和离子传导瓶颈区域[a]
（b）LATP/LAGP 双层固态电解质[b]
（c）无缓冲层和有缓冲层电池循环阻抗对比[c]

资料来源：a. Francisco B. E., Stoldt C. R., M'Peko J., "Lithium-Ion Trapping from Local Structural Distortions in Sodium Super Ionic Conductor (NASICON) Electrolytes," *Chemistry of Materials*, 2014, 26 (16): 4741 - 4749;

b. Zhao E., Ma F., Guo Y., et al., "Stable LATP/LAGP Double-Layer Solid Electrolyte Prepared: Via A Simple Dry-Pressing Method for Solid State Lithium Ion Batteries," *Rsc Advances*, 2016, 6 (95);

c. Zhang Z., Zhao Y., Chen S., et al., "An Advanced Construction Strategy of All-Solid-State Lithium Batteries With Excellent Interfacial Compatibility And Ultralong Cycle Life," *Journal of Materials Chemistry A*, 2017, 5 (32).

NASICON 晶体结构和离子传导瓶颈区域的特写视图。① 实际上，瓶颈就是离子传导通道中最小间距的孔道，而锂离子传导的激活能随着瓶颈尺寸线性减小②，

---

① Francisco B. E., Stoldt C. R., M'Peko J., "Lithium-Ion Trapping from Local Structural Distortions in Sodium Super Ionic Conductor (NASICON) Electrolytes," *Chemistry of Materials*, 2014, 26 (16): 4741 - 4749.

② Cussen E. J., "Structure and Ionic Conductivity In Lithium Garnets," *Journal of Materials Chemistry*, 2010, 20 (25): 5167 - 5173.

进一步说明优化移动离子的瓶颈尺寸是提高离子传导性的关键。在此基础上，通过不同种类和价态的元素的掺杂和取代改变其骨架结构，增大瓶颈尺寸，是提高其离子电导率的有效途径。典型的掺杂取代为形成通式 $Li_{1+x}M_x Ti_{2-x}(PO_4)_3$（M = Al，Cr，Ga，Fe，Sc，In，Lu，Y 或 La）的 NASICON 型固态电解质。其中，Al 取代形成的 $Li_{1+x}Al_x Ti_{2-x}(PO_4)_3$（LATP）表现出优异的离子电导率。森本（Morimoto）等通过共沉淀法制备了 $Li_{1+x}Al_x Ti_{2-x}(PO_4)_3$，发现当 x = 2 或 4 时室温下电导率高达 3.4×10^{-3} S cm^{-1}。[1] 而与 LATP 相比，用 Ge 置换 Ti 得到的 $Li_{1+x}Al_x Ge_{2-x}(PO_4)_3$（LAGP）因其同时具有相对较宽的电化学窗口而更受关注。[2]

NASICON 型固态电解质对空气和水具有优异的稳定性[3]，但在全固态锂电池中其与金属锂负极的兼容性问题限制了它们的进一步应用，特别是 Ti^{4+} 易被金属锂还原成 Ti^{3+}。莫（Mo）等根据其第一性原理计算的结果，预测 LATP 具有 2.16V 的高还原电位，并给出了 LATP 和 Li 金属反应的中间产物 Ti_3P、TiAl、Li_3P、Li_2O。[4] 这些副产物会影响电解质与锂表面的紧密接触，从而造成电解质/负极较大的界面阻抗。目前，解决这一问题的思路是用一层对锂金属稳定的固态电解质来保护对锂金属不稳定的电解质，如赵（Zhao）等使用 LAGP 层来保护 LATP 不与 Li 金属接触，制备了双层固态电

---

[1] Morimoto H., Awano H., Terashima J., et al., "Preparation of Lithium Ion Conducting Solid Electrolyte of NASICON-type $Li_{1+x}Al_x Ti_{2-x}(PO_4)_3$ (x = 0.3) Obtained by using the mechanochemical Method and its Application as Surface Modification Materials of $LiCoO_2$, Cathode for Lithium Cell," *Journal of Power Sources*, 2013, 240 (31): 636 – 643.

[2] Zhang M., Takahashi K., Imanishi N., et al., "Preparation and Electrochemical Properties of $Li_{1+x}Al_x Ge_{2-x}(PO_4)_3$ Synthesized by a Sol-Gel Method," *Journal of the Electrochemical Society*, 2012, 159 (159): A1114 – A1119.

[3] Hasegawa S., Imanishi N., Zhang T., et al., "Study on lithium/air Secondary Batteries-Stability of NASICON-Type Lithium Ion Conducting Glass-Ceramics with Water," *Journal of Power Sources*, 2009, 189 (1): 371 – 377.

[4] Zhu Y., He X., Mo Y., "First Principles Study of Electrochemical and Chemical Stability of the Solid Electrolyte-Electrode Interfaces in All-Solid-State Li-Ion Batteries," *APS March Meeting. American Physical Society*, 2016: 3253 – 3266.

解质，如图 2（b）所示。①虽然 LATP 未被还原，但界面阻抗仍比较大。李（Li）等报道了 NASICON 型的 LiZr$_2$（PO$_4$）$_3$ 与 Li 金属反应会形成一层薄的无定形层，新形成的薄层可以被 Li 金属润湿，这有助于降低界面阻抗。这启发了可以通过在电解质和锂金属界面添加一层缓冲薄层进行界面改善的思路。张（Zhang）等使用高导电聚氧乙烯（PEO）作缓冲层来改善 Li 金属和 LAGP 之间的接触，实现了三维离子传导。②王（Wang）等沉积一层 LAGP 薄层在 Li 金属表面，因其相对较宽的电化学窗口表现出了对 Li 金属的稳定性。③当前，为了保证 NASICON 型固态电解质的高离子电导率，解决 Ti^{4+} 被 Li 金属还原的问题仍是其应用在全固态锂金属电池的关键。

2. 硫化物固态电解质

1984 年，Tachez 团队发现了 Li$_3$PS$_4$ 的晶状硫化物超离子导体；2011 年，Kanno 团队用离子半径更大、极化率更高、电负性更低的 S^{2-} 取代 LISICON 型电解质中的 O^{2-}，创建了 thio-LISICON 型 Li$_{10}$GeP$_2$S$_{12}$（LGPS），LGPS 具有全新的 3D 框架结构，室温下离子电导率高达 1.2×10^{-2} S cm^{-1}。④ LISICON 和 thio-LISICON 化合物都具有类似的 γ-Li$_3$PO$_4$ 晶体结构，其所有阳离子都是四面体配位。图 3（a）所示为典型的 LGPS 结构，具有 P4$_2$/nmc 空间群，四方晶胞由分离的 PS$_4$ 和 GeS$_4$ 四面体组成，占据两个不同的晶位点。⑤除了具有用于 Li 离子迁移的最佳通道尺寸之外，产生空位供 Li 离子在 Li$_4$GeS$_4$ 和 Li$_4$SiS$_4$ 中跳跃

---

① Zhao E., Ma F., Guo Y., et al.,"Stable LATP/LAGP Double-Layer Solid Electrolyte Prepared: Via A Simple Dry-Pressing Method for Solid State Lithium Ion Batteries," *Rsc Advances*, 2016, 6 (95).

② Zhang Z., Zhao Y., Chen S., et al., "An Advanced Construction Strategy of All-Solid-State Lithium Batteries With Excellent Interfacial Compatibility And Ultralong Cycle Life," *Journal of Materials Chemistry A*, 2017, 5 (32).

③ Wang Q., Wen Z., Jin J., et al., "A Gel-Ceramic Multi-Layer Electrolyte for Long-Life Lithium Sulfur Batteries," *Chemical Communications*, 2016, 52 (8): 1637.

④ Kamaya N., Homma K., Yamakawa Y, et al., "A Lithium Superionic Conductor," *Nature Materials*, 2011, 10 (9): 682–686.

⑤ Xu R., Zhang S., Wang X., et al., "Recent Development of All-Solid-State Lithium Secondary Batteries with Sulfide Inorganic Electrolytes," *Chemistry*, 2017.

也对实现高离子电导率至关重要。莫等通过对 LGPS 和 $Li_7P_3S_{11}$ 典型结晶模型计算得出，多个具有低能量势垒的离子的协调迁移可实现快离子传导。[1] 在一个 LISICON 型结构中进行元素取代，可以增加每个 Li 原子的晶格体积，从而提高电导率和降低活化能。由于 Ge 的成本较高，齐克（Zick）等通过计算认为用 Sn 代替 Ge，可以在保持高离子电导率的同时大大降低原材料成本。[2] 王等报道了一种 $Li_{1+2x}Zn_{1-x}PS_4$ thio-LISICON 型导体，他们发现这类导体存在一种 bcc 阴离子框架，它允许在相邻四面体位点间 Li 的直接跳跃，具有最低激活势垒。[3]

与晶状 thio-LISICON 固态电解质区分，硫化物玻璃陶瓷型固态电解质通常是通过对机械研磨制备的玻璃态粉末进行低温热处理制得的。[4] 硫化物玻璃陶瓷固态电解质具有 3D 框架结构和沿着 c 轴的 1D Li 离子传导路径。二元 $Li_2S-P_2S_5$ 玻璃陶瓷电解质体系已被广泛研究，二元各组分的组成会极大地影响锂离子电导率。$xLi_2S-(100-x)P_2S_5$（x = 70 - 80）已被大量报道，其中相关学者通过对 $70Li_2S-30P_2S_5$ 熔融淬火法制备的玻璃陶瓷 $Li_7P_3S_{11}$ 的锂离子电导率高达 4.2×10^{-3} S cm^{-1}。[5] 此外，还有其他的二元非晶玻璃态硫化物固态电解质包括 Li_2S-SiS_2[6]、Li_2S-GeS_2[7]等，它们的室温电导率在 $10^{-4}-10^{-3}$ S cm^{-1}。玻璃陶瓷和结晶硫化物固态电解质均表现出了相对

---

[1] He X., Zhu Y., Mo Y., "Origin of Fast Ion Diffusion in Super-Ionic Conductors," *Nature Communications*, 2017.
[2] Bron P., Johansson S., Zick K., et al., "$Li_{10}SnP_2S_{12}$ An Affordable Lithium Superionic Conductor," *Journal of the American Chemical Society*, 2013, 45 (4).
[3] Wang Y., Richards W. D., Ong S. P., et al., "Cheminform Abstract: Design Principles for Solid-State Lithium Superionic Conductors," *Cheminform*, 2016, 46 (49).
[4] Jung Y. S., Oh D. Y., Nam Y. J., et al., "Issues and Challenges for Bulk-Type All-Solid-State Rechargeable Lithium Batteries using Sulfide Solid Electrolytes," *Cheminform*, 2015, 55 (5): 472 - 485.
[5] Minami K., Mizuno F., Hayashi A., et al., "Lithium Ion Conductivity of the $Li_2S-P_2S_5$ Glass-Based Electrolytes Prepared by the Melt Quenching Method," *Solid State Ionics*, 2007, 178 (11 - 12): 837 - 841.
[6] Tatsumisago M., "Glassy Materials based on L_2S for All-Solid-State Lithium Secondary Batteries," *Solid State Ionics*, 2004, 175 (1): 13 - 18.
[7] Mori K., Furuta K., Onodera Y., et al., "Three-Dimensional Structures and Lithium-Ion Conduction Pathways of $(Li_2S)_x(GeS_2)_{100-x}$ Superionic Glasses," *Solid State Ionics*, 2015, 280: 44 - 50.

较高的离子电导率，在导电性上大大优于氧化物固态电解质，然而硫化物在全固态锂电池的应用中仍需解决几个关键的问题：一方面，硫化物电解质在空气中极不稳定且吸潮后反应生成有害气体 H_2S；另一方面，其与正负极的界面接触稳定性较差，硫化物中高价元素（如 P、Ge）与金属锂的高反应活性以及硫化物与氧化物正极接触形成的空间电荷层，都会造成较大的界面阻抗。

有的学者发现控制 $Li_2S-P_2S_5$ 玻璃陶瓷的组分比例也能提高它们对空气的稳定性，其中 $75Li_2S-25P_2S_5$ 的空气稳定性最高，他们认为这主要取决于该比例下含量较多的 PS_4^{3-}，它与水分子的反应活性要比 S^{2-} 或 $P_2S_7^{4-}$ 与水分子的反应活性低。[1] 相关学者还发现通过球磨将金属氧化物加入到 $Li_2S-P_2S_5$ 中，金属氧化物起到 H_2S 吸收剂的作用（$M_xO_y + H_2S \rightarrow M_xS_y + H_2O$），也可以提高硫化物电解质在空气中的稳定性。[2] 此外，在 $Li_2S-P_2S_5$ 中用氧化物部分取代硫化物导体，如 Li_2O 部分取代 Li_2S[3] 或用 P_2O_5 部分取代 P_2S_5[4] 也可以提高空气稳定性，但这同时也牺牲了硫化物电解质的高离子电导率。为了改善与锂金属的界面接触，相关学者对 Li 金属进行 N_2 气预处理，在 Li 金属上形成 Li_3N 层可以抑制 $Li/Li_3PO_4-Li_2S-SiS_2$ 界面上副反应产物的形成。[5] 长尾（Nagao）等通过真空蒸发在 $Li_2S-P_2S_5$ 表面上沉积了一

---

[1] Muramatsu H., Hayashi A., Ohtomo T., et al., "Structural Change of $Li_2S-P_2S_5$, Sulfide Solid Electrolytes in The Atmosphere," *Solid State Ionics*, 2011, 182 (1): 116–119.

[2] Hayashi A., Muramatsu H., Ohtomo T., et al., "Improvement of Chemical Stability of Li_3PS_4 Glass Electrolytes by Adding M_xO_y (M = Fe, Zn, and Bi) Nanoparticles," *Journal of Materials Chemistry A*, 2013, 1 (21): 6320–6326.

[3] Ohtomo T., Hayashi A., Tatsumisago M., et al., "Characteristics of the Li_2O-Li_2S-P_2S_5, Glasses Synthesized by the Two-Step Mechanical Milling," *Journal of Non-Crystalline Solids*, 2013, 364 (364): 57–61.

[4] Hayashi A., Muramatsu H., Ohtomo T., et al., "Improved Chemical Stability and Cyclability in Li_2S-P_2S_5-P_2O_5-ZnO Composite Electrolytes for All-Solid-State Rechargeable Lithium Batteries," *Journal of Alloys & Compounds*, 2014, 591 (14): 247–250.

[5] Takahara H., Tabuchi M., Takeuchi T., et al., "Application of Lithium Metal Electrodes to All-Solid-State Lithium Secondary Batteries Using Li_3PO_4-Li_2S-SiS_2 Glass," *Journal of the Electrochemical Society*, 2004, 151 (9): A1309.

层 In（500 nm），$Li_2S\text{-}P_2S_5$ 表面上的 In 和 Li 箔之间的合金反应促进了固-固界面的紧密接触。① 有的学者发现 P_2O_5 的低取代性也会对 $Li_2S\text{-}P_2S_5$ 与 Li 金属的稳定性有积极影响。② 姚（Yao）等据此设计了一种 $Li_{10}GeP_2S_{12}/70Li_2S\text{-}29P_2S_5\text{-}1P_2O_5$ 双层电解质，$70Li_2S\text{-}29P_2S_5\text{-}1P_2O_5$ 作为界面层与金属锂接触，表现出了相对较高的稳定性。③ 具体见图3。

这种中间缓冲层的设计思路也用于降低正极与硫化物电解质的空间电荷层效应，以增强正极活性物质与电解质的紧密接触。空间电荷层本质上是由与 Li 离子结合较强的氧化物离子产生的，而硫离子和锂离子之间的结合键较弱，因此，硫化物电解质中的锂离子更愿意进入氧化物阴极，导致界面处低锂离子浓度和较高的电阻。奥塔（Ohta）等通过喷涂法将 LTO（厚度1.1~38.9nm）涂覆在钴酸锂正极表面，得到的 $LiCoO_2/Li_{3.25}Ge_{0.25}P_{0.75}S_4$ 界面阻抗相对要小。④ LTO 涂层抑制了 Li 离子从 $Li_{3.25}Ge_{0.25}P_{0.75}S_4$ 向 $LiCoO_2$ 的转移，从而降低了空间电荷层效应，但也因此降低了锂离子电导率低。该团队又用薄层的 $LiNbO_3$ 来代替 LTO，得到了更小的界面阻抗和更好的倍率性能。⑤ 除了 $LiCoO_2$ 正极之外，在 $LiMn_2O_4$、LFP、$LiNi_{1/3}Mn_{1/3}Co_{1/3}O_2$ 等其他正极材料表

---

① Nagao M., Hayashi A., Tatsumisago M., "Bulk-Type Lithium Metal Secondary Battery with Indium Thin Layer at Interface between Li Electrode and $Li_2S\text{-}P_2S_5$ Solid Electrolyte," *Electrochemistry-Tokyo-*，2012，80（10）：734-736.

② Tao Y., Chen S., Liu D., et al., "Lithium Superionic Conducting Oxysulfide Solid Electrolyte with Excellent Stability against Lithium Metal for All-Solid-State Cells," *Journal of the Electrochemical Society*，2016，A96-A101.

③ Wan H., Peng G., Yao X., et al., "Cu_2ZnSnS_4/Graphene Nanocomposites for Ultrafast, Long Life All-Solid-State Lithium Batteries Using Lithium Metal Anode," *Energy Storage Materials*，2016，4：59-65.

④ Ohta N., Takada K., Zhang L., et al., "Enhancement of the High-Rate Capability of Solid-State Lithium Batteries by Nanoscale Interfacial Modification," *Advanced Materials*，2006，18（17）：2226-2229.

⑤ Ohta N., Takada K., Sakaguchi I., et al., "$LiNbO_3$-coated $LiCoO_2$, as Cathode Material for All Solid-State Lithium Secondary Batteries," *Electrochemistry Communications*，2007，9（7）：1486-1490.

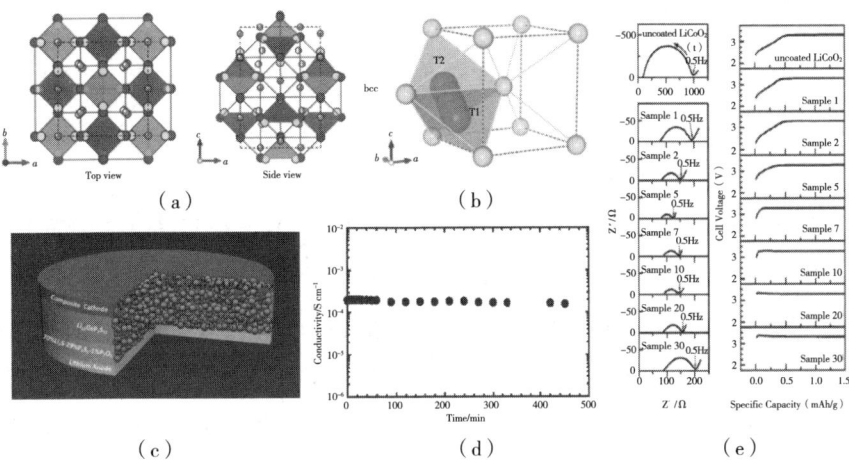

图3 （a）$Li_{10}GeP_2S_{12}$的晶体结构[a]

（b）bcc亚晶格中锂离子的迁移通道[b]

（c）用对锂稳定的电解质层来保护对锂不稳定的电解质[c]

（d）$75Li_2S-25P_2S_5$在空气中的离子电导率测试[d]

（e）有无涂覆LTO的$LCO/Li_{3.25}Ge_{0.25}P_{0.75}S_4$电池阻抗和首次放电平台对比 $LCO/Li_{3.25}Ge_{0.25}P_{0.75}S_4$ and LTO-coated $LCO/Li_{3.25}Ge_{0.25}P_{0.75}S_4$ cells[e]

资料来源：a. Wang Y., Richards W. D., Ong S. P., et al., "Cheminform Abstract: Design Principles for Solid-State Lithium Superionic Conductors," *Cheminform*, 2016, 46 (49);

b. Wang Y., Richards W. D., Ong S. P., et al., "Cheminform Abstract: Design Principles for Solid-State Lithium Superionic Conductors," *Cheminform*, 2016, 46 (49);

c. Wan H., Peng G., Yao X., et al., "Cu_2ZnSnS_4/Graphene Nanocomposites for Ultrafast, Long Life All-Solid-State Lithium Batteries Using Lithium Metal Anode," *Energy Storage Materials*, 2016, 4: 59-65;

d. Muramatsu H., Hayashi A., Ohtomo T., et al., "Structural Change of $Li_2S-P_2S_5$, Sulfide Solid Electrolytes in The Atmosphere," *Solid State Ionics*, 2011, 182 (1): 116-119;

e. Ohta N., Takada K., Zhang L., et al., "Enhancement of the High-Rate Capability of Solid-State Lithium Batteries by Nanoscale Interfacial Modification," *Advanced Materials*, 2006, 18 (17): 2226-2229;

面也可引入缓冲层，如 TaO_3[1]、ZrO_2[2]、Al_2O_3[3]、$LiAlO_2$[4]和 NiS[5] 等。通过研磨减小颗粒粒度来增加接触面积是实现正极活性物质与硫化物电解质紧密接触的另一种方法。帕克（Park）等使用三种不同的研磨工艺来制备单质硫阴极，他们发现，二次球磨后的颗粒粒度更小，能实现更好的有效接触和活性材料的高利用率。[6]

3. 石榴石型固态电解质

典型的石榴石结构的化学通式为 $A_3B_2(XO_4)_3$，在八面体、六面体和四面体配位阳离子位点上有 A、B 和 X 三个不同的阳离子配位环境。[7] 关于石榴石结构中的锂离子传导机制，古胜（Gussen）等通过对 $Li_5La_3Ta_2O_{12}$ 进行中子粉末衍射，发现 Li 离子分布在八面体和四面体配位空位上，各配位的连接构成了锂离子的三维迁移通道，且 Li－Li 短距离间静电斥力有助于实现八面体位点上锂离子的高迁移率。此外，Ba 等其他元素对 La 的不等价取代可以诱发石榴石晶体结构（四面体和八面体位置）中 Li 离子的分布变化，从而也

---

[1] Xu X., Takada K., Fukuda K., et al., "Tantalum Oxide Nanomesh as Self-Standing One Nanometre Thick Electrolyte," *Energy & Environmental Science*, 2011, 4 (9): 3509 - 3512.

[2] Machida N., Kashiwagi J., Naito M., et al., "Electrochemical Properties of All-Solid-State Batteries with ZrO_2 - coated $LiNi_{1/3}Mn_{1/3}Co_{1/3}O_2$ as Cathode Materials," *Solid State Ionics*, 2012, 225: 354 - 358.

[3] Woo J. H., Trevey J. E., Cavanagh A. S., et al., "Nanoscale Interface Modification of $LiCoO_2$ by Al_2O_3 Atomic Layer Deposition for Solid-State Li Batteries," *Journal of the Electrochemical Society*, 2012, 159 (7): A1120 - A1124.

[4] Okada K., Machida N., Naito M., et al., "Preparation and Electrochemical Properties of $LiAlO_2$-coated $LiNi_{1/3}Mn_{1/3}Co_{1/3}O_2$, for All-Solid-State Batteries," *Solid State Ionics*, 2014, 255 (2): 120 - 127.

[5] Sakuda A., Nakamoto N., Kitaura H., et al., "All-solid-state Lithium Secondary Batteries with Metal-Sulfide-Coated $LiCoO_2$ Prepared by Thermal Decomposition of Dithiocarbamato Complexes," *Journal of Materials Chemistry*, 2012, 22 (30).

[6] Han U. C., Ju S. J., Park J. Y., et al., "Performance Improvement of All-Solid-State Li-S Batteries with optimizing Morphology and Structure of Sulfur Composite Electrode," *Journal of Alloys & Compounds*, 2017, 723.

[7] Thangadurai V., Narayanan S., Pinzaru D., "Garnet-Type Solid-State Fast Li Ion Conductors for Li Batteries: Critical Review," *Chemical Society Reviews*, 2014, 43 (13): 4714 - 4727.

可以获得更高的 Li 离子电导率。[1] Thangadurai 等发现烧结温度和石榴石结构的离子电导率之间存在直接关系。[2] 目前已合成出一系列石榴石型固态电解质材料,其中最受关注的是 $Li_7La_3Zr_2O_{12}$(LLZO)材料,它分为无扩散转化的立方相和低温对称的四方相结构。[3] 图 4(a)为立方相 LLZO 的代表性晶体结构,相比于四方相 LLZO,立方相 LLZO 在三维结构上提供了各向同性的 Li 离子扩散路径,有更多的 Li 空位而表现出更好的导电性能。元素掺杂是提高石榴石型固态电解质电导率的主要方法,因为它可以诱导四面体和八面体位点中锂离子的分布变化。[4] 艾伦(Allen)等采用共沉淀法制备前驱体粉,热压烧结后制得 Ta 掺杂的 $Li_{6.75}La_3Zr_{1.75}Ta_{0.25}O_{12}$,表现出 8.7×10^{-4} S cm^{-1} 的室温离子电导率和 0.22eV 的激活能。[5] Murugan 等在 1100℃下烧结制得 Te 掺杂的 $Li_{6.75}La_3Zr_{1.75}Te_{0.25}O_{12}$,其室温总离子电导率高达 1.03×10^{-4} S cm^{-1}。具体见图 4。值得注意的是,高温固相反应过程中晶粒间隙的形成也有助于提高 LLZO 的导电能力,例如 $LiAlSiO_4$ 或 $LiGaO_2$ 中形成的晶界。

石榴石型固态电解质具有高导电性,宽电化学窗口和低电子导电性的特性,但同时因其较高的锂含量和较硬的陶瓷刚性导致与金属锂较差的浸润性限制了在全固态锂电池的进一步应用。富锂的 $Li_5LaM_2O_{12}$(M－Za,Sn,Nb 和 Ta)容易与空气中的 H_2O、CO_2 反应,在表面上形成不导离子的 LiOH 和 Li_2CO_3,导致电解质/电极界面较大的阻抗。[6] 程(Cheng)等认为 LLZO 的

---

[1] Thangadurai V., W. Weppner., "$Li_6ALa_2Ta_2O_{12}$ (A = Sr, Ba): Novel Garnet-Like Oxides for Fast Lithium Ion Conduction," *Advanced Functional Materials*, 2005, 15 (1): 107–112.

[2] Thangadurai V., Weppner W., "Investigations On Electrical Conductivity and Chemical Compatibility between Fast Lithium Ion Conducting Garnet-Like $Li_6 BaLa_2 Ta_2 O_{12}$, and Lithium Battery Cathodes," *Journal of Power Sources*, 2005, 142 (1): 339–344.

[3] Awaka J., Takashima A., Kataoka K., et al., "Crystal Structure of Fast Lithium ion Conducting Cubic $Li_7La_3Zr_2O$," *Chemistry Letters*, 2011, 40.

[4] Cussen E. J., "The Structure of Lithium Garnets: Cation Disorder and Clustering in A New Family of Fast Li^+ Conductors," *Cheminform*, 2006, 37 (15): 412–413.

[5] Allen J. L., Wolfenstine J., Rangasamy E., et al., "Effect of Substitution (Ta, Al, Ga) on the Conductivity of $Li_7La_3Zr_2O$," *Journal of Power Sources*, 2012, 206 (1): 315–319.

[6] Ramakumar S., Deviannapoorani C., Dhivya L., et al., "Lithium garnets: Synthesis, Structure, Li^+, conductivity, Li^+, Dynamics and Applications," *Progress in Materials Science*, 2017, 88: 325–411.

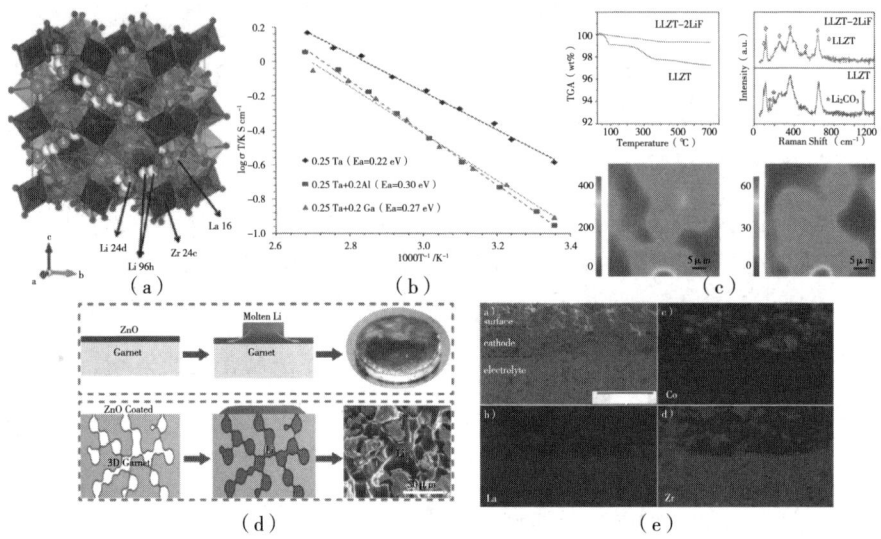

图4 （a）石榴石型立方相 LLZO 的晶体结构[a]
（b）室温下 Ta 掺杂的 $Li_{6.75}La_3Zr_{1.75}Ta_{0.25}O_{12}$ 的阿伦尼乌斯曲线[b]
（c）掺 LiF 的 LLZTO 的空气稳定性表征[c]
（d）借助 ZnO 层将熔融的锂金属渗透到 3D 多孔的 LLZO[d]
（e）共烧结制备的 LLZO 与正极 LCO 界面的电镜图和能谱[e]

资料来源：a. Thangadurai V., Narayanan S., Pinzaru D., "Garnet-Type Solid-State Fast Li Ion Conductors for Li Batteries: Critical Review," *Chemical Society Reviews*, 2014, 43 (13): 4714-4727;

b. Allen J. L., Wolfenstine J., Rangasamy E., et al., "Effect of Substitution (Ta, Al, Ga) on the Conductivity of $Li_7La_3Zr_2O$," *Journal of Power Sources*, 2012, 206 (1): 315-319;

c. Li Y., Xu B., Xu H., et al., "Hybrid Polymer/Garnet Electrolyte with a Small Interfacial Resistance for Lithium-Ion Batteries," *Angewandte Chemie*, 2017, 56 (3): 753;

d. Han X., Gong Y., Fu K., et al., "Negating Interfacial Impedance In Garnet-Based Solid-State Li Metal Batteries," *Nature Materials*, 2017, 16 (5): 572;

e. Ohta S., Seki J., Yagi Y., et al., "Co-sinterable Lithium Garnet-Type Oxide Electrolyte With Cathode for All-Solid-State Lithium Ion Battery," *Journal of Power Sources*, 2014, 265 (265): 40-44;

晶粒尺寸对 Li_2CO_3 的形成起着重要作用，与大晶粒 LLZO 相比，小粒径 LLZO 形成的 Li_2CO_3 更少。① 除了控制晶粒尺寸，古迪纳夫等在 LLZTO 体系中引入

---

① Cheng L., Wu C. H., Jarry A., et al., "Interrelationships among Grain Size, Surface Composition, Air Stability, and Interfacial Resistance of Al-Substituted $Li_7La_3Zr_2O$ Solid Electrolytes," *Acs Applied Materials & Interfaces*, 2015, 7 (32).

2%质量分数的 LiF，负电性更强的 LiF 不会破坏 LLZTO 的晶体结构，而是附着在 LLZTO 的表面，减少了其晶界相 Li-Al-O 与 H_2O、CO_2 的反应，从而增强了 LLZTO 在空气中的稳定性。[1] 有趣的是，马（Ma）等使用像差校正扫描透射电子显微镜技术（STEM）观察到，当立方相 LLZO 与 Li 金属接触时，在立方相 LLZO 表面上形成了一层极薄的四方相 LLZO。[2] 薄层四方相 LLZO 的存在，不仅使立方相 LLZO 对还原性 Li 金属稳定，而且能保持良好的离子传导。

相关学者通过第一原理计算证实 LLZO 的还原电位为 0.05V，还原产物为 Li_2O、Zr_3O 和 La_2O_3，这些杂质也会影响 LLZO 与金属锂的紧密接触。[3] 为了解决这一问题，付（Fu）等提出用一些金属、半导体和氧化物来改性 LLZO 的表面，通过纳米涂层技术，改性层能与 LLZO 颗粒紧密接触，而 Li 金属则通过自发反应紧密黏附在该层上形成具有一定锂离子传导能力的合金层。[4] 他们使用 Ebeam 蒸发器将 20nm 的 Al 沉积到 LLZO 颗粒上，Al 和 Li 金属之间发生合金反应并形成 Li-Al 合金填充在 LLZO 和 Li 金属之间的空隙，极大地减小了 Li/LLZO 界面的阻抗。韩（Han）等用原子层沉积（ALD）技术涂覆的 Al_2O_3 – Li 合金层对界面的改善尤为显著，剥离/电镀测试的计算结果显示界面电阻降低至 1 Ωcm^2。[5] 罗（Luo）等通过溅射 Si 层设计了一种从疏锂性变为亲锂性的 LLZO，由于硅的锂化和 Li_xSi 的形成，当将

---

[1] Li Y., Xu B., Xu H., et al., "Hybrid Polymer/Garnet Electrolyte with a Small Interfacial Resistance for Lithium-Ion Batteries," *Angewandte Chemie*, 2017, 56 (3): 753.

[2] Ma C., Cheng Y., Yin K., et al., "Interfacial Stability of Li Metal-Solid Electrolyte Elucidated via in Situ Electron Microscopy," *Nano Letters*, 2016, 16 (11): 7030.

[3] Zhu Y., He X., Mo Y., "Origin of Outstanding Stability in the Lithium Solid Electrolyte Materials: Insights from Thermodynamic Analyses Based on First-Principles Calculations," *Acs Applied Materials & Interfaces*, 2015, 7 (42).

[4] Fu K. K., Gong Y., Liu B., et al., "Toward Garnet Electrolyte-Based Li Metal Batteries: an Ultrathin, Highly Effective, Artificial Solid-State Electrolyte/Metallic Li Interface," *Sci Adv*, 2017, 3 (4).

[5] Han X., Gong Y., Fu K., et al., "Negating Interfacial Impedance In Garnet-Based Solid-State Li Metal Batteries," *Nature Materials*, 2017, 16 (5): 572.

LLZO 陶瓷片浸入熔融的锂 4 秒时，Li 金属仅涂覆到含 Si 的一侧。① 此外，王（Wang）等借助用 ALD 涂覆的 ZnO 层，将 Li 金属成功地渗透到 3D 多孔 LLZO 中，这为 3D 电极的制备提供了思路。② 除了涂覆合金层，还可以在界面处引入聚合物电解质作为缓冲层。周（Zhou）和李（Li）等设计了交联聚乙二醇甲基醚丙烯酸酯（CPMEA）聚合物③和交联聚环氧乙烷（CPEO）聚合物中间层④，对 LLZO 的 Li 润湿性有很大的改善。

石榴石型固态电解质也存在与正极材料化学接触稳定性较差的问题。凯姆（Kim）等就曾报道在 $LiCoO_2$/LLZO 界面会形成一个 La_2CoO_4 相互扩散的中间层（约 50nm），这种相对厚的 La_2CoO_4 界面阻碍了锂离子的嵌入/脱出，并导致了较差的电化学性能。⑤ 使用共烧结法可以增大正极活性物质和 LLMO 电解质之间的接触面积和稳定性。奥塔等以 Ca 和 Nb 共掺杂的 LLZO 作为固态电解质，Li_3BO_3 为界面稳定剂，发现在共烧结过程中没有发生副反应，并且实现了 $LiCoO_2$ 和 LLZO 之间的紧密接触。⑥ 上述进展极大地推动了石榴石型固态电解质在全固态锂电池中的应用。

4. 钙钛矿型固态电解质

钙钛矿型 ABO_3（A = La, Sr 或 Ca；B = Al 或 Ti）固态电解质最初是

---

① Luo W., Gong Y., Zhu Y., et al., "Reducing Interfacial Resistance between Garnet-Structured Solid-State Electrolyte and Li-Metal Anode by a Germanium Layer," *Advanced Materials*, 2017, 29 (22).

② Wang C., Gong Y., Liu B., et al., "Conformal, Nanoscale ZnO Surface Modification of Garnet-Based Solid State Electrolyte for Lithium Metal Anodes," *Nano Letters*, 2016, 17 (1): 565.

③ Zhou W., Wang S., Li Y., et al., "Plating a Dendrite-Free Lithium Anode with a Polymer/Ceramic/Polymer Sandwich Electrolyte," *Journal of the American Chemical Society*, 2016, 138 (30).

④ Li Y., Xu B., Zhou W., et al., "Hybrid Polymer/Garnet Electrolyte with a Small Interfacial Resistance for Lithium - Ion Batteries," *Angewandte Chemie*, 2017, 56 (3): 753.

⑤ Kim K. H., Iriyama Y., Yamamoto K., et al., "Characterization of the Interface between $LiCoO_2$, and $Li_7La_3Zr_2O$, in an All-Solid-State Rechargeable Lithium Battery," *Journal of Power Sources*, 2011, 196 (2): 764 – 767.

⑥ Ohta S., Seki J., Yagi Y., et al., "Co-sinterable Lithium Garnet-Type Oxide Electrolyte with Cathode for All-Solid-State Lithium Ion Battery," *Journal of Power Sources*, 2014, 265 (265): 40 – 44.

由 Takahashi 和 Iwahara 报道的。[①] Li 可以引入 A 位的钙钛矿中，形成通式如 $Li_{3x}La_{2/3-x}TiO_3$ 的钙钛矿型结构。如图 5a 所示为 $Li_{3x}La_{2/3-x}TiO_3$ 的立方钙钛矿结构，其中与氧原子八面体配位的 Ti 原子占据立方体角（B 位），并且立方体中心（A 位）被 La^{3+}、Li 离子占据或空置[②]，其离子电导率受空位的浓度和锂离子与配位骨架之间的相互作用力的直接影响。钙钛矿材料中锂离子电导率最高的是 $Li_{0.33}La_{0.56}TiO_3$，为 10^{-3} S cm^{-1}。[③] 然而，当 $Li_{0.33}La_{0.56}TiO_3$ 与 Li 金属接触时，Ti^{4+} 会还原为 Ti^{3+}，这在很大程度上限制了其应用。

闪（Shan）等观察到 Li 离子可以通过电化学方式嵌入 $Li_{0.37}La_{0.5}TiO_{2.94}$ 中，并由于导带中的电子掺杂而导致 $Li_{0.37}La_{0.5}TiO_{2.94}$ 从电子绝缘体转变为导体。[④] 中山（Nakayama）等通过 X 射线吸收光谱（XAS）测量和模拟计算证实了这一观察结果，即 Ti 中的电子结构会随着锂离子的插入而发生变化。[⑤] 为了解决这个问题，阻断 $Li_{3x}La_{2/3-x}TiO_3$ 电子载体的传导路径似乎是最佳的选择。尹（Yoon）等用脉冲激光沉积法（PLD）成功地沉积了非晶 $Li_{0.5}La_{0.5}TiO_3$ 薄膜，并且其电子电导率在与 Li 金属接触 2 周后保持不变。[⑥] 该团队还尝试在薄膜化处理后的 $Li_{0.5}La_{0.5}TiO_3$ 表面上沉积一层 LiPON，提高了其与 Li 金属的相容性。[⑦] 郑（Zheng）等报道了通过溶胶-凝胶法合成的

---

① Chen R., Qu W., Guo X., et al., "The Pursuit of Solid-State Electrolytes for Lithium Batteries: From Comprehensive Insight To Emerging Horizons," *Materials Horizons*, 2016, 3 (6).
② Stramare S., Thangadurai V., Thangadurai, and, Weppner W., "Lithium Lanthanum Titanates: □ A Review," *Cheminform*, 2003, 34 (52): 3974–3990.
③ Stramare S., Thangadurai V, Thangadurai, and, Weppner W., "Lithium Lanthanum Titanates: A Review," *Cheminform*, 2003, 34 (52): 3974–3990.
④ Shan Y. J., Chen L., Inaguma Y., et al., "Oxide Cathode with Perovskite Structure for Rechargeable Lithium Batteries," *Journal of Power Sources*, 1995, 54 (54): 397–402.
⑤ Nakayama M., Usui T., Uchimoto Y., et al., "Changes in Electronic Structure upon Lithium Insertion into the A-Site Deficient Perovskite Type Oxides LiLaTiO₃," *Journal of Physical Chemistry B*, 2005, 109 (9).
⑥ Ahn J. K., Yoon S. G., "Characteristics of Amorphous Lithium Lanthanum Titanate Electrolyte Thin Films Grown by PLD for Use in Rechargeable Lithium Microbatteries," *Electrochemical and Solid-State Letters*, 2005, 8 (2): A75–A78.
⑦ Tak Y., Yoon Y. S., "Study on the LLT Solid Electrolyte Thin Film with LiPON interlayer Intervening between LLT and Electrodes," *Journal of Power Sources*, 2006, 163 (1): 173–179.

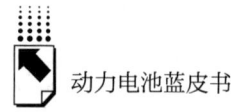

$Li_{3x}La_{2/3-x}TiO_3$,尽管锂离子的插入使 Ti^{4+} 还原了成 Ti^{3+},其非晶相仍然是电子绝缘体,保持了高的离子电导率。[1]

钙钛矿固态电解质 $Li_{0.55}La_{0.35}TiO_3$ 对不同的正极材料表现出不一样的兼容稳定性。相关学者在制备样品时发现 $LiCoO_2/Li_{0.55}La_{0.35}TiO_3$ 界面形成了一层非晶态的 $Li_{0.55}La_{0.35}TiO_3$,可以有效地防止杂质的形成和降低界面电阻。[2] LIAO 等用 $Li_{0.55}La_{0.35}TiO_3$ 替代 LLZO 时,$LiMn_2O_4$ 正极表现出比 $LiCoO_2$ 和 $LiNiO_2$ 更好的稳定性。[3] 在 $LiNiO_2$ 中,Li 离子进入界面处 $Li_{0.55}La_{0.35}TiO_3$ 的 A 位空位并产生 NiO。而在 $LiMn_2O_4/Li_{0.55}La_{0.35}TiO_3$ 界面没有观察到杂质相,$LiMn_2O_4$ 正极显示出比 $LiCoO_2$ 大约六倍的容量(见图5)。

5. 反钙钛矿型固态电解质

受高温下 Na(K)MgF_3 钙钛矿材料的高离子电导率的启发,有的学者发现了一系列的富锂型反钙钛矿型材料。[4] 邓(Deng)等提出了一种新型的通式为 Li_3OX(X = Cl,Br)的反钙钛矿固态电解质材料,并通过微动弹性带计算证明了富 Cl^- 的扩散通道和富 Br^- 的扩散通道具有低的空位迁移势垒。[5] 如图5(c)所示,位于八面体中心的二价阴离子元素可以为氧,而位于十二面体中心的单价阴离子元素可以为卤素(F、Cl、Br、I)或卤素混合

---

[1] Zheng Z., Fang H. Z., Liu Z. K., et al., "A Fundamental Stability Study for Amorphous LiLaTiO₃ Solid Electrolyte," *Journal of the Electrochemical Society*, 2015, 162 (1): A244 - A248.

[2] Kotobuki M., Suzuki Y., Munakata H., et al., "Compatibility of LiCoO₂, and LiMn₂O₄, Cathode Materials for Li₀.₅₅La₀.₃₅TiO₃, Electrolyte to Fabricate All-Solid-State Lithium Battery," *Journal of Power Sources*, 2010, 195 (17): 5784 - 5788.

[3] Liao C. L., Wen C. H., Fung K. Z., "The Stability between PerovskiteLi₃ₓLa₂/₃₋ₓTiO₃ (x = 0.3) Electrolyte and LiMₘOₙ, (M = Mn, Ni and Co) Cathodes," *Journal of Alloys & Compounds*, 2007, 432 (1): L22 - L25.

[4] Zhu J., Li S., Zhang Y., et al., "Enhanced Ionic Conductivity with Li₇O₂Br₃ Phase in Li₃OBr Anti-Perovskite Solid Electrolyte," *Applied Physics Letters*, 2016, 109 (10): 652 - 748.

[5] Deng Z., Radhakrishnan B., Ong S. P., "Rational Composition Optimization of the Lithium-Rich Li₃OCl₁₋ₓBrₓ Anti-Perovskite Superionic Conductors," *Chemistry of Materials*, 2015, 27 (10).

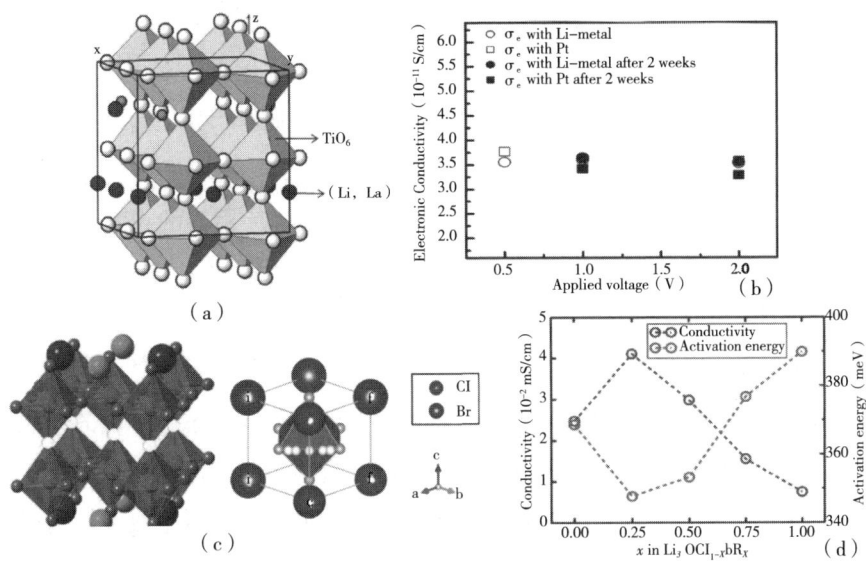

图 5 （a）钙钛矿型 LLTO 晶体结构[a]
（b）PLD 沉积的薄膜 $Li_{0.5}La_{0.5}TiO_3$ （360nm）的电子电导率[b]
（c）反钙钛矿型 Li_3OX（X = Cl，Br）晶体结构[c]
（d）$Li_3OCl_{1-x}Br_x$ 的离子电导率和激活能[d]

资料来源：a. Thangadurai V., Narayanan S., Pinzaru D.,"Garnet-type Solid-state Fast Li Ion Conductors For Li Batteries: Critical Review," *Chemical Society Reviews*, 2014, 43 (13): 4714 - 4727；

b. Ahn J. K., Yoon S. G., "Characteristics of Amorphous Lithium Lanthanum Titanate Electrolyte Thin Films Grown by PLD for Use in Rechargeable Lithium Microbatteries," *Electrochemical and Solid-State Letters*, 2005, 8 (2): A75 - A78；

c. Zhao Y., Daemen L. L., "Superionic Conductivity in Lithium-rich Anti-perovskites," *Journal of the American Chemical Society*, 2012, 134 (36): 15042 - 15047；

d. Zhang J., Han J., Zhu J., et al., "High Pressure-high Temperature Synthesis of Lithium-rich Li_3O (Cl, Br) and $Li_{3-x}Ca_{x/2}OCl$ Anti-perovskite Halides," *Inorganic Chemistry Communications*, 2014, 48 (45): 140 - 143；

物。[①] 目前，对反钙钛矿固态电解质的研究主要集中在开发合成方法和模型模拟计算。张（Zhang）等利用分子动力学（MD）模型进行模拟，认为 Li

---

[①] Zhao Y., Daemen L. L., "Superionic Conductivity in Lithium-Rich Anti-Perovskites," *Journal of the American Chemical Society*, 2012, 134 (36).

空位和阴离子亚晶格紊乱是反钙钛矿锂离子扩散的驱动力。① 因此，通过化学取代可以很容易地改变反钙钛矿材料的晶体结构。例如，在十二面体位置引入 Br^- 阴离子以取代 Cl^- 阴离子，由于 Cl – Br 的比率得到了合理优化，表现出了较高的离子电导率。② 高压/高温方法是合成反钙钛矿材料的主要方法。③ 但是，能够满足其对相纯度的要求和大规模生产标准的技术远不够成熟。因此，随着合成技术和计算方法的不断进步，反钙钛矿材料的结构和化学成分设计会越来越清晰。

6. 薄膜固态电解质

薄膜固态电解质适用于制备全固态薄膜电池。薄膜固态电解质的性能受制备方法的影响，选择不同的制备方法控制电解质中不同的元素进行沉积成膜，对薄膜中的离子传导结构各有差异。因此如何控制薄膜组成和结构成为关键问题。④ 薄膜的制备技术包括磁控溅射、化学气相沉积（CVD）、原子层沉积（ALD）和激光脉冲沉积（PLD）。其中，磁控溅射是相对容易控制的沉积过程。⑤ 自1993年贝茨等在 N_2 气氛下将 Li_3PO_4 溅射沉积制备了磷氮氧化锂薄膜 LiPON 以来，LiPON 成为制造固态电解质薄膜的最佳选择，并且已经有了商业化的 LiPON 全固态薄膜电池。⑥ 付（Fu）通过磁控溅射制

---

① Zhang Y., Zhao Y., Chen C., "Ab Initio Study of the Stabilities of and Mechanism of Superionic Transport in Lithium-Rich Antiperovskites," *Physical Review B*, 2013, 87 (13): 93 – 96.

② Li S., Zhu J., Wang Y., et al., "Reaction Mechanism Studies towards Effective Fabrication of Lithium-Rich Anti-Perovskites Li_3OX (X = Cl, Br)," *Solid State Ionics*, 2016, 284: 14 – 19.

③ Zhang J., Han J., Zhu J., et al., "High Pressure-High Temperature Synthesis of Lithium-Rich Li_3O (Cl, Br) and $Li_{3-x}Ca_{x/2}OCl$ Anti-Perovskite Halides," I*norganic Chemistry Communications*, 2014, 48 (45): 140 – 143.

④ Teng S., Tan J., Tiwari A., "Recent Developments in Garnet Based Solid State Electrolytes for Thin Film Batteries," *Current Opinion in Solid State & Materials Science*, 2014, 18 (1): 29 – 38.

⑤ Zhou Y. N., Xue M. Z., Fu Z. W., "Nanostructured Thin Film Electrodes For Lithium Storage and All-Solid-State Thin-Film Lithium Batteries," *Journal of Power Sources*, 2013, 234 (21): 310 – 332.

⑥ Bates J. B., Dudney N. J., Gruzalski G. R., et al., "Fabrication and Characterization of Amorphous Lithium Electrolyte Thin Films and Rechargeable Thin-Film Batteries," *Journal of Power Sources*, 1992, 43 (s3): 103 – 110.

备了一种玻璃态 $Li_{2.9}PO_{3.3}N_{0.5}$，室温下的离子电导率为 3.3×10^{-6} S cm^{-1}，并且与金属锂和过渡金属氧化物电极都具有良好的电化学稳定性。[1] 但是，磁控溅射工艺沉积 LiPON 膜通常会出现沉积缓慢和厚膜开裂的问题。王等利用 CVD 沉积 LiPON 薄膜，解决了薄膜开裂的问题，却发现 CVD 沉积过程对衬底温度非常敏感，要求较为严格的操作条件。[2] 相关学者利用 ALD 技术将 LiPON 均匀地沉积在碳纳米管（CNTs）表面，实现了非高温下涂覆高纵横比的纳米结构薄膜。[3] 然而，上述的 LiPON 薄膜的导电性能和机械性能都比较差。随着薄膜制备技术愈发成熟，现有研究开发了将无机固态电解质薄膜化的新一代薄膜固态电解质体系，包括钙钛矿结构 $Li_{0.34}La_{0.56}TiO_3$[4] 和反钙钛矿结构 Li_3OX（X = Cl，Br）[5]、石榴石型结构 $Li_7La_3Zr_2O_{12}$[6] 和 NASICON 结构的 $Li_{1+x}Al_xTi_{2-x}(PO_4)_3$（LATP）[7] 等，将离子电导率提升到 10^{-5} S cm^{-1}，同时也提高了薄膜电解质的力学性能（见图6）。

在薄膜电池体系中，虽然 LiPON 也会被 Li 金属还原，形成 Li_3P、Li_3N 和 Li_2O，但这些分解产物能起到钝化层的作用，防止 LiPON 的进一步还原

---

[1] Zhou Y. N., Xue M Z., Fu Z. W., "Nanostructured Thin Film Electrodes For Lithium Storage and All-Solid-State Thin-Film Lithium Batteries," *Journal of Power Sources*, 2013, 234 (21): 310–332.

[2] Wang B., Chakoumakos B. C., Sales B. C., et al., "Synthesis, Crystal Structure, and Ionic Conductivity of A Polycrystalline Lithium Phosphorus Oxynitride Structure," *Journal of Solid State Chemistry*, 1995, 115 (2): 313–323.

[3] Kozen A. C., Pearse A. J., Lin C. F., et al., "Atomic Layer Deposition of the Solid Electrolyte LiPON," *Chemistry of Materials*, 2015, 27 (15).

[4] Xiong Y., Tao H., Zhao J., et al., "Effects of Annealing Temperature on Structure and Opt-Electric Properties of Ion-Conducting LLTO Thin Films Prepared by RF Magnetron Sputtering," *Journal of Alloys & Compounds*, 2011, 509 (5): 1910–1914.

[5] Lü X., Wu G., Howard J. W., et al., "Li-rich anti-Perovskite Li_3OCl films with Enhanced Ionic Conductivity," *Chemical Communications*, 2014, 50 (78) 2.

[6] Kim S., Hirayama M., Taminato S., et al., "Epitaxial Growth and Lithium Ion Conductivity of Lithium-Oxide Garnet for an All Solid-State Battery Electrolyte," *Dalton Transactions*, 2013, 42 (36).

[7] Chen H., Tao H., Zhao X., et al., "Fabrication and Ionic Conductivity of Amorphous Li-Al-Ti-P-O Thin Film," *Journal of Non-Crystalline Solids*, 2011, 357 (16): 3267–3271.

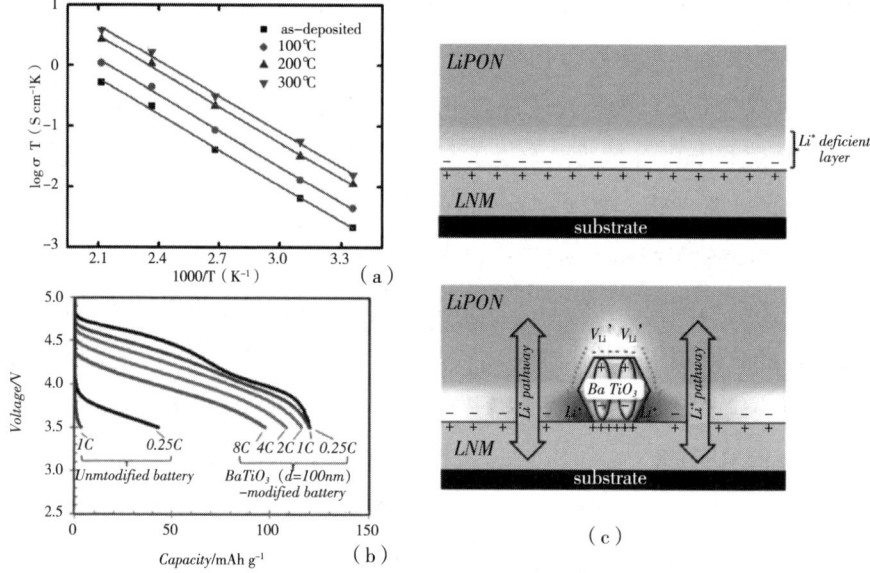

图6 （a）不同温度下 $Li_{0.34}La_{0.56}TiO_3$ 薄膜的阿伦尼乌斯曲线[a]
（b）有无 $BaTiO_3$ 修饰的 Li/LiPON/LNM 电池倍率充放性能对比
（c）有无 $BaTiO_3$ 修饰的 LiPON/LNM 界面处锂离子迁移通道[b]

资料来源：a. Xiong Y., Tao H., Zhao J., et al., "Effects of Annealing Temperature on Structure and Opt-electric Properties of Ion-conducting LLTO Thin Films Prepared by RF Magnetron Sputtering," Journal of Alloys & Compounds, 2011, 509（5）；

b. Yada C., Ohmori A., Ide K., et al., "Dielectric Modification of 5V-Class Cathodes for High-Voltage All-Solid-State Lithium Batteries," Advanced Energy Materials, 2014, 4（9）：1079 - 1098；

和分解。① 而 LiPON 与正极材料的兼容性是急需解决的问题。相关学者观察到在 LiPON 和 $LiCoO_2$ 之间存在副反应，当 LiPON 溅射到 $LiCoO_2$ 上时会形成含氮物质的超薄层②，例如 NO^{2-} 和 NO^{3-}。$LiCoO_2$/LiPON 界面阻抗问题也可

---

① Zhu Y., He X., Mo Y., "Origin of Outstanding Stability in the Lithium Solid Electrolyte Materials: Insights from Thermodynamic Analyses Based on First-Principles Calculations," Acs Applied Materials & Interfaces, 2015, 7（42）.

② Iriyama Y., Kako T., Yada C., et al., "Charge Transfer Reaction at the Lithium Phosphorus Oxynitride Glass Electrolyte/Lithium Cobalt Oxide Thin Film Interface," Solid State Ionics, 2005, 176（31）：2371 - 2376.

以通过控制沉积温度改善。[1] 在 LiPON 沉积之前，将 Al_2O_3 沉积到 $LiCoO_2$ 上，生成固溶体 $LiCo_{1-y}Al_yO_2$，可以进一步降低 $LiCoO_2$/LiPON 界面处的阻抗。当用高电位正极代替 $LiCoO_2$ 时，如 $LiCr_{0.05}Ni_{0.45}Mn_{1.5}O_{4-\delta}$（LNM），会存在较大的界面阻抗，这是因为 LNM 和 LiPON 之间的大电位差导致在 LiPON 侧形成了 Li 缺陷层，与硫化物固态电解质体系中的空间电荷效应类似。为了解决这个问题，亚当（Yada）等将 $BaTiO_3$ 纳米颗粒沉积到 LNM 膜上，$BaTiO_3$ 纳米颗粒中的电偶极子可以减小 LNM 和 LiPON 之间的电势差，重新排列锂离子并增加锂离子传输通道，从而改善界面接触，表现出稳定的循环性能和出色的倍率性能。[2]

（三）高比能全固态锂电池

全固态锂电池是目前公认的，可提升现有锂离子电池体系能量密度、安全性和循环寿命的可行性较高的技术路线。其潜在优势包括：采用高热稳定性的固态电解质代替易燃易泄漏的有机电解液，解决安全性问题；具有较高的机械强度，可以在电池循环过程中有效抑制锂枝晶的刺穿，使低电位金属锂负极的应用成为可能；固态电解质在电化学反应过程中比有机液态电解质更稳定，较宽的电化学稳定窗口使之能匹配更多样的高电压正极材料，从而大幅度提高电池的能量密度；由于电解质无流动性，可以通过内串联组成高电压单体，利于电池系统成组效率和能量密度的提高。

全固态锂电池虽然具有一些潜在技术优势，但同时也存在一些迫切需要解决的技术难题。如固态电解质材料的离子电导率偏低；固/固界面接触性和稳定性差；金属锂表面同样存在粉化和枝晶生长问题，其循环性、安全性等方面还需要进一步研究；全固态锂电池制备工艺复杂、制造成本偏高等。

---

[1] Bates J. B., Dudney N. J, Neudecker B. J., et al., "Preferred Orientation of Polycrystalline $LiCoO_2$ Films," *Journal of the Electrochemical Society*, 2000, 147 (147): 59–70.

[2] Yada C., Ohmori A., Ide K., et al., "Dielectric Modification of 5V-Class Cathodes for High-Voltage All-Solid-State Lithium Batteries," *Advanced Energy Materials*, 2014, 4 (9): 1079–1098.

基于上述难点问题，特别是固态界面接触性/稳定性和金属锂的可充性问题，真正意义上的全固态金属锂电池技术尚未成熟，还存在很大的技术不确定性。

在2017年11月发布的《节能与新能源汽车技术路线图》中，规划纯电动汽车动力电池的能量密度在2020年达到300Wh/kg，2025年达到400Wh/kg，2030年达到500Wh/kg。目前，在高比能动力电池体系的研发中，含硅负极和高比能高压正极的锂离子电池（250~300Wh/kg）的研究已经取得重大进展，而全固态锂电池当前预估最大潜力值达900Wh/kg。因此，下一代高比能动力电池体系势必是从逐渐减少液态或凝胶态类电解质的比例而最终过渡到全固态锂电池。随着上述介绍的固态电解质不断取得新的研究进展，面向新能源汽车、储能器件大规模应用需求的高比能全固态锂电池技术愈发凸显其重要性，特别是各国对新能源动力汽车的高能量密度电池的全面布局，越来越多的科研机构和企业不断加大对全固态锂电池相关技术的研发力度（见图7）。

在世界范围内，日本在全固态锂电池的技术研发方面走在最前列，其主要的研发路线是硫化物固态电解质。日本的新能源产业技术综合开发机构NEDO项目规划在2020年将动力电池电芯能量密度提升到250Wh/kg，在2030年达到500Wh/kg。2016年，日本三井金属发布了采用硫化物固态电解质的下一代锂离子二次电池"全固态电池"，并计划在2020年正式量产。对此，丰田和本田表示将依托此技术大力拓展新能源汽车业务。丰田在固态电池方面的专利为世界第一，2017年其向公众宣布计划于2020年实现全固态电池商业化。同年日立公司也对外宣布其已完成了相关固态电池技术的研发。美国方面则主攻基于聚合物和氧化物固态电解质的全固态锂电池的研发路线，美国先进电池联合会（USABC）提出在2020年将电芯能量密度提高至350Wh/kg。一些初创的电池企业如Sakit 3、SEEO、Quantum Scape和Solid Power等纷纷宣布在高能量密度全固态锂电池研发方面取得重大进展。2015年，Sakti 3表示将开发出能量密度为当前锂电池2倍的全固态电池，而成本只要锂电池的五分之一。同年，德国汽车零部件巨头博世公司收购了SEEO，之后与日本的YUASA（汤浅）电池公司、三菱重工共同建立新工厂

固态电解质和全固态锂电池研究综述

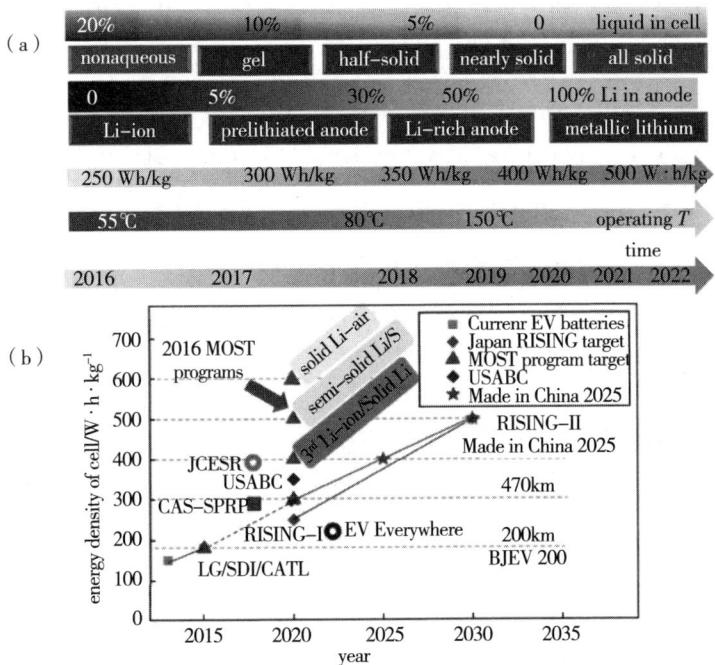

图7 （a）从液态锂离子到全固态锂电池逐步发展路线图
（b）各国政府提出的项目开发指标

资料来源：李泓、许晓雄：《固态锂电池研发愿景和策略》，《储能科学与技术》2016年第5期。

主攻高比能固态锂离子电池的研发。更早的在2014年，大众汽车入股了Quantum Scape，旨在开发前沿固态电池，使电动车的续航里程达到目前的3倍。同样是汽车企业巨头，宝马则在2017年12月宣布与Solid Power一起推进全固态电池在下一代电动汽车研发中的应用，能量密度将提升至之前的2～3倍。法国的博洛雷（Bolloré）公司一直致力于聚合物全固态电池的研究，其子公司Bat Scap生产的PEO基固态锂离子电池用于电动汽车，是国际上第一个采用固态锂电池的电动汽车案例，但该聚合物固态电池需要在80℃下工作，且比能量不够高，未显示出相较于液态电解质电池的优势。韩国方面，三星和LG化学也纷纷开展高比能的全固态电池研发布局。可以看到，不管是车企还是电池企业，都着眼于全固态电池的大力开发，这更像是一场高比能全固

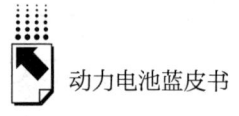

态电池的技术竞赛,将极大地促进高比能全固态锂电池最终的实现。

中国同样抓住了这场全固态锂电池技术竞赛的机遇。《中国制造2025》中明确提出了对单体动力电池比能量的战略布局,高比能、高安全、长寿命和低成本锂离子电池是我国实现新能源汽车"纯电驱动"技术转型战略的关键和重要支撑。自20世纪70年代以来,国内各研究机构、高校,加上近年来随国家政策而起的优势电池材料企业在固态电解质和固态电池研究方面取得了系列的研究成果。赣锋锂业和宁德时代都将全固态锂电池作为下一代高比能动力电池的研发重点。

(四)总结与展望

具有高离子电导率和机械强度、宽电化学窗口和工作温度区间的固态电解质对实现高能量密度、高安全性能和长循环寿命的全固态锂电池具有重要意义。目前,大量工作集中在开发具有更高离子电导率的固态电解质。实现高安全性和高比能量全固态电池的实用化,电极材料的结构设计与制备、电极活性材料与固态电解质复合工艺的结构设计优化、高致密度固态电解质的制备工艺、金属锂负极的循环稳定性等也将是全固态锂电池的研究重点。

随着更多新型固态电解质材料的发展和对全固态锂电池反应机制研究的逐步深入,固态电解质的性能改善不断面临着新的契机,全固态锂电池也只有经历深刻的变革后才有可能最终走向商业化。

B.12
高功率动力电池发展路线

刘正耀 张重德*

摘　要： 现在新能源汽车发展已经进入推广应用到广大用户的时刻，从南海之滨到北方高原地区、从城市到县乡村，经过了高温和低温四季环境的变化，人们在使用新能源汽车的过程中得到很多舒适体验，但也提出了一些新的问题。其一，里程焦虑问题，主要表现在冬天和夏天消耗电量过大，造成行驶里程短的焦虑。其二，充电焦虑问题，充电桩布点少、不均衡，低温充电难，行驶范围受限等。总之，任何的不适应将影响电动汽车下一步在我国广泛实际应用效果。其实插电式混合动力汽车是比较好的解决方案，这不仅要求动力电池有高功率特性，还要求其有高能量密度特性，涉及电化学体系、电极材料、电芯结构和制备工艺等，可以满足每天几十公里纯电行驶，也可以满足长途行驶的客户要求，在节能减排中将发挥很大的作用。

关键词： 高功率型动力锂离子电池　兼顾提升　制造工艺

一　高功率动力电池的特点

动力电池是电动汽车发展的关键技术，锂离子动力电池由于其各方面的

---

* 刘正耀，教授级高级工程师，中信国安盟固利动力公司研究院院长；张重德，中信国安盟固利动力公司总经理。

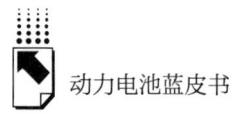

优异性能而成为目前主要研究方向。

国家汽车行业 2006 年颁布的标准中将动力电池按照其应用分为两种不同的类型：功率型动力电池和能量型动力电池。能量型动力电池以高能量密度为特点，适用于纯电动汽车等应用领域；功率型动力电池以高功率密度为特点，主要用于瞬间高功率输出、输入的领域，如混合动力汽车。功率型动力电池容量通常比较小，一般为 5~50Ah，能量密度不高，一般在 100Wh/kg 以上。在混合动力电动汽车的应用中主要用于吸收制动回馈的能量，并为车辆启动、加速过程提供瞬间的辅助能量。基于应用过程中大功率输出和输入需求，高功率动力电池有如下特性：①电池比功率最高可以达到 4000~5000W/kg 以上，满足超高倍率充电、放电要求；②内阻较低，电池能量转换效率高；③电池在特定的荷电状态下可进行长期浅充、浅放；④高压串联，电池一致性要好等。基于上述要求目标，近年来锂离子电池由于其兼具高比能量、高倍率和长寿命等优良特性，成为国内外很重要的一类电动汽车用动力电池类型。

二 高功率动力电池分类和市场应用规模

（一）高功率动力电池分类依据

混合动力汽车用动力电池按照相对燃油发动机的功率比，即混合度的不同，主要分为微混（启/停）、轻混（助力型）、中混（双模式型）、全混（长续驶里程型）和插电式混合（外部充电）五类，具体分类内容如表 1 所示。

微混动力系统更像自动启停系统，电机仅仅作为内燃机的启动机使用，一般 12V 微混系统拥有电池管理系统。轻度和中度混动，要求电池功率较高，对车辆在加速和爬坡等路况下具有一定辅助作用。全混动力系统，对电池要求除功率外，要求装车电量更多，可不依靠外部能量充电，在车辆低速时，靠电池的能量可以行驶一段距离，利于减少排放。插电式混动，是在全混动的基础上,可以通过外部能量或其他途径给电池充电(比如快充等)来实现电动和传统能源发动机系统完成混合能源的驱动。越接近全混,CO_2排放量及尾气就越少,图1中列出了混合动力系统各分类应用及CO_2排放关系。

表1 混合动力系统功能分类

类型	微混	轻混	中混	全混	插电式
描述	启/停,加速助力,制动能量回收	启/停,辅助动力,制动能量回收	启/停,辅助动力,制动能量回收	启/停,辅助动力,制动能量回收,加速,较短纯电动行驶	辅助动力,制动能量回收,纯电动行驶,外部充电
电压范围/(V)	12	12~90	85~200	≥200	200~400
电/油混合比	5%	5%~20%	20%~30%	30%~50%	≥50%
最大节油效果	5%~10%	10%~20%	20%~30%	30%~40%	≥50%
典型车型	丰田 Vitz	XT5 28E	本田 Insight	丰田 Prius	BYD 秦

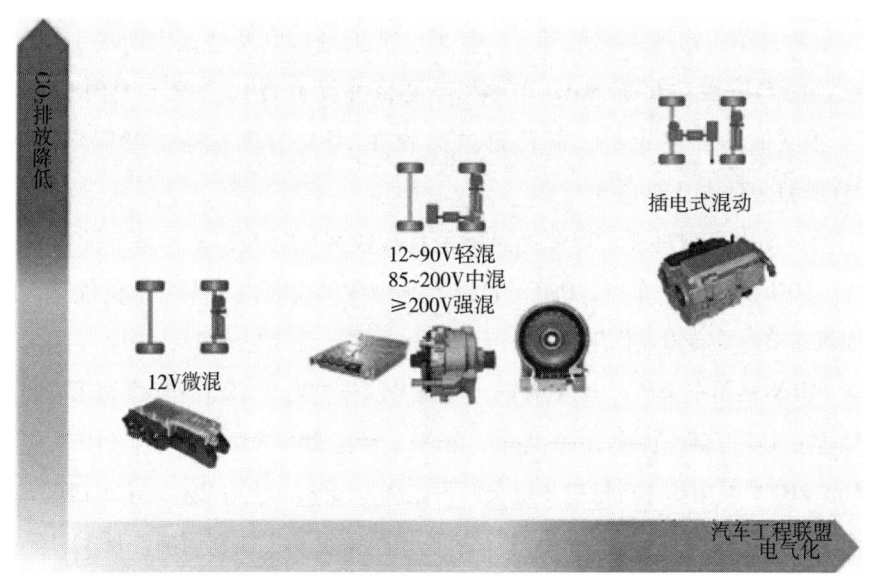

图1 混合动力系统各分类应用及CO_2排放关系

资料来源:汽车工程联盟。

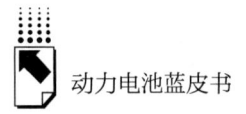

（二）市场应用规模

1. 全球新能源市场格局变化

全球各国政府推出的电动汽车鼓励措施促进了市场的快速发展，动力电池也紧随市场需求飞速发展，但随着消费者需求的提高以及各国政策的导向，全球新能源汽车的格局正在不断改变。

图2分别列出了2016年和2017年各国混合动力汽车（HEV）、插电式混合动力汽车（PHEV）及纯电动汽车（EV）三类动力汽车占比。从全球总体占比看，HEV占较高比例，EV和PHEV占比不断提高。综观各国，大都以HEV占比最高，中国和挪威的HEV占比较低，仅10%左右，2017年相比2016年HEV占比稍有提升。中国新能源汽车以EV为主，PHEV也占有一定的比例，主要是新能源汽车财政和地方补贴导向支持EV和PHEV车型影响市场的结果。

2. 国内混合动力汽车市场份额较小

目前，国内市场主要是日本、韩国、美国进口以及合资生产的HEV车型，其中丰田占比将近80%，国内自主品牌仅有吉利一家。国内车企在HEV领域依然存在短板，需要自主品牌在HEV方面加强。2017年国内HEV车型产量占比见图3。

混合动力车型对于实现油耗目标值具有较强可行性，尤其是节油效率达40%~60%的PHEV车型，PHEV产品有利于我国现有汽车车型结构优化，同时对汽车节能具有重大作用。从PHEV细分车型来看（见表2），2017年国内新能源PHEV乘用车销售了11.1万辆，占比19.2%左右，国内新能源PHEV商用车销售了1.4万辆，占比7.1%左右。另外，对比2016年和2017年PHEV应用市场，PHEV乘用车年产量稳步增长但占比从23.5%降至19.2%，导致PHEV乘用车电池占比从15%降至14%，PHEV商用车销量和占比双下降，从11.1%降至7.1%导致PHEV商用车电池占比从4%降至2%（见图4），对比PHEV的销量及增长变化率不难发现，受国内补贴政策影响，过去的一年PHEV商用车下降明显，总体而言PHEV市场份额相对较小，纯电驱动路线趋势明显。

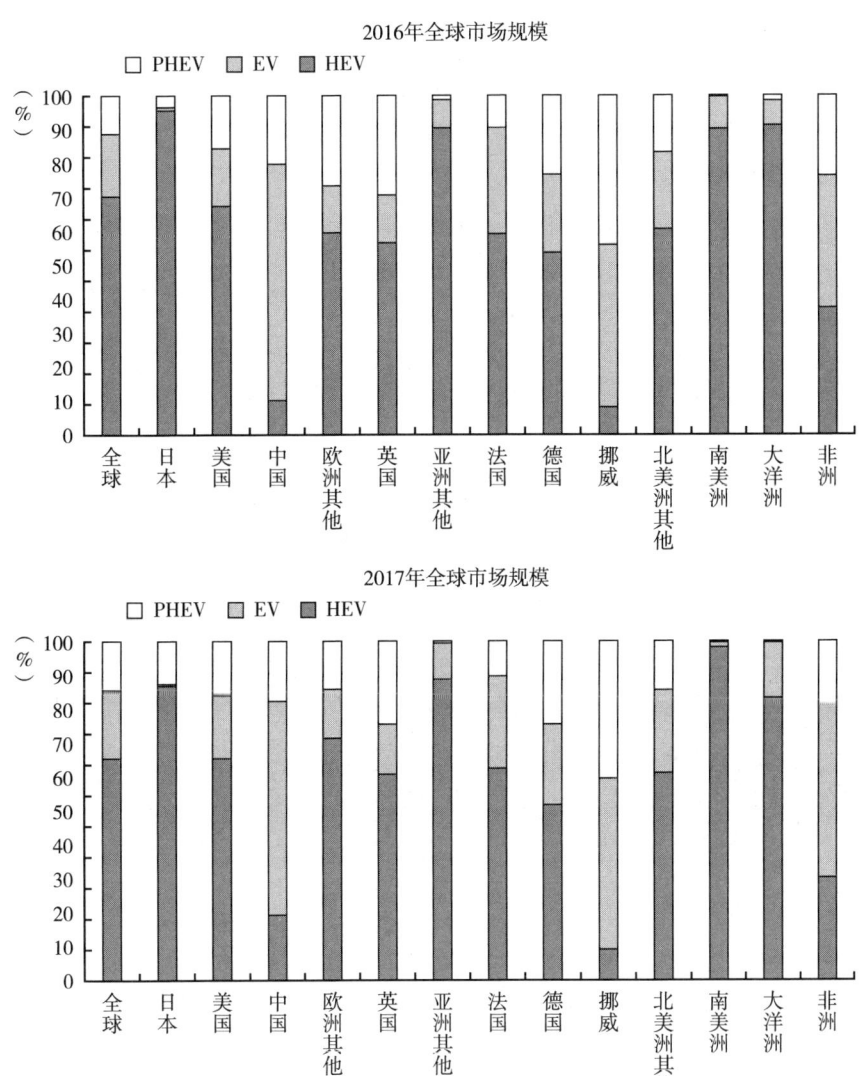

图 2 全球新能源市场结构变化

资料来源：真锂研究。

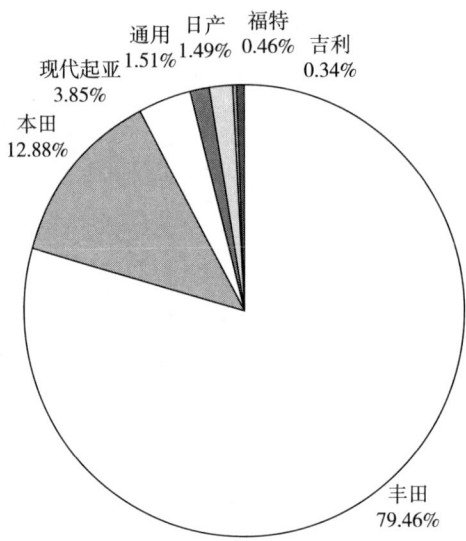

图 3 2017 年国内 HEV 车型产量占比

表 2 国内 PHEV 市场结构变化

车型	销量	2016 年/万辆	2017 年/万辆	同比增长/%
	新能源汽车	50.7	77.7	53.3
乘用车	新能源乘用车	33.6	57.8	72
	纯电动	25.7	46.8	82.1
	插电式	7.9	11.1	39.4
	插电式占比	23.5%	19.2%	—
商用车	新能源商用车	17.1	19.8	16.3
	纯电动	15.2	18.4	21.5
	插电式	1.9	1.4	-26.6
	插电式占比	11.1%	7.1%	—

3. 国内畅销 PHEV 车型及配套电池

国内锂离子电池市场的发展与新能源汽车同步进行,处于行业的高速增长期(如表3)。

国内 PHEV 乘用车市场主要集中于比亚迪和上海汽车,比亚迪 PHEV 车型所配套的电池均来自比亚迪自主产品,上海汽车配套电池主要来上海捷新

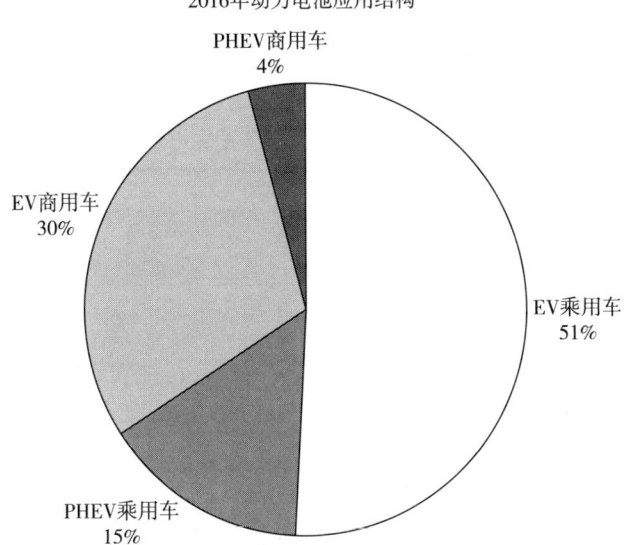

图4 国内新能源汽车电池占比

资料来源：电车车友会。

动力电池系统有限公司、万向及CATL。此外，广汽、吉利和华晨宝马也占据PHEV少量市场份额，各车企所配套的电池主要源于CATL和万向，其中吉利汽车所配套电池均来自欣旺达电动汽车电池有限公司。从图5可见，上海汽车、比亚迪PHEV在2017年销量有很大增长。

表3 PHEV乘用车车型及配套电池企业

车企	PHEV乘用车车型	配套电池企业
比亚迪	唐、秦、宋系列	比亚迪
华晨宝马	之诺60H、X1	CATL
上海汽车	荣威eRX5	上海捷新动力电池系统有限公司（万向、CATL）
	荣威ei6	
	荣威e950	
	荣威e550	
广州汽车集团乘用车有限公司	传祺GS4 PHEV	万向、CATL
	传祺GA3S PHEV	
	传祺GA6 PHEV	
浙江吉利汽车有限公司	帝豪PHEV	欣旺达电动汽车电池有限公司
北京现代		CATL

资料来源：工信部。

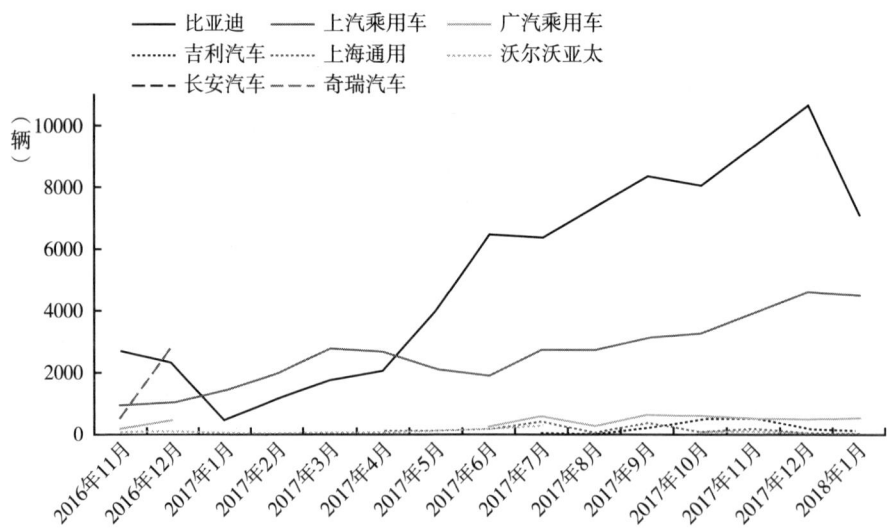

图5 2016~2018年PHEV新能源车企走势

资料来源：PHEV动态。

另外，国内 PHEV 商用车市场，主要包括宇通客车、福田客车、中通客车等车企，主要采用功率能量型兼顾的电池系统，而 PHEV 商用车动力电池系统领域市场份额 60% 以上由盟固利动力公司提供。

三 高功率动力电池研究目标和技术路线

（一）电池研究目标

高功率动力电池需要在保持能量密度不降低的条件下，持续提高功率密度，并进一步提升能量密度，形成能量密度和功率密度螺旋上升的趋势。对于混合动力电池，由于受国家补贴政策影响，目前国内电池厂家都处于技术储备阶段，2020 年单体电池功率密度预计达到 6000W/kg，预期 2020 年前各大车企开始释放车型。在后补贴时期，政府补贴逐渐减少，消费者里程需求不断增加，电池成本降幅较小，这为插电式混合动力电池提供了发展机遇，随着汽车续航里程的提高，插电式混合动力电池基于现有高容量材料体系继续提升功率密度及能量密度，2020 年单体电池功率密度要求达到 1500W/kg，能量密度达到 200Wh/kg（见图 6），目前只有综合续航里程较长的插电式混合动力车型才能够同时满足法规需求并使消费者方便使用。

（二）技术开发路线

基于现有动力电池的综合性能，实现电池能量密度和功率密度同时提升，需要致力于研究关键技术和相关技术科学问题，并结合先进化学体系、结构设计、电芯设计等综合因素实现技术上的跨越。

1. 小粒径高镍正极匹配石墨/无定形碳负极

在化学体系方面，日立 HEV 电池正极采用了小粒径的高镍三元材料，负极采用无定形碳和表面改性石墨混合，并使用了涂层隔膜，保证电池的安全性，这款电池的功率能达到 5500W/kg。LGC 为 BMW 提供的 48V 启停用 HEV 电池化学组成为三元材料/钛酸锂，功率密度达到 3000W/kg 左右，为

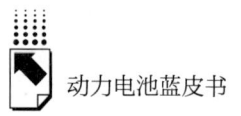

2020年	2025年	2030年
比能量：单体200Wh/kg 系统120Wh/kg 能量密度：单体400Wh/L 系统240Wh/L 充电比功率：单体1500W/kg 系统900W/kg 全生命周期寿命：系统3000次/10年 成本：单体1.0元/Wh 系统1.5元/Wh	比能量：单体250Wh/kg 系统150Wh/kg 能量密度：单体500Wh/L 系统300Wh/L 充电比功率：单体1500W/kg 系统1000W/kg 全生命周期寿命：系统4000次/12年 成本：单体0.9元/Wh 系统1.3元/Wh	比能量：单体300Wh/kg 系统180Wh/kg 能量密度：单体600Wh/L 系统350Wh/L 充电比功率：单体1500W/kg 系统1000W/kg 全生命周期寿命：系统5000次/15年 成本：单体0.8元/Wh 系统1.1元/Wh

比能量和比功率的提升

| 基于现有高容量材料体系提升材料的功率性能、优化电极设计 | 优化新型材料体系、使用新型电池结构 |

寿命的提升

| 开发长寿命正、负极材料、提升电解液纯度并开发添加剂、优化电极设计、优化生产工艺与环境控制 | 引入固态电解质、优化固液界面 |

安全性的提升

| 新型隔膜、新型电解液、电极安全涂层、优化电池设计 | 固、液电解质结合技术、新型材料体系 |

成本的控制

| 优化设计、提升制造水平 | 新型材料体系、新型制造工艺路线 |

图6　PHEV动力电池发展路线图

资料来源：《节能与新能源汽车技术路线图》。

大众提供的48V启停用HEV电池化学组成为三元材料/石墨，功率密度在6000W/kg左右。国内CATL公司，HEV电池采用了三元/石墨化学体系，功率密度在5500W/kg左右。盟固利公司的HEV电池体系采用三元材料/无定形碳与石墨混合负极，电池功率密度达到6000W/kg以上。

2. 高功率电解液——不可或缺的"甘露"

实现高功率电池的开发必须要匹配高性能电解液，筛选低阻抗成膜添加剂，优化电解液配比，开发高电导、低粘度、高浸润性、高安全性锂离子电解液，实现离子快速传导，保证与正负极高效兼容，降低界面副反应，满足电池高比能量和高功率需求。

3. 容量增大实现功率提升

在容量设计方面，现阶段松下、日立、三星SDI等公司的HEV电池容量在5Ah级别，LGC、CATL、江森自控等公司的HEV电池容量在10Ah级别，未来为了进一步提升电池的输入输出功率，HEV电池的容量有进一步提高趋势，预计将达到20Ah容量级别。

4. 软包叠片凸显功率优势

在电池结构方面，通常采用两种结构，一是方形卷绕铝壳或钢壳结构，二是软包叠片式结构，两种结构各有优势，方形金属结构更有利于电池PACK成组效率及电池散热，且卷绕工艺成熟简单。而软包叠片结构电池相对轻，电池欧姆内阻更低，在功率密度上有优势。

5. 电池尺寸多样化设计

在电池尺寸方面，通常根据HEV电池的实际使用情况及电池厂商的生产设备，出现多种不同尺寸，不局限于德国汽车工业协会（VDA）给出的HEV电池尺寸，不过考虑到HEV电池实际在乘用车中的安装位置，通常希望HEV电池在宽度上较窄，例如本田和日产采用的HEV电池在宽度上仅有65mm。

6. 综合优化，实现高功率、高能量螺旋上升

综观国内外高功率电池技术超前的电池厂家，可以简要概括高功率电池的技术路线：在电池容量上，由现在的10Ah容量级别进一步提高，未来的HEV电池容量可能达到15～20Ah；在化学体系上，更倾向于选择比容量更高、功率性能更好的正负极材料，如小粒径高镍三元材料，负极石墨或无定形碳材料，减薄电极厚度，匹配高功率电解液，降低电池阻抗，并通过调整制程工艺参数，形成锂离子更易流通的路径，降低电池内阻，提高功率性能。使用涂胶类或陶瓷类高孔隙率隔膜，改善电极界面性能以及安全性能。在电池设计上采用轻量化箔材，在提高电池功率密度的同时实现能量密度的提升。此外，高功率动力电池要求瞬间大电流放电，要求电池具有高度一致性，电池制造工艺水平和品质需进一步提高，这对设备厂家提出了更高要求。

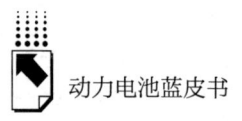

四 功率与能量密度兼顾提升

高功率与高能量锂离子电池是未来动力电池发展的必然趋势，如何在提升电池能量密度的同时将电池的功率性能也提高是一个非常难的问题，目前各企业从原材料入手，结合电极设计、电池结构设计，突破技术瓶颈，实现功率、能量均衡改善。

（一）高镍正极、硅碳负极，高能量首选

出于高能量密度的思考，正极材料最具希望的是高镍材料，如811、NCA等，三元材料中镍含量越高，就越能实现电池的高能量密度。为了匹配高容量正极，需选用硅碳负极材料。硅在常温下可与锂合金化，生成$Li_{15}Si_4$相，理论比容量高达3572mAh/g，远高于商业化石墨理论比容量（372mAh/g），在地壳元素中储量丰富（26.4%，第2位），成本低、环境友好，因而硅负极材料一直备受科研人员关注，是最具潜力的下一代锂离子电池负极材料之一。

（二）合理优化面密度和压实密度

正负极的涂覆面密度和压实密度对于单体电池的能量密度和功率特性都会产生显著影响。为了提升单体电池的能量密度必须保证极片具有一定的面密度。同时，为了提升电池的功率性能，可以提高极片的压实密度，压实密度过小，锂离子传输距离变长，压实密度过大，锂离子传输过程阻力变大，因此要保证在一个合理的范围内。

（三）高效导电剂、高强黏结剂协同作用

除了关键材料的选择，导电剂和黏结剂的优化也对电池能量密度及功率密度起到重要的作用，选用新型导电剂CNTs、石墨烯、VGCF一种或多种复合使用，以达到构建稳定的三维导电网络的目的，确保锂离子的传输阻力最小化，以达到提升电池倍率性能的目的。新型导电剂的应用还可以整体上

降低导电剂用量，改善能量密度。硅颗粒在脱嵌锂时伴随着体积膨胀和收缩，导致颗粒粉化、脱落以及电化学性能失效，因此选用高效导电剂和黏结剂尤为重要，选择黏结性较强的黏结剂，保证负极材料在膨胀收缩过程中，依然有稳定有效的导电网络存在。

（四）轻量化电池设计与高孔隙率隔膜技术

在电池设计方面，采用轻量化的正负极集流体、极耳、铝塑膜等辅材，以使单体电池的重量达到最小，从而实现能量密度的提升；采用高孔隙率隔膜技术，缩短锂离子的传输距离，减小锂离子传输过程的阻力，进而增大电池的功率性能。

五 快充实现和电网承载之间的关系

（一）快速充电技术是可实现的

减少充电时间，提高用户体验，是未来电动汽车动力电池发展的一个重要方向。快速充电采用直流400～750V，150～600A，在10～30分钟内完成对动力电池80%～100%的充电服务。快速充电的充电电压高，充电电流大，充电负荷是常规充电的数倍。目前，欧洲研发出充电10分钟、行驶100千米的快速充电系统，美国实现了充电时间缩短至6分钟的超快速充电系统。国内市场上以微宏和盟固利公司快充电池为主流。微宏公司开发的电芯在6C倍率充放下常温循环近万次，成组后可满足4C充电倍率，可实现电池组15分钟充电。中信国安盟固利动力科技有限公司成功开发出可在100C大倍率下充电的高性能动力电池，电池以100C倍率充电时，仅需要6秒就可以充入大约16%容量，而后在1.7分钟内充入70%以上容量，也表明超级充电技术从动力电池角度是可实现的。

（二）单体电池快速充电技术

动力电池实现快速充电技术，对电极材料以及电池结构设计提出了更高

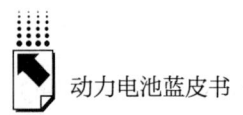

的要求。高比容量、高离子扩散系数石墨材料与高层间距的无定形碳材料混合应用,保证嵌锂速度,才能满足快速充电动力电池需求;还需匹配新型导电剂,实现少量应用,高效构建"长程导电"三维网络,同时抑制电极回弹效应,提高电池散热能力;此外,高电导、低粘度、高安全性电解液与高孔隙率隔膜应用也是实现电池快速充电的关键技术。动力电池快速充电技术只有基于材料的关键特性参数识别,结合电极设计,电池结构优化,明确快速充电技术难点,才能有效实现动力电池快充技术应用。

(三)快速充电与电网承载息息相关

快充的实现不仅与动力电池的充电性能相关,还与电网的承载能力息息相关。快速充电系统需要强大的瞬时功率,因此电网承载能力成为快速充电设施中的一个关键制约因素。电动汽车接入电网后,主要在谐波电压、谐波电流、电压偏差、电压波动和闪变、三相电压不平衡及直流分量等方面造成较大的影响。针对这一矛盾,研究人员提出阶梯式多级递增储能、智能"电囊"等多种设想与方案。电动汽车的广泛使用离不开充电站的建设,一方面采取措施降低其接入电网对电力系统带来的影响,一方面通过对电动汽车有序充放电,减轻电网负荷,提高电网的安全性和稳定性。针对充电站对电网负荷特性、谐波、电压电流冲击的问题,可通过合理规划建设充电站方案、调控负荷、加强对谐波的管理等措施进行优化。

六 "高比功率长寿命动力电池及新型超级电容器技术开发"的进展与介绍

"高比功率长寿命动力电池及新型超级电容器技术开发"是国家重点研发计划"新能源汽车"重点专项2017年度立项的唯一的高比功率电池项目,由盟固利牵头集合高校、科研院所和企业单位共18家国内高比功率电池团队承担项目。

（一）项目研究背景

项目研究背景是基于目前快速充电纯电动（快充 EV）与插电式混合动力（PHEV）这两种电动汽车模式相对于慢充纯电动（慢充 EV）在高比功率特性以及寿命等方面对动力电池要求更高，虽然这两种电动汽车已经在国内有批量推广应用，但是车辆在快充的充电速度、PHEV 的纯电续驶里程、整车节油率和电池寿命方面还不能完全满足终端用户的要求。未来几年，随着关键材料和电池技术的进步，电池的安全性、比能量、比功率、寿命、环境适应性等方面都还有很大的提升空间，该项目将从关键材料、电池设计开发、电池应用技术等方面解决以上技术问题。

（二）项目研究进展

目前，"高比功率长寿命动力电池及新型超级电容器技术开发"项目按照年度制定计划进度，已完成第一阶段任务。NCM 523 三元材料技术开发完成，重点解决表面副反应对寿命的影响问题；采用球形化技术、改性技术、热处理技术、复合技术等先进工程技术，完成无定形碳材料及复合碳材料制备；优化电解液配方，采用新型添加剂，改善电池高低温性能，及其与电极材料的匹配性问题；开发热复合陶瓷隔膜技术，重点解决薄型化热复合技术问题；极片及电芯结构设计完成，制造工艺确定，工装设备初步开发完成；单体电芯产品安全、寿命、环境适应性基础研究、电化学体系开发同时进行。现已实现功率能量兼顾 PHEV 电芯能量密度 200Wh/kg，充电功率密度 1500W/kg，循环寿命 2000 次。

七 高功率动力电池产业化状态、未来产业化趋势及发展预测

（一）国内高功率动力电池产业不断发展

随着对电动车辆的研制与开发力度的加大，各大新型汽车公司实现了电

动汽车的商品化生产与应用。作为实施国家能源发展战略的重要内容之一，我国的电动汽车产业得到了政府和企业的大力支持。特别是党的十八大报告提出了大力推进生态文明建设的要求，未来社会必然朝着环境友好与低碳经济的方向发展。因此，锂离子动力电池产业的大规模发展是必然趋势。

2017年我国新能源汽车（EV和PHEV）动力电池装机总电量约为36.24GWh，相比2016年28GWh的数据，同比增长约为29.4%。其中，乘用车市场PHEV动力电池装机电量约为1.51GWh，商用车市场PHEV动力电池装机电量约为0.69GWh。

随着锂电市场快速发展，锂电行业的市场集中度也快速提升，行业整合趋势日益明显，未来中国锂动力电池市场将进一步向优势企业和龙头企业集中。目前PHEV动力电池市场主要集中于比亚迪、CATL、万向、盟固利、力神、孚能等各大电池厂家。CATL目前算得上是唯一确定能参与全球竞争的中国动力电池企业，也是被各大整车厂视为唯一能替换日韩电芯的动力电池企业。2017年之前，比亚迪在规模上处于行业龙头，依托比亚迪新能源汽车的带动，其产量遥遥领先，2017年后其产能逐渐被CATL赶超。以高功率电池作为主要产品的盟固利在国内的PHEV商用车市场领域占据领先地位，是国内大部分PHEV客车的供应商，2017年由于新能源汽车补贴下降，中信国安盟固利动力电池产量在大部分竞争对手同比下滑的情况下仍保持了一定的增长幅度。

（二）混合动力"蓄势待发"

目前，中国新能源汽车的销量主要集中在一线城市，上海、北京、深圳、天津、广州、杭州6个城市新能源汽车销量占据全国70%以上的市场份额。但不同新能源车型在全国范围布局略有差异，北京以纯电动汽车保有量最大，主要车型包括北汽新能源、比亚迪、知豆、宝马i3、特斯拉；上海以插电式混合动力汽车保有量最大，主要车型包括荣威550、比亚迪秦和唐；广东则以混合动力汽车保有量最大。

但由于国内新能源汽车的定义并不包括HEV，HEV不能获得补贴，仅有部分HEV车型能享受小排量汽车购置税减半补贴,这也导致了国内HEV市场的低迷。而综观全球,在日本、美国、欧洲市场,HEV可以像EV和PHEV一样获得政府补贴,HEV在三者中占比超过80%,而且近两年来,日本、韩国、美国的车企仍在加大HEV的投放力度。

受国内政策导向影响,目前HEV市场还处于平缓发展时期,2020年之后新能源汽车补贴逐渐退出后,HEV将迎来一个爆发增长期。对比EV、PHEV和HEV三种车型,PHEV和HEV的价格比燃油汽车一次性购车成本要贵一些,但是百公里里程能节省15%~60%的油耗,实现了减排,同时避免了充电难和里程焦虑问题。可见,一旦新能源汽车补贴完全退出,PHEV和HEV可以更好地满足广大用户在不同地域范围适合不同环境的驾驶体验要求。

预期到2020年全球范围内轻混系统主要在北美地区和欧洲地区分布约600万辆(见图7),北美地区轻混HEV车型将主要采用高压架构下轻/中混系统,而欧洲地区轻混HEV车型将主要采用48V系统。

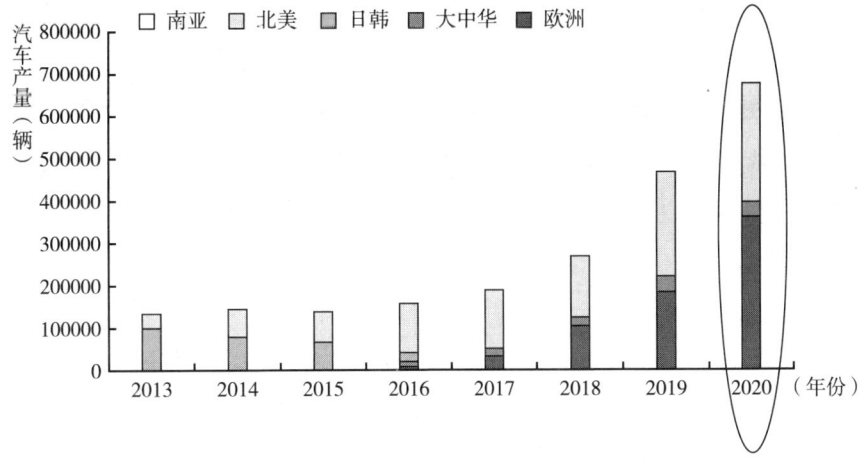

图7 高功率电池市场动向

资料来源:AVL。

(三)PHEV正蓄势扬帆

2017年的新能源汽车产业飞速发展,尤其是占据国内新能源汽车市场

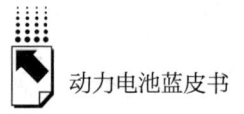

半壁江山的 EV 车型，产销规模处于绝对的优势，与之相比 PHEV 似乎偏弱，随着新能源汽车产销规模的扩大，PHEV 与 EV 的销量差距越来越大。在乘用车领域，PHEV 在 2015 年的销量占当年新能源汽车总销量的 18%，2016 年这一数据下滑至 16%，到 2017 年继续滑落至 14%；商用车领域，不仅 PHEV 的销量占比从 2015 年的 7% 下滑至 2017 年的 2%，而且近两年 PHEV 商用车的销量也呈现明显下滑趋势，其中 2016 年 PHEV 商用车销量同比下滑 17.4%，2017 年 PHEV 商用车销量同比下滑 26.3%。

政策对 PHEV 的"弱"支持是其销量占比和增速下滑的主要原因之一，但 PHEV 依然继续拥有政策的支持，2018 年版新能源乘用车补贴政策可以说是对 PHEV 比较支持的，从 2016 年补贴 3.15 万元降到 2017 年的 2.4 万元，2018 年的补贴只是微幅下调到 2.2 万元，这对自主品牌的新能源车中的插电式混动车的市场培育有较好的促进作用。今后几年纯电汽车还是无法与燃油汽车进行全面有效的竞争，因此 PHEV 车型是满足用户实际驾驶需求和满足双积分政策要求的较理想车型。目前比亚迪、上汽、奇瑞和华晨等汽车公司都在推出插电式混动车型，很多造车企业同仁已经意识到了其重要性，这也为国内电池企业开发功率型动力电池提供了广阔的发展空间。中汽协发布的 2018 年 4 月份数据显示，新能源汽车销量为 8.2 万辆，比 2017 年同比增长 117%，其中 EV 乘用车 5.54 万辆，同比增长 117.8%，PHEV 乘用车 1.65 万辆，同比增长 226%，EV 商用车 0.94 万辆，同比增长 198.5%，PHEV 商用车 0.055 万辆，同比增长 -24.1%。可以看到，乘用车 PHEV 车型同比增长超过 200%，而商用车纯电动化趋势明显。天行有常，应之以治则吉，我们有理由相信随着 PHEV 和 HEV 具有续驶里程长、满足通常驾驶要求的先天优势，在新能源汽车即将告别"政策市场"的后补贴时代，功率型电池会随着 PHEV 和 HEV 车型发展壮大而快速应用起来。

B.13
动力电池消防安全技术及专用灭火装置研究

赵立金 黄昊 侯福深*

摘 要： 近年来，我国新能源汽车产销量快速增长，安全问题也越来越受到政府及行业的广泛关注，亟须系统开展围绕动力电池系统消防安全的研究工作。本文梳理了国内外电动汽车消防安全法规研究情况，总结分析了各类型动力电池火灾燃烧特性，围绕电动汽车专用自动灭火装置可行性及现状进行了分析，并提出了自动灭火装置设计及选型建议。

关键词： 电动汽车 动力电池 消防安全 灭火装置

一 前言

在国家战略指引和补贴等鼓励政策的支持下，我国已经引领全球新能源汽车产业发展，并在研发、产业、市场、政策创新和基础设施建设方面取得明显的比较优势，呈现快速发展的趋势。2017年，我国新能源汽车生产79.4万辆，新能源汽车产量占比达到汽车总产量的2.7%，近5年年均复合增长率为129%，连续三年产销量位居全球第一，累计推广数量超过180万辆，占全球保有量的50%以上。

---

* 赵立金，中国汽车工程学会技术标准部部长；黄昊，公安部上海消防研究所研究员；侯福深，中国汽车工程学会副秘书长。

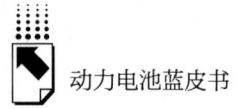

随着电动汽车产销量快速增长，也发生了一系列消防安全事故，尤其是电动客车火灾事故，引起了行业内的广泛关注。根据不完全统计，2011～2016年，全球电动汽车典型安全事件达到74例，其中2015年火灾事故为14例，2016年达到39例。电动汽车消防安全问题研究被逐步提上日程，消防安全问题不仅涉及电动汽车本身，还涉及动力电池、充电设施等多方面。为了规范电动客车安全技术要求，国家研究制定了《电动客车安全技术条件》作为电动客车准入的前置条件，充分显示了我国对电动汽车消防安全的重视。为了推动电动客车消防安全技术水平的提升，部分客车企业已开始在电动客车上安装自动灭火装置，但通过研究发现，现有的大量自动灭火装置在推广应用过程中仍存在一系列问题，仍需系统研究动力电池燃烧特性及灭火机理，才能开发出有针对性的专用灭火装置以保障电动客车的消防安全。

二 电动汽车消防安全法规研究情况

开展电动汽车消防安全研究工作的主要有美国、法国、德国等国家，其中，美国是较早关注电动汽车消防安全的国家之一。美国消防协会（NFPA）、美国汽车工程学会（SAE）和美国消防研究基金会（FPRF）等机构开展了一系列电动车消防安全的研究。2010年5月，美国FPRF发布的关于电动汽车和混合动力汽车消防安全和应急处理的报告，对电动汽车相关的消防指南及相关标准进行综述，总结出电动车和混合动力汽车消防相关的应急处理实施方案。2010年10月，FPRF、SAE和NFPA共同举办了美国国家电动汽车安全标准峰会。从车辆标准（使用标准颜色的电缆、在车辆的RFID设备标注车辆类型并包括电池技术等），相关基础设施标准（耐火材料选择，阐明不同的电池的潜在危险）和应急响应标准（车辆上的高压电缆有统一的颜色编码和走线方式；明显的断电指示标志，并且有外部断电装置；标准化的应急响应指南；标准化的现场处理步骤）三方面开展了广泛的研讨。2013年开始，美国NFPA组织相关研究机构开展了电动汽车应急救援指南的编制，该指南给出了电动汽车火灾、交通事故和浸水事故的一般操作要求和在美国上市的各车型高压电部分信息。美国 SAE 给出了电动汽车第一响应和第二响应的应急救援规程。

在 2008 年北京奥运会和 2010 年上海世博会的电动汽车示范运行项目中，消防部门从消防管理的角度保障运营安全，但没有针对电动汽车交通事故和火灾事故救援的培训大纲和标准程序，一线消防人员没有得到有效培训。近几年，随着电动汽车产业的快速发展，汽车企业及消防部门逐渐重视电动汽车的消防安全，在中国汽车工程学会和中国消防协会的联合支持下，公安部上海消防研究所牵头启动了电动汽车消防安全系列研究工作，包括对动力电池火灾机理和特性、电动汽车充换电站的火灾风险、电动汽车整车安全，使用管理及应急救援中的消防安全问题进行了系统性研究，编制了电动汽车消防安全技术规范体系框架，并启动了部分标准的研究工作，为电动汽车行业的消防安全研究提供了重要数据参考。

三　动力电池火灾燃烧特性研究

通过对动力电池发生火灾事故机理分析得出：动力电池副反应所导致的热失控是电池燃烧、爆炸最主要的原因，动力电池具有一定的火灾风险。因此，开展动力电池火灾特性研究，对于安全使用动力电池具有重要指导意义。

1. 动力电池的燃烧及爆炸机理研究

锂离子电池在充放电过程中，内部存在一系列电化学和化学反应，是一个封闭的反应体系，同时除了储存及释放电能的电极反应外，还有其他潜在副反应，如电解质溶液的还原和氧化分解、正极的热分解等，这些副反应的存在导致动力电池具有一定的火灾危险性。电池发生燃烧或爆炸基本都是电池内部瞬间温升过快或内压过高而导致的。

2. 动力电池火灾诱导因素分析

动力电池爆炸燃烧的主要原因可分为外部环境激励因素和内部因素两方

面。外部环境激励因素主要有过充电、短路（包括内部和外部短路）、机械滥用（如挤压、穿刺、振动、跌落等）和高温热冲击等；内部因素主要为制造环节的瑕疵。

3. 动力电池火灾特点分析

本文选取三元材料和磷酸铁锂两种电池体系进行对比研究。研究表明：动力电池发生火灾时具有燃烧温度高、燃烧迅速、不同体系的电池燃烧现象差异较大和扑救困难等特点。

• 电池燃烧温度高

以三元体系锂电池为例，当发生电池热失控燃烧时，应用红外热像仪测试得出：其火焰最高温度可达近880℃（具体如图1所示）。而常规汽油在燃烧时，火焰温度通常为400℃左右。可以看出，动力电池燃烧的温度远高于传统汽车汽油的燃烧温度。对于装配电池的车辆，尤其是运营用大客车或公交车，一旦发生火灾，如此高的温度将对设备和人员造成非常大的危害。

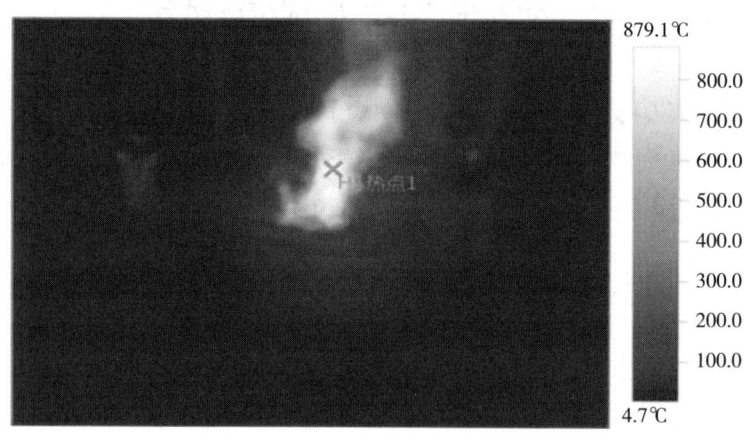

图1 动力电池燃烧的红外成像照片

• 电池燃烧迅速

动力电池发生火灾时，由于各种诱因的作用会发生副反应，副反应产热则会引发其他一系列副反应，从而导致动力电池热失控。同时由于热量的作用，动力电池中的电解液容易挥发和分解，并冲开安全泄压装置挥发出可燃性气体，可燃性气体遇空气则迅速燃烧，从而导致电解液着火。在电池燃烧过程中，从有明火出现到火焰完全熄灭，部分电池可能仅需数秒，燃烧非常迅速。

● 不同体系的电池燃烧现象差异较大

不同体系的动力电池由于应用的正极材料不同，具有不同的电化学反应特性和电池电压及容量，因此发生电池火灾时的燃烧现象也不尽相同。对于磷酸铁锂电池，燃烧前发烟量大，燃烧持续时间较长；对于三元材料电池，燃烧前发烟较少，燃烧初期火焰呈喷射状，燃烧更为迅速。

● 电池火灾扑救困难

动力电池的火灾一般由一系列电化学反应引发，这些电化学反应通常速度较快，燃烧时部分电池成分会进行分解，并形成氧化物，即使在没有氧气的环境中也会发生燃烧。分析动力电池结构，可以发现动力电池电芯外部通常由外壳材料包裹，动力电池燃烧反应则发生在电池内部，灭火剂一般不能直接作用于电池内部。另外对于动力电池包，其外壳材料更是阻挡了灭火剂对起火电芯的作用，灭火就更加困难。

● 以气体类火为主的复合型火灾

动力电池热失控过程中都伴随着气体的逸出，三元电池和磷酸铁锂电池气体逸出的状态虽不同，但逸出气体是动力电池热失控的主要表现之一。三元锂电池的燃烧呈现明显的喷射状，这是热失控过程产生的可燃性气体内部压力较大，喷射而出形成的。磷酸铁锂电池热失控的主要表现是产生大量的烟气，通过对烟气成分的分析，主要有一氧化碳、乙烯、甲烷等可燃性气体和五氟化磷、氯化氢等有毒气体，磷酸铁锂电池产生的大量可燃性气体可被火星等引燃，表现出气体火的特性。磷酸铁锂电池热失控的过程中，还能观察到大量电解液的泄漏，这些泄漏的电解液的主要成分是易燃液体，能被明火引燃，表现出液体火的特性。同时动力电池均为带电设备，因此动力电池火灾是以气体火为主的复合型火灾。逸出气体的种类及含量见图2。

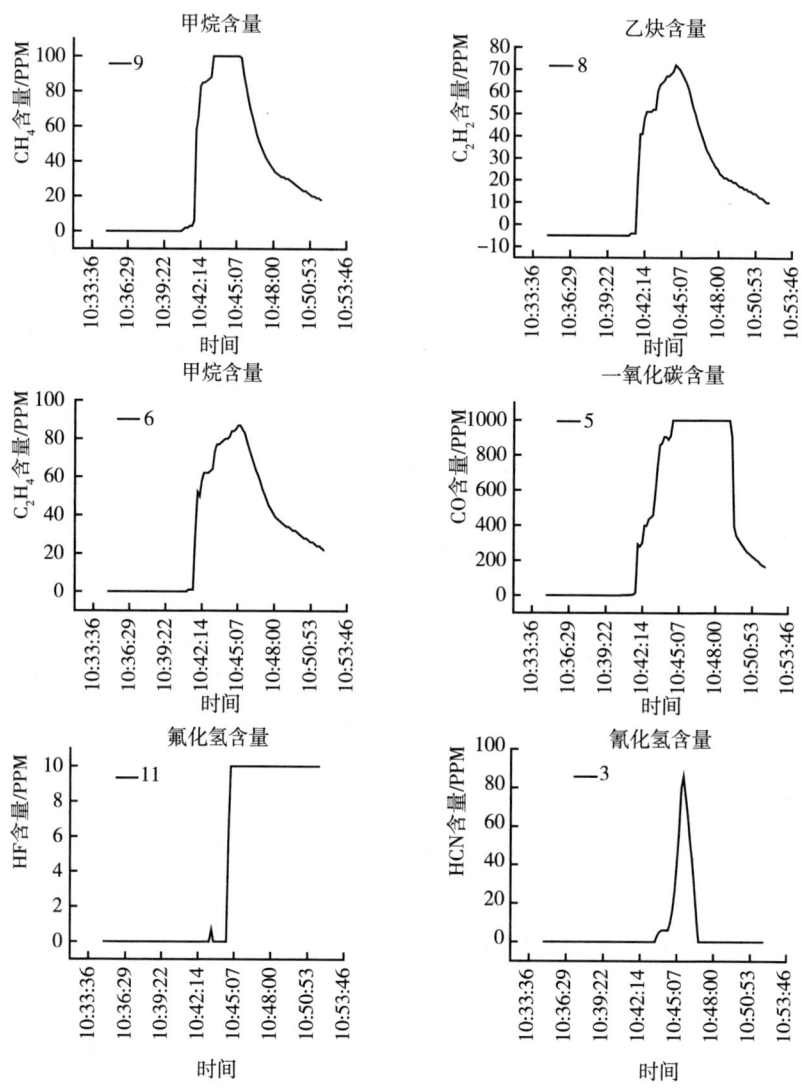

图 2 逸出气体的种类及含量

• 具有一定的爆炸危险

动力电池逸出的气体含有大量的可燃性气体,在一定的密闭空间内,若有引火能量将发生爆燃火爆炸。

四 自动灭火装置可行性及现状分析

为了解决电动汽车动力电池系统面临的消防安全问题，尤其对于装载大容量动力电池的电动客车，可考虑配置自动灭火装置，通过自动灭火装置实现早期预警探测及灭火，可有效延缓动力电池系统火灾蔓延，并为人员逃生及减少财产损失提供时间。目前市场上出现了一些电动汽车专用自动灭火装置的产品，本文做了系统分析发现：大部分灭火剂主要使用热气溶胶和洁净气体，这两种类型的产品都已在电动客车中进行装车试用，但其功能、整机配套等方面还存在一系列问题。

1. 自动灭火装置功能不明确

部分自动灭火装置的宣传介绍为"能够有效探测到储能装置舱内的锂离子电池或超级电容器等的早期火灾并给予报警，同时实现火灾自动扑灭并持续抑制，杜绝电池、电容器的火灾复燃。"但研究成果表明，锂电池火灾具有扑灭困难、易复燃等特性。同时公安部消防局和美国消防协会都给出了电动汽车灭火救援的规程和注意事项，其中都要求在消防救援中使用大量的水作为灭火的最佳选择，并注意电动汽车锂电池的复燃。因此仅依靠车载自动灭火装置中随车装载的几千克级别的灭火药剂，很难杜绝电池的火灾复燃。

由于自动灭火装置企业宣传的功能与电池成组企业和整车企业所掌握的锂电池火灾特点不匹配，大多数的整车企业认为车载装置不能起到灭火、抑制复燃的作用。两者的差异造成了整车企业对自动灭火装置的性能的不信任、功能的不理解，并在一定程度上排斥自动灭火装置在整车中的应用。

2. 基础研究不够透彻

自动灭火装置的开发需要对锂电池原理、锂电池热失控机理、热失控表现形式、锂电池灭火剂筛选等进行大量的基础性的研究。出于锂电池火灾试验费较为昂贵、锂电池电化学体系差异较大、不同厂家的锂电池差异较大等原因，大多数自动灭火装置的生产企业对锂电池火灾初期探测和灭火剂的筛

选等研究投入都显得不够。

在锂电池火灾特点方面，部分自动灭火装置生产企业认为锂电池火灾以金属火（D类火）为主，并按金属火的处置要求配置了灭火剂。这与主流的研究成果不相符，公安部上海消防研究所的研究成果认为，锂电池火灾是以气体火灾（C类火）为主的复合型火灾，公安部消防局给出的锂电池生产仓储使用场所火灾扑救安全要点中，明确"在锂电池化成工序和仓储、使用场所发生火灾的，可按照C类火灾扑救方法，使用大量水进行冷却降温，严防爆炸事故发生"。

在自动灭火装置的灭火模型的构架方面，自动灭火装置生产企业"各自为政"，建有各自的灭火模型，但其灭火模型的合理性都值得商榷。有些企业仅使用非常小的锂电池模块甚至单电芯进行热失控、着火、灭火试验，其与实际电池箱内的锂电池热失控的扩展、电池包内锂电池火灾规模等都有本质区别；有些企业在试验中改变电池箱的物理结构，采取了打开电池箱进行点火、关闭电池箱进行灭火的试验，改变了电池包的真实使用状态；还有企业将火灾报警试验与灭火试验分开进行验证，其联动性、灭火剂喷放策略就无从进行验证。

3. 与整车系统集成度还有待提高

动力电池系统是电动汽车核心部件之一，在国家标准体系中已经对电池包的性能、安全性等各方面提出了要求。电池包的成组是一个技术含量非常高的系统工程，电池包内的温度场、电池包结构、防水防尘、电磁兼容等对电池包的安全与性能非常重要。自动灭火装置的探测传感器、灭火剂喷放结构等都将装入电池包中，势必会影响电池包的整体设计和结构。目前，电池成组与自动灭火装置之间的协同研发程度远远不够。

电池管理系统（BMS）对电池温度、电压、电流等进行实时监测，已经具备了一定的事故报警、处置等功能；自动灭火装置同样具备火灾报警和灭火的功能，BMS与自动灭火装置之间如何耦合、采用何种控制逻辑都需要主机厂与自动灭火装置生产企业共同研究确定，这样才有可能避免自动灭火装置的误报、误动作，或者动作延迟等问题。

4. 在用车辆升级改造论证不充分

由于不断出现的电动汽车火灾事故，电动汽车的运营商特别是城市公交公司的安全运营的压力巨大，为此，部分城市开展了以加装车载自动灭火装置为主的在用电动公交车的技术升级改造工作。部分自动灭火装置生产企业在技术改造的过程中，势必会在电池箱外壳钻孔，在电池包内安装传感器，将自动灭火装置的供电线路与信号线路与整车和电池包进行连接。在这个过程中，由于缺乏电池包系统专业知识，缺少与主机厂的技术沟通，出现了技术方案论证不到位、破坏电池包整体结构等野蛮施工的行为，造成了车辆防水防尘等级降低、电池包系统性能下降等诸多问题。

技术升级改造工程本身从安全角度出发值得大力推广，但由于改造工程造成整车本体伤害，带"病"运行就得不偿失。同时一旦车辆发生消防安全事故，责任划分将是一大难题。因此不能为技术升级改造而进行技术升级改造，在改造之前应进行详细、具体的改造方案论证，稳妥施工，保障安全。

五 自动灭火装置设计及选型建议

1. 开展电池包内锂电池火灾特性研究

电池包内锂电池火灾特性是自动灭火装置研发的基础，只有确定了电池包内的锂电池火灾特性才有可能选择出正确的灭火或延缓火灾发生、发展的方法。研究清楚电池包内锂电池热失控初期特性，才有可能选择出合适的火灾报警或者预警传感器。如果没有这些基础理论的研究，开发出的自动灭火装置的作用将得不到保证。

值得我们注意的是，目前国内很多学者和企业做了大量关于锂电池火灾特性的研究，但这部分研究大多是基于电芯单体或者小型模块，对电池包级别的锂电池火灾特性的研究开展还不充分，当电池成组后，电芯及模块受到电池包结构的影响，其火灾特点会有差异，同时还涉及锂电池热失控的传播与扩展对自动灭火装置的影响，因此这方面应引起自动灭火装置开发企业的重视。

2. 明确自动灭火装置的功能

小剂量的灭火剂不能终止热失控锂电池的电化学反应已是公认的事实，因此自动灭火装置能完全扑灭电池包火灾而不复燃难度巨大。尽管如此，电动汽车自动灭火装置对保障安全是否有效，能否对电池火灾进行抑制，为人员逃生提供时间，这些需要尽快验证明确。

基于乘员逃生的考虑，《电动客车安全技术条件》中规定"如果发生热失控，但是热事故信号发出后5min内没有发生外部起火或爆炸，且没有烟气进入乘客舱"，电动汽车自动灭火装置能否为电池包提供5分钟的火灾抑制时间，并将此作为自动灭火装置的主要功能的实现方向，这些需要自动灭火企业不断研究确定。

3. 建立统一的试验验证方法

为了对自动灭火装置的灭火效能进行评估，需要研究确定统一的自动灭火装置灭火性能评价方法和指标，建议该实验验证方法以电池包实际使用环境为原则，以5分钟内没有发生外部起火或爆炸为判断准则，而不考虑自动灭火装置的探测方式、药剂种类等影响。目前，电动汽车产业技术创新战略联盟已联合公安部上海消防研究所开展了《电动汽车锂离子电池箱自动灭火装置性能要求和试验方法》团体标准研究编制工作，即将向行业发布推荐应用。

4. 与电池包系统同步开发

建议自动灭火装置生产企业与电池成组企业和主机企业高度配合，在电池包设计的初期就将自动灭火装置纳入其中，留足自动灭火装置的安装空间；考虑电池包内空气流场，合理安排探测器位置和灭火剂喷放位置；一同考虑防水防尘等级和电磁兼容等。通过与电池包系统的同步开发，减少自动灭火装置在电池包中的不适应和不适用。

5. 整车厂需加强对自动灭火产品的选择性研究

整车厂应认真了解拟采用的自动灭火装置的探测原理、启动策略、灭火机理，并认真研究自动灭火装置提供的试验验证方案是否与自身电池包系统相匹配，而不仅仅看自动灭火装置是否取得消防认证机构的证书，整车厂应从对自身负责的角度谨慎选择自动灭火装置。

B.14
2017年动力电池原材料产业发展报告

张江峰 刘磊*

摘　要： 2017年，我国锂电产业发展速度明显加快，新能源汽车产销量增速超过50%，锂离子电池产量增长超过40%，锂电池正极材料总产量增长超过50%，碳酸锂、氢氧化锂产量增长均超过50%，钴产量增长达到23%。行业内大多数企业利润增加，但少数企业经营困难，出现亏损。中国是世界上最大的锂、钴消费国，日韩等国家的消费量也在逐年增长。2017年全球锂的消费折合碳酸锂约23.7万吨，同比增长约15%，全球钴消费约为11.5万金属吨，同比增长接近11%。锂、钴矿石原料价格大幅增长，锂盐、钴盐价格大幅上涨，正极材料价格也大幅上涨，给动力电池成本带来不小的影响。国内锂盐、钴盐产能逐年增长，在建及拟建项目增多。冶炼技术取得新进展，工艺不断完善，回收利用价值凸显，越来越受到关注和重视。

关键词： 锂钴资源　价格　回收利用

---

* 张江峰，教授级高工，中国有色金属工业协会锂业分会秘书长，有色金属技术经济研究院副总工程师；刘磊，工程师，中国有色金属工业协会钴业分会秘书。

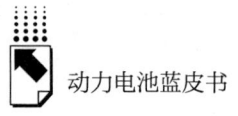

动力电池蓝皮书

一 锂资源概况

（一）锂资源的分布情况

世界主要锂生产国包括中国、智利、阿根廷、美国、澳大利亚、俄罗斯等。① 中国是世界上最大的锂消费国，日韩等国家的消费量也在逐年增长。锂业分会测算2017年全球锂的消费折合碳酸锂约23.7万吨，同比增长约15%。世界各国加大了对锂资源的勘探和开发，南美、北美、非洲等地发现新的资源，澳大利亚、加拿大、阿根廷以及非洲多个国家的锂资源项目正在开发过程中。

锂资源分为矿石锂资源和卤水锂资源，其中盐湖卤水锂资源占全球锂资源的66%以上。近年来，全球锂资源勘探和开发的项目越来越多，不断有新的锂矿床被发现，全球探明的锂资源总量和储量②也在不断变化。据美国地质调查所2018年的最新数据，世界已查明的锂资源量以金属锂计约为5300万吨，储量以金属锂计约1600万吨，见表1。与2017年的数据相比，世界总储量由1400万吨增加至1600万吨，澳大利亚的储量由160万吨增加至270万吨，世界总资源量由4700万吨调整为5300万吨，阿根廷的资源量由900万吨增加到980万吨，智利的资源量由750万吨调整至840万吨，澳大利亚的资源量由200万吨调整至500万吨。盐湖卤水型锂资源主要集中在南美的锂三角（智利、阿根廷和玻利维亚），硬岩型锂资源主要集中在澳大利亚、加拿大及非洲刚果金、津巴布韦等国。③ 中国卤水型和硬岩型两者都有，且资源储量巨大。

---

① 张江峰：《2016年中国锂工业发展现状分析》，《新材料产业》2017年第4期。
② 资源量是指查明矿产资源的一部分和潜在矿产资源；储量指查明矿产资源中的经济可采部分。
③ 中国有色金属工业协会锂业分会：《2016年度中国锂产业报告》，内部资料。

表1 世界锂资源及储量（金属量，万吨）

国家	储量	资源量
智利	750	840
中国	320	700
澳大利亚	270	500
阿根廷	200	980
美国	3.5	680
玻利维亚	—	900
巴西	4.8	巴西、墨西哥各18，葡萄牙10，奥地利5，马里20
葡萄牙	6	加拿大190，捷克84，西班牙40，津巴布韦50，
津巴布韦	2.3	刚果（金）、俄罗斯、塞尔维亚各100
世界总计（约）	1600	5300

按照资源量折合，碳酸锂当量为2亿多吨，按照全球年产碳酸锂量20万吨测算，静态开采年限在100年。中国锂资源丰富，位居第四，锂资源量以金属锂计700万吨，锂储量以金属锂计320万吨。

全球锂资源主要分布在盐湖和各种矿石中。早期锂矿石资源绝大部分属于伟晶岩，资源储量较小，但随着盐湖卤水锂资源的发现，锂资源储量呈现几何级数增长。世界盐湖锂资源主要分布在玻利维亚、智利、阿根廷、中国及美国。花岗伟晶岩锂矿床主要分布在澳大利亚、加拿大、芬兰、中国、津巴布韦、南非和刚果（金）。

（二）国内外年产量情况

国内锂矿石资源主要位于四川、新疆、江西等地，盐湖锂资源主要位于青海和西藏。由于锂矿及锂盐价格持续高位震荡，国内锂资源的勘探开发明显加快。

与2016年底17万吨产能相比，国内锂盐产能增加了47%。山东瑞福锂业年产2万吨碳酸锂生产线于2017年下半年投入试生产，江西金辉锂业年产1万吨工业级碳酸锂生产线于2017年9月初投产，青海恒信融锂业年产2万吨碳酸锂生产线于2017年11月投入试生产。江苏宝众宝达、江西合纵锂业、江特银锂等企业锂盐扩产项目建设完工并投入运行。

根据中国有色金属工业协会锂业分会初步统计，我国锂盐产量12.34万吨（包括进口工业级碳酸锂加工成电池级碳酸锂或氢氧化锂等），同比增长43.5%，详见表2。

表2 我国锂盐及金属锂产量

单位：万吨，%

产品名称	碳酸锂	单水氢氧化锂	氯化锂	金属锂	合计碳酸锂当量
2017年产量	8.3	3.5	1.3	0.25	12.34
2016年产量	5.34	2.5	1.3	0.28	8.6
同比增长(%)	55.43	40	0	-10.71	43.49

国内盐湖卤水提锂工艺不断完善，企业产能利用率逐步提高，部分企业产能利用率可达80%。开发并掌握了沉淀法、煅烧法、萃取法、吸附法、纳滤膜法、离子交换膜法等多种工艺技术路径。根据锂业分会统计数据和实地调研，我国盐湖卤水提锂工艺取得新突破，今后能为我国锂电产业提供更多的发展动力。

2016年12月29日财政部、科技部、工业和信息化部、国家发展改革委联合发布了《关于调整新能源汽车推广应用财政补贴政策的通知》（补贴新政于2017年1月开始实施），新补贴标准分别对客车、乘用车及物流车动力电池能量密度出台更加细致化的要求。新能源补贴政策落地，补贴政策更多奖励高能量密度电池，利好三元材料及燃料（氢能源为主）电池汽车。这些很明显地反映在2017年正极材料的生产中。

根据中国有色金属工业协会锂业分会统计，2017年我国锂离子电池正极材料产量32.3万吨，同比增长49.54%，消耗碳酸锂约11万吨，同比增长52.14%。有十多家企业正极材料的产量超过了1万吨。锂离子正极材料产量见表3。

由于补贴政策的调整，在国家产业政策引导和市场需求的双重刺激下，三元材料的生产量持续增长，北京当升、贝特瑞、宁波金和等企业已开始生

表3 锂离子正极材料产量

单位：万吨

产品名称	2017年产量	2016年产量	同比增长（%）
磷酸铁锂	10.1	7.4	36.49
三元材料	12.6	6.5	93.85
锰酸锂	3.6	2.6	38.46
钴酸锂	6	5.1	17.65
合计	32.3	21.6	49.54

产NCM 811、NCM 622以及NCA等三元材料。2017年，国内磷酸铁锂材料产量持续增长。磷酸铁锂电池具有安全性好、成本低、使用寿命长等优点，在动力汽车和储能领域应用广泛。锰酸锂电池具备功率性能优秀、低温性能好、电压平台高等特点，在2017年第一批新能源客车推荐目录上，有38款车型选配了锰酸锂电池，也推动了国内锰酸锂的生产。

2017年国内锂离子电池正极材料技术和产量都取得了长足进展，已成为全球最重要的正极材料生产国和消费国。为满足动力电池、储能锂电及小型锂电三大市场的不同需求，主要电池材料厂与下游客户共同研发不同类型的产品，根据客户订单配料生产。由于众多企业看好新能源汽车的发展，锂离子正极材料产能快速扩张，根据锂业分会的统计，国内排名前30的企业的产能就超过50万吨。湖南杉杉、宁波容百、贝特瑞等一批龙头企业建设或规划建设中的正极材料产能也达数十万吨。预计到2020年，国内的正极材料产能将翻一番。

2017年，中国基础锂盐企业取得了较好的经济效益，企业平均净利润在20%以上，正极材料也是产销两旺，企业平均利润在5%以上。

（三）锂资源开采冶炼的主流技术

碳酸锂等锂盐生产主要工艺分为矿石提锂和盐湖卤水提锂。矿石提锂指以锂辉石、锂云母等固体锂矿石为原料，生产碳酸锂和其他锂产品。矿石提锂技术相对成熟，主流方法是"硫酸法"，其主要工艺是将固体矿进行焙烧，对焙烧后的精矿进行研磨，再将原料与硫酸进行混合焙烧。冷却后酸化熟料通过溜槽（密闭）进入浸出槽中，加水并加入来自过滤洗涤产出的洗液进行浆化和浸出，对浸出液进行净化除杂后，可用于生产碳酸锂或氢氧化锂等锂盐产品。锂云母的主要工艺是采用硫酸盐等进行复盐焙烧，再用水浸取，对浸出液净化除杂后，可生产碳酸锂等产品。

卤水提锂指从含锂的盐湖卤水中提取出碳酸锂、氯化锂等锂盐，通常要经过盐田日晒，将钠、钾等盐类饱和析出，再采用物理化学方法将锂与镁、硼等离子分离。

国外还有数条年产能在百吨级或1~2千吨级的碳酸锂试验生产线，某些在采用电解生产氢氧化锂等产品，可以出售一些碳酸锂或氢氧化锂产品。

（四）国内外主要企业发展情况

国内有天齐锂业股份有限公司、江西赣锋锂业股份有限公司、江苏容汇锂业股份有限公司、山东瑞福锂业有限公司、四川雅化实业股份有限公司等矿石提锂企业，还有青海盐湖佛照蓝科锂业股份有限公司、青海恒信融锂业有限公司、青海中信国安科技发展有限公司、青海锂业有限公司、白银扎布耶锂业有限公司等盐湖提锂企业。2017年底国内基础锂盐产能约25万吨，其中碳酸锂产能17.8万吨，氢氧化锂产能5.4万吨，氯化锂产能1.8万吨（包括工业级、电池级产能，也包括外资企业在我国的加工产能）。

国外主要的碳酸锂生产企业包括智利SQM公司、美国FMC公司、美国Albemarle公司和阿根廷Orocobre四家，除Albemarle公司外，其他三家碳酸锂均以盐湖卤水为原料。2017年四家企业的锂及其衍生物销量约为11万吨，与2016年基本持平。这四家公司也在逐渐扩大产能，确保锂盐供应中的地位。

近年来锂电池行业广阔的市场前景和快速发展的趋势使得锂行业的投融资项目越来越多。锂资源及基础锂盐方面的主要投资项目有以下几个。

赣锋锂业

（1）增资旗下Mariana锂业。2017年初，赣锋锂业为了加快阿根廷

Mariana 锂-钾卤水矿项目的勘探进度，对其全资子公司 MarianaLithiumCo., Limitied 增资 3000 万美元。

（2）认购 Pilbara 股权。2017 年 4 月，全资子公司赣锋国际认购 Pilbara 的新增股份，交易完成后，赣锋国际将持有 Pilbara 不超过 5% 的股权。赣锋锂业将参照市场价包销 Pilgangoora 锂矿项目生产的部分锂辉石精矿。项目第一期预计在 2018 年 6 月左右投产后，向赣锋锂业提供 16 万吨/年的锂精矿；项目第二期投产后，向赣锋锂业提供的锂精矿将增加 7.5 万吨/年。

（3）收购美洲锂业 17.5% 的股权。2017 年 6 月，赣锋国际已经完成了对美洲锂业 7500 万股新增股份的认购，赣锋国际获得的 Cauchari-Olaroz 锂项目自投产日起前 20 年美洲锂业享有部分的锂盐产品包销权将由 70% 增加至 80%。

天齐锂业

2017 年 12 月，天齐锂业配股募集资金 16.50 亿元，用于西澳大利亚州奎纳纳市"年产 2.4 万吨电池级单水氢氧化锂"项目建设。

雅化集团

（1）雅化集团与四川省能源投资集团有限责任公司通过共同合作，自筹资金共同收购四川国理锂材料有限公司除雅化集团外其他股东所持的 62.75% 的股权。

（2）自筹资金 200.40 万澳元认购核心地勘有限公司（Core Exploration Limited）定向发行的 3340 万股股份，并就后续菲尼斯锂项目合作及获得 Core 公司锂矿的包销权达成意向。

华友钴业

公司全资子公司华友国际矿业（香港）有限公司与澳大利亚 AVZ 公司签署股份认购协议，华友国际矿业公司拟以 1302 万澳元认购 AVZ 新发行的 1.86 亿股股份，华友钴业将获得 AVZ 1.86 亿股附加转股期权的股份，占 AVZ 本次增发完成后总股本的 11.2%。

南氏锂电

投资 12 亿元在江西宜春建设年产 6 万吨碳酸锂项目，2017 年 5 月开工建设，2018年5月项目建设全面竣工。产量规模三年三大步：2018年碳酸锂产量达到2万吨，2019年产量达到4万吨，2020年产量达到6万吨。

中国锂产业结构较为合理，产品品种日趋增多，产业链包括了锂资源开发、锂盐提取、金属锂及锂合金、锂电池材料、锂电池等。产业结构中有锂资源勘探开发、碳酸锂、单水氢氧化锂、氯化锂等基础锂盐加工企业，还有利用氯化锂等提炼金属锂的企业以及冶炼加工锂合金的企业，锂电池材料企业有正极材料企业、钛酸锂负极材料企业和从事电解质六氟磷酸锂生产的企业。产业链上还有与之配套的设计、设备生产、环保等企业。

（五）锂价格和市场发展概况

1. 价格走势

2017年，碳酸锂价格走势呈现前低后高的上涨趋势，氢氧化锂价格为每吨13万~16万元。2017年初，新能源汽车补贴调整政策刚出台，叠加春节对生产的影响，新能源汽车产量下滑，锂电池产量下降，锂电正极材料对碳酸锂的消费需求拉动不大。国内高镍三元材料刚刚起步，市场无法消化迅速增加的氢氧化锂产品，导致氢氧化锂产品价格下滑。第二季度开始，锂电产业开工率逐渐恢复，拉动了对碳酸锂等锂盐的需求，加之天齐锂业张家港基地技改检修、江西赣锋锂业更换锂辉石原料供应，碳酸锂市场供应量减少，市场价格逐渐上涨。第三季度受环保督查，新能源汽车"抢装"等影响，碳酸锂价格大幅上涨，高镍等锂电正极材料的需求较平稳，氢氧化锂价格波动不大。第四季度末，受国内大量进口锂辉石原矿和精矿的影响，以及国内盐湖提锂、锂云母提锂工艺技术取得重大突破，碳酸锂价格逐渐回落。2017年基础锂盐价格走势见图1。

2017年1月底起，四氧化三钴和硫酸钴价格逐渐上涨，推动钴酸锂和镍钴锰酸锂（523型）价格上涨，加之碳酸锂价格在3月中旬后上涨，钴酸锂和三元材料价格一直持续在高位。6月~8月，电池市场进入淡季，钴的价格下滑，下游企业对高价位的正极材料接受程度较低，钴酸锂和镍钴锰酸锂的价格小幅回落，8月中旬后，四氧化三钴和硫酸钴、硫酸镍价格出现上

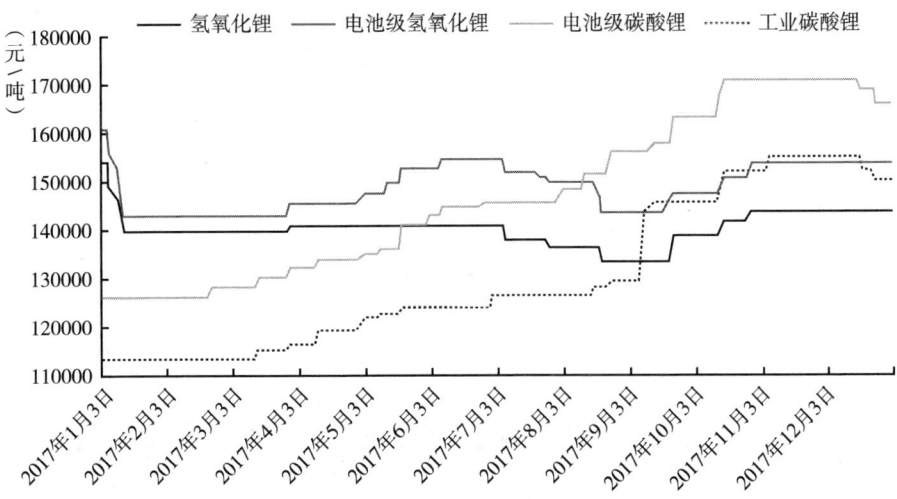

图 1　2017 年基础锂盐价格走势

数据来源：亚洲金属网。

涨，钴酸锂和镍钴锰酸锂价格也开始走高，钴酸锂价格较年初接近翻番，价格走势详见图 2。

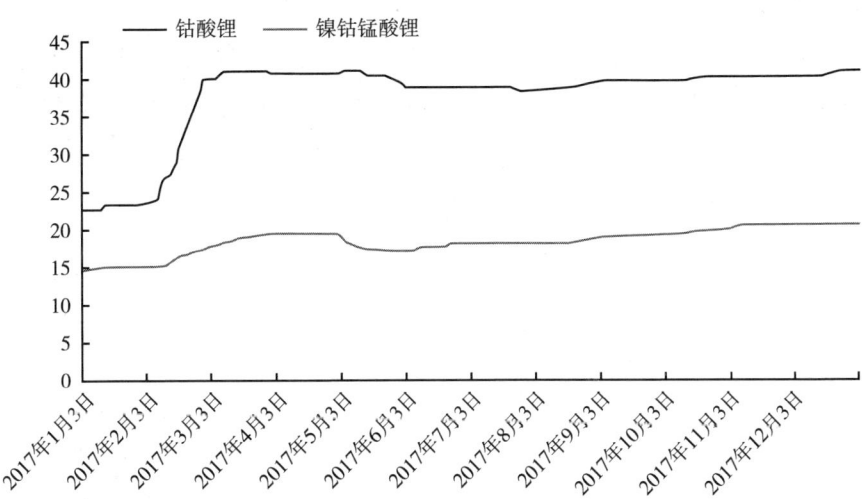

图 2　2017 年钴酸锂和镍钴锰酸锂（523 型）价格走势

数据来源：亚洲金属网。

2. 进出口贸易

2017年我国全年进口锂盐总计3.5万吨（碳酸锂当量），同比增长35.55%，主要从智利和阿根廷进口碳酸锂；全年出口锂盐总计1.9万吨（碳酸锂当量），同比大幅增长76.19%，主要将氢氧化锂出口到日本、韩国等国家，详见表4。

表4 2017年我国锂盐进出口情况

商品名称	进口		出口		净进口量（吨）
	全年进口数量（吨）	全年进口金额（万美元）	全年出口数量（吨）	全年出口金额（万美元）	
氢氧化锂	1269.093	1537.7674	19383.475	23598.9533	-18114.382
氯化锂	3358.02	2548.67	545.041	574.7414	2812.979
碳酸锂	30682.252	36215.7824	1495.902	3203.1087	29186.35
折合碳酸锂当量	34821.27		19043.9		15777.37

2017年中国氢氧化锂净出口18114.382吨，同比增长86.43%；氯化锂净进口2812.979吨，同比减少6.74%；碳酸锂净进口29186.35吨，同比增长42.97%。

综合考虑氢氧化锂、氯化锂和碳酸锂三大产品的进出口，2017年净进口总量达到15777.37吨碳酸锂当量，同比增长6.03%，其中氢氧化锂净出口和碳酸锂净进口大幅提升，体现了2017年国内外新能源汽车产销量促进了锂盐需求的增加，中国市场对锂盐的加工能力有所增强。

（六）政策环境分析

1. 原料对外依存度大，国内矿石资源开发程度低

我国锂资源丰富，不但有丰富的盐湖卤水锂资源，还有较为丰富的锂辉石、锂云母资源。国内盐湖资源多分布在青藏高原，自然环境较为恶劣，基础设施不完善，除西藏盐湖外，其他盐湖镁锂比高，分离难度大，且由于盐湖成分差异，提锂技术通用性差。锂辉石矿资源多位于新疆、四川省阿坝、甘孜等自然环境恶劣的高海拔地区，基础设施配套较差，开采难度大，尾矿

处理难度大，少数民族地区的宗教问题、环保问题等对开发影响大。宜春地区的锂云母资源开采总量不大，仅有部分矿产品转化成碳酸锂。部分锂矿区资源勘探工作进展不大，矿山开发停滞不前。

2017年，我国进口锂精矿94万吨，锂辉石原矿183万吨，国内矿石提锂企业主要依靠澳大利亚进口矿石作为原料，目前我国锂行业原料对外依存度达到80%。

2. 锂电池回收体系不健全

我国锂电池回收利用程度低，由于没有锂电池回收渠道，大量的3C废旧锂电池没有被回收和处理，给环保造成一定影响。同时我国动力电池回收利用体系不健全，回收网络不完善，回收利用技术不成熟，成本高、效率低等问题突出。随着动力电池回收利用问题越来越迫切，一些新能源汽车企业、动力电池企业、报废车拆解企业、电池材料企业都有参与动力电池回收利用的意愿。虽然这些企业都掌握一定的资源，但由于缺乏商业模式创新，不能形成清晰的商业模式，可持续的动力电池回收利用模式难以启动。

预计到2018年，我国累计废旧动力锂电池超过12GWh，报废量超过17万吨，这些废旧动力锂电池拆解过程也会产生废气、废液、废渣等，有机电解液和钴、铜、镍等重金属物质会带来生态环境的安全隐患。如果不对废旧动力锂电池进行必要的回收和处理，不仅会造成资源浪费，也会对环境造成一定污染。因此，必须健全完善锂电池回收利用体系。

3. 充分利用各种锂资源，保障国内锂电产业的平稳发展

面对我国锂资源对外依存度高的现实，应加强对国内锂资源调查评价，重点开展对包括藏北、柴西、川西和江西等地的锂资源勘查，大幅度扩大锂资源储量远景。进一步完善盐湖提锂工艺，合理利用卤水锂资源，提高卤水提锂产品的产量。另外，矿石提锂产业属于绿色产业，生产中无废液和废气排放，全流程可实现清洁环保生产，不会对周边环境造成污染[1]，要充分利

---

[1] 张江峰：《2016年中国锂工业发展现状分析》，《新材料产业》2017年第4期。

用中国掌握的矿石提锂技术，利用海外锂矿资源，保证国内锂产业的原料供应。

目前，国内一些企业控股或参股国外锂矿山，利用自有的技术优势，在资源地附近建设锂盐生产线，减少了运输费用，降低了生产成本。锂盐企业不断加大投入，优化工艺技术，扩大产能，保证了国内的锂盐供应。锂盐企业应结合下游实际需求进行规划建设，防止出现产能大幅过剩，造成严重的投资损失。

国家应加大对国内优质锂资源的勘探开发力度，逐渐降低锂资源的对外依赖度，使锂产品市场价格更利于国内锂电产业的发展，更利于新能源汽车产业的发展。

4. 完善锂电池回收利用体系

2016年底，工信部就《新能源汽车动力蓄电池回收利用管理暂行办法》向社会征集意见，旨在构建废动力电池产品来源可查、去向可追、节点可控的管理机制，实现动力蓄电池回收利用，并拟在京津冀、长三角、珠三角地区选择有条件的城市开展回收利用示范。该办法确定了生产者责任延伸制度，明确了新能源汽车生产企业、动力蓄电池生产企业、梯级利用电池生产企业、报废汽车回收拆解企业的责任。

目前，我国已形成了一些专门的动力电池回收企业，如广东邦普、深圳格林美、江西赣锋锂业等，国内已建成一定规模的废旧电池与报废电池材料处理生产线，可以回收废旧电池中含有的镍、钴、锰、锂等稀有金属。既避免了对环境的污染，也补充了国内镍、钴、锂等稀有资源的供应，支持了国内锂电产业的发展。

随着动力电池回收利用问题的解决越来越迫切，一些新能源汽车企业、动力电池企业、报废车拆解企业、电池材料企业都有参与动力电池回收利用的意愿。国家应进一步规范锂电回收市场，促进资源的回收利用，引导产业上下游企业联合起来，利用各自的优势，解决锂电池的回收利用问题。企业、高校和科研院所要形成新的合作模式，协同处置，使各类资源得到合理利用。

中国锂电产业规划布局早，政府引导支持力度大。在新能源汽车、储能产业的带动下，锂电池、电池材料以及配套产业同步协调发展，已经形成了较为完善的产业链，产品质量逐步提升，与国外领先技术差距越来越小，产业发展势头良好。在我国宏观经济进入新常态的大趋势下，锂电行业整合并购在持续进行中，那些拥有雄厚技术积累、足够资金支撑、理性市场定位和对市场快速做出反应的企业在未来激烈的市场竞争中占得先机，赢得市场。[1]

二 钴产业发展报告

（一）钴资源概况

1. 钴资源的分布情况

美国地质调查局（USGS）2017年矿产品年鉴（Mineral Commodity Summaries 2017）统计数据显示，2017年世界钴储量为734.3万吨。2017年世界钴储量见表5。

钴主要为铜、镍矿产伴生资源，50%的钴源于镍的副产品，44%的钴来自铜及其他金属的副产品，只有6%的钴来自原生钴矿，其生产规模在很大程度上受铜、镍矿产开发影响。

全球钴矿的供应商分布也非常集中，嘉能可、自由港、欧亚资源和淡水河谷这四家已经占了全球钴矿产出的65%。

中国是个贫钴国，按照国土资源部2017年公布的2016年全国矿产资源储量通报，我国钴储量基础为8万吨，查明资源量为67.25万吨，但具有开采意义的储量仅为2.68万吨，占查明资源储量的4%。[2]

---

[1] 张江峰：《2016锂电产业生产概况》，《中国有色金属》2017年第1期。
[2] 刘磊：《2017年中国钴市场现状分析和展望》。

表5 2017年世界钴储量

单位：万吨金属量

国家或地区	2015年储量	2016年储量	2017年储量
刚果（金）	340	340	350
澳大利亚	110	100	120
古巴	50	50	50
赞比亚	27	27	27
菲律宾	25	29	28
俄罗斯	25	25	25
加拿大	24	27	25
新喀里多尼亚	20	20	20
马达加斯加	13	13	15
中国	8	8	8
巴西	7.8	—	—
巴布亚新几内亚	—	—	5.1
南非	3.1	2.9	2.9
美国	2.3	2.1	2.3
其他	61	69	56
世界总计	716.2	713	734.3

资料来源：美国地质调查局（USGS）。

2. 国内外年产量

钴矿业巨头产量相对稳定，中小型钴矿供应商积极扩张。在2017年钴价飙升的情况下，嘉能可、洛钼、谢里特、淡水河谷等钴矿巨头的产量相对保持稳定，甚至出现前三季度减产的情况，而中型的钴矿供应商在积极扩产。2016年全球钴原料产量约10.7万金属吨，2017年全球钴原料产量达到12万金属吨，增幅在10%以上。2017年增量比较明显的有金川的Ruashi Mining、莎林那资源（Shalina Resources／Chemaf Etoile）、中冶（Metallurgical Corp. of China，MCC）、Somika SPRL和万宝矿产的Kamoya等。全球钴原料供应情况见表6。

表6 全球钴原料供应情况

单位：吨

国家或地区	2015年	2016年	2017年E
刚果(金)	68300	67035	83700
古巴	5800	5894	6000
俄罗斯	5800	5600	5800
澳大利亚	4100	4150	3600
马达加斯加	3400	3273	3400
菲律宾	4300	4700	4500
加拿大	2820	3469	3480
巴布亚新几内亚	2400	2187	3300
赞比亚	1600	300	300
新喀里多尼亚	2150	3188	2800
中国	1300	1700	2000
摩洛哥	1900	1750	1500
巴西	1100	400	0
南非	1250	1650	1750
其他	1500	1700	1750
总计	107720	106996	123880

数据来源：安泰科、CDI、DARTON。

2017年中国钴的冶炼产量约6.9万金属吨，同比约增长23%。2017年钴价节节攀升，利润水平大大提高，我国钴冶炼厂产量高速增长。目前产量和产能主要集中在华友、格林美、金川、腾远、佳纳、科立鑫、茂联、寒锐、雄风、凯实等大型企业。根据统计，2017年中国国内精炼钴产能已经达到10万吨。[1]

3.主要应用领域

2017年全球钴消费约为11.5万金属吨，同比增长接近11%，其中锂电池、超级合金、硬质合金等需求较为旺盛，电池行业和高温合金行业仍是最大的两块用钴领域，电池行业用钴量约为6.8万金属吨，占比约为59%，其次是高温合金用钴量约为1.7万金属吨，所占比重约为15%。与电池行

---

[1] 刘磊：《2017年中国钴市场现状分析和展望》。

业和高温合金行业相比,其他行业的用钴量较为平均。

4. 新能源汽车领域占比情况在新能源汽车动力电池领域正极材料方面的应用情况

电池行业在钴消费中占据越来越重要地位,是钴行业消费最主要的增长点。电池行业对钴的消费从2012年的3.1万吨增长至2017年的6.8万吨,年均复合增长率高达17%。虽然近几年以智能手机、平板电脑和笔记本电脑为代表的3C产品由于市场的饱和以及消费者更新产品周期变长而销量增长放缓,但目前新能源汽车正处于蓬勃发展的时期,预计未来几年动力汽车的发展将成为钴需求至关重要的增长点。

目前市场主流正极材料包括钴酸锂、镍钴锰酸锂三元材料、镍钴铝酸锂三元材料、磷酸铁锂和锰酸锂。在动力电池领域,三元材料逐步显示出优势,相对于钴酸锂有着极大的价格优势,并且具有安全性和稳定性。之前3C产品基本以钴酸锂为正极材料,目前笔记本电脑用正极材料主要是镍钴锰酸锂和钴酸锂二分天下,钴酸锂在手机和平板电脑的应用也正面临部分被镍钴锰酸锂替代的情况。在动力电池领域,三元材料的优势更加显著,宝马的电池供应商三星SDI采用的是镍钴锰酸锂三元材料,中国的北汽、上汽、吉利的主要电池供应商CATL、浙江天能、国轩高科和比克,主要的原料是镍钴锰酸锂三元材料和磷酸铁锂,特斯拉的电池供应商松下采用的是镍钴铝酸锂三元材料。正极材料发展方向是提高能量密度,目前来看,三元材料较有优势。比亚迪已表示,今后在EV乘用车市场也逐步采用三元系电池。

目前电池领域用钴主要集中在锂电池行业,锂电池主要应用于IT、XEV和ESS,其中IT行业是最主要的应用领域,但是XEV行业的增速最快,近5年IT领域锂电池出货量的复合年均增长率为9.3%,ESS领域为38.5%,XEV行业高达46.3%。

(二)钴产业链开发技术现状

1. 钴资源开采冶炼的主流技术

受到未来国内原生钴原料供应紧张的预期影响,国内主要精炼钴生产厂家难以有足够的原生原料用于生产,所以目前新建钴冶炼产能都配备了钴废料和钴原生料两条生产系统,在酸浸萃取后再归入同一生产线进行加工生产成硫酸钴溶液或者氯化钴溶液,之后再加工成钴盐产品。

同时,由于中国钴原料主要源于刚果(金)等非洲国家,对刚果(金)的依赖程度非常高,这对中国钴原料供应有一定的潜在威胁,如果未来全球新能源汽车领域用钴需求进一步增加,中国钴原料来源必将进一步多元化,其中亚太地区的镍钴伴生原料需求量将进一步增加。与非洲铜钴资源开采及初级冶炼领域不同的是,亚太地区的镍钴资源大部分是以红土镍矿伴生钴的形态存在的,目前大部分项目都采用的是火法冶炼工艺,所生产出的镍铁无法提取伴生中的钴元素,对原料中的钴部分是极大的浪费,只有采取湿法冶炼的方式,才能把伴生中的钴资源提取出来。所以一旦钴价持续上行,以印尼、菲律宾为代表的亚太地区红土镍矿项目中的湿法冶炼项目将会适度增加,但受到投资规模较大的影响,出于成本考虑,镍湿法冶炼项目中提钴短期内不会成为主流。

2. 未来的技术趋势是否会有突破

无论是国内还是国外,钴开采和初级冶炼的技术都已经比较成熟,未来也不会有太大的技术革新,但是在电池领域的加工技术还有进一步提高的潜力。

在动力电池领域,2017年以前,国内动力电池以磷酸铁锂为主,尤其是在电动大巴上占有绝对的主导地位,三元材料动力电池在2015年之后才逐步起步,三元材料动力电池对比磷酸铁锂动力电池,具有能量密度高的优点,但是在价格成本上则明显高于磷酸铁锂动力电池;同时由于三元材料电池中镍元素比例逐步提高,其安全性成为其此前未能一直大规模应用的主要问题。[1]

众所周知,三元材料中的镍含量越高,材料的稳定性越差,安全性也就越差,所以在近几年三元材料动力电池推广时以低镍含量的三元材料动力电

---

[1] 刘磊:《2017年中国钴市场现状分析和展望》。

池为主，目前已经非常成熟的是111型和523型三元材料电池。但是近几年三元材料中的钴元素价格持续上涨，两年内其价格涨幅已经达到了300%，所以国内主要三元材料动力电池厂商纷纷采用高镍低钴的三元材料，这种高镍三元材料具有成本较低、电池密度高的特点。但高镍三元材料动力电池存在一定的安全隐患。可以说正极材料电池中的每个材料和电池本身的工艺是非常复杂的，目前正极材料中的金属元素哪一个都不是完美材料，更谈不上完美的工艺，所以只有通过不断的材料优化匹配，才能生产出较为完美的动力电池正极材料。

除镍钴锰三元材料之外，市场上还有一种由镍钴铝合成的三元正极材料（NCA），不过这种材料的核心技术基本被日本厂商所垄断，日本松下、住友金属是少数拥有其核心技术的镍钴铝生产商。这两大厂商也是美国知名电动车企业特斯拉的正极材料供应商，住友金属所生产的绝大部分镍钴铝三元材料供给松下用于生产18650和21700型号锂电池，进行组装后用于特斯拉的汽车。国内企业由于专利问题，目前还没有进行NCA材料的大规模生产，只能向松下提供镍钴铝三元材料的前驱体，用于其正极材料的生产。不过，镍钴铝三元材料能量密度高，在小型电池领域有较好的应用前景，所以中国厂商也已经逐步进行该材料的研发及生产工作。但是其与镍钴锰三元电池一样存在较大的安全隐患，在动力电池领域风险较高，同时，这种材料只能应用于圆柱动力电池，对电池控制系统要求极高，所以短期在国内很难得到大规模应用。目前也只有美国的特斯拉公司采用它作为动力电池用正极材料。

同时我国整个正极材料产业存在产能过剩、高镍低钴三元材料仍未大规模投产的问题。可以说正极材料生产厂商普遍存在大而不强的状况。产品存在低端化，时常出现价格恶性竞争的状况。材料企业只能依靠价格成本优势来占领市场，而非完全依靠技术优势赢得下游客户认可，造成产量很大，利润却很低的问题。以镍钴锰三元材料为例，绝大部分为常规NCM 523材料，用于低端18650型电池的生产。而动力型NCM、高镍型NCM尽管利润丰厚，但由于技术门槛高，生产难度大，大部分市场份额被比利时Umicore（优美科）公司和日本的Nichia（日亚化学）等公司所占据。国外企业引领高端正极材料的工艺制备和技术开发，我国企业仍处于追赶状态，三元正极材料产品主要集中在中低端应用领域。

三元材料动力电池出现这种情况的主因，一方面是技术和人才储备较为薄弱，国外材料企业起步较早，技术投入较大，技术储备较为充足，目前大部分日韩企业已做出4.4V高电压材料，而我国一般是在市场有需求时才开始研发，所以至今仅有少数几家企业掌握4.4V高电压材料制造技术。技术开发投入不足以及缺乏前瞻布局使得我国在正极材料新技术开发与产业化方面一直落后于日韩企业。另一方面，材料专利及知识产权较为缺乏。如磷酸铁锂、高电压正极材料等原始专利均为国外公司所拥有，我国企业在向高端转型的过程中知识产权方面的限制和困扰也成为一大障碍。另外，我国高端三元材料装备制造能力不足也限制了企业的升级转型。要生产高端材料必须配备高端生产设备，而我国在电池材料生产所需高端装备方面能力不足，使得高端设备必须依赖进口，价格昂贵。所以必须加强技术投入和前瞻研究布局，支持产学研协同创新研究，发展原创性知识产权，同时加强相关高端装备的开发与应用。

（三）国内外竞争环境

1. 国内外正极材料企业技术情况

过去很长一段时间，国内三元正极材料企业发展面临的最突出的问题就是产品品质和产业产能方面的配合衔接问题。虽然近年国内产能大幅度提升，但高端市场占比较低。

在2015年之前，国内正极材料生产设备整体滞后成为材料企业进一步发展最大的羁绊。锂电正极材料的生产主要分为混料磨料、高温烧结、粉碎分解三大主要环节，涉及上料卸料装置、混料机、高温窑炉、粉碎机以及除湿系统等设备，每个环节的控制以及设备的性能都会对最终的产品产生直接或间接的影响。

在此期间，国内窑炉存在的问题是保温性能不好、温差较大。窑炉的稳定控制以及温度的正负误差都会影响到原材料的受热均匀，进而会影响到产品的最终性能。由于在高温条件下运作，经常会出现零部件损坏问题，一方面会造成较高的维护成本，另一方面则可能直接影响到生产线的正常运行。

在最为基础的上料卸料环节，国内材料企业也与国外先进企业存在很大差距。优美科、日亚化学等国际企业普遍采用自动化装料卸料设备，这样一方面可以有效控制粉尘异物，另一方面可以保证装料的精度。而国内材料企业大部分都处于人工操作水平。人工操作最大的问题在于装料环节无法做到精确控制，从而会直接影响到混料环节中材料配比的准确性。此外，上料卸料环节由人工操作所导致的原材料浪费也是一大问题。以钴酸锂生产为例，传统生产线每年由于人工操作导致钴的跌落达到1%，以2015年20万元/吨的钴价格计算，一个年产1万吨的生产线每年浪费就高达200万元。

国内正极材料企业生产设备的落后还体现在对于环境的控制上。以目前热门的NCA材料为例，之所以只有个别企业能实现规模量产，其中一个最主要的原因就在于，在生产过程中无法达到其对于温度和环境的要求，NCA材料表面的碱性物质含量很高，因而非常容易吸潮，从烧结完成到最后包装都需要严格把控材料与空气的接触。大部分正极材料工厂生产过程智能化程度不高、人为参与度高，难以实现快速智能化生产，影响整个生产过程的综合管理。

日韩企业基本上实现了封闭式生产，材料在空气中静置1个小时以上就当作废料处理了，但在国内，由于设备的滞后以及对成本的考虑，放置一两天的情况都司空见惯。

2015年以来，国内新能源汽车的市场井喷迅速拉动了动力电池的市场需求，同时对于产品品质、安全等需求也明显提升，在此背景下，正极材料企业一方面拉开了扩产的序幕，另一方面，也明显意识到生产制造系统化全面升级对于企业发展的重要意义。

国内材料企业要想真正提升产品品质，实现高端材料的产业化，引进全自动数字化的生产设备和生产线是唯一出路。智能化生产线可以保证装料配比的精度，避免由人工操作造成的浪费，同时也可以改善生产环节对于环境的控制。

2015年，工信部对外发布了"2016年智能制造综合标准化与新模式应用项目的公示"，其中，湖南杉杉新能源有限公司高能量密度锂电正极材料数字化车间新模式应用入选。湖南杉杉的申报项目采用了智能辊道窑、定值配料控制系统，自动装钵系统以及在线质量检测系统、搬运机器人和自动输送系统等一系列先进生产、检测及相关配套设备，实现生产过程生产线各关键工序的自动化控制。同时，该项目还采用了MES系统，同步实现信息化数据共享，建立起具备在线订单管理功能的企业资源计划管理系统；通过中控系统与ERP系统集成直观反映生产过程各关键工序运行情况，最终实现制造信息和管理信息全程透明、共享。

除湖南杉杉之外，天津巴莫、当升科技、北大先行、桑顿新能源、天津斯特兰等企业都在进行生产制造的全面升级换代。

以窑炉为例，为了加强对其的准确控制，主流正极材料企业开始采用智能辊道窑，该产品在建立了数据模型的基础上，将辊道窑每个控温区域作为一个子系统，建立分布式的辊道窑温度控制系统，根据上层的智能决策系统对辊道窑控制系统进行优化设定，实现辊道窑每个区域温度的精确控制和整体能耗的最低。

而在上下料环节，不少企业都摒弃了传统的人工方式，开始选择搭建综合自动化管理系统实现称量混合、自动装钵、烧结等工序的可视化、自动化控制。在这个过程中搬运机器人将原料运送至料仓，采用增量法称量物料，通过定值配料控制系统达到原料准确称量，通过两个自动装钵机将混合均匀的原料装钵，然后将装好的钵分别通过自动输送轨道配送到不同的智能辊道窑内进行烧结。

生产制造全面升级之后，一些企业的综合效果开始显现，不少企业实现运营成本降低20%，产品研制周期缩短20%，生产效率提高20%，产品不良品率降低10%，能源利用率提高10%。这对于企业提升产品性能、降低成本、提升综合竞争力的意义不言而喻。

国内材料企业对于自动化数字化设备生产线的使用率还不到20%，在动力电池产业加速升级以及规模化扩张的背景之下，正极材料领域通过生产

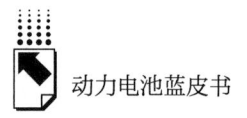

制造全面更新换代来提升产品品质和性能的时代将会全面开启。

2. 国内外的竞争趋势

目前已进入商业化的正极材料包括钴酸锂（LCO）、三元材料（NCA、NCM）、锰酸锂（LMO）和磷酸铁锂（LFP）等。钴酸锂主要用于小型锂电，磷酸铁锂主要用于动力锂电，三元材料和锰酸锂既可用于小型锂电，又可用于动力锂电。目前在动力锂电正极材料方面主要有两条路线，国内是以磷酸铁锂为主，如比亚迪电动车，但磷酸铁锂能量密度偏低，电池体积较大，且低温性能较差。国外动力电池的正极材料则以三元材料为主，如特斯拉采用的正极材料是三元材料NCA（镍钴铝酸锂）。NCM（镍钴锰酸锂）与NCA相比，能力密度略低，但稳定性强，安全性好，并且成本低于NCA，在动力电池领域具有较好的应用前景。

在电动汽车用锂电池的正极材料路线上，日本和韩国多采用三元材料（NCM、NCA）路线，如松下供给特斯拉的锂电池所用的正极材料就是NCA。而目前国内以比亚迪为首的电动车企所采用的正极材料路线仍以磷酸铁锂为主。磷酸铁锂有较好的循环稳定性能，成本也比较低，国内技术成熟，但其能量密度提高难度很大。对于高能量高性能的追求，是技术发展的必然方向，磷酸铁锂的先天不足，使国内越来越多的企业开始转向三元材料。大部分磷酸铁锂的生产厂家都开始关注三元材料的开发，其中如天津力神、中航锂电等已经开始批量生产三元材料锂电池。三元材料已经成为动力锂电池正极材料的发展方向。

在特斯拉之前，电动车以磷酸铁锂电池为主，各界对三元材料接受度较低，直到Model S车型上采用三元材料作为电池正极材料，这一技术才渐渐被认可。特斯拉Model S续航里程能够达到486公里，电池容量达到85kWh，采用了8142个3.4Ah的松下18650型NCA三元电池，最新款Model 3继续采用NCA三元路线。特斯拉汽车对三元材料整体的示范作用明显，预计将推进三元路线的全球普及，进一步明确三元的方向性趋势。

就目前来看，国内锂电池正极材料产能过剩，产能利用率低，价格竞争激烈。我国正极材料生产厂家有200多家，从供需关系来看，我国锂电池正极材料的总体产能严重过剩。另外，厂家产品同质化严重，毛利率低于10%，其中磷酸铁锂产能过剩最为严重，大部分企业亏损。目前中国出口日韩的正极材料中，只有钴酸锂和三元材料享受13%的出口退税，这13%的出口退税基本是钴酸锂和三元材料的利润来源。国内出口的钴酸锂和三元材料基本上以成本线甚至低于成本的价格来获得相对竞争优势，再靠出口退税获得微薄利润。

根据中国主要三元材料和钴酸锂材料生产企业情况来看，国内主要涉及钴正极材料的生产厂商基本同时生产钴酸锂和三元材料。主要的代表企业有湖南杉杉、宁波金和（宁波容百）、盟固利、北大先行、格林美、天津巴莫等。这些企业为了持续抢占市场，大多采取扩大生产规模、降低单位成本的方式。因此也导致钴系正极材料生产企业出现较为明显的产能过剩的情况。

（四）钴价格的走势情况

根据国际市场钴价格波动周期，自1977年以来可以归结为四轮大周期。

第一轮周期发生在1977~1987年。全球钴危机，这一阶段刚果（金）内部政变频发，当地铜钴矿供应受到冲击，全球钴供给量大幅减少，钴最高年均价格一度达到67.23美元。1980年，刚果（金）限制钴在现货市场销售，加上需求端受到了经济下行的影响而减弱，此后的几年间钴价呈现连续稳步回落。

第二轮周期发生在1989~2001年。刚果（金）动荡再起以及锂电池对钴的新增需求大幅增加，钴价开启第二轮上涨。1995年之后的六年，由于钴产出增加，如镍酸浸工艺出现带来伴生钴，加之后期需求逐步减少，钴出现过剩造成钴价连续回落。

第三轮周期发生在2002~2015年：全球电子产品和高温合金对钴的需求大幅增加，尤其是中国经济和电池需求的崛起，加之当时刚果（金）钴矿原料出口禁令带来钴产量下降，钴价出现一轮暴涨。但随着2008年全球爆发金融危机，钴价格又进入长达七年的下跌周期。

第四轮周期发生在2016年至今。全球电动汽车的快速发展带动钴的强劲需求预期，钴的供给增速小于需求增速，现货金属钴供应紧张，加之刚果（金）政策的不确定性（新矿业法），以及当地不稳定的时局，势必给本轮供应带来更多的扰动，价格持续上涨，持续时间及上涨幅度或将大于以往。

同时如果以1992年美国CPI指数作为基准，并将美国核心CPI增长同比计入，按照1992年年度均价（22.93美元/磅）作为基准价，可得出现货金属剔除通货膨胀率的实际价格，见图3，由此可见，当前钴价并未到达第二轮和第三轮的历史高点（为26~26.5美元/磅），第一轮上涨周期有其局限性和特殊性，所以不计入参考范围。

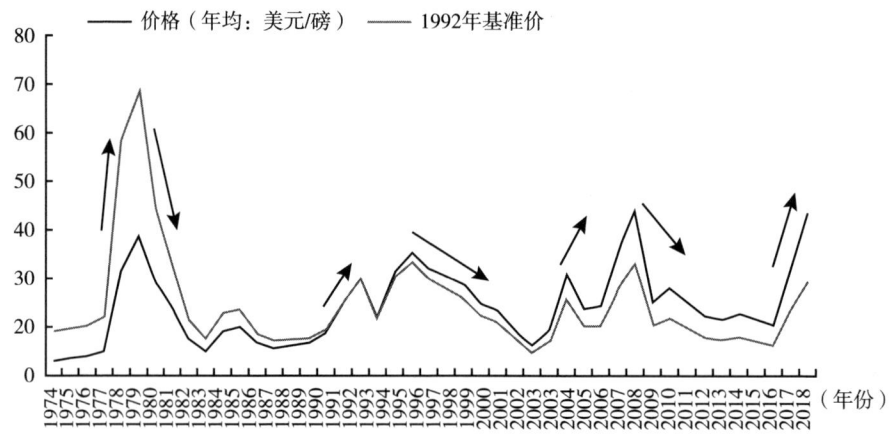

图3　1974~2018年MB金属钴价格走势

此外，按照2006~2018年英国金属导报（MB）实际价格走势分析，其间走势包括第三轮和第四轮钴价波动周期。

2006~2008年初，刚果（金）政府开始执行禁止出口未加工的钴的法令，钴矿石产量出现10年来首次下降，另外，欧盟要求欧洲市场钴供应商提供风险评估安全生产和环保数据。在供给收、需求扩的情况下，钴价出现暴涨，并一路涨至50美元/磅以上，此后钴价便持续下滑至2009年初，达到9美元/磅左右的历史低位。此后的7年里，国际钴价则在9~25美元/磅的价格区间进行波动，直至2016年初，钴价再度跌至9美元/磅的低位之后才开启上行通道,价格迅速上涨,在此后的两年里,国际钴价从最低时的9美元/磅上涨至2018年3月末的41.5美元/磅以上。

第四轮价格暴涨的主要原因是2016年下半年以来由于全球电动汽车的快速发展带动钴的强劲需求,钴的供给增速远小于需求增速,加上现货市场上投资者购买钴的增加,现货市场金属钴供不应求,导致价格持续上涨。

国内精炼钴产品价格基本跟随国际市场的价格走势,但受到国内市场下游产品需求淡旺季周期、下游终端厂商抵制高价的影响,国内市场价格有时对国际市场价格的相应速度会有所滞后,或者偏离,但并不影响国内外钴价走势的大方向。

由于中国是全球最大的钴盐生产国以及电池材料生产国,国际金属钴的价格走势直接关系到中国从海外采购钴原料的价格系数,所以也直接关系到中国钴冶炼厂商的盈亏情况。在2008年末至2015年8月前后,国内钴盐价格一直跟随国内外金属钴的价格走势处于低位,也使中国钴冶炼厂商长期挣扎在盈亏平衡线上。直至2016年9月市场受到锂电材料需求回暖影响,钴盐价格开始持续走高,并带动其下游的四氧化三钴、三元材料前驱体价格上涨。

1. 对动力电池成本的影响

目前来看,钴价高是限制新能源汽车行业发展的主要因素之一,正是电池能量密度不足而导致动力电池续航里程较短。而含有钴的三元正极材料,在能量密度上较传统正极材料有很大的优势,因此钴被视为解决"里程焦虑"问题的关键。原材料价格的上涨将从两方面压缩动力电池企业的生存空间:一方面动力电池能量密度的不断攀升,提高了产品进入市场的门槛,加速企业的优胜劣汰;另一方面降低成本成为大势所趋,降价压力逐级向上游传导,动力电池逐渐从暴利产业转变为微利行业。

在目前的三元动力电池正极材料成本中,在未计入锂价成本前,镍、钴、锰三种材料价格已经占到正极材料成本的90%以上,同时正极材料的成本在整个电芯中占比在35%左右,但由于钴价的暴涨,其成本已经上升至50%左右。

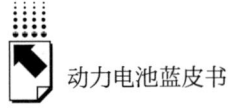

2. 未来的发展趋势

目前全球钴定价体系仍以MB的现货市场交易报价为通用基准价格，用以指导现货及长单的金属钴买卖交易，原料采购定价以此为谈判基准。只要海外金属钴贸易巨头、原料主要供应厂商控制住现货市场的交易价格，国际钴价将有能力在高位上长期运行。

排除炒作因素外，影响钴价走势最根本的因素还是供需。从原料供应端来看，2018~2020年，刚果（金）钴原料供应将有一个明显放量的过程，嘉能可KCC项目，欧亚资源RTR项目以及中国企业在刚果（金）当地的矿产项目陆续投产，使当地钴原料供应能力有很大的提升。但是钴的上游原料以及中游冶炼产能比较集中，相关公司对钴价的影响较大，在新能源汽车动力电池技术路线没有发生根本改变之前，只要不发生系统性的外部冲击，钴价在2018年和2019年处于一个上行阶段，并有可能延续至2020年。

B.15 从投资视角看动力电池产业格局

黄 斌[*]

摘 要：	本文重点梳理了从2017年1月1日至2018年3月31日动力电池及四大材料（正极材料、负极材料、隔膜、电解液）领域的投资项目。在72项合计金额近1200亿元的投资项目中，三元电池体系包括三元电池、三元前驱体和正极材料、湿法隔膜等的占比最高，代表了各个环节技术升级的方向。从投资主体看，正极材料前驱体、电解液、隔膜和负极的扩产主体是龙头企业，随着新产能投产龙头企业的市场份额有望进一步扩大，行业已经进入集中度提升的阶段，马太效应显著。而三元电池和三元正极材料领域不断有新的进入者，行业仍处于"群雄逐鹿"阶段，格局尚未确定。整体上看，目前国内动力电池产业链正处于快速升级过程，其中部分龙头企业正在进行适度的向上或向下产业链延伸，有利于资源的优化及整合，提升我国动力电池行业整体竞争力。但与此同时也存在一些问题，比如当前投资行为呈现供给增速远高于需求增速，未来随新产能投产将不可避免地出现阶段性供给过剩的局面，需要在政策层面出台合适规范、标准，适当提高安全环保准入门槛，引导行业健康有序发展。
关键词：	动力电池 投资项目 扩产规模 行业集中度

---

[*] 黄斌，华泰证券股份有限公司，电力设备新能源行业首席研究员。

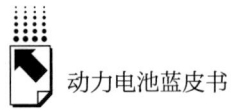

新能源汽车作为国家大力支持的新兴产业，经过近十年的推广，已经步入快速增长阶段，带动整个产业链需求快速增长。与此同时，新能源汽车产业也成为资本青睐的领域，产业链各环节均涌现大量投资项目。笔者梳理了从2017年初至今新能源汽车产业的投资项目，寻找资本集中投向的领域，分析各环节供需格局，为投资和制定产业引导政策方向提供借鉴。

从投资规模看，动力电池板块仍处于大规模投资阶段，2017年以来新增投资额达到2074亿元，刨除其中已达产、成立公司但未实际建厂的项目，动力电池和四大材料（正极材料、负极材料、隔膜、电解液）领域项目投资达1198亿元，其中电池环节投资额占据半壁江山，达到686.3亿元。

从投资偏好看，资本集中投向的领域是三元电池体系即三元电池、三元前驱体和正极材料、湿法隔膜等，它们代表了各个环节技术升级的方向。新技术领域意味着更高的壁垒、更高的盈利水平，获得了更多资本的青睐。众多新产能投向三元等高端领域，也将加速国内动力电池行业技术升级。

从新增产能角度，材料领域的新增产能远高于动力电池环节。究其背后的原因，一方面，目前材料面对的是全球市场，而电池仍以内销为主，短期材料的市场空间更大些；另一方面，电池单位产能投资额远高于材料，具备更高的资金壁垒和市场壁垒，使得电池环节的投资更为谨慎。整体看，电池环节供给增速与需求端更为匹配，投资行为相对理性。

从投资主体看，三元电池和三元正极材料领域投资热度较高，不断有新的进入者，行业仍处于群雄逐鹿阶段，格局尚未确定。而正极材料前驱体、电解液、隔膜和负极的扩产主体是龙头企业，随着新产能投产龙头企业的市场份额有望进一步扩大，行业已经进入集中度提升的阶段，马太效应显著。

整体上看，目前动力电池投资项目集中投向代表技术升级的领域，有利于国内动力电池产业链的产业升级，其中部分龙头企业在进行适度的向上或向下产业链延伸，有利于资源的优化及整合，提升整体竞争力；但与此同时也存在一些问题，比如当前投资行为整体呈现供给增速远高于需求增速的情况，存在一些过热的迹象，未来随新产能投产将不可避免地出现阶段性供给过剩的局面，相关环节可能面临价格战的风险。为了更好地引导产业理性投资，有效提升国内动力电池产业链整体竞争力，建议出台相关规范政策，适当提高安全环保准入门槛，以避免非理性投资，避免产能严重过剩导致企业盈利水平低下，影响新能源汽车产业长期发展。

一 数字还原投资全貌：2017年以来动力电池及材料领域投资额超2000亿元

据不完全统计，2017年1月1日至2018年3月31日共发生129项动力电池行业投资事件，总投资额达到2074亿元，行业仍处于快速扩张阶段。除去已经投产、成立公司但未投资建厂、最上游资源品等项目后，动力电池及四大材料领域实际投资项目共有72项，总计投资额为1198亿元（见图1）。

分行业看，电池环节吸引了一半以上的投资，共计投资686.3亿元，高于四大材料投资额之和，显示出电池制造在整个新能源汽车产业链中的核心地位。电池种类以三元电池为主，投资608.2亿元，占动力电池投资的88.6%，磷酸铁锂电池仅有5个规模较小的投资项目，且主要集中在2017年上半年，下半年以来电池领域的新增产能全部是三元电池，也进一步验证了高能量密度是市场认可的发展方向，同时，也在加速补三元系市场供应不足的短板。材料方面，隔膜与正极材料投资额相对较高，其中隔膜投资156.4亿元，正极投资144.5亿元，负极投资67.3亿元，电解液投资24.3亿元，电池用铜箔、铝箔等材料投资40.3亿元。材料领域的投资明显代表了技术升级的方向，例如隔膜、正极的新增产能分别集中在湿法隔膜、三元材料上。正极材料中三元材料占比高达79.6%，且投资项目涵盖整个时间轴，不断有新的正极项目落地。

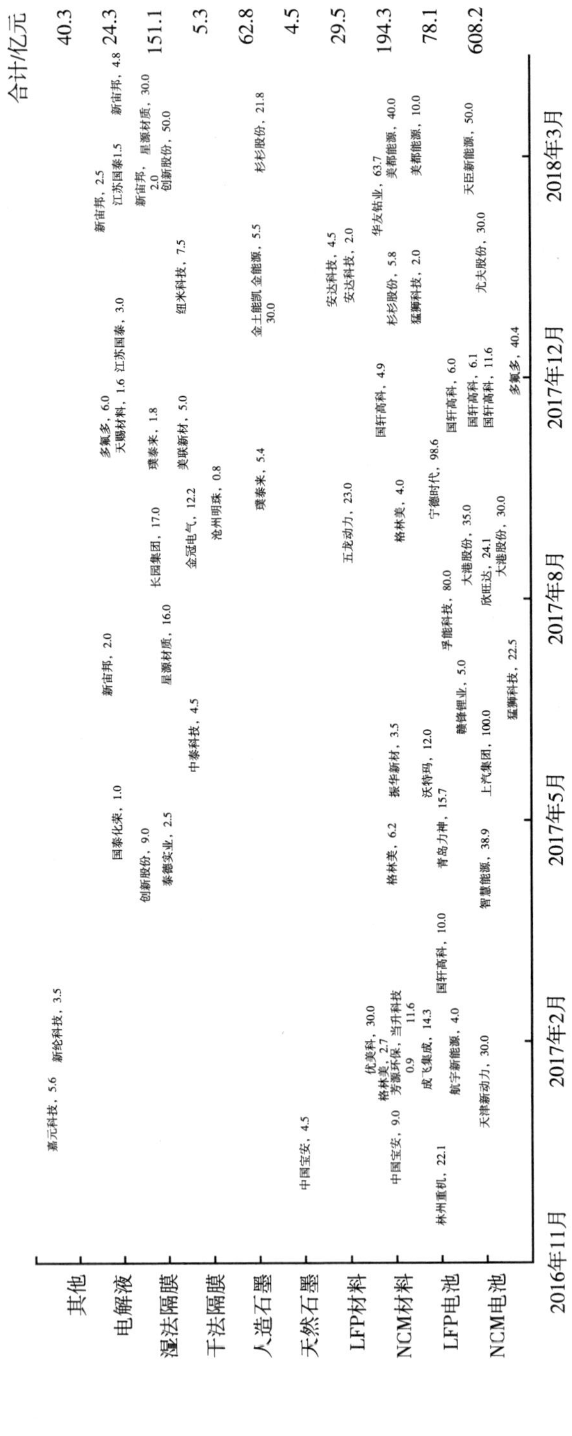
合计/亿元
其他 40.3
电解液 24.3
湿法隔膜 151.1
干法隔膜 5.3
人造石墨 62.8
天然石墨 4.5
LFP材料 29.5
NCM材料 194.3
LFP电池 78.1
NCM电池 608.2
2016年11月
2017年2月
2017年5月
2017年8月
2017年12月
2018年3月
嘉元科技，5.6
新纶科技，3.5
国泰化荣，1.0
新宙邦，2.0
多氟多，6.0
天赐材料，1.6
江苏国泰，3.0
新宙邦，2.5
江苏国泰1.5
新宙邦，4.8
创新股份，9.0
泰德实业，2.5
星源材质，16.0
长园集团，17.0
璞泰来，1.8
新宙邦，2.0
星源材质，30.0
创新股份，50.0
中泰科技，4.5
金冠电气，12.2
沧州明珠，0.8
美联新材，5.0
纽米科技，7.5
璞泰来，5.4
金土能凯 金能源，5.5
30.0
杉杉股份，21.8
中国宝安，4.5
优美科，30.0
五龙动力，23.0
安达科技，4.5
安达科技，2.0
中国宝安，9.0
格林美，2.7
芳源环保 0.9
当升科技 11.6
格林美，6.2
振华新材，3.5
格林美，4.0
国轩高科，4.9
杉杉股份，5.8
华友钴业，63.7
美都能源，40.0
林州重机，22.1
成飞集成，14.3
航宇新能源，4.0
国轩高科，10.0
青岛力神，15.7
沃特玛，12.0
赣锋锂业，5.0
孚能科技，80.0
宁德时代，98.6
国轩高科，6.0
猛狮科技，2.0
美都能源，10.0
天津新动力，30.0
智慧能源，38.9
上汽集团，100.0
猛狮科技，22.5
大港股份，35.0
欣旺达，24.1
大港股份，30.0
国轩高科，6.1
国轩高科，11.6
多氟多，40.4
尤夫股份，30.0
天臣新能源，50.0

图1 动力电池行业投资规模

二 看扩产规模：材料领域新增产能规模远高于电池环节

根据动力电池对材料的理论用量，可以测算出2017年初至2018年Q1各细分环节新增产能规模。以下分析基于每GWh动力电池分别对应三元材料1700吨、磷酸铁锂材料2000吨、负极材料1100吨、电解液1100吨、隔膜1500万平方米需求展开（随电池能量密度提升，单位GWh动力电池对应材料用量或有所下降）。

从整体产能规模来看，材料环节新增产能远高于动力电池环节，出现了严重不匹配问题。分析其背后的原因，一方面，除湿法隔膜外大部分国产材料已经进入全球市场，所面对的市场空间更大，而动力电池目前仍以供给自主品牌车型为主；另一方面，动力电池的设备投资强度远高于材料（一般单位GWh动力电池需要2亿~5亿元设备投资，而不考虑前驱体制造对应1700吨三元材料的设备投资额0.4亿~0.5亿元），具备更高的资金、技术壁垒，因此电池环节产能扩张速度相对较慢。预计随新增产能投放，动力电池龙头将在产业链中拥有更高的定价权。动力电池领域各环节新增产能如图2所示。

分行业看，动力电池环节新增产能合计121.5GWh，其中三元电池产能107GWh，远高于磷酸铁锂电池（14.5GWh），快速提高了我国三元电池的产能比重。材料领域，电解液新增产能对应355GWh电池需求，是动力电池新增产能的3倍；其次是湿法隔膜，新增产能对应327GWh电池需求，也远超下游电池产能的增速。负极的新增产能集中在人造石墨上，对应177GWh电池需求，而天然石墨只有中国宝安控股的贝特瑞在扩产；正极材料中三元材料成为扩产主力，新增产能对应228GWh电池需求，是磷酸铁锂的约9倍（25GWh）。相较而言，如果以动力电池新增产能作为需求增量，材料新增产能增速均超出需求端的增长，其中负极过剩程度相对较低，而电解液、湿法隔膜、三元材料新增产能增速远高于电池，可以预见随新产能释放后，隔

图 2 动力电池领域各环节新增产能/GWh

膜、电解液与三元材料均可能面临阶段性产能过剩的风险。

从投资时间节点看，三元材料与三元电池的投资项目涵盖2017年初至今整个时间轴，一直是资金青睐的领域，其次是湿法隔膜，技术升级方向是新产能集中投放的领域。此外，负极的投资具有显著阶段性特征，2017年Q4以后人造石墨项目密集发布，主要原因可能是2016年上半年受环保影响，负极的上游原材料针状焦等价格暴涨，而负极产品价格到9月份才略有上调，使得负极厂商成本高，企利润承压，部分厂商寻求更低成本的原材料或新的技术路线，刺激了新项目的投产。

三 细分领域格局初探：三元电池和三元材料格局未定，其他材料集中度提升

从投资主体分析，三元电池和三元材料的投资热度较高，不断有新的进入者，行业仍处于群雄逐鹿阶段，格局尚未确定。而电解液、隔膜和负极的扩产主力是龙头企业，随着新产能投产，龙头企业的市场份额有望进一步增加，行业已经进入集中度提升的阶段。

1. 三元电池：龙头最激进，格局渐确定

三元电池仍然是众多企业追逐的市场，其投资总额与新进入者数量均为动力电池及材料各环节最高，其中主流厂商（2017年各细分市场排名前十的企业，下同）的投资额占比有49%，新增产能占比50%。主流厂商中以宁德时代最为强势，其宣布拟通过IPO融资扩建年产24GWh电芯生产线，并与上汽集团成立合资公司，建设年产18GWh电芯生产线，合计占新增总产能的39%。孚能科技是三元电池领域的黑马（2016年未进榜单，2017年出货量排名第7），其新增产能排名第3，随着新产能释放，其市场份额或快速上升。从新进入者来看，部分是上游材料企业向下延伸做三元电池（赣锋锂业、多氟多等），部分是行业外公司转型进入（天津新动力、欣旺达等）。各公司对NCM电池投资情况见图3，各公司投资NCM电池产能情况见图4。

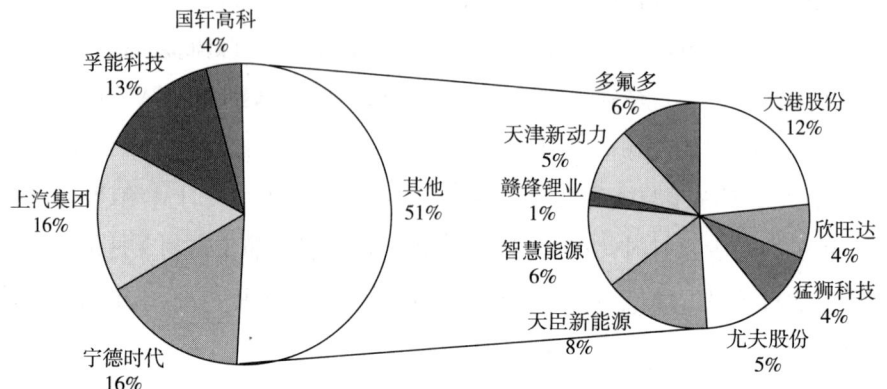

图3　各公司对NCM电池投资情况

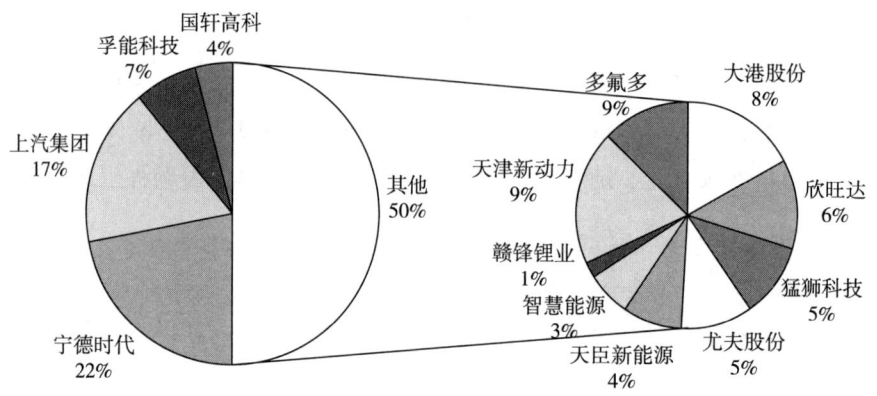

图4　各公司投资NCM电池产能情况

2. 磷酸铁锂电池：热度显著下降，扩产来自老玩家

磷酸铁锂电池的投资热度远低于三元电池，2017年仅有6家企业扩产，且主要为主流企业（国轩高科、力神、沃特玛、中航锂电）。各公司对LPF电池投资情况见图5，各公司投资LPF电池产能情况见图6。

3. 三元材料：玩家多元化，格局仍未定

三元材料新增产能主体多元化，除了现有主流企业，新进入者投资规模也不小。三元材料新玩家包括上游资源企业、下游电池企业，以及其他环节

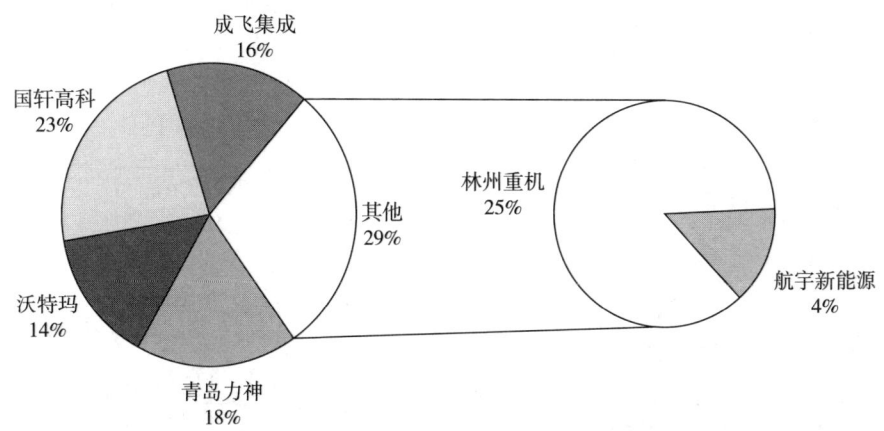

图5 各公司对LPF电池投资情况

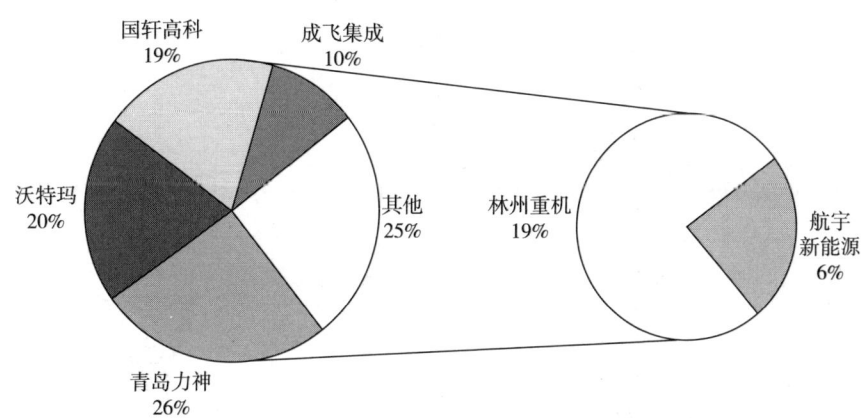

图6 各公司投资LPF电池产能情况

材料企业（中国宝安控股贝特瑞，原主要产品为天然石墨、磷酸铁锂正极材料）。目前龙头企业杉杉股份、当升科技等的新增产能占比较低，且在资源价格（主要为硫酸钴）节节攀升背景下，与拥有资源的上游企业（格林美等）相比成本优势不明显，未来市场份额存在下行可能，行业格局未定。此外，华友钴业拟投资63.7亿元建设15万吨三元材料前驱体产能，由于前驱体对三元材料的性能、成本等影响显著，其对三元材料格局也将存在较大影响。各公司对 NCM 材料投资情况见图 7，各公司投资 NCM 材料产能情况见图 8。

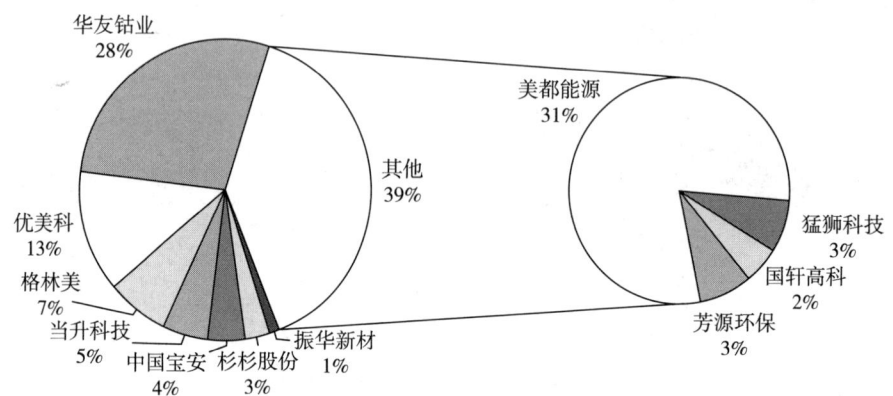

图 7　各公司对 NCM 材料投资情况

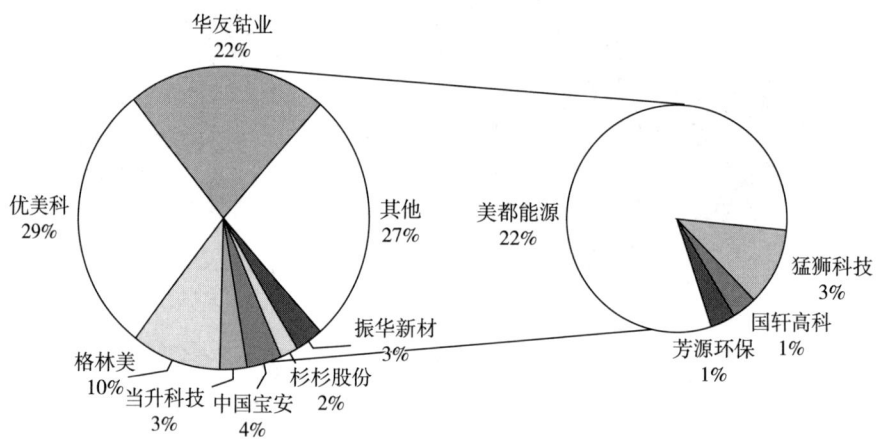

图 8　各公司投资 NCM 材料产能情况

4. 磷酸铁锂正极材料：投资热度显著下行

磷酸铁锂正极材料投资热情不高，扩产主体为安达科技和五龙动力。五龙动力主要从事锂电池正极材料及投资（包括证券交易、贷款融资及资产投资等），其扩产主体为公司与立凯电能（五龙动力持有其 21.85% 的股权）

合资成立的公司（五龙动力占61%）。该项目生产的部分正极材料直接供给五龙动力。安达科技为比亚迪的正极材料供应商，该公司扩产或与比亚迪的需求增长直接相关。各公司对LPF材料投资情况见图9，各公司投资LPF材料产能情况见图10。

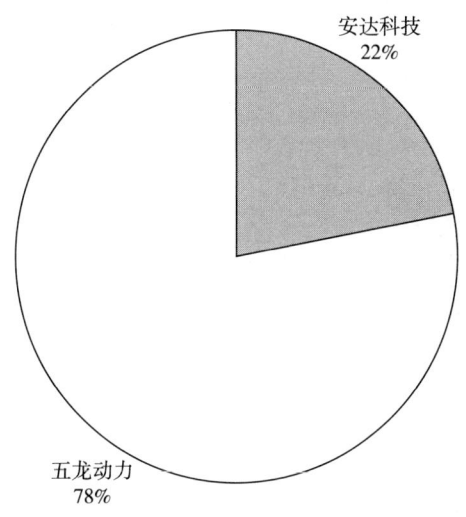

图9　各公司对LPF材料投资情况

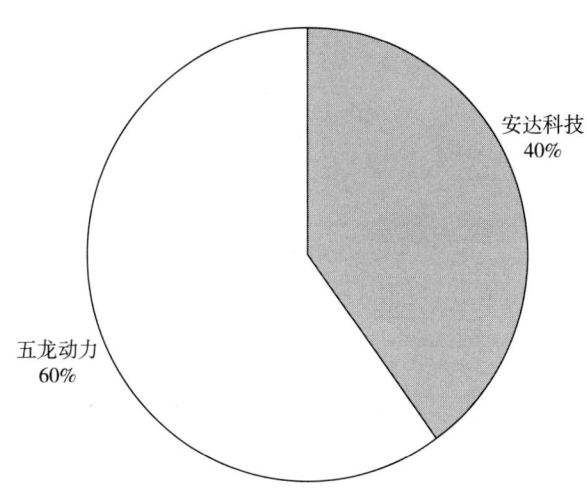

图10　各公司投资LPF材料产能情况

5. 湿法隔膜：龙头企业为扩产主力

湿法隔膜新增产能集中在龙头企业，其中创新股份增量最大，继续保持规模领先优势。创新股份新增产能占比（50%）高于新增投资额占比（39%），其在单位生产成本方面具备一定优势（更低的设备折旧摊销等费用）。各公司对湿法隔膜投资情况见图11，各公司投资湿法隔膜产能情况见图12。

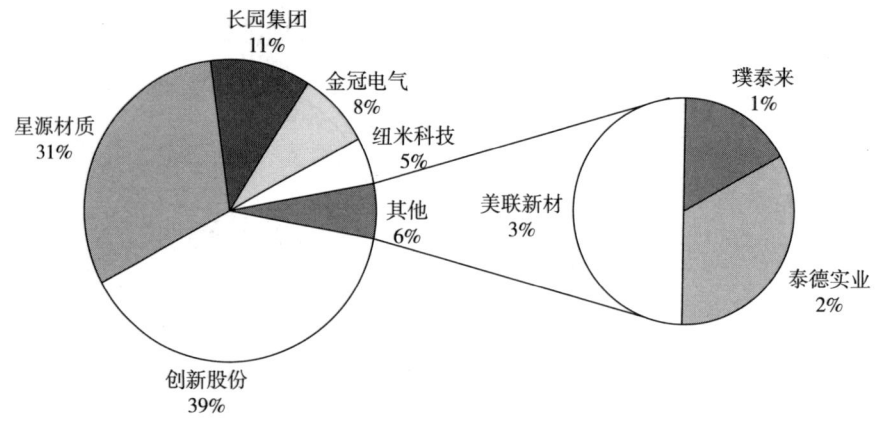

图11　各公司对湿法隔膜投资情况

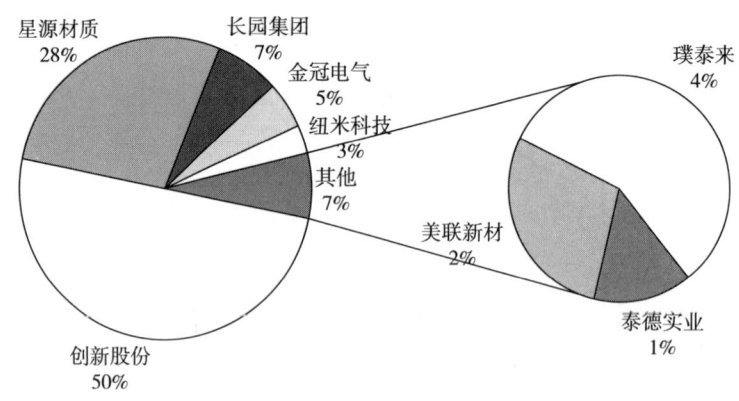

图12　各公司投资湿法隔膜产能情况

6. 电解液：没有新的进入者

电解液行业没有新的进入者，主要是龙头企业在扩产，包括天赐材料、新宙邦、多氟多。从投资额与对应产能看，天赐材料的单吨投资额最低，与天赐材料具备六氟磷酸锂（电解液的核心原料）自给能力有关。各公司对电解液投资情况见图13，各公司投资电解液产能情况见图14。

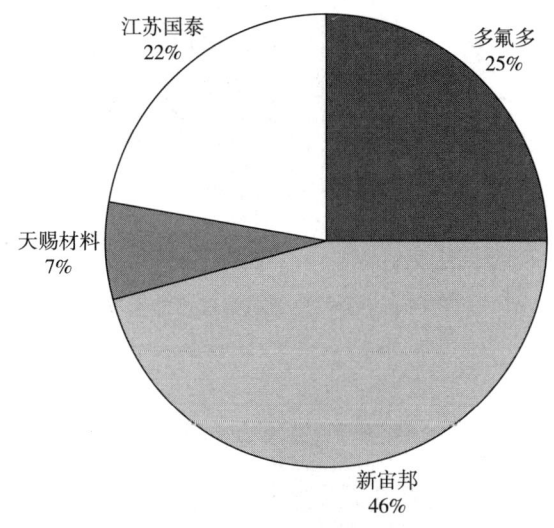

图13 各公司对电解液投资情况

7. 负极材料：格局稳定，新技术需要跟踪

负极材料方面，2017年至今只有中国宝安控股子公司贝特瑞在进行天然石墨的扩产，其余扩产项目均为人造石墨。金士能是唯一新玩家，其投资产能超业内其余投资项目产能总和，且总投资额略小。金士能的核心技术源于中国科学院成会明院士，其与目前技术路线主要的区别在于将原材料从现有的针状焦等更换为成本更低的石墨焦，并通过新的制备路线转化成人造石墨，从而降低负极的原料成本。各公司对人造石墨投资情况见图15，各公司投资人造石墨产能情况见图16。

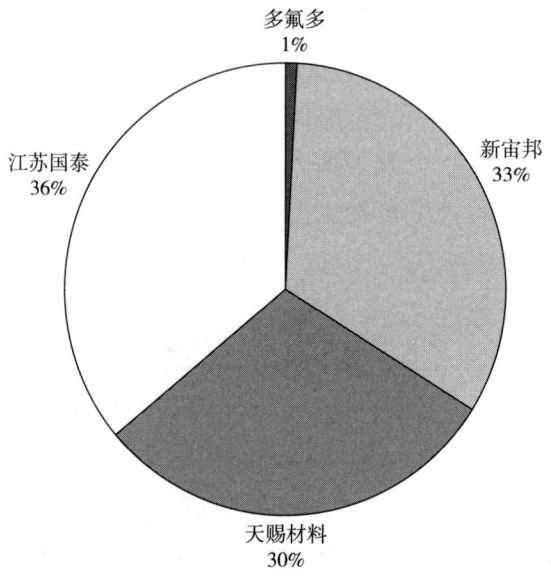

图 14　各公司投资电解液产能情况

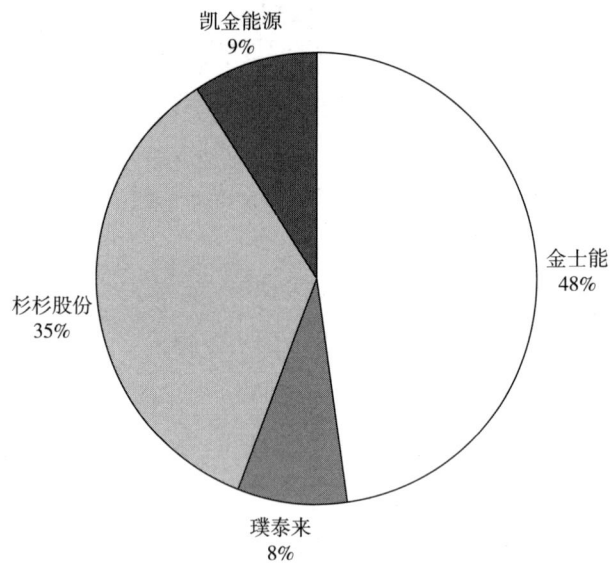

图 15　各公司对人造石墨投资情况

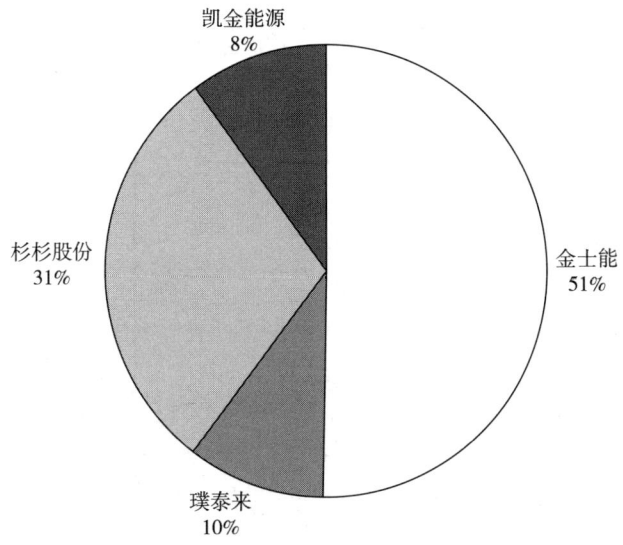

图 16　各公司投资人造石墨产能情况

四　看达产节奏：电解液、人造石墨新增产能先爆发，然后是湿法隔膜

2017年初至今新增产能的释放期主要集中在两个时间段，一个是2018Q4，另一个是2019Q4至2020Q3，其中电解液和湿法隔膜主要集中在2019Q4~2020Q3，人造石墨则集中在2018年11月至2019年2月。天赐材料建设周期较短（2018Q4）且产能较大，或对其他竞争对手形成较大压力。预计产能释放情况见图17。

五　总结与政策建议

目前动力电池投资项目集中投向代表技术升级的领域，有利于国内动力电池产业链的升级，其中部分龙头企业在进行适度的向上或向下产业链延伸，

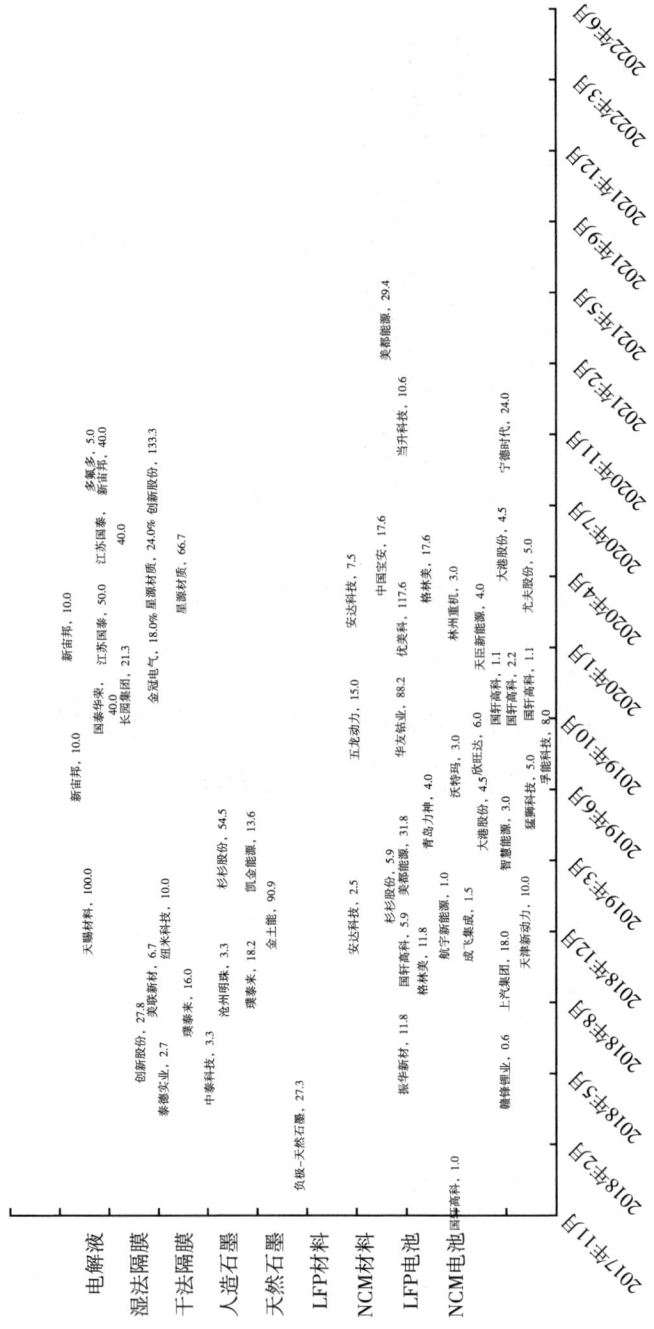

图 17 预计产能释放情况/GWh

有利于资源的优化及整合，提升整体竞争力。但与此同时也存在一些问题，比如当前投资行为整体呈现供给增速远高于需求增速的情况，存在一些过热的迹象，未来随新产能投产将不可避免地出现阶段性供给过剩的局面，相关环节可能面临价格战的风险。为了更好地引导产业理性投资，有效提升国内动力电池产业链整体的竞争力，建议出台相关规范政策，适当提高准入门槛，以避免非理性投资，避免产能严重过剩导致企业盈利水平低下，影响新能源汽车产业长期发展。

附 录

Appendices

B.16 附录：产业数据表

表1 2017年新能源各车型（按电池材料统计）产量数据表

单位：辆/套

电池	乘用车								客车				专用车	总计
	A	A0	A00	B	C	D	MPV	SUV	微面	≤6m	6m<车长≤8m	8m<车长≤10m	车长>10m		
三元材料	168346	110845	77062	11366	3215	1163	2387	81170	1978	49	397	2	—	106180	564160
磷酸铁锂	8285	29673	28289	2277	4302	7	5365	9557	—	5	1952	34602	49735	37949	211998
锰酸锂	1506	—	—	3	—	—	4955	—	2152	—	349	3201	11111	9333	32610
钛酸锂	—	—	15	—	—	—	—	—	—	—	207	338	5561	—	6106
多元复合	2683	—	—	—	—	—	—	—	—	—	—	—	—	1903	4601
燃料电池	—	—	—	—	—	—	—	—	—	—	82	—	15	401	498
超级电容	—	—	—	—	—	—	—	—	—	—	—	—	10	—	10
镍氢电池	—	—	—	—	—	—	—	—	—	—	—	2	6	—	8
总计	180820	140518	105366	13646	7517	1170	12707	90727	4130	54	2987	38145	66438	155766	819991

表 2　2017 年新能源各车型（按电池形状统计）产量数据表

单位：辆/套

电池	乘用车									客车				专用车	总计
	A	A0	A00	B	C	D	MPV	SUV	微面	≤6m	6m＜车长≤8m	8m＜车长≤10m	车长＞10m		
硬壳	13283	84761	90529	1964	7105	19	10320	77554	2346	5	2198	29468	39290	36623	395465
圆柱	100207	36700	2593	394	—	—	1863	10520	775	47	319	2717	13654	95566	265355
软包	67330	19057	12244	11288	412	1151	524	2653	1009	2	470	5960	13494	23577	159171
总计	180820	140518	105366	13646	7517	1170	12707	90727	4130	54	2987	38145	66438	155766	819991

注：本附表数据来自节能与新能源汽车网（www. chinaev. org）；对于具有多个动力电池供应商的车型，在统计电池配套量时采取了平均拆分的方法。

表 3　2017 年按集团前十新能源乘用车产品（按大分类统计）产量数据表

单位：辆

企业名称	纯电动（NEDC 单位：km）				插电式混合动力	合计
	100≤R＜200	200≤R＜300	300≤R＜400	R≥400		
北汽集团	87743	14792	2255	—	7	104797
比亚迪集团	—	3286	22857	9635	56528	92306
吉利集团	51504	454	23671	—	1836	77465
上汽集团	16474	97	10547	—	37604	64722
众泰集团	35312	908	—	—	—	36220
江铃集团	31062	54	—	—	—	31116
长安集团	20015	7817	1588	—	362	29782
奇瑞集团	26271	255	1779	—	—	28305
江淮集团	14882	12794	291	—	—	27967
广汽集团	1	—	1970	—	4217	6188
总　计	283264	40457	64958	9635	100554	498868

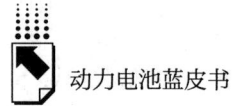

表4　2017年各集团新能源乘用车产品（按电池材料类型统计）产量数据表

单位：辆

企业名称	纯电动				插电式		总计
	三元材料	磷酸铁锂	锰酸锂	多元复合	三元材料	磷酸铁锂	
北汽集团	94660	10130	—	—	—	7	104797
比亚迪集团	—	35778	—	—	50224	6304	92306
吉利集团	74123	—	1506	—	1836	—	77465
上汽集团	19195	7923	—	—	37582	22	64722
众泰集团	35858	362	—	—	—	—	36220
江铃集团	31116	—	—	—	—	—	31116
长安集团	24465	—	4955	—	362	—	29782
奇瑞集团	28305	—	—	—	—	—	28305
江淮集团	739	27228	—	—	—	—	27967
广汽集团	1970	1	—	—	4217	—	6188
福汽集团	5663	—	—	—	—	—	5663
东风集团	2066	—	2155	—	—	—	4221
华晨集团	14	—	—	—	2037	—	2051
一汽集团	315	—	—	—	163	—	478
铁牛集团	21	—	—	—	39	—	60
其他企业	42562	—	—	2698	—	—	45260
总计	361072	81422	8616	2698	96460	6333	556601

附录：产业数据表

表5　2017年部分集团新能源乘用车产品（按不同级别统计）产量数据表

单位：辆

企业名称	纯电动								插电式					总计
	A00	A0	A	B	C	MPV	SUV	微面	A	B	C	D	SUV	
北汽集团	1355	81690	20298	—	100	—	557	790	—	—	—	7	—	104797
比亚迪集团	—	—	22857	—	4302	5365	3254	—	17568	—	—	—	38960	92306
吉利集团	47793	4165	23671	—	—	—	—	—	1565	—	271	—	—	77465
上汽集团	16474	—	—	864	—	97	10547	—	4136	9592	2844	996	20036	64722
众泰集团	24182	11156	—	—	—	—	15	—	—	—	—	—	—	36220
江铃集团	28427	2580	—	—	—	—	109	3	—	—	—	—	—	31116
长安集团	21265	—	2863	—	—	4955	337	—	362	—	—	—	—	29782
奇瑞集团	26241	—	1809	—	—	253	2	—	—	—	—	—	—	28305
江淮集团	—	25609	—	2358	—	—	—	—	—	—	—	—	—	27967
广汽集团	—	—	1	—	—	—	1970	—	1029	829	—	—	2359	6188
福汽集团	—	1950	3	—	—	—	3710	—	—	—	—	—	—	5663
东风集团	566	201	477	3	—	216	—	2758	—	—	—	—	—	4221
华晨集团	—	—	—	—	—	—	—	14	—	—	—	4	2033	2051
一汽集团	—	—	315	—	—	—	—	—	—	—	—	163	—	478
铁牛集团	—	—	—	—	—	—	21	—	—	—	—	—	39	60
其他企业	14517	13166	8413	—	—	1821	6778	565	—	—	—	—	—	45260
总计	180820	140518	80706	3225	4402	12707	27300	4130	24660	10421	3115	1170	63427	556601

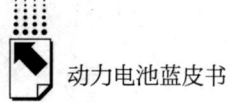

表6 2017年部分新能源汽车企业客车产品（按大分类统计）产量数据表

单位：辆

企业名称	纯电动 ≤6m	纯电动 6m<车长≤8m	纯电动 8m<车长≤10m	纯电动 车长>10m	插电式	燃料电池	总计
郑州宇通	—	703	11521	8042	4604	1	24871
比亚迪	—	85	2024	9082	—	—	11191
中通客车	—	177	4450	2203	1167	—	7997
湖南中车	—	6	1058	4938	689	—	6691
珠海广通	—	27	693	5525	—	—	6245
北汽福田	—	—	659	3029	1439	30	5157
上海申龙	—	—	763	2910	399	—	4072
厦门金旅	45	19	1768	990	1038	—	3860
厦门金龙	—	24	1449	1205	1157	—	3835
南京金龙	—	155	1041	1811	122	—	3129
济南豪沃	—	—	181	702	1560	—	2443
安徽安凯	—	1	640	1120	487	—	2248
东风客车	9	28	1432	87	40	—	1596
扬州亚星	—	—	149	1025	382	—	1556
广汽比亚迪	—	—	—	1553	—	—	1553
苏州金龙	—	135	472	317	617	—	1541

续表

企业名称	纯电动 ≤6m	纯电动 6m< 车长 ≤8m	纯电动 8m< 车长 ≤10m	纯电动 车长 >10m	插电式	燃料电池	总计
烟台舒驰	—	—	317	857	—	—	1174
广西源正	—	—	177	374	487	—	1038
江苏九龙	—	—	1008	—	—	—	1008
博能上饶	—	43	326	282	330	—	981
丹东黄海	—	397	2	76	468	5	943
金华青年	—	—	111	756	—	—	872
中植一客	—	—	448	326	—	—	774
安徽星凯龙	—	2	151	503	—	—	656
凯马百路佳	—	—	160	335	115	—	610
上海万象	—	10	71	367	136	—	584
杭州长江	—	38	321	180	—	—	539
上海申沃	—	—	11	468	22	—	501
成都广通	—	180	—	318	—	—	498
北方华德尼奥普兰	—	—	345	136	—	—	481
其他企业	54	560	3601	3592	983	244	8980
总计	54	2590	35349	53109	16242	280	107624

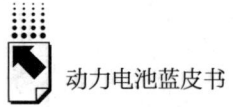

表7 2017年部分新能源汽车企业客车产品（按电池材料类型统计）产量数据表

单位：辆

企业名称	纯电动客车					插电式混合动力客车				燃料电池客车			总计
	三元材料	磷酸铁锂	锰酸锂	钛酸锂	超级电容	镍氢电池	三元材料	磷酸铁锂	锰酸锂	镍氢电池	磷酸铁锂	锰酸锂	燃料电池	
郑州宇通	—	19712	554	—	—	—	2	1035	3567	—	1	—	—	24871
比亚迪	—	11191	—	—	—	—	—	—	—	—	—	—	—	11191
中通客车	—	6713	117	—	—	—	—	15	1152	—	—	—	—	7997
湖南中车	—	5824	178	—	—	—	—	689	—	—	—	—	—	6691
珠海广通	—	2563	—	3682	—	—	—	—	—	—	—	—	—	6245
北汽福田	—	1509	369	1810	—	—	—	—	1439	—	—	30	—	5157
上海申龙	—	3673	—	—	—	—	—	327	72	—	—	—	—	4072
厦门金旅	40	2682	100	—	—	—	—	397	641	—	—	—	—	3860
厦门金龙	—	2372	305	—	—	1	—	638	518	1	—	—	—	3835
南京金龙	—	2442	565	—	—	—	—	1	121	—	—	—	—	3129
济南豪沃	—	883	—	—	—	—	—	—	1560	—	—	—	—	2443
安徽安凯	—	1761	—	—	—	—	—	44	443	—	—	—	—	2248
东风客车	9	1547	—	—	—	—	—	40	—	—	—	—	—	1596
扬州亚星	—	1174	—	—	—	—	—	380	—	2	—	—	—	1556
广汽比亚迪	—	1553	—	—	—	—	—	—	—	—	—	—	—	1553
苏州金龙	—	634	290	—	—	—	—	—	617	—	—	—	—	1541

续表

企业名称	纯电动客车					插电式混合动力客车				燃料电池客车			总计
	三元材料	磷酸铁锂	锰酸锂	钛酸锂	超级电容	镍氢电池	三元材料	磷酸铁锂	锰酸锂	镍氢电池	磷酸铁锂	锰酸锂	燃料电池	
烟台舒驰	—	1174	—	—	—	—	—	—	—	—	—	—	—	1174
广西源正	—	551	—	—	—	—	—	471	16	—	—	—	—	1038
江苏九龙	—	1008	—	—	—	—	—	—	—	—	—	—	—	1008
博能上饶	397	651	—	—	—	—	—	300	30	—	—	—	—	981
丹东黄海	—	77	—	1	—	1	—	—	468	—	—	—	5	943
金华青年	—	867	—	—	—	—	—	—	—	—	—	—	—	872
中植一客	—	774	—	—	—	—	—	—	—	—	—	—	—	774
安徽星凯龙	—	655	20	1	—	—	—	—	115	—	—	—	—	656
凯马百路佳	—	495	—	—	—	—	—	—	136	—	—	—	—	610
上海万象	—	428	—	—	—	—	—	—	—	—	—	—	—	584
杭州长江	—	539	—	—	—	—	—	—	22	—	—	—	—	539
上海申沃	—	479	—	—	—	2	—	—	—	—	—	—	—	501
成都广通	—	—	39	498	—	—	—	—	—	—	—	—	—	498
北方华德尼奥普兰	—	442	—	—	—	—	—	440	542	1	115	37	92	481
其他企业	—	7028	598	115	10	4	2	4777	11459	4	116	67	97	8980
总计	446	81401	3135	6106	10									107624

表8 2017年部分新能源汽车企业专用车产品（按大分类统计）产量数据表

单位：辆

企业名称	纯电动总能量≤30kWh	纯电动30kWh<总能量≤50kWh	纯电动总能量>50kWh	插电式	燃料电池	总计
东风汽车	502	9689	17137	—	535	27863
湖北新楚风	—	9492	4419	—	—	13911
陕西通家	—	11699	—	—	—	11699
成都大运	—	1403	6663	—	—	8066
南京金龙	1372	6245	449	—	—	6694
重庆瑞驰	12	6343	—	—	—	6583
中通客车	—	5874	90	—	—	6445
奇瑞汽车	—	5874	—	—	—	5874
山西成功	—	5194	—	—	—	5194
吉利四川商用车	—	—	4277	—	—	4277
福建新龙马	—	4130	—	—	—	4130
烟台舒驰	—	—	3858	—	—	3858
江西昌河	3387	409	—	—	—	3796
上汽商用车	—	—	3274	—	—	3274
南汽集团	13	346	2275	—	—	2634
湖北世纪中远	—	2569	—	—	—	2569
江苏九龙	—	67	2110	—	—	2177

342

续表

企业名称	纯电动总能量 ≤30kWh	纯电动 30kWh< 总能量 ≤50kWh	纯电动总能量 >50kWh	插电式	燃料电池	总计
山东凯马	587	167	1189	—	—	1943
唐骏欧铃	1184	3	722	—	—	1909
江苏陆地方舟	—	142	1704	—	—	1846
一汽客车（大连）	—	1188	448	—	—	1636
芜湖宝骐	18	111	1449	—	—	1578
中植一客	—	945	600	—	—	1545
山东吉海	—	1423	—	—	—	1423
河北红星	—	1263	105	—	—	1368
江苏奥新	55	1153	50	—	56	1314
成都雅骏	—	98	1188	—	—	1286
陕汽集团	—	—	1109	—	—	1109
北汽福田	—	265	712	—	—	977
北京华林	—	133	825	—	—	958
一汽解放青岛	—	—	878	—	—	878
重庆力帆	1	777	—	—	—	778
郑州日产	—	140	626	—	—	766
上海申龙	—	746	—	—	—	746
扬子江	—	701	21	—	—	722
其他企业	1593	7809	4137	—	401	13940

表9 2017年部分新能源汽车企业专用车产品（按电池材料类型统计）产量数据表

单位：辆

企业名称	纯电动					燃料电池			总计
	三元材料	磷酸铁锂	锰酸锂	多元复合		三元材料	锰酸锂	燃料电池	
东风汽车	16210	8189	1236	1693			535		27863
湖北新楚风	3121	10790							13911
陕西通家	11696	3							11699
成都大运	6192	1874							8066
南京金龙	6574	120							6694
重庆瑞驰	949	5949	5634						6583
中通客车	496								6445
奇瑞汽车	5874								5874
山西成功	5194								5194
吉利四川商用车	2180	2097							4277
福建新龙马	4127	3	1						4130
烟台舒驰	3857								3858
江西昌河	3796								3796
上汽商用车	1785	305	1184						3274
南汽集团	2499	135							2634
湖北世纪中远		2569							2569
江苏九龙	2177								2177
山东凯马	1943								1943

续表

企业名称	纯电动					燃料电池		总计
	三元材料	磷酸铁锂	锰酸锂	多元复合	三元材料	锰酸锂	燃料电池	
唐骏欧铃	294	1615						1909
江苏陆地方舟	1846							1846
一汽客车(大连)	1636							1636
芜湖宝骐	1578							1578
中植一客	1545							1545
山东吉海	1423							1423
河北红星	1368							1368
江苏奥新	1203	19	36					1314
成都雅骏	1286							1286
陕汽集团	769	340						1109
北汽福田	975		2					977
北京华林		958						958
一汽解放青岛	392	453	33					878
重庆力帆	778							778
郑州日产	766							766
上海申龙	746							746
扬子江	422		300					722
其他企业	10427	2530	372	210			401	13940
总计	106124	37949	8798	1903	56	535	401	155766

表 10　2017 年部分新能源汽车电池单体供应商配套动力电池数据表

单位：辆/套

企业名称	三元材料			磷酸铁锂			锰酸锂			多元复合			钛酸锂			燃料电池			超级电容	镍氢电池		总计
	硬壳	圆柱	软包	硬壳	圆柱	软包	硬壳	圆柱	软包	硬壳	圆柱	软包	硬壳	圆柱	软包	硬壳	圆柱	软包	软包	硬壳	圆柱	
宁德时代	147769	—	—	52873	—	—	—	—	—	—	—	—	—	—	—	—	—	—	—	—	—	200642
比亚迪	50224	—	—	56310	—	—	—	—	—	—	—	—	—	—	—	—	—	—	—	—	—	106534
孚能	—	21679	26903	—	—	—	—	—	—	—	—	—	—	—	—	—	—	—	—	—	—	48582
比克	—	48458	—	—	2	—	—	—	—	—	—	—	—	—	—	—	—	—	—	—	—	48460
国轩	8396	—	—	32679	6374	—	151	—	—	—	—	—	—	—	—	82	—	—	—	—	—	47682
福斯特	—	35315	1	—	—	—	—	—	—	—	—	—	—	—	—	—	—	—	—	—	—	35316
沃特玛	—	—	—	—	33825	—	—	—	—	—	—	—	—	—	—	—	—	—	—	—	—	33825
A123	2597	—	20526	—	—	286	—	—	—	—	—	—	—	—	—	—	—	—	—	—	—	23409
亿纬锂能	—	16371	—	1393	—	—	—	—	—	—	—	—	—	—	—	—	—	—	—	—	—	17764
力神	1158	11944	—	3836	—	—	—	—	—	—	—	—	—	—	—	—	401	—	—	—	—	17339
星恒	1923	—	—	—	—	—	14719	—	—	—	—	—	—	—	—	—	—	—	—	—	—	16642
江苏智航	—	13745	—	—	—	—	—	—	—	—	—	—	—	—	—	—	—	—	—	—	—	13745
广东天劲	—	—	13625	—	—	—	—	—	—	—	—	—	—	—	—	—	—	—	—	—	—	13625
卡耐	—	—	13482	—	—	—	—	—	—	—	—	—	—	—	—	—	—	—	—	—	—	13482
多氟多	—	—	13426	—	—	—	—	—	—	—	—	—	—	—	—	—	—	—	—	—	—	13426
天能	—	12635	352	—	—	—	—	—	—	—	—	—	—	—	—	—	—	—	—	—	—	12987

附录：产业数据表

续表

企业名称	三元材料			磷酸铁锂			锰酸锂		多元复合			钛酸锂			燃料电池			超级电容	镍氢电池		总计
	硬壳	圆柱	软包	硬壳	圆柱	软包	硬壳	软包	硬壳	圆柱	软包	硬壳	圆柱	软包	硬壳	圆柱	软包	软包	硬壳	圆柱	
德朗能	—	12278	—	—	—	—	—	—	—	—	—	—	—	—	—	—	—	—	—	—	12278
捷威动力	—	—	11401	—	—	—	—	—	—	—	—	—	—	—	—	—	—	—	—	—	11401
湖州天丰	—	—	11379	—	—	—	—	—	—	—	—	—	—	—	—	—	—	—	—	—	11379
盟固利	—	—	99	—	—	—	—	9520	—	—	—	—	—	—	—	—	—	—	—	—	9619
北京国能	—	—	2166	—	—	5149	—	—	—	—	2032	—	—	—	—	—	—	—	—	—	9347
哈尔滨光宇	1434	4791	—	54	—	—	—	1506	—	—	—	—	—	—	—	—	—	—	—	—	7785
江苏天鹏	—	6920	—	—	—	—	—	—	—	—	—	—	—	—	—	—	—	—	—	—	6920
广州鹏辉	328	2958	454	828	—	362	—	—	1902	—	—	—	—	—	—	—	—	—	—	—	6832
银隆	—	—	—	—	—	—	—	—	—	—	—	21	6031	—	—	—	—	—	—	—	6052
东莞创明	—	5778	—	—	—	—	—	—	—	—	—	—	—	—	—	—	—	—	—	—	5778
LG	—	—	5599	—	—	—	—	—	—	—	—	—	—	—	—	—	—	—	—	—	5599
中航锂电	—	—	642	4876	—	—	—	—	—	—	—	—	—	—	—	—	—	—	—	—	5518
微宏	—	—	—	—	—	—	—	4878	—	—	—	—	—	—	—	—	15	—	—	—	4893
东莞振华	—	4843	—	—	—	—	—	—	—	—	—	—	—	1	—	—	—	—	—	—	4844
其他企业	3002	22014	7545	8852	3780	519	—	1836	—	1	666	53	—	—	—	—	—	10	5	3	48286
总计	216831	214938	132391	161701	43981	6316	14870	17740	1902	1	2698	74	6031	1	82	401	15	10	5	3	819991

347

表11 2017年部分新能源汽车电池单体供应商（按车型大分类统计）配套动力电池数据表

单位：辆/套

行标签	三元材料 纯电动	三元材料 插电式	三元材料 燃料电池	磷酸铁锂 纯电动	磷酸铁锂 插电式	磷酸铁锂 燃料电池	锰酸锂 纯电动	锰酸锂 插电式	锰酸锂 燃料电池	多元复合 纯电动	钛酸锂 纯电动	燃料电池	超级电容 纯电动	镍氢电池 纯电动	镍氢电池 插电式	总计
宁德时代	120735	27034	—	49722	3150	1	—	—	—	—	—	—	—	—	—	200642
比亚迪	—	50224	—	50006	6304	—	—	—	—	—	—	—	—	—	—	106534
孚能	48582	—	—	—	—	—	—	—	—	—	—	—	—	—	—	48582
比克	48458	—	—	2	—	—	—	—	—	—	—	—	—	—	—	48460
国轩	8357	39	—	38894	44	115	151	—	—	—	—	82	—	—	—	47682
福斯特	35316	—	—	—	—	—	—	—	—	—	—	—	—	—	—	35316
沃特玛	—	—	—	33825	—	—	—	—	—	—	—	—	—	—	—	33825
A123	9567	13556	—	167	119	—	—	—	—	—	—	—	—	—	—	23409
亿纬锂能	16371	—	—	1392	1	—	—	—	—	—	—	—	—	—	—	17764
力神	13094	8	—	3836	—	—	—	—	—	—	—	401	—	—	—	17339
星恒	1923	—	—	—	—	—	14718	1	—	—	—	—	—	—	—	16642
江苏智航	13745	—	—	—	—	—	—	—	—	—	—	—	—	—	—	13745
广东天劲	13625	—	—	—	—	—	—	—	—	—	—	—	—	—	—	13625
卡耐	13482	—	—	—	—	—	—	—	—	—	—	—	—	—	—	13482
多氟多	13426	—	—	—	—	—	—	—	—	—	—	—	—	—	—	13426

续表

行标签	三元材料 纯电动	三元材料 插电式	三元材料 燃料电池	磷酸铁锂 纯电动	磷酸铁锂 插电式	磷酸铁锂 燃料电池	锰酸锂 纯电动	锰酸锂 插电式	锰酸锂 燃料电池	多元复合 纯电动	钛酸锂 纯电动	燃料电池	超级电容 纯电动	镍氢电池 纯电动	镍氢电池 插电式	总计
天能	12987	—	—	—	—	—	—	—	—	—	—	—	—	—	—	12987
德朗能	12278	—	—	—	—	—	—	—	—	—	—	—	—	—	—	12278
捷威动力	11401	—	—	—	—	—	—	—	—	—	—	—	—	—	—	11401
湖州天丰	11379	—	—	—	—	—	—	—	—	—	—	—	—	—	—	11379
盟固利	97	—	—	—	—	—	1035	8457	30	—	—	—	—	—	—	9619
北京国能	2166	—	—	5149	—	—	—	—	—	2032	—	—	—	—	—	9347
哈尔滨光宇	6225	—	—	54	—	—	1506	—	—	—	—	—	—	—	—	7785
江苏天鹏	6920	—	—	—	—	—	—	—	—	—	—	—	—	—	—	6920
广州鹏辉	3740	—	—	1190	—	—	—	—	—	1902	—	—	—	—	—	6832
银隆	—	—	—	—	—	—	—	—	—	—	6052	—	—	—	—	6052
东莞创明	5778	—	—	—	—	—	—	—	—	—	—	—	—	—	—	5778
LG	—	5599	—	—	—	—	—	—	—	—	—	—	—	—	—	5599
中航锂电	642	—	—	4876	—	—	—	—	—	—	—	—	—	—	—	5518
微宏	—	—	—	—	—	—	3020	1303	555	—	—	15	—	—	—	4893
东莞振华	4787	—	56	—	—	—	—	—	—	1	—	—	—	—	—	4844
其他企业	32561	—	—	11659	1492	116	121	1698	17	666	54	498	10	4	4	48286
总计	467642	96462	56	200772	11110	116	20549	11459	602	4601	6106	498	10	4	4	819991

表12 2017年部分新能源汽车电池单体供应商配套量数据表

单位：亿Wh

企业名称	三元材料			磷酸铁锂			锰酸锂		多元复合			钛酸锂			超级电容	镍氢电池		总计
	硬壳	圆柱	软包	硬壳	圆柱	软包	硬壳	软包	硬壳	圆柱	软包	硬壳	圆柱	软包	软包	硬壳	圆柱	
宁德时代	47.253805	—	—	58.94002485	—	—	—	—	—	—	—	—	—	—	—	—	—	106.1938299
比亚迪	8.527013	—	—	54.54291	—	—	—	—	—	—	—	—	—	—	—	—	—	63.069923
沃特玛	—	—	—	—	24.89201818	—	—	—	—	—	—	—	—	—	—	—	—	24.89201818
国轩	2.604467	—	—	15.74062894	1.61227129	—	0.11174	—	—	—	—	—	—	—	—	—	—	20.06910723
比克	—	17.06931501	—	—	0.00200448	—	—	—	—	—	—	—	—	—	—	—	—	17.07131949
力神	0.5130571	5.26837606	—	4.7911895	—	—	—	—	—	—	—	—	—	—	—	—	—	10.57262266
孚能	—	3.48473984	6.7998089	—	—	—	—	—	—	—	—	—	—	—	—	—	—	10.28454874
亿纬锂能	—	6.52022634	—	2.10000575	—	—	—	—	—	—	—	—	—	—	—	—	—	8.62023209
北京国能	—	—	1.5363721	—	—	6.18940864	—	—	—	0.446098	—	—	—	—	—	—	—	8.17187874
江苏智航	—	7.50262609	—	—	—	—	—	—	—	—	—	—	—	—	—	—	—	7.50262609
福斯特	—	7.233443528	0.000804	—	—	—	—	—	—	—	—	—	—	—	—	—	—	7.234247528
星恒	0.76578298	—	—	—	—	—	5.98130124	—	—	—	—	—	—	—	—	—	—	6.74708422
银隆	—	—	—	—	—	—	—	—	—	—	—	0.0233173	5.6483398	—	—	—	—	5.6716571
中航锂电	—	—	0.26629008	4.8416541	—	—	—	—	—	—	—	—	—	—	—	—	—	5.10794418
广东天劲	—	—	4.94101076	—	—	—	—	—	—	—	—	—	—	—	—	—	—	4.94101076
德朗能	—	4.4380437	—	—	—	—	—	—	—	—	—	—	—	—	—	—	—	4.4380437
微宏	—	—	—	—	—	—	—	—	4.2693131	—	—	—	—	—	—	—	—	4.2693131
A123	0.612755	—	3.0447502	—	0.4518376	—	—	—	—	—	—	—	—	—	—	—	—	4.1093428
盟固利	—	—	0.052753	—	—	—	—	4.017454	—	—	—	—	—	—	—	—	—	4.070207
广州鹏辉	0.306178	0.4909436	0.1209456	0.8575488	—	0.055024	—	—	1.740504	—	—	—	—	—	—	—	—	3.571144
捷威动力	—	—	2.6771886	—	—	—	—	—	—	—	—	—	—	—	—	—	—	2.6771886
天能	—	2.5588073	0.09504	—	—	—	—	—	—	—	—	—	—	—	—	—	—	2.6538473
多氟多	—	—	2.5718102	—	—	—	—	—	—	—	—	—	—	—	—	—	—	2.5718102
江苏海四达	—	1.0986837	—	1.44773122	—	—	—	—	—	—	—	—	—	—	—	—	—	2.54641492
卡耐	—	—	2.4589628	—	—	—	—	—	—	—	—	—	—	—	—	—	—	2.4589628
广西卓能	—	2.4587449	—	—	—	—	—	—	—	—	—	—	—	—	—	—	—	2.4587449
新太行	—	0.6077557	—	1.745201	—	—	—	—	—	—	—	—	—	—	—	—	—	2.3529567
湖州天丰	—	—	1.9662912	—	—	—	—	—	—	—	—	—	—	—	—	—	—	1.9662912
金阳光	—	1.77737	—	—	—	—	—	—	—	—	—	—	—	—	—	—	—	1.77737
江苏天鹏	—	1.5637162	—	—	—	—	—	—	—	—	—	—	—	—	—	—	—	1.5637162
芜湖天弋	—	—	1.54746528	—	—	—	—	—	—	—	—	—	—	—	—	—	—	1.54746528
哈尔滨光宇	0.322475	—	0.8915579	0.0502248	—	—	—	—	0.2674656	—	—	—	—	—	—	—	—	1.5317233
中天储能	—	—	—	1.487227	—	—	—	—	—	—	—	—	—	—	—	—	—	1.487227
东莞振华	—	1.4229783	—	—	—	—	—	—	—	0.0009738	—	—	—	—	—	—	—	1.4239521
其他企业	2.00558444	5.51406358	3.00471646	4.60457024	1.041735	0.57131376	—	0.90993402	—	—	0.146404	0.02894688	—	0.00034	0.0025	0.0048977	0.0006012	17.83560728
总计	62.91111752	69.00983385	30.4283018	150.9511805	29.29322995	7.267584	6.09304124	9.46416672	1.740504	0.0009738	0.592502	0.05226418	5.6483398	0.00034	0.0025	0.0048977	0.0006012	373.4613782

社会科学文献出版社　　**皮书系列**

❖ 皮书起源 ❖

"皮书"起源于十七、十八世纪的英国,主要指官方或社会组织正式发表的重要文件或报告,多以"白皮书"命名。在中国,"皮书"这一概念被社会广泛接受,并被成功运作、发展成为一种全新的出版形态,则源于中国社会科学院社会科学文献出版社。

❖ 皮书定义 ❖

皮书是对中国与世界发展状况和热点问题进行年度监测,以专业的角度、专家的视野和实证研究方法,针对某一领域或区域现状与发展态势展开分析和预测,具备原创性、实证性、专业性、连续性、前沿性、时效性等特点的公开出版物,由一系列权威研究报告组成。

❖ 皮书作者 ❖

皮书系列的作者以中国社会科学院、著名高校、地方社会科学院的研究人员为主,多为国内一流研究机构的权威专家学者,他们的看法和观点代表了学界对中国与世界的现实和未来最高水平的解读与分析。

❖ 皮书荣誉 ❖

皮书系列已成为社会科学文献出版社的著名图书品牌和中国社会科学院的知名学术品牌。2016年,皮书系列正式列入"十三五"国家重点出版规划项目;2013~2018年,重点皮书列入中国社会科学院承担的国家哲学社会科学创新工程项目;2018年,59种院外皮书使用"中国社会科学院创新工程学术出版项目"标识。

中国皮书网

（网址：www.pishu.cn）

发布皮书研创资讯，传播皮书精彩内容
引领皮书出版潮流，打造皮书服务平台

栏目设置

关于皮书：何谓皮书、皮书分类、皮书大事记、皮书荣誉、
皮书出版第一人、皮书编辑部

最新资讯：通知公告、新闻动态、媒体聚焦、网站专题、视频直播、下载专区

皮书研创：皮书规范、皮书选题、皮书出版、皮书研究、研创团队

皮书评奖评价：指标体系、皮书评价、皮书评奖

互动专区：皮书说、社科数托邦、皮书微博、留言板

所获荣誉

2008年、2011年，中国皮书网均在全国新闻出版业网站荣誉评选中获得"最具商业价值网站"称号；

2012年，获得"出版业网站百强"称号。

网库合一

2014年，中国皮书网与皮书数据库端口合一，实现资源共享。

权威报告·一手数据·特色资源

皮书数据库
ANNUAL REPORT(YEARBOOK) DATABASE

当代中国经济与社会发展高端智库平台

所获荣誉

- 2016年,入选"'十三五'国家重点电子出版物出版规划骨干工程"
- 2015年,荣获"搜索中国正能量 点赞2015""创新中国科技创新奖"
- 2013年,荣获"中国出版政府奖·网络出版物奖"提名奖
- 连续多年荣获中国数字出版博览会"数字出版·优秀品牌"奖

成为会员

通过网址www.pishu.com.cn访问皮书数据库网站或下载皮书数据库APP,进行手机号码验证或邮箱验证即可成为皮书数据库会员。

会员福利

- 使用手机号码首次注册的会员,账号自动充值100元体验金,可直接购买和查看数据库内容(仅限PC端)。
- 已注册用户购书后可免费获赠100元皮书数据库充值卡。刮开充值卡涂层获取充值密码,登录并进入"会员中心"—"在线充值"—"充值卡充值",充值成功后即可购买和查看数据库内容(仅限PC端)。
- 会员福利最终解释权归社会科学文献出版社所有。

数据库服务热线:400-008-6695
数据库服务QQ:2475522410
数据库服务邮箱:database@ssap.cn
图书销售热线:010-59367070/7028
图书服务QQ:1265056568
图书服务邮箱:duzhe@ssap.cn

社会科学文献出版社 皮书系列
SOCIAL SCIENCES ACADEMIC PRESS (CHINA)

卡号:463618681822
密码:

S 基本子库
SUB DATABASE

中国社会发展数据库（下设 12 个子库）

全面整合国内外中国社会发展研究成果，汇聚独家统计数据、深度分析报告，涉及社会、人口、政治、教育、法律等 12 个领域，为了解中国社会发展动态、跟踪社会核心热点、分析社会发展趋势提供一站式资源搜索和数据分析与挖掘服务。

中国经济发展数据库（下设 12 个子库）

基于"皮书系列"中涉及中国经济发展的研究资料构建，内容涵盖宏观经济、农业经济、工业经济、产业经济等 12 个重点经济领域，为实时掌控经济运行态势、把握经济发展规律、洞察经济形势、进行经济决策提供参考和依据。

中国行业发展数据库（下设 17 个子库）

以中国国民经济行业分类为依据，覆盖金融业、旅游、医疗卫生、交通运输、能源矿产等 100 多个行业，跟踪分析国民经济相关行业市场运行状况和政策导向，汇集行业发展前沿资讯，为投资、从业及各种经济决策提供理论基础和实践指导。

中国区域发展数据库（下设 6 个子库）

对中国特定区域内的经济、社会、文化等领域现状与发展情况进行深度分析和预测，研究层级至县及县以下行政区，涉及地区、区域经济体、城市、农村等不同维度。为地方经济社会宏观态势研究、发展经验研究、案例分析提供数据服务。

中国文化传媒数据库（下设 18 个子库）

汇聚文化传媒领域专家观点、热点资讯，梳理国内外中国文化发展相关学术研究成果、一手统计数据，涵盖文化产业、新闻传播、电影娱乐、文学艺术、群众文化等 18 个重点研究领域。为文化传媒研究提供相关数据、研究报告和综合分析服务。

世界经济与国际关系数据库（下设 6 个子库）

立足"皮书系列"世界经济、国际关系相关学术资源，整合世界经济、国际政治、世界文化与科技、全球性问题、国际组织与国际法、区域研究 6 大领域研究成果，为世界经济与国际关系研究提供全方位数据分析，为决策和形势研判提供参考。

法律声明

"皮书系列"（含蓝皮书、绿皮书、黄皮书）之品牌由社会科学文献出版社最早使用并持续至今，现已被中国图书市场所熟知。"皮书系列"的相关商标已在中华人民共和国国家工商行政管理总局商标局注册，如LOGO（ ）、皮书、Pishu、经济蓝皮书、社会蓝皮书等。"皮书系列"图书的注册商标专用权及封面设计、版式设计的著作权均为社会科学文献出版社所有。未经社会科学文献出版社书面授权许可，任何使用与"皮书系列"图书注册商标、封面设计、版式设计相同或者近似的文字、图形或其组合的行为均系侵权行为。

经作者授权，本书的专有出版权及信息网络传播权等为社会科学文献出版社享有。未经社会科学文献出版社书面授权许可，任何就本书内容的复制、发行或以数字形式进行网络传播的行为均系侵权行为。

社会科学文献出版社将通过法律途径追究上述侵权行为的法律责任，维护自身合法权益。

欢迎社会各界人士对侵犯社会科学文献出版社上述权利的侵权行为进行举报。电话：010-59367121，电子邮箱：fawubu@ssap.cn。

社会科学文献出版社

权威·前沿·原创

社会科学文献出版社

皮书系列

2014年

盘点年度资讯　预测时代前程

社会科学文献出版社 学术传播中心 编制

社会科学文献出版社
SOCIAL SCIENCES ACADEMIC PRESS (CHINA)

社会科学文献出版社成立于1985年，是直属于中国社会科学院的人文社会科学专业学术出版机构。

成立以来，特别是1998年实施第二次创业以来，依托于中国社会科学院丰厚的学术出版和专家学者两大资源，坚持"创社科经典，出传世文献"的出版理念和"权威、前沿、原创"的产品定位，社科文献立足内涵式发展道路，从战略层面推动学术出版的五大能力建设，逐步走上了学术产品的系列化、规模化、数字化、国际化、市场化经营道路。

先后策划出版了著名的图书品牌和学术品牌"皮书"系列、"列国志"、"社科文献精品译库"、"中国史话"、"全球化译丛"、"气候变化与人类发展译丛""近世中国"等一大批既有学术影响又有市场价值的系列图书。形成了较强的学术出版能力和资源整合能力，年发稿3.5亿字，年出版新书1200余种，承印发行中国社科院院属期刊近70种。

2012年，《社会科学文献出版社学术著作出版规范》修订完成。同年10月，社会科学文献出版社参加了由新闻出版总署召开加强学术著作出版规范座谈会，并代表50多家出版社发起实施学术著作出版规范的倡议。2013年，社会科学文献出版社参与新闻出版总署学术著作规范国家标准的起草工作。

依托于雄厚的出版资源整合能力，社会科学文献出版社长期以来一直致力于从内容资源和数字平台两个方面实现传统出版的再造，并先后推出了皮书数据库、列国志数据库、中国田野调查数据库等一系列数字产品。

在国内原创著作、国外名家经典著作大量出版，数字出版突飞猛进的同时，社会科学文献出版社在学术出版国际化方面也取得了不俗的成绩。先后与荷兰博睿等十余家国际出版机构合作面向海外推出了《经济蓝皮书》《社会蓝皮书》等十余种皮书的英文版、俄文版、日文版等。

此外，社会科学文献出版社积极与中央和地方各类媒体合作，联合大型书店、学术书店、机场书店、网络书店、图书馆，逐步构建起了强大的学术图书的内容传播力和社会影响力，学术图书的媒体曝光率居全国之首，图书馆藏率居于全国出版机构前十位。

作为已经开启第三次创业梦想的人文社会科学学术出版机构，社会科学文献出版社结合社会需求、自身的条件以及行业发展，提出了新的创业目标：精心打造人文社会科学成果推广平台，发展成为一家集图书、期刊、声像电子和数字出版物为一体，面向海内外高端读者和客户，具备独特竞争力的人文社会科学内容资源供应商和海内外知名的专业学术出版机构。

社长致辞

我们是图书出版者，更是人文社会科学内容资源供应商；

我们背靠中国社会科学院，面向中国与世界人文社会科学界，坚持为人文社会科学的繁荣与发展服务；

我们精心打造权威信息资源整合平台，坚持为中国经济与社会的繁荣与发展提供决策咨询服务；

我们以读者定位自身，立志让爱书人读到好书，让求知者获得知识；

我们精心编辑、设计每一本好书以形成品牌张力，以优秀的品牌形象服务读者，开拓市场；

我们始终坚持"创社科经典，出传世文献"的经营理念，坚持"权威、前沿、原创"的产品特色；

我们"以人为本"，提倡阳光下创业，员工与企业共享发展之成果；

我们立足于现实，认真对待我们的优势、劣势，我们更着眼于未来，以不断的学习与创新适应不断变化的世界，以不断的努力提升自己的实力；

我们愿与社会各界友好合作，共享人文社会科学发展之成果，共同推动中国学术出版乃至内容产业的繁荣与发展。

社会科学文献出版社社长
中国社会学会秘书长

2014 年 1 月

社会科学文献出版社　皮书系列

"皮书"起源于十七、十八世纪的英国，主要指官方或社会组织正式发表的重要文件或报告，多以"白皮书"命名。在中国，"皮书"这一概念被社会广泛接受，并被成功运作、发展成为一种全新的出版形态，则源于中国社会科学院社会科学文献出版社。

皮书是对中国与世界发展状况和热点问题进行年度监测，以专家和学术的视角，针对某一领域或区域现状与发展态势展开分析和预测，具备权威性、前沿性、原创性、实证性、时效性等特点的连续性公开出版物，由一系列权威研究报告组成。皮书系列是社会科学文献出版社编辑出版的蓝皮书、绿皮书、黄皮书等的统称。

皮书系列的作者以中国社会科学院、著名高校、地方社会科学院的研究人员为主，多为国内一流研究机构的权威专家学者，他们的看法和观点代表了学界对中国与世界的现实和未来最高水平的解读与分析。

自 20 世纪 90 年代末推出以经济蓝皮书为开端的皮书系列以来，至今已出版皮书近 1000 余部，内容涵盖经济、社会、政法、文化传媒、行业、地方发展、国际形势等领域。皮书系列已成为社会科学文献出版社的著名图书品牌和中国社会科学院的知名学术品牌。

皮书系列在数字出版和国际出版方面成就斐然。皮书数据库被评为"2008~2009 年度数字出版知名品牌"；经济蓝皮书、社会蓝皮书等十几种皮书每年还由国外知名学术出版机构出版英文版、俄文版、韩文版和日文版，面向全球发行。

2011 年，皮书系列正式列入"十二五"国家重点出版规划项目，一年一度的皮书年会升格由中国社会科学院主办；2012 年，部分重点皮书列入中国社会科学院承担的国家哲学社会科学创新工程项目。

权威　前沿　原创

经济类

皮书系列
重点推荐

经 济 类

经济类皮书涵盖宏观经济、城市经济、大区域经济，提供权威、前沿的分析与预测

经济蓝皮书
2014年中国经济形势分析与预测

李 扬 / 主编　　2013年12月出版　　定价:69.00元

◆ 本书课题为"总理基金项目"，由著名经济学家李扬领衔，联合数十家科研机构、国家部委和高等院校的专家共同撰写，对2013年中国宏观及微观经济形势，特别是全球金融危机及其对中国经济的影响进行了深入分析，并且提出了2014年经济走势的预测。

世界经济黄皮书
2014年世界经济形势分析与预测

王洛林　张宇燕 / 主编　　2014年1月出版　　定价:69.00元

◆ 2013年的世界经济仍旧行进在坎坷复苏的道路上。发达经济体经济复苏继续巩固，美国和日本经济进入低速增长通道，欧元区结束衰退并呈复苏迹象。本书展望2014年世界经济，预计全球经济增长仍将维持在中低速的水平上。

工业化蓝皮书
中国工业化进程报告（2014）

黄群慧　吕 铁　李晓华 等 / 著　　2014年11月出版　　估价:89.00元

◆ 中国的工业化是事关中华民族复兴的伟大事业，分析跟踪研究中国的工业化进程，无疑具有重大意义。科学评价与客观认识我国的工业化水平，对于我国明确自身发展中的优势和不足，对于经济结构的升级与转型，对于制定经济发展政策，从而提升我国的现代化水平具有重要作用。

3

皮书系列 重点推荐　经济类

金融蓝皮书

中国金融发展报告（2014）

李　扬　王国刚 / 主编　　2013 年 12 月出版　　定价 :65.00 元

◆　由中国社会科学院金融研究所组织编写的《中国金融发展报告（2014）》，概括和分析了 2013 年中国金融发展和运行中的各方面情况，研讨和评论了 2013 年发生的主要金融事件。本书由业内专家和青年精英联合编著，有利于读者了解掌握 2013 年中国的金融状况，把握 2014 年中国金融的走势。

城市竞争力蓝皮书

中国城市竞争力报告 No.12

倪鹏飞 / 主编　　　2014 年 5 月出版　　定价 :89.00 元

◆　本书由中国社会科学院城市与竞争力研究中心主任倪鹏飞主持编写，汇集了众多研究城市经济问题的专家学者关于城市竞争力研究的最新成果。本报告构建了一套科学的城市竞争力评价指标体系，采用第一手数据材料，对国内重点城市年度竞争力格局变化进行客观分析和综合比较、排名，对研究城市经济及城市竞争力极具参考价值。

中国省域竞争力蓝皮书

"十二五"中期中国省域经济综合竞争力发展报告

李建平　李闽榕　高燕京 / 主编　　2014 年 3 月出版　　定价 :198.00 元

◆　本书充分运用数理分析、空间分析、规范分析与实证分析相结合、定性分析与定量分析相结合的方法，建立起比较科学完善、符合中国国情的省域经济综合竞争力指标评价体系及数学模型，对 2011~2012 年中国内地 31 个省、市、区的经济综合竞争力进行全面、深入、科学的总体评价与比较分析。

农村经济绿皮书

中国农村经济形势分析与预测 (2013~2014)

中国社会科学院农村发展研究所　国家统计局农村社会经济调查司 / 著

2014 年 4 月出版　　定价 :69.00 元

◆　本书对 2013 年中国农业和农村经济运行情况进行了系统的分析和评价，对 2014 年中国农业和农村经济发展趋势进行了预测，并提出相应的政策建议，专题部分将围绕某个重大的理论和现实问题进行多维、深入、细致的分析和探讨。

经济类　皮书系列 重点推荐

西部蓝皮书

中国西部经济发展报告（2014）

姚慧琴　徐璋勇 / 主编　　2014 年 7 月出版　　估价 :69.00 元

◆ 本书由西北大学中国西部经济发展研究中心主编，汇集了源自西部本土以及国内研究西部问题的权威专家的第一手资料，对国家实施西部大开发战略进行年度动态跟踪，并对 2014 年西部经济、社会发展态势进行预测和展望。

气候变化绿皮书

应对气候变化报告（2014）

王伟光　郑国光 / 主编　　2014 年 11 月出版　　估价 :79.00 元

◆ 本书由社科院城环所和国家气候中心共同组织编写，各篇报告的作者长期从事气候变化科学问题、社会经济影响，以及国际气候制度等领域的研究工作，密切跟踪国际谈判的进程，参与国家应对气候变化相关政策的咨询，有丰富的理论与实践经验。

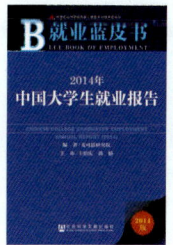

就业蓝皮书

2014 年中国大学生就业报告

麦可思研究院 / 编著　王伯庆　周凌波 / 主审
2014 年 6 月出版　　定价 :98.00 元

◆ 本书是迄今为止关于中国应届大学毕业生就业、大学毕业生中期职业发展及高等教育人口流动情况的视野最为宽广、资料最为翔实、分类最为精细的实证调查和定量研究；为我国教育主管部门的教育决策提供了极有价值的参考。

企业社会责任蓝皮书

中国企业社会责任研究报告（2014）

黄群慧　彭华岗　钟宏武　张 蒽 / 编著
2014 年 11 月出版　　估价 :69.00 元

◆ 本书系中国社会科学院经济学部企业社会责任研究中心组织编写的《企业社会责任蓝皮书》2014 年分册。该书在对企业社会责任进行宏观总体研究的基础上，根据 2013 年企业社会责任及相关背景进行了创新研究，在全国企业中观层面对企业健全社会责任管理体系提供了弥足珍贵的丰富信息。

5

社会政法类

社会政法类

社会政法类皮书聚焦社会发展领域的热点、难点问题，提供权威、原创的资讯与视点

社会蓝皮书

2014年中国社会形势分析与预测

李培林　陈光金　张　翼/主编　2013年12月出版　定价:69.00元

◆ 本报告是中国社会科学院"社会形势分析与预测"课题组2014年度分析报告，由中国社会科学院社会学研究所组织研究机构专家、高校学者和政府研究人员撰写。对2013年中国社会发展的各个方面内容进行了权威解读，同时对2014年社会形势发展趋势进行了预测。

法治蓝皮书

中国法治发展报告 No.12（2014）

李　林　田　禾/主编　2014年2月出版　定价:98.00元

◆ 本年度法治蓝皮书一如既往秉承关注中国法治发展进程中的焦点问题的特点，回顾总结了2013年度中国法治发展取得的成就和存在的不足，并对2014年中国法治发展形势进行了预测和展望。

民间组织蓝皮书

中国民间组织报告（2014）

黄晓勇/主编　2014年8月出版　估价:69.00元

◆ 本报告是中国社会科学院"民间组织与公共治理研究"课题组推出的第五本民间组织蓝皮书。基于国家权威统计数据、实地调研和广泛搜集的资料，本报告对2013年以来我国民间组织的发展现状、热点专题、改革趋势等问题进行了深入研究，并提出了相应的政策建议。

社会政法类　皮书系列 重点推荐

社会保障绿皮书
中国社会保障发展报告（2014）No.6
王延中 / 主编　2014年9月出版　定价:79.00元

◆ 社会保障是调节收入分配的重要工具，随着社会保障制度的不断建立健全、社会保障覆盖面的不断扩大和社会保障资金的不断增加，社会保障在调节收入分配中的重要性不断提高。本书全面评述了2013年以来社会保障制度各个主要领域的发展情况。

环境绿皮书
中国环境发展报告（2014）
刘鉴强 / 主编　2014年5月出版　定价:79.00元

◆ 本书由民间环保组织"自然之友"组织编写，由特别关注、生态保护、宜居城市、可持续消费以及政策与治理等版块构成，以公共利益的视角记录、审视和思考中国环境状况，呈现2013年中国环境与可持续发展领域的全局态势，用深刻的思考、科学的数据分析2013年的环境热点事件。

教育蓝皮书
中国教育发展报告（2014）
杨东平 / 主编　2014年5月出版　定价:79.00元

◆ 本书站在教育前沿，突出教育中的问题，特别是对当前教育改革中出现的教育公平、高校教育结构调整、义务教育均衡发展等问题进行了深入分析，从教育的内在发展谈教育，又从外部条件来谈教育，具有重要的现实意义，对我国的教育体制的改革与发展具有一定的学术价值和参考意义。

反腐倡廉蓝皮书
中国反腐倡廉建设报告 No.3
李秋芳 / 主编　2014年1月出版　定价:79.00元

◆ 本书抓住了若干社会热点和焦点问题，全面反映了新时期新阶段中国反腐倡廉面对的严峻局面，以及中国共产党反腐倡廉建设的新实践新成果。根据实地调研、问卷调查和舆情分析，梳理了当下社会普遍关注的与反腐败密切相关的热点问题。

行业报告类

行业报告类皮书立足重点行业、新兴行业领域，提供及时、前瞻的数据与信息

房地产蓝皮书
中国房地产发展报告 No.11（2014）
魏后凯 李景国/主编　　2014年5月出版　　定价：79.00元

◆ 本书由中国社会科学院城市发展与环境研究所组织编写，秉承客观公正、科学中立的原则，深度解析2013年中国房地产发展的形势和存在的主要矛盾，并预测2014年及未来10年或更长时间的房地产发展大势。观点精辟，数据翔实，对关注房地产市场的各阶层人士极具参考价值。

旅游绿皮书
2013~2014年中国旅游发展分析与预测
宋瑞/主编　　2013年12月出版　　定价：79.00元

◆ 如何从全球的视野理性审视中国旅游，如何在世界旅游版图上客观定位中国，如何积极有效地推进中国旅游的世界化，如何制定中国实现世界旅游强国梦想的线路图？本年度开始，《旅游绿皮书》将围绕"世界与中国"这一主题进行系列研究，以期为推进中国旅游的长远发展提供科学参考和智力支持。

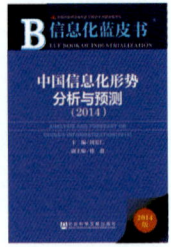

信息化蓝皮书
中国信息化形势分析与预测（2014）
周宏仁/主编　　2014年7月出版　　估价：98.00元

◆ 本书在以中国信息化发展的分析和预测为重点的同时，反映了过去一年间中国信息化关注的重点和热点，视野宽阔，观点新颖，内容丰富，数据翔实，对中国信息化的发展有很强的指导性，可读性很强。

行业报告类　　皮书系列 重点推荐

企业蓝皮书

中国企业竞争力报告（2014）

金　碚 / 主编　　2014 年 11 月出版　　估价 :89.00 元

◆ 中国经济正处于新一轮的经济波动中，如何保持稳健的经营心态和经营方式并进一步求发展，对于企业保持并提升核心竞争力至关重要。本书利用上市公司的财务数据，研究上市公司竞争力变化的最新趋势，探索进一步提升中国企业国际竞争力的有效途径，这无论对实践工作者还是理论研究者都具有重大意义。

食品药品蓝皮书

食品药品安全与监管政策研究报告（2014）

唐民皓 / 主编　　2014 年 7 月出版　　估价 :69.00 元

◆ 食品药品安全是当下社会关注的焦点问题之一，如何破解食品药品安全监管重点难点问题是需要以社会合力才能解决的系统工程。本书围绕安全热点问题、监管重点问题和政策焦点问题，注重于对食品药品公共政策和行政监管体制的探索和研究。

流通蓝皮书

中国商业发展报告（2013~2014）

荆林波 / 主编　　2014 年 5 月出版　　定价 :89.00 元

◆ 《中国商业发展报告》是中国社会科学院财经战略研究院与香港利丰研究中心合作的成果，并且在 2010 年开始以中英文版同步在全球发行。蓝皮书从关注中国宏观经济出发，突出中国流通业的宏观背景反映了本年度中国流通业发展的状况。

住房绿皮书

中国住房发展报告（2013~2014）

倪鹏飞 / 主编　　2013 年 12 月出版　　定价 :79.00 元

◆ 本报告从宏观背景、市场主体、市场体系、公共政策和年度主题五个方面，对中国住宅市场体系做了全面系统的分析、预测与评价，并给出了相关政策建议，并在评述 2012~2013 年住房及相关市场走势的基础上，预测了 2013~2014 年住房及相关市场的发展变化。

国别与地区类

国别与地区类皮书关注全球重点国家与地区，提供全面、独特的解读与研究

亚太蓝皮书

亚太地区发展报告（2014）

李向阳 / 主编　　2014 年 1 月出版　　定价 :59.00 元

◆ 本书是由中国社会科学院亚太与全球战略研究院精心打造的又一品牌皮书，关注时下亚太地区局势发展动向里隐藏的中长趋势，剖析亚太地区政治与安全格局下的区域形势最新动向以及地区关系发展的热点问题，并对 2014 年亚太地区重大动态作出前瞻性的分析与预测。

日本蓝皮书

日本研究报告（2014）

李　薇 / 主编　　2014 年 3 月出版　　定价 :69.00 元

◆ 本书由中华日本学会、中国社会科学院日本研究所合作推出，是以中国社会科学院日本研究所的研究人员为主完成的研究成果。对 2013 年日本的政治、外交、经济、社会文化作了回顾、分析与展望，并收录了该年度日本大事记。

欧洲蓝皮书

欧洲发展报告 (2013~2014)

周　弘 / 主编　　2014 年 5 月出版　　估价 :89.00 元

◆ 本年度的欧洲发展报告，对欧洲经济、政治、社会、外交等面的形式进行了跟踪介绍与分析。力求反映作为一个整体的欧盟及 30 多个欧洲国家在 2013 年出现的各种变化。

国别与地区类　皮书系列 重点推荐

拉美黄皮书
拉丁美洲和加勒比发展报告（2013~2014）
吴白乙 / 主编　2014年4月出版　定价：89.00元

◆ 本书是中国社会科学院拉丁美洲研究所的第13份关于拉丁美洲和加勒比地区发展形势状况的年度报告。本书对2013年拉丁美洲和加勒比地区诸国的政治、经济、社会、外交等方面的发展情况做了系统介绍，对该地区相关国家的热点及焦点问题进行了总结和分析，并在此基础上对该地区各国2014年的发展前景做出预测。

澳门蓝皮书
澳门经济社会发展报告（2013~2014）
吴志良　郝雨凡 / 主编　2014年4月出版　定价：79.00元

◆ 本书集中反映2013年本澳各个领域的发展动态，总结评价近年澳门政治、经济、社会的总体变化，同时对2014年社会经济情况作初步预测。

日本经济蓝皮书
日本经济与中日经贸关系研究报告（2014）
王洛林　张季风 / 主编　2014年5月出版　定价：79.00元

◆ 本书对当前日本经济以及中日经济合作的发展动态进行了多角度、全景式的深度分析。本报告回顾并展望了2013~2014年度日本宏观经济的运行状况。此外，本报告还收录了大量来自于日本政府权威机构的数据图表，具有极高的参考价值。

美国蓝皮书
美国问题研究报告（2014）
黄平　倪峰 / 主编　2014年6月出版　估价：89.00元

◆ 本书是由中国社会科学院美国所主持完成的研究成果，它回顾了美国2013年的经济、政治形势与外交战略，对2013年以来美国内政外交发生的重大事件以及重要政策进行了较为全面的回顾和梳理。

皮书系列
重点推荐　地方发展类

地方发展类

地方发展类皮书关注大陆各省份、经济区域，
提供科学、多元的预判与咨政信息

社会建设蓝皮书
2014年北京社会建设分析报告

宋贵伦/主编　2014年9月出版　估价:69.00元

◆ 本书依据社会学理论框架和分析方法，对北京市的人口、就业、分配、社会阶层以及城乡关系等社会学基本问题进行了广泛调研与分析，对广受社会关注的住房、教育、医疗、养老、交通等社会热点问题做了深刻了解与剖析，对日益显现的征地搬迁、外籍人口管理、群体性心理障碍等进行了有益探讨。

温州蓝皮书
2014年温州经济社会形势分析与预测

潘忠强　王春光　金浩/主编　2014年4月出版　定价:69.00元

◆ 本书是由中共温州市委党校与中国社会科学院社会学研究所合作推出的第七本"温州经济社会形势分析与预测"年度报告，深入全面分析了2013年温州经济、社会、政治、文化发展的主要特点、经验、成效与不足，提出了相应的政策建议。

上海蓝皮书
上海资源环境发展报告（2014）

周冯琦　汤庆合　任文伟/著　2014年1月出版　定价:69.00元

◆ 本书在上海所面临资源环境风险的来源、程度、成因、对策等方面作了些有益的探索，希望能对有关部门完善上海的资源环境风险防控工作提供一些有价值的参考，也让普通民众更全面地了解上海资源环境风险及其防控的图景。

地方发展类　皮书系列 重点推荐

广州蓝皮书

2014年中国广州社会形势分析与预测

张　强　陈怡霓　杨　秦/主编　2014年9月出版　估价:65.00元

◆ 本书由广州大学与广州市委宣传部、广州市人力资源和社会保障局联合主编，汇集了广州科研团体、高等院校和政府部门诸多社会问题研究专家、学者和实际部门工作者的最新研究成果，是关于广州社会运行情况和相关专题分析与预测的重要参考资料。

河南经济蓝皮书

2014年河南经济形势分析与预测

胡五岳/主编　2014年3月出版　定价:69.00元

◆ 本书由河南省统计局主持编纂。该分析与展望以2013年最新年度统计数据为基础，科学研判河南经济发展的脉络轨迹、分析年度运行态势；以客观翔实、权威资料为特征，突出科学性、前瞻性和可操作性，服务于科学决策和科学发展。

陕西蓝皮书

陕西社会发展报告（2014）

任宗哲　石　英　牛　昉/主编　2014年2月出版　定价:65.00元

◆ 本书系统而全面地描述了陕西省2013年社会发展各个领域所取得的成就、存在的问题、面临的挑战及其应对思路，为更好地思考2014年陕西发展前景、政策指向和工作策略等方面提供了一个较为简洁清晰的参考蓝本。

上海蓝皮书

上海经济发展报告（2014）

沈开艳/主编　2014年1月出版　定价:69.00元

◆ 本书系上海社会科学院系列之一，报告对2014年上海经济增长与发展趋势的进行了预测，把握了上海经济发展的脉搏和学术研究的前沿。

广州蓝皮书
广州经济发展报告（2014）

李江涛　朱名宏 / 主编　2014 年 6 月出版　估价 :65.00 元

◆ 本书是由广州市社会科学院主持编写的"广州蓝皮书"系列之一，本报告对广州 2013 年宏观经济运行情况作了深入分析，对 2014 年宏观经济走势进行了合理预测，并在此基础上提出了相应的政策建议。

文 化 传 媒 类

 文化传媒类皮书透视文化领域、文化产业，探索文化大繁荣、大发展的路径

新媒体蓝皮书
中国新媒体发展报告 No.4(2013)

唐绪军 / 主编　2014 年 6 月出版　估价 :69.00 元

◆ 本书由中国社会科学院新闻与传播研究所和上海大学合作编写，在构建新媒体发展研究基本框架的基础上，全面梳理 2013 年中国新媒体发展现状，发表最前沿的网络媒体深度调查数据和研究成果，并对新媒体发展的未来趋势做出预测。

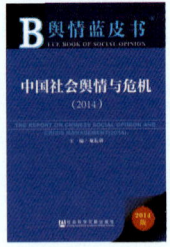

舆情蓝皮书
中国社会舆情与危机管理报告（2014）

谢耘耕 / 主编　2014 年 8 月出版　估价 :85.00 元

◆ 本书由上海交通大学舆情研究实验室和危机管理研究中心主编，已被列入教育部人文社会科学研究报告培育项目。本书以新媒体环境下的中国社会为立足点，对 2013 年中国社会舆情、分类舆情等进行了深入系统的研究，并预测了 2014 年社会舆情走势。

 经济类

经济类

产业蓝皮书
中国产业竞争力报告（2014）No.4
著(编)者：张其仔　2014年5月出版／估价：79.00元

长三角蓝皮书
2014年率先基本实现现代化的长三角
著(编)者：刘志彪　2014年6月出版／估价：120.00元

城市竞争力蓝皮书
中国城市竞争力报告No.12
著(编)者：倪鹏飞　2014年5月出版／定价：89.00元

城市蓝皮书
中国城市发展报告No.7
著(编)者：潘家华　魏后凯　2014年7月出版／估价：69.00元

城市群蓝皮书
中国城市群发展指数报告(2014)
著(编)者：刘士林　刘新静　2014年10月出版／估价：59.00元

城乡统筹蓝皮书
中国城乡统筹发展报告（2014）
著(编)者：程志强、潘晨光　2014年9月出版／估价：59.00元

城乡一体化蓝皮书
中国城乡一体化发展报告（2014）
著(编)者：汝信　付崇兰　2014年8月出版／估价：59.00元

城镇化蓝皮书
中国新型城镇化健康发展报告（2014）
著(编)者：张占斌　2014年5月出版／定价：79.00元

低碳发展蓝皮书
中国低碳发展报告（2014）
著(编)者：齐晔　2014年3月出版／定价：89.00元

低碳经济蓝皮书
中国低碳经济发展报告（2014）
著(编)者：薛进军　赵忠秀　2014年5月出版／估价：79.00元

东北蓝皮书
中国东北地区发展报告（2014）
著(编)者：鲍振东　曹晓峰　2014年8月出版／估价：79.00元

发展和改革蓝皮书
中国经济发展和体制改革报告No.7
著(编)者：邹东涛　2014年7月出版／估价：79.00元

工业化蓝皮书
中国工业化进程报告（2014）
著(编)者：黄群慧　吕铁　李晓华　等
2014年11月出版／估价：89.00元

国际城市蓝皮书
国际城市发展报告（2014）
著(编)者：屠启宇　2014年1月出版／定价：69.00元

国家创新蓝皮书
国家创新发展报告（2013~2014）
著(编)者：陈劲　2014年6月出版／估价：69.00元

国家竞争力蓝皮书
中国国家竞争力报告No.2
著(编)者：倪鹏飞　2014年10月出版／估价：98.00元

宏观经济蓝皮书
中国经济增长报告（2014）
著(编)者：张平　刘霞辉　2014年10月出版／估价：69.00元

减贫蓝皮书
中国减贫与社会发展报告
著(编)者：黄承伟　2014年7月出版／估价：69.00元

金融蓝皮书
中国金融发展报告（2014）
著(编)者：李扬　王国刚　2013年12月出版／定价：65.00元

经济蓝皮书
2014年中国经济形势分析与预测
著(编)者：李扬　2013年12月出版／定价：69.00元

经济蓝皮书春季号
2014年中国经济前景分析
著(编)者：李扬　2014年5月出版／定价：79.00元

经济信息绿皮书
中国与世界经济发展报告（2014）
著(编)者：杜平　2013年12月出版／定价：79.00元

就业蓝皮书
2014年中国大学生就业报告
著(编)者：麦可思研究院　2014年6月出版／估价：98.00元

流通蓝皮书
中国商业发展报告（2013~2014）
著(编)者：荆林波　2014年5月出版／定价：89.00元

民营经济蓝皮书
中国民营经济发展报告No.10（2013～2014）
著(编)者：黄孟复　2014年9月出版／估价：69.00元

民营企业蓝皮书
中国民营企业竞争力报告No.7（2014）
著(编)者：刘迎秋　2014年9月出版／估价：79.00元

农村绿皮书
中国农村经济形势分析与预测（2013~2014）
著(编)者：中国社会科学院农村发展研究所
　　　　国家统计局农村社会经济调查司　著
2014年4月出版／定价：69.00元

企业公民蓝皮书
中国企业公民报告No.4
著(编)者：邹东涛　2014年7月出版／估价：69.00元

企业社会责任蓝皮书
中国企业社会责任研究报告（2014）
著(编)者：黄群慧　彭华岗　钟宏武　等
2014年11月出版／估价：59.00元

气候变化绿皮书
应对气候变化报告（2014）
著(编)者：王伟光　郑国光　2014年11月出版／估价：79.00元

区域蓝皮书
中国区域经济发展报告（2013~2014）
著(编)者:梁昊光　2014年4月出版 / 定价:79.00元

人口与劳动绿皮书
中国人口与劳动问题报告No.15
著(编)者:蔡昉　2014年6月出版 / 估价:69.00元

生态经济（建设）绿皮书
中国经济（建设）发展报告（2013~2014）
著(编)者:黄浩涛　李周　2014年10月出版 / 估价:69.00元

世界经济黄皮书
2014年世界经济形势分析与预测
著(编)者:王洛林　张宇燕　2014年1月出版 / 定价:69.00元

西北蓝皮书
中国西北发展报告（2014）
著(编)者:张进海　陈冬红　段庆林
2013年12月出版 / 定价:69.00元

西部蓝皮书
中国西部发展报告（2014）
著(编)者:姚慧琴　徐璋勇　2014年7月出版 / 估价:69.00元

新型城镇化蓝皮书
新型城镇化发展报告（2014）
著(编)者:沈体雁　李伟　宋敏　2014年9月出版 / 估价:69.00元

新兴经济体蓝皮书
金砖国家发展报告（2014）
著(编)者:林跃勤　周文　2014年9月出版 / 估价:79.00元

循环经济绿皮书
中国循环经济发展报告（2013~2014）
著(编)者:齐建国　2014年12月出版 / 估价:69.00元

中部竞争力蓝皮书
中国中部经济社会竞争力报告（2014）
著(编)者:教育部人文社会科学重点研究基地
　　　　南昌大学中国中部经济社会发展研究中心
2014年7月出版 / 估价:59.00元

中部蓝皮书
中国中部地区发展报告（2014）
著(编)者:朱有志　2014年10月出版 / 估价:59.00元

中国科技蓝皮书
中国科技发展报告（2014）
著(编)者:陈劲　2014年4月出版 / 定价:69.00元

中国省域竞争力蓝皮书
"十二五"中期中国省域经济综合竞争力发展报告
著(编)者:李建平　李闽榕　高燕京　2014年3月出版 / 定价:198.00元

中三角蓝皮书
长江中游城市群发展报告（2013~2014）
著(编)者:秦尊文　2014年6月出版 / 估价:69.00元

中小城市绿皮书
中国中小城市发展报告（2014）
著(编)者:中国城市经济学会中小城市经济发展委员会
　　　　《中国中小城市发展报告》编纂委员会
2014年10月出版 / 估价:98.00元

中原蓝皮书
中原经济区发展报告（2014）
著(编)者:刘怀廉　2014年6月出版 / 估价:68.00元

社会政法类

殡葬绿皮书
中国殡葬事业发展报告（2014）
著(编)者:朱勇　副主编 李伯森　2014年9月出版 / 估价:59.00元

城市创新蓝皮书
中国城市创新报告（2014）
著(编)者:周天勇　旷建伟　2014年7月出版 / 估价:69.00元

城市管理蓝皮书
中国城市管理报告2014
著(编)者:谭维克　刘林　2014年7月出版 / 估价:98.00元

城市生活质量蓝皮书
中国城市生活质量指数报告（2014）
著(编)者:张平　2014年7月出版 / 估价:59.00元

城市政府能力蓝皮书
中国城市政府公共服务能力评估报告（2014）
著(编)者:何艳玲　2014年7月出版 / 估价:59.00元

创新蓝皮书
创新型国家建设报告（2013~2014）
著(编)者:詹正茂　2014年5月出版 / 估价:69.00元

慈善蓝皮书
中国慈善发展报告（2014）
著(编)者:杨团　2014年5月出版 / 估价:79.00元

法治蓝皮书
中国法治发展报告No.12（2014）
著(编)者:李林　田禾　2014年2月出版 / 定价:98.00元

反腐倡廉蓝皮书
中国反腐倡廉建设报告No.3
著(编)者:李秋芳　2014年1月出版 / 定价:79.00元

非传统安全蓝皮书
中国非传统安全研究报告（2014）
著(编)者:余潇枫　2014年5月出版 / 估价:69.00元

> 社会政法类   皮书系列 2014全品种

妇女发展蓝皮书
福建省妇女发展报告（2014）
著(编)者：刘群英　2014年10月出版 / 估价：58.00元

妇女发展蓝皮书
中国妇女发展报告No.5
著(编)者：王金玲　高小贤　2014年5月出版 / 估价：65.00元

妇女教育蓝皮书
中国妇女教育发展报告No.3
著(编)者：张李玺　2014年10月出版 / 估价：69.00元

公共服务满意度蓝皮书
中国城市公共服务评价报告（2014）
著(编)者：胡伟　2014年11月出版 / 估价：69.00元

公共服务蓝皮书
中国城市基本公共服务力评价（2014）
著(编)者：侯惠勤　辛向阳　易定宏
2014年10月出版 / 估价：55.00元

公民科学素质蓝皮书
中国公民科学素质报告（2013~2014）
著(编)者：李群　许佳军　2014年3月出版 / 定价：79.00元

公益蓝皮书
中国公益发展报告（2014）
著(编)者：朱健刚　2014年5月出版 / 估价：78.00元

国际人才蓝皮书
中国国际移民报告（2014）
著(编)者：王辉耀　2014年1月出版 / 定价：79.00元

国际人才蓝皮书
中国海归创业发展报告（2014）No.2
著(编)者：王辉耀　路江涌　2014年10月出版 / 估价：69.00元

国际人才蓝皮书
中国留学发展报告（2014）No.3
著(编)者：王辉耀　2014年9月出版 / 估价：59.00元

国家安全蓝皮书
中国国家安全研究报告（2014）
著(编)者：刘慧　2014年5月出版 / 定价：98.00元

行政改革蓝皮书
中国行政体制改革报告（2013）No.3
著(编)者：魏礼群　2014年3月出版 / 估价：89.00元

华侨华人蓝皮书
华侨华人研究报告（2014）
著(编)者：丘进　2014年5月出版 / 估价：128.00元

环境竞争力绿皮书
中国省域环境竞争力发展报告（2014）
著(编)者：李建平　李闽榕　王金南
2014年12月出版 / 估价：148.00元

环境绿皮书
中国环境发展报告（2014）
著(编)者：刘鉴强　2014年5月出版 / 定价：79.00元

基本公共服务蓝皮书
中国省级政府基本公共服务发展报告（2014）
著(编)者：孙德超　2014年9月出版 / 估价：69.00元

基金会透明度蓝皮书
中国基金会透明度发展研究报告（2014）
著(编)者：基金会中心网　2014年7月出版 / 估价：79.00元

教师蓝皮书
中国中小学教师发展报告（2014）
著(编)者：曾晓东　2014年9月出版 / 估价：59.00元

教育蓝皮书
中国教育发展报告（2014）
著(编)者：杨东平　2014年5月出版 / 定价：79.00元

科普蓝皮书
中国科普基础设施发展报告（2014）
著(编)者：任福君　2014年6月出版 / 估价：79.00元

口腔健康蓝皮书
中国口腔健康发展报告（2014）
著(编)者：胡德渝　2014年12月出版 / 估价：59.00元

老龄蓝皮书
中国老龄事业发展报告（2014）
著(编)者：吴玉韶　2014年9月出版 / 估价：59.00元

连片特困区蓝皮书
中国连片特困区发展报告（2014）
著(编)者：丁建军　冷志明　游俊　2014年9月出版 / 估价：79.00元

民间组织蓝皮书
中国民间组织报告（2014）
著(编)者：黄晓勇　2014年8月出版 / 估价：69.00元

民调蓝皮书
中国民生调查报告（2014）
著(编)者：谢耘耕　2014年5月出版 / 定价：128.00元

民族发展蓝皮书
中国民族区域自治发展报告（2014）
著(编)者：郝时远　2014年6月出版 / 估价：98.00元

女性生活蓝皮书
中国女性生活状况报告No.8（2014）
著(编)者：韩湘景　2014年4月出版 / 定价：79.00元

汽车社会蓝皮书
中国汽车社会发展报告（2014）
著(编)者：王俊秀　2014年9月出版 / 估价：59.00元

皮书系列 2014全品种 — 社会政法类·行业报告类

青年蓝皮书
中国青年发展报告（2014）No.2
著(编)者：廉思　2014年4月出版 / 定价:59.00元

全球环境竞争力绿皮书
全球环境竞争力发展报告（2014）
著(编)者：李建平　李闽榕　王金南　2014年11月出版 / 估价:69.00元

青少年蓝皮书
中国未成年人新媒体运用报告（2014）
著(编)者：李文革　沈杰　季为民　2014年6月出版 / 估价:69.00元

区域人才蓝皮书
中国区域人才竞争力报告No.2
著(编)者：桂昭明　王辉耀　2014年6月出版 / 估价:69.00元

人才蓝皮书
中国人才发展报告（2014）
著(编)者：潘晨光　2014年10月出版 / 估价:79.00元

人权蓝皮书
中国人权事业发展报告No.4（2014）
著(编)者：李君如　2014年7月出版 / 估价:98.00元

世界人才蓝皮书
全球人才发展报告No.1
著(编)者：孙学玉　张冠梓　2014年9月出版 / 估价:69.00元

社会保障绿皮书
中国社会保障发展报告（2014）No.6
著(编)者：王延中　2014年9月出版 / 估价:69.00元

社会工作蓝皮书
中国社会工作发展报告（2013~2014）
著(编)者：王杰秀　邹文开　2014年8月出版 / 估价:59.00元

社会管理蓝皮书
中国社会管理创新报告No.3
著(编)者：连玉明　2014年9月出版 / 估价:79.00元

社会蓝皮书
2014年中国社会形势分析与预测
著(编)者：李培林　陈光金　张翼　2013年12月出版 / 定价:69.00元

社会体制蓝皮书
中国社会体制改革报告No.2（2014）
著(编)者：龚维斌　2014年4月出版 / 定价:79.00元

社会心态蓝皮书
2014年中国社会心态研究报告
著(编)者：王俊秀　杨宜音　2014年9月出版 / 估价:59.00元

生态城市绿皮书
中国生态城市建设发展报告（2014）
著(编)者：李景源　孙伟平　刘举科　2014年6月出版 / 估价:128.00元

生态文明绿皮书
中国省域生态文明建设评价报告（ECI 2014）
著(编)者：严耕　2014年9月出版 / 估价:98.00元

世界创新竞争力黄皮书
世界创新竞争力发展报告（2014）
著(编)者：李建平　李闽榕　赵新力　2014年11月出版 / 估价:128.00元

水与发展蓝皮书
中国水风险评估报告（2014）
著(编)者：苏杨　2014年9月出版 / 估价:69.00元

土地整治蓝皮书
中国土地整治发展报告No.1
著(编)者：国土资源部土地整治中心　2014年5月出版 / 定价:89.

危机管理蓝皮书
中国危机管理报告（2014）
著(编)者：文学国　范正青　2014年8月出版 / 估价:79.00元

小康蓝皮书
中国全面建设小康社会监测报告（2014）
著(编)者：潘璠　2014年11月出版 / 估价:59.00元

形象危机应对蓝皮书
形象危机应对研究报告（2014）
著(编)者：唐钧　2014年9月出版 / 估价:118.00元

行政改革蓝皮书
中国行政体制改革报告（2013）No.3
著(编)者：魏礼群　2014年3月出版 / 定价:89.00元

医疗卫生绿皮书
中国医疗卫生发展报告No.6（2013~2014）
著(编)者：申宝忠　韩玉珍　2014年4月出版 / 定价:75.00元

政治参与蓝皮书
中国政治参与报告（2014）
著(编)者：房宁　2014年7月出版 / 估价:58.00元

政治发展蓝皮书
中国政治发展报告（2014）
著(编)者：房宁　杨海蛟　2014年6月出版 / 估价:98.00元

宗教蓝皮书
中国宗教报告（2014）
著(编)者：金泽　邱永辉　2014年8月出版 / 估价:59.00元

社会组织蓝皮书
中国社会组织评估报告（2014）
著(编)者：徐家良　2014年9月出版 / 估价:69.00元

政府绩效评估蓝皮书
中国地方政府绩效评估报告（2014）
著(编)者：贠杰　2014年9月出版 / 估价:69.00元

行业报告类

保健蓝皮书
中国保健服务产业发展报告No.2
著(编)者:中国保健协会 中共中央党校
2014年7月出版 / 估价:198.00元

保健蓝皮书
中国保健食品产业发展报告No.2
著(编)者:中国保健协会
　　　　中国社会科学院食品药品产业发展与监管研究中心
2014年7月出版 / 估价:198.00元

保健蓝皮书
中国保健用品产业发展报告No.2
著(编)者:中国保健协会　2014年9月出版 / 估价:198.00元

保险蓝皮书
中国保险业竞争力报告(2014)
著(编)者:罗忠敏　2014年9月出版 / 估价:98.00元

餐饮产业蓝皮书
中国餐饮产业发展报告(2014)
著(编)者:中国烹饪协会 中国社会科学院财经战略研究院
2014年5月出版 / 估价:59.00元

测绘地理信息蓝皮书
中国地理信息产业发展报告(2014)
著(编)者:徐德明　2014年12月出版 / 估价:98.00元

茶业蓝皮书
中国茶产业发展报告(2014)
著(编)者:李闽榕 杨江帆　2014年9月出版 / 估价:79.00元

产权市场蓝皮书
中国产权市场发展报告(2014)
著(编)者:曹和平　2014年9月出版 / 估价:69.00元

产业安全蓝皮书
中国烟草产业安全报告(2014)
著(编)者:李孟刚 杜秀亭　2014年1月出版 / 定价:69.00元

产业安全蓝皮书
中国出版与传媒安全报告(2014)
著(编)者:北京交通大学中国产业安全研究中心
2014年9月出版 / 估价:59.00元

产业安全蓝皮书
中国医疗产业安全报告(2013~2014)
著(编)者:李孟刚 高献书　2014年1月出版 / 定价:59.00元

产业安全蓝皮书
中国文化产业安全蓝皮书(2014)
著(编)者:北京印刷学院文化产业安全研究院
2014年4月出版 / 估价:69.00元

产业安全蓝皮书
中国出版传媒产业安全报告(2014)
著(编)者:北京印刷学院文化产业安全研究院
2014年4月出版 / 估价:89.00元

典当业蓝皮书
中国典当行业发展报告(2013~2014)
著(编)者:黄育华 王力 张红地
2014年10月出版 / 估价:69.00元

电子商务蓝皮书
中国城市电子商务影响力报告(2014)
著(编)者:荆林波　2014年5月出版 / 估价:69.00元

电子政务蓝皮书
中国电子政务发展报告(2014)
著(编)者:洪毅 王长胜　2014年9月出版 / 估价:59.00元

杜仲产业绿皮书
中国杜仲橡胶资源与产业发展报告(2014)
著(编)者:杜红岩 胡文臻 俞瑞
2014年9月出版 / 估价:99.00元

房地产蓝皮书
中国房地产发展报告No.11(2014)
著(编)者:魏后凯 李景国　2014年5月出版 / 定价:79.00元

服务外包蓝皮书
中国服务外包产业发展报告(2014)
著(编)者:王晓红 李皓　2014年9月出版 / 估价:89.00元

高端消费蓝皮书
中国高端消费市场研究报告
著(编)者:依绍华 王雪峰　2014年9月出版 / 估价:69.00元

会展经济蓝皮书
中国会展经济发展报告(2014)
著(编)者:过聚荣　2014年0月出版 / 估价:65.00元

会展蓝皮书
中外会展业动态评估年度报告(2014)
著(编)者:张敏　2014年8月出版 / 估价:68.00元

基金会绿皮书
中国基金会发展独立研究报告(2014)
著(编)者:基金会中心网　2014年8月出版 / 估价:58.00元

交通运输蓝皮书
中国交通运输服务发展报告(2014)
著(编)者:林晓言 卜伟 武剑红
2014年10月出版 / 估价:69.00元

金融监管蓝皮书
中国金融监管报告(2014)
著(编)者:胡滨　2014年5月出版 / 定价:69.00元

金融蓝皮书
中国金融中心发展报告(2014)
著(编)者:中国社会科学院金融研究所
　　　　中国博士后特华科研工作站 王力 黄育华
2014年10月出版 / 估价:59.00元

皮书系列 2014全品种

行业报告类

金融蓝皮书
中国商业银行竞争力报告（2014）
著(编)者：王松奇　2014年5月出版 / 估价：79.00元

金融蓝皮书
中国金融发展报告（2014）
著(编)者：李扬 王国刚　2013年12月出版 / 定价：65.00元

金融蓝皮书
中国金融法治报告（2014）
著(编)者：胡滨 全先银　2014年9月出版 / 估价：65.00元

金融蓝皮书
中国金融产品与服务报告（2014）
著(编)者：殷剑峰　2014年6月出版 / 估价：59.00元

金融信息服务蓝皮书
金融信息服务业发展报告（2014）
著(编)者：鲁广锦　2014年11月出版 / 估价：69.00元

抗衰老医学蓝皮书
抗衰老医学发展报告（2014）
著(编)者：罗伯特·高德曼 罗纳德·科莱兹 尼尔·布什 朱敏 金大鹏 郭天
2014年9月出版 / 估价：69.00元

客车蓝皮书
中国客车产业发展报告（2014）
著(编)者：姚蔚　2014年12月出版 / 估价：69.00元

科学传播蓝皮书
中国科学传播报告（2014）
著(编)者：詹正茂　2014年9月出版 / 估价：69.00元

流通蓝皮书
中国商业发展报告（2013~2014）
著(编)者：荆林波　2014年5月出版 / 定价：89.00元

旅游安全蓝皮书
中国旅游安全报告（2014）
著(编)者：郑向敏 谢朝武　2014年6月出版 / 估价：79.00元

旅游绿皮书
2013~2014年中国旅游发展分析与预测
著(编)者：宋瑞　2014年9月出版 / 定价：79.00元

旅游城市绿皮书
世界旅游城市发展报告（2013~2014）
著(编)者：张辉　2014年1月出版 / 估价：69.00元

贸易蓝皮书
中国贸易发展报告（2014）
著(编)者：荆林波　2014年5月出版 / 估价：49.00元

民营医院蓝皮书
中国民营医院发展报告（2014）
著(编)者：朱幼棣　2014年10月出版 / 估价：69.00元

闽商蓝皮书
闽商发展报告（2014）
著(编)者：李闽榕 王日根　2014年12月出版 / 估价：69.00元

能源蓝皮书
中国能源发展报告（2014）
著(编)者：崔民选 王军生 陈义和
2014年10月出版 / 估价：59.00元

农产品流通蓝皮书
中国农产品流通产业发展报告（2014）
著(编)者：贾敬敦 王炳南 张玉玺 张鹏毅 陈丽华
2014年9月出版 / 估价：89.00元

期货蓝皮书
中国期货市场发展报告（2014）
著(编)者：荆林波　2014年6月出版 / 估价：98.00元

企业蓝皮书
中国企业竞争力报告（2014）
著(编)者：金碚　2014年11月出版 / 估价：89.00元

汽车安全蓝皮书
中国汽车安全发展报告（2014）
著(编)者：中国汽车技术研究中心
2014年4月出版 / 估价：79.00元

汽车蓝皮书
中国汽车产业发展报告（2014）
著(编)者：国务院发展研究中心产业经济研究部 中国汽车工程学会 大众汽车集团(中国)
2014年7月出版 / 估价：79.00元

清洁能源蓝皮书
国际清洁能源发展报告（2014）
著(编)者：国际清洁能源论坛(澳门)
2014年9月出版 / 估价：89.00元

人力资源蓝皮书
中国人力资源发展报告（2014）
著(编)者：吴江　2014年9月出版 / 估价：69.00元

软件和信息服务业蓝皮书
中国软件和信息服务业发展报告（2014）
著(编)者：洪京一 工业和信息化部电子科学技术情报研究所
2014年6月出版 / 估价：98.00元

商会蓝皮书
中国商会发展报告 No.4（2014）
著(编)者：黄孟复　2014年9月出版 / 估价：59.00元

商品市场蓝皮书
中国商品市场发展报告（2014）
著(编)者：荆林波　2014年7月出版 / 估价：59.00元

上市公司蓝皮书
中国上市公司非财务信息披露报告（2014）
著(编)者：钟宏武 张旺 张蒽 等
2014年12月出版 / 估价：59.00元

行业报告类

皮书系列 2014全品种

食品药品蓝皮书
食品药品安全与监管政策研究报告（2014）
著(编)者：唐民皓　2014年7月出版 / 估价:69.00元

世界能源蓝皮书
世界能源发展报告（2014）
著(编)者：黄晓勇　2014年9月出版 / 估价:99.00元

私募市场蓝皮书
中国私募股权市场发展报告（2014）
著(编)者：曹和平　2014年9月出版 / 估价:69.00元

体育蓝皮书
中国体育产业发展报告（2014）
著(编)者：阮伟　钟秉枢　2014年9月出版 / 估价:69.00元

体育蓝皮书·公共体育服务
中国公共体育服务发展报告（2014）
著(编)者：戴健　2014年12月出版 / 估价:69.00元

投资蓝皮书
中国投资发展报告（2014）
著(编)者：杨庆蔚　2014年4月出版 / 定价:128.00元

投资蓝皮书
中国企业海外投资发展报告（2013~2014）
著(编)者：陈文晖　薛誉华　2014年9月出版 / 定价:69.00元

物联网蓝皮书
中国物联网发展报告（2014）
著(编)者：龚六堂　2014年9月出版 / 估价:59.00元

西部工业蓝皮书
中国西部工业发展报告（2014）
著(编)者：方行明　刘力健　姜凌等
2014年9月出版 / 估价:69.00元

西部金融蓝皮书
中国西部金融发展报告（2014）
著(编)者：李忠民　2014年10月出版 / 估价:69.00元

新能源汽车蓝皮书
中国新能源汽车产业发展报告（2014）
著(编)者：中国汽车技术研究中心
　　　　　日产（中国）投资有限公司
　　　　　东风汽车有限公司
2014年9月出版 / 估价:69.00元

信托蓝皮书
中国信托业研究报告（2014）
著(编)者：中建投信托研究中心　中国建设建投研究院
2014年9月出版 / 估价:59.00元

信托蓝皮书
中国信托投资报告（2014）
著(编)者：杨金龙　刘屹　2014年7月出版 / 估价:69.00元

信托市场蓝皮书
中国信托业市场报告（2013~2014）
著(编)者：李旸　2014年1月出版 / 定价:198.00元

信息化蓝皮书
中国信息化形势分析与预测（2014）
著(编)者：周宏仁　2014年7月出版 / 估价:98.00元

信用蓝皮书
中国信用发展报告（2014）
著(编)者：章政　田侃　2014年9月出版 / 估价:69.00元

休闲绿皮书
2014年中国休闲发展报告
著(编)者：刘德谦　唐兵　宋瑞
2014年6月出版 / 估价:59.00元

养老产业蓝皮书
中国养老产业发展报告（2013~2014年）
著(编)者：张车伟　2014年9月出版 / 估价:69.00元

移动互联网蓝皮书
中国移动互联网发展报告（2014）
著(编)者：官建文　2014年5月出版 / 估价:79.00元

医药蓝皮书
中国医药产业园战略发展报告（2013~2014）
著(编)者：裴长洪　房书亭　吴瀚心
2014年3月出版 / 定价:89.00元

医药蓝皮书
中国药品市场报告（2014）
著(编)者：程锦锥　朱恒鹏　2014年12月出版 / 估价:79.00元

中国林业竞争力蓝皮书
中国省域林业竞争力发展报告No.2（2014）
（上下册）
著(编)者：郑传芳　李闽榕　张春霞　张会儒
2014年8月出版 / 估价:139.00元

中国农业竞争力蓝皮书
中国省域农业竞争力发展报告No.2（2014）
著(编)者：郑传芳　宋洪远　李闽榕　张春霞
2014年7月出版 / 估价:128.00元

中国总部经济蓝皮书
中国总部经济发展报告（2013~2014）
著(编)者：赵弘　2014年5月出版 / 定价:79.00元

珠三角流通蓝皮书
珠三角商圈发展研究报告（2014）
著(编)者：王先庆　林至颖　2014年8月出版 / 估价:69.00元

住房绿皮书
中国住房发展报告（2013~2014）
著(编)者：倪鹏飞　2013年12月出版 / 定价:79.00元

资本市场蓝皮书
中国场外交易市场发展报告（2014）
著(编)者：高峦　2014年9月出版 / 估价:79.00元

资产管理蓝皮书
中国信托业发展报告（2014）
著(编)者：智信资产管理研究院　2014年7月出版／估价：69.00元

支付清算蓝皮书
中国支付清算发展报告（2014）
著(编)者：杨涛　2014年5月出版／定价：45.00元

文化传媒类

传媒蓝皮书
中国传媒产业发展报告（2014）
著(编)者：崔保国　2014年4月出版／定价：98.00元

传媒竞争力蓝皮书
中国传媒国际竞争力研究报告（2014）
著(编)者：李本乾　2014年9月出版／估价：69.00元

创意城市蓝皮书
武汉市文化创意产业发展报告（2014）
著(编)者：张京成　黄永林　2014年10月出版／估价：69.00元

电视蓝皮书
中国电视产业发展报告（2014）
著(编)者：卢斌　2014年9月出版／估价：79.00元

电影蓝皮书
中国电影出版发展报告（2014）
著(编)者：卢斌　2014年9月出版／估价：79.00元

动漫蓝皮书
中国动漫产业发展报告（2014）
著(编)者：卢斌　郑玉明　牛兴侦　2014年9月出版／估价：79.00元

广电蓝皮书
中国广播电影电视发展报告（2014）
著(编)者：庞井君　杨明品　李岚
2014年6月出版／估价：88.00元

广告主蓝皮书
中国广告主营销传播趋势报告N0.8
著(编)者：中国传媒大学广告主研究所
　　　　　中国广告主营销传播创新研究课题组
　　　　　黄升民　杜国清　邵华冬等
2014年5月出版／估价：98.00元

国际传播蓝皮书
中国国际传播发展报告（2014）
著(编)者：胡正荣　李继东　姬德强
2014年9月出版／估价：69.00元

纪录片蓝皮书
中国纪录片发展报告（2014）
著(编)者：何苏六　2014年10月出版／估价：89.00元

两岸文化蓝皮书
两岸文化产业合作发展报告（2014）
著(编)者：胡惠林　肖夏勇　2014年6月出版／估价：59.00元

媒介与女性蓝皮书
中国媒介与女性发展报告（2014）
著(编)者：刘利群　2014年8月出版／估价：69.00元

全球传媒蓝皮书
全球传媒产业发展报告（2014）
著(编)者：胡正荣　2014年12月出版／估价：79.00元

视听新媒体蓝皮书
中国视听新媒体发展报告（2014）
著(编)者：庞井君　2014年6月出版／估价:148.00元

文化创新蓝皮书
中国文化创新报告（2014）No.5
著(编)者：于平　傅才武　2014年4月出版／定价:79.00元

文化科技蓝皮书
文化科技融合与创意城市发展报告（2014）
著(编)者：李凤亮　于平　2014年7月出版／估价:79.00元

文化蓝皮书
中国文化产业发展报告（2014）
著(编)者：张晓明　王家新　章建刚
2014年4月出版／定价:79.00元

文化蓝皮书
中国文化产业供需协调增长测评报（2014）
著(编)者：王亚楠　2014年2月出版／定价:79.00元

文化蓝皮书
中国城镇文化消费需求景气评价报告（2014）
著(编)者：王亚南　张晓明　祁述裕
2014年5月出版／估价:79.00元

文化蓝皮书
中国公共文化服务发展报告（2014）
著(编)者：于群　李国新　2014年10月出版／估价:98.00元

文化蓝皮书
中国文化消费需求景气评价报告（2014）
著(编)者：王亚南　2014年2月出版／估价:79.00元

文化蓝皮书
中国乡村文化消费需求景气评价报告（2014）
著(编)者：王亚南　2014年5月出版／估价:79.00元

文化蓝皮书
中国中心城市文化消费需求景气评价报告（2014）
著(编)者：王亚南　2014年9月出版／估价:79.00元

文化传媒类・地方发展类

皮书系列 2014全品种

文化蓝皮书
中国少数民族文化发展报告（2014）
著(编)者：武翠英 张晓明 张学进
2014年9月出版 / 估价:69.00元

文化建设蓝皮书
中国文化发展报告（2013）
著(编)者：江畅 孙伟平 戴茂堂
2014年4月出版 / 定价:138.00元

文化品牌蓝皮书
中国文化品牌发展报告（2014）
著(编)者：欧阳友权 2014年4月出版 / 定价:79.00元

文化软实力蓝皮书
中国文化软实力研究报告（2014）
著(编)者：张国祚 2014年7月出版 / 定价:79.00元

文化遗产蓝皮书
中国文化遗产事业发展报告（2014）
著(编)者：刘世锦 2014年9月出版 / 定价:79.00元

文学蓝皮书
中国文情报告（2013~2014）
著(编)者：白烨 2014年5月出版 / 定价:59.00元

新媒体蓝皮书
中国新媒体发展报告No.5（2014）
著(编)者：唐绪军 2014年6月出版 / 估价:69.00元

移动互联网蓝皮书
中国移动互联网发展报告（2014）
著(编)者：官建文 2014年6月出版 / 定价:79.00元

游戏蓝皮书
中国游戏产业发展报告（2014）
著(编)者：卢斌 2014年9月出版 / 定价:79.00元

舆情蓝皮书
中国社会舆情与危机管理报告（2014）
著(编)者：谢耘耕 2014年8月出版 / 定价:85.00元

粤港澳台文化蓝皮书
粤港澳台文化创意产业发展报告（2014）
著(编)者：丁未 2014年9月出版 / 估价:69.00元

地方发展类

安徽蓝皮书
安徽社会发展报告（2014）
著(编)者：程桦 2014年4月出版 / 定价:79.00元

安徽经济蓝皮书
皖江城市带承接产业转移示范区建设报告（2014）
著(编)者：丁海中 2014年4月出版 / 估价:69.00元

安徽社会建设蓝皮书
安徽社会建设分析报告（2014）
著(编)者：黄家海 王开玉 蔡宪 2014年9月出版 / 估价:69.00元

北京蓝皮书
北京公共服务发展报告（2013~2014）
著(编)者：施昌奎 2014年2月出版 / 定价:69.00元

北京蓝皮书
北京经济发展报告（2013~2014）
著(编)者：杨松 2014年4月出版 / 定价:79.00元

北京蓝皮书
北京社会发展报告（2013~2014）
著(编)者：缪青 2014年5月出版 / 定价:79.00元

北京蓝皮书
北京社会治理发展报告（2013~2014）
著(编)者：殷星辰 2014年4月出版 / 定价:79.00元

北京蓝皮书
中国社区发展报告（2013~2014）
著(编)者：于燕燕 2014年8月出版 / 估价:59.00元

北京蓝皮书
北京文化发展报告（2013~2014）
著(编)者：李建盛 2014年4月出版 / 定价:79.00元

北京旅游绿皮书
北京旅游发展报告（2014）
著(编)者：鲁勇 2014年7月出版 / 估价:98.00元

北京律师蓝皮书
北京律师发展报告No.2（2014）
著(编)者：王隽 周塞军 2014年9月出版 / 定价:79.00元

北京人才蓝皮书
北京人才发展报告（2014）
著(编)者：于淼 2014年10月出版 / 估价:89.00元

城乡一体化蓝皮书
中国城乡一体化发展报告·北京卷（2014）
著(编)者：张宝秀 黄序 2014年6月出版 / 估价:59.00元

创意城市蓝皮书
北京文化创意产业发展报告（2014）
著(编)者：张京成 王国华 2014年10月出版 / 估价:69.00元

皮书系列 2014全品种　地方发展类

创意城市蓝皮书
重庆创意产业发展报告（2014）
著(编)者：程宁宁　2014年4月出版 / 定价:89.00元

创意城市蓝皮书
青岛文化创意产业发展报告（2013~2014）
著(编)者：马达　2014年9月出版 / 估价:69.00元

创意城市蓝皮书
无锡文化创意产业发展报告（2014）
著(编)者：庄若江　张鸣年　2014年8月出版 / 估价:75.00元

服务业蓝皮书
广东现代服务业发展报告（2014）
著(编)者：祁明　程晓　2014年1月出版 / 估价:69.00元

甘肃蓝皮书
甘肃舆情分析与预测（2014）
著(编)者：陈双梅　郝树声　2014年1月出版 / 定价:69.00元

甘肃蓝皮书
甘肃县域经济综合竞争力报告（2014）
著(编)者：刘进军　柳民　曲玮　2014年9月出版 / 估价:69.00元

甘肃蓝皮书
甘肃县域社会发展评价报告（2014）
著(编)者：魏胜文　2014年9月出版 / 估价:69.00元

甘肃蓝皮书
甘肃经济发展分析与预测（2014）
著(编)者：朱智文　罗哲　2014年1月出版 / 定价:69.00元

甘肃蓝皮书
甘肃社会发展分析与预测（2014）
著(编)者：安文华　包晓霞　2014年1月出版 / 定价:69.00元

甘肃蓝皮书
甘肃文化发展分析与预测（2014）
著(编)者：王福生　周小华　2014年1月出版 / 估价:69.00元

广东蓝皮书
广东省电子商务发展报告（2014）
著(编)者：黄建明　祁明　2014年11月出版 / 估价:69.00元

广东蓝皮书
广东社会工作发展报告（2014）
著(编)者：罗观翠　2014年9月出版 / 估价:69.00元

广东外经贸蓝皮书
广东对外经济贸易发展研究报告（2014）
著(编)者：陈万灵　2014年9月出版 / 估价:65.00元

广西北部湾经济区蓝皮书
广西北部湾经济区开放开发报告（2014）
著(编)者：广西北部湾经济区规划建设管理委员会办公室　广西社会科学院　广西北部湾发展研究院
2014年7月出版 / 估价:69.00元

广州蓝皮书
2014年中国广州经济形势分析与预测
著(编)者：庾建设　郭志勇　沈奎　2014年6月出版 / 估价:69.00元

广州蓝皮书
2014年中国广州社会形势分析与预测
著(编)者：易佐永　杨秦　顾涧清　2014年5月出版 / 估价:65.00元

广州蓝皮书
广州城市国际化发展报告（2014）
著(编)者：朱名宏　2014年9月出版 / 估价:59.00元

广州蓝皮书
广州创新型城市发展报告（2014）
著(编)者：李江涛　2014年8月出版 / 估价:59.00元

广州蓝皮书
广州经济发展报告（2014）
著(编)者：李江涛　刘江华　2014年6月出版 / 估价:65.00元

广州蓝皮书
广州农村发展报告（2014）
著(编)者：李江涛　汤锦华　2014年8月出版 / 估价:59.00元

广州蓝皮书
广州青年发展报告（2014）
著(编)者：魏国华　张强　2014年9月出版 / 估价:65.00元

广州蓝皮书
广州汽车产业发展报告（2014）
著(编)者：李江涛　杨再高　2014年10月出版 / 估价:69.00元

广州蓝皮书
广州商贸业发展报告（2014）
著(编)者：陈家成　王旭东　荀振英
2014年7月出版 / 估价:69.00元

广州蓝皮书
广州文化创意产业发展报告（2014）
著(编)者：甘新　2014年10月出版 / 估价:59.00元

广州蓝皮书
中国广州城市建设发展报告（2014）
著(编)者：董皞　冼伟雄　李俊夫
2014年8月出版 / 估价:69.00元

广州蓝皮书
中国广州科技与信息化发展报告（2014）
著(编)者：庾建设　谢学宁　2014年8月出版 / 估价:59.00元

广州蓝皮书
中国广州文化创意产业发展报告（2014）
著(编)者：甘新　2014年10月出版 / 估价:59.00元

广州蓝皮书
中国广州文化发展报告（2014）
著(编)者：徐俊忠　汤应武　陆志强
2014年8月出版 / 估价:69.00元

地方发展类　皮书系列 2014全品种

贵州蓝皮书
贵州法治发展报告（2014）
著(编)者：吴大华　2014年3月出版 / 定价：69.00元

贵州蓝皮书
贵州人才发展报告（2014）
著(编)者：于杰　吴大华　2014年3月出版 / 定价：69.00元

贵州蓝皮书
贵州社会发展报告（2014）
著(编)者：王兴骥　2014年3月出版 / 定价：69.00元

贵州蓝皮书
贵州农村扶贫开发报告（2014）
著(编)者：王朝新　宋明　2014年9月出版 / 估价：69.00元

贵州蓝皮书
贵州文化产业发展报告（2014）
著(编)者：李建国　2014年9月出版 / 估价：69.00元

海淀蓝皮书
海淀区文化和科技融合发展报告（2014）
著(编)者：陈名杰　孟景伟　2014年5月出版 / 估价：75.00元

海峡经济区蓝皮书
海峡经济区发展报告（2014）
著(编)者：李闽榕　王秉安　谢明辉（台湾）
2014年10月出版 / 估价：78.00元

海峡西岸蓝皮书
海峡西岸经济区发展报告（2014）
著(编)者：福建省人民政府发展研究中心
2014年9月出版 / 估价：85.00元

杭州蓝皮书
杭州市妇女发展报告（2014）
著(编)者：魏颖　揭爱花　2014年9月出版 / 定价：69.00元

杭州都市圈蓝皮书
杭州都市圈发展报告（2014）
著(编)者：董祖德　沈翔　2014年5月出版 / 定价：89.00元

河北经济蓝皮书
河北省经济发展报告（2014）
著(编)者：马树强　金浩　张贵　2014年4月出版 / 定价：79.00元

河北蓝皮书
河北经济社会发展报告（2014）
著(编)者：周文夫　2014年1月出版 / 定价：69.00元

河南经济蓝皮书
2014年河南经济形势分析与预测
著(编)者：胡五岳　2014年3月出版 / 定价：69.00元

河南蓝皮书
2014年河南社会形势分析与预测
著(编)者：刘道兴　牛苏林　2014年1月出版 / 定价：69.00元

河南蓝皮书
河南城市发展报告（2014）
著(编)者：谷建全　王建国　2014年1月出版 / 定价：59.00元

河南蓝皮书
河南法治发展报告（2014）
著(编)者：丁同民　闫德民　2014年3月出版 / 定价：69.00元

河南蓝皮书
河南金融发展报告（2014）
著(编)者：喻新安　谷建全　2014年4月出版 / 定价：69.00元

河南蓝皮书
河南经济发展报告（2014）
著(编)者：喻新安　2013年12月出版 / 定价：69.00元

河南蓝皮书
河南文化发展报告（2014）
著(编)者：卫绍生　2014年1月出版 / 定价：69.00元

河南蓝皮书
河南工业发展报告（2014）
著(编)者：龚绍东　2014年1月出版 / 定价：69.00元

河南蓝皮书
河南商务发展报告（2014）
著(编)者：焦锦淼　穆荣国　2014年5月出版 / 定价：88.00元

黑龙江产业蓝皮书
黑龙江产业发展报告（2014）
著(编)者：于渤　2014年10月出版 / 估价：79.00元

黑龙江蓝皮书
黑龙江经济发展报告（2014）
著(编)者：张新颖　2014年1月出版 / 定价：69.00元

黑龙江蓝皮书
黑龙江社会发展报告（2014）
著(编)者：艾书琴　2014年1月出版 / 定价：69.00元

湖南城市蓝皮书
城市社会管理
著(编)者：罗海藩　2014年10月出版 / 估价：59.00元

湖南蓝皮书
2014年湖南产业发展报告
著(编)者：梁志峰　2014年4月出版 / 定价：128.00元

湖南蓝皮书
2014年湖南电子政务发展报告
著(编)者：梁志峰　2014年4月出版 / 定价：128.00元

湖南蓝皮书
2014年湖南法治发展报告
著(编)者：梁志峰　2014年9月出版 / 估价：79.00元

湖南蓝皮书
2014年湖南经济展望
著(编)者：梁志峰　2014年4月出版 / 定价：128.00元

地方发展类

湖南蓝皮书
2014年湖南两型社会发展报告
著(编)者:梁志峰　2014年4月出版 / 定价:128.00元

湖南蓝皮书
2014年湖南社会发展报告
著(编)者:梁志峰　2014年4月出版 / 定价:128.00元

湖南蓝皮书
2014年湖南县域经济社会发展报告
著(编)者:梁志峰　2014年4月出版 / 定价:128.00元

湖南县域绿皮书
湖南县域发展报告No.2
著(编)者:朱有志　袁准　周小毛　2014年7月出版 / 估价:69.00元

沪港蓝皮书
沪港发展报告（2014）
著(编)者:尤安山　2014年9月出版 / 估价:89.00元

吉林蓝皮书
2014年吉林经济社会形势分析与预测
著(编)者:马克　2014年1月出版 / 定价:79.00元

济源蓝皮书
济源经济社会发展报告（2014）
著(编)者:喻新安　2014年4月出版 / 定价:69.00元

江苏法治蓝皮书
江苏法治发展报告No.3（2014）
著(编)者:李力　龚廷泰　严海良　2014年8月出版 / 估价:88.00元

京津冀蓝皮书
京津冀发展报告（2014）
著(编)者:文魁　祝尔娟　2014年3月出版 / 定价:79.00元

经济特区蓝皮书
中国经济特区发展报告（2013）
著(编)者:陶一桃　2014年4月出版 / 定价:89.00元

辽宁蓝皮书
2014年辽宁经济社会形势分析与预测
著(编)者:曹晓峰　张晶　2014年1月出版 / 定价:79.00元

流通蓝皮书
湖南省商贸流通产业发展报告No.2
著(编)者:柳思维　2014年10月出版 / 估价:75.00元

内蒙古蓝皮书
内蒙古经济发展蓝皮书(2013~2014)
著(编)者:黄育华　2014年7月出版 / 估价:69.00元

内蒙古蓝皮书
内蒙古反腐倡廉建设报告No.1
著(编)者:张志华　无极　2013年12月出版 / 定价:69.00元

浦东新区蓝皮书
上海浦东经济发展报告（2014）
著(编)者:沈开艳　陆沪根　2014年1月出版 / 估价:59.00元

侨乡蓝皮书
中国侨乡发展报告（2014）
著(编)者:郑一省　2014年9月出版 / 估价:69.00元

青海蓝皮书
2014年青海经济社会形势分析与预测
著(编)者:赵宗福　2014年2月出版 / 定价:69.00元

人口与健康蓝皮书
深圳人口与健康发展报告（2014）
著(编)者:陆杰华　江捍平　2014年10月出版 / 估价:98.00元

山西蓝皮书
山西资源型经济转型发展报告（2014）
著(编)者:李志强　2014年5月出版 / 定价:98.00元

陕西蓝皮书
陕西经济发展报告（2014）
著(编)者:任宗哲　石英　裴成荣　2014年2月出版 / 定价:69.00元

陕西蓝皮书
陕西社会发展报告（2014）
著(编)者:任宗哲　石英　牛昉　2014年2月出版 / 定价:65.00元

陕西蓝皮书
陕西文化发展报告（2014）
著(编)者:任宗哲　石英　王长寿　2014年3月出版 / 定价:59.00元

上海蓝皮书
上海传媒发展报告（2014）
著(编)者:强荧　焦雨虹　2014年1月出版 / 定价:79.00元

上海蓝皮书
上海法治发展报告（2014）
著(编)者:叶青　2014年4月出版 / 定价:69.00元

上海蓝皮书
上海经济发展报告（2014）
著(编)者:沈开艳　2014年1月出版 / 定价:69.00元

上海蓝皮书
上海社会发展报告（2014）
著(编)者:卢汉龙　周海旺　2014年1月出版 / 定价:69.00元

上海蓝皮书
上海文化发展报告（2014）
著(编)者:蒯大申　2014年1月出版 / 定价:69.00元

上海蓝皮书
上海文学发展报告（2014）
著(编)者:陈圣来　2014年1月出版 / 定价:69.00元

上海蓝皮书
上海资源环境发展报告（2014）
著(编)者:周冯琦　汤庆合　任文伟　2014年1月出版 / 定价:69.00元

上海社会保障绿皮书
上海社会保障改革与发展报告（2013~2014）
著(编)者:汪泓　2014年9月出版 / 估价:65.00元

地方发展类·国别与地区类 | 皮书系列 2014全品种

上饶蓝皮书
上饶发展报告（2013~2014）
著(编)者：朱寅健　2014年3月出版 / 定价:128.00元

社会建设蓝皮书
2014年北京社会建设分析报告
著(编)者：宋贵伦　2014年9月出版 / 估价:69.00元

深圳蓝皮书
深圳经济发展报告（2014）
著(编)者：吴忠　2014年6月出版 / 估价:69.00元

深圳蓝皮书
深圳劳动关系发展报告（2014）
著(编)者：汤庭芬　2014年6月出版 / 估价:69.00元

深圳蓝皮书
深圳社会发展报告（2014）
著(编)者：吴忠 余智晟　2014年7月出版 / 估价:69.00元

四川蓝皮书
四川文化产业发展报告（2014）
著(编)者：侯水平　2014年2月出版 / 定价:69.00元

四川蓝皮书
四川企业社会责任研究报告（2014）
著(编)者：侯水平 盛毅　2014年4月出版 / 定价:79.00元

温州蓝皮书
2014年温州经济社会形势分析与预测
著(编)者：潘忠强 王春光 金浩　2014年4月出版 / 定价:69.00元

温州蓝皮书
浙江温州金融综合改革试验区发展报告（2013~2014）
著(编)者：钱水土 王去非 李义超
2014年9月出版 / 估价:69.00元

扬州蓝皮书
扬州经济社会发展报告（2014）
著(编)者：张爱军　2014年9月出版 / 估价:78.00元

义乌蓝皮书
浙江义乌市国际贸易综合改革试验区发展报告（2013~2014）
著(编)者：马淑琴 刘文革 周松强
2014年9月出版 / 估价:69.00元

云南蓝皮书
中国面向西南开放重要桥头堡建设发展报告（2014）
著(编)者：刘绍怀　2014年12月出版 / 估价:69.00元

长株潭城市群蓝皮书
长株潭城市群发展报告（2014）
著(编)者：张萍　2014年10月出版 / 估价:69.00元

郑州蓝皮书
2014年郑州文化发展报告
著(编)者：王哲　2014年7月出版 / 估价:69.00元

中国省会经济圈蓝皮书
合肥经济圈经济社会发展报告No.4(2013~2014)
著(编)者：董昭礼　2014年4月出版 / 定价:79.00元

国别与地区类

G20国家创新竞争力黄皮书
二十国集团(G20)国家创新竞争力发展报告（2014）
著(编)者：李建平 李闽榕 赵新力
2014年9月出版 / 估价:118.00元

阿拉伯黄皮书
阿拉伯发展报告（2013~2014）
著(编)者：马晓霖　2014年4月出版 / 定价:79.00元

澳门蓝皮书
澳门经济社会发展报告（2013~2014）
著(编)者：吴志良 郝雨凡　2014年4月出版 / 定价:79.00元

北部湾蓝皮书
泛北部湾合作发展报告（2014）
著(编)者：吕余生　2014年7月出版 / 估价:79.00元

大湄公河次区域蓝皮书
大湄公河次区域合作发展报告（2014）
著(编)者：刘稚　2014年8月出版 / 估价:79.00元

大洋洲蓝皮书
大洋洲发展报告（2014）
著(编)者：魏明海 喻常森　2014年7月出版 / 估价:69.00元

德国蓝皮书
德国发展报告（2014）
著(编)者：李乐曾 郑春荣等　2014年5月出版 / 估价:69.00元

东北亚黄皮书
东北亚地区政治与安全报告（2014）
著(编)者：黄凤志 刘雪莲　2014年6月出版 / 估价:69.00元

东盟黄皮书
东盟发展报告（2013）
著(编)者：崔晓麟　2014年5月出版 / 定价:75.00元

东南亚蓝皮书
东南亚地区发展报告（2013~2014）
著(编)者：王勤　2014年4月出版 / 定价:79.00元

皮书系列 2014全品种 — 国别与地区类

俄罗斯黄皮书
俄罗斯发展报告（2014）
著（编）者：李永全　2014年7月出版 / 估价：79.00元

非洲黄皮书
非洲发展报告No.15（2014）
著（编）者：张宏明　2014年7月出版 / 估价：79.00元

港澳珠三角蓝皮书
粤港澳区域合作与发展报告（2014）
著（编）者：梁庆寅　陈广汉　2014年6月出版 / 估价：59.00元

国际形势黄皮书
全球政治与安全报告（2014）
著（编）者：李慎明　张宇燕　2014年1月出版 / 定价：69.00元

韩国蓝皮书
韩国发展报告（2014）
著（编）者：牛林杰　刘宝全　2014年6月出版 / 估价：69.00元

加拿大蓝皮书
加拿大发展报告（2014）
著（编）者：仲伟合　2014年4月出版 / 定价：89.00元

柬埔寨蓝皮书
柬埔寨国情报告（2014）
著（编）者：毕世鸿　2014年6月出版 / 估价：79.00元

拉美黄皮书
拉丁美洲和加勒比发展报告（2013~2014）
著（编）者：吴白乙　2014年4月出版 / 定价：89.00元

老挝蓝皮书
老挝国情报告（2014）
著（编）者：卢光盛　方芸　吕星　2014年6月出版 / 估价：79.00元

美国蓝皮书
美国问题研究报告（2014）
著（编）者：黄平　倪峰　2014年5月出版 / 估价：79.00元

缅甸蓝皮书
缅甸国情报告（2014）
著（编）者：李晨阳　2014年9月出版 / 估价：79.00元

欧亚大陆桥发展蓝皮书
欧亚大陆桥发展报告（2014）
著（编）者：李忠民　2014年10月出版 / 估价：59.00元

欧洲蓝皮书
欧洲发展报告（2014）
著（编）者：周弘　2014年9月出版 / 估价：79.00元

葡语国家蓝皮书
巴西发展与中巴关系报告2014（中英文）
著（编）者：张曙光　David T. Ritchie
2014年8月出版 / 估价：69.00元

日本经济蓝皮书
日本经济与中日经贸关系研究报告（2014）
著（编）者：王洛林　张季风　2014年5月出版 / 定价：79.00元

日本蓝皮书
日本发展报告（2014）
著（编）者：李薇　2014年3月出版 / 定价：69.00元

上海合作组织黄皮书
上海合作组织发展报告（2014）
著（编）者：李进峰　吴宏伟　李伟　2014年9月出版 / 估价：98.00元

世界创新竞争力黄皮书
世界创新竞争力发展报告（2014）
著（编）者：李建平　2014年9月出版 / 估价：148.00元

世界能源黄皮书
世界能源分析与展望（2013~2014）
著（编）者：张宇燕　等　2014年9月出版 / 估价：69.00元

世界社会主义黄皮书
世界社会主义跟踪研究报告（2013~2014）
著（编）者：李慎明　2014年3月出版 / 定价：198.00元

泰国蓝皮书
泰国国情报告（2014）
著（编）者：邹春萌　2014年6月出版 / 估价：79.00元

亚太蓝皮书
亚太地区发展报告（2014）
著（编）者：李向阳　2014年1月出版 / 定价：59.00元

印度蓝皮书
印度国情报告（2012~2013）
著（编）者：吕昭义　2014年5月出版 / 估价：89.00元

印度洋地区蓝皮书
印度洋地区发展报告（2014）
著（编）者：汪戎　2014年3月出版 / 估价：79.00元

越南蓝皮书
越南国情报告（2014）
著（编）者：吕余生　2014年8月出版 / 估价：65.00元

中东黄皮书
中东发展报告No.15（2014）
著（编）者：杨光　2014年10月出版 / 估价：59.00元

中欧关系蓝皮书
中欧关系研究报告（2014）
著（编）者：周弘　2013年12月出版 / 定价：98.00元

中亚黄皮书
中亚国家发展报告（2014）
著（编）者：孙力　2014年9月出版 / 估价：79.00元

皮书系列
2014全品种

皮书大事记

☆ 2012年12月，《中国社会科学院皮书资助规定（试行）》由中国社会科学院科研局正式颁布实施。

☆ 2011年，部分重点皮书纳入院创新工程。

☆ 2011年8月，2011年皮书年会在安徽合肥举行，这是皮书年会首次由中国社会科学院主办。

☆ 2011年2月，"2011年全国皮书研讨会"在北京京西宾馆举行。王伟光院长（时任常务副院长）出席并讲话。本次会议标志着皮书及皮书研创出版从一个具体出版单位的出版产品和出版活动上升为由中国社会科学院牵头的国家哲学社会科学智库产品和创新活动。

☆ 2010年9月，"2010年中国经济社会形势报告会暨第十一次全国皮书工作研讨会"在福建福州举行，高全立副院长参加会议并做学术报告。

☆ 2010年9月，皮书学术委员会成立，由我院李扬副院长领衔，并由在各个学科领域有一定的学术影响力、了解皮书编创出版并持续关注皮书品牌的专家学者组成。皮书学术委员会的成立为进一步提高皮书这一品牌的学术质量、为学术界构建一个更大的学术出版与学术推广平台提供了专家支持。

☆ 2009年8月，"2009年中国经济社会形势分析与预测暨第十次皮书工作研讨会"在辽宁丹东举行。李扬副院长参加本次会议，本次会议颁发了首届优秀皮书奖，我院多部皮书获奖。

社会科学文献出版社
SOCIAL SCIENCES ACADEMIC PRESS (CHINA)

社会科学文献出版社成立于1985年，是直属于中国社会科学院的人文社会科学专业学术出版机构。

成立以来，特别是1998年实施第二次创业以来，依托于中国社会科学院丰厚的学术出版和专家学者两大资源，坚持"创社科经典，出传世文献"的出版理念和"权威、前沿、原创"的产品定位，社科文献立足内涵式发展道路，从战略层面推动学术出版的五大能力建设，逐步走上了学术产品的系列化、规模化、数字化、国际化、市场化经营道路。

先后策划出版了著名的图书品牌和学术品牌"皮书"系列、"列国志"、"社科文献精品译库"、"中国史话"、"全球化译丛"、"气候变化与人类发展译丛""近世中国"等一大批既有学术影响又有市场价值的系列图书。形成了较强的学术出版能力和资源整合能力，年发稿3.5亿字，年出版新书1200余种，承印发行中国社科院院属期刊近70种。

2012年，《社会科学文献出版社学术著作出版规范》修订完成。同年10月，社会科学文献出版社参加了由新闻出版总署召开加强学术著作出版规范座谈会，并代表50多家出版社发起实施学术著作出版规范的倡议。2013年，社会科学文献出版社参与新闻出版总署学术著作规范国家标准的起草工作。

依托于雄厚的出版资源整合能力，社会科学文献出版社长期以来一直致力于从内容资源和数字平台两个方面实现传统出版的再造，并先后推出了皮书数据库、列国志数据库、中国田野调查数据库等一系列数字产品。

在国内原创著作、国外名家经典著作大量出版，数字出版突飞猛进的同时，社会科学文献出版社在学术出版国际化方面也取得了不俗的成绩。先后与荷兰博睿等十余家国际出版机构合作面向海外推出了《经济蓝皮书》《社会蓝皮书》等十余种皮书的英文版、俄文版、日文版等。

此外，社会科学文献出版社积极与中央和地方各类媒体合作，联合大型书店、学术书店、机场书店、网络书店、图书馆，逐步构建起了强大的学术图书的内容传播力和社会影响力，学术图书的媒体曝光率居全国之首，图书馆藏率居于全国出版机构前十位。

作为已经开启第三次创业梦想的人文社会科学学术出版机构，社会科学文献出版社结合社会需求、自身的条件以及行业发展，提出了新的创业目标：精心打造人文社会科学成果推广平台，发展成为一家集图书、期刊、声像电子和数字出版物为一体、面向海内外高端读者和客户，具备独特竞争力的人文社会科学内容资源供应商和海内外知名的专业学术出版机构。

中国皮书网

发布皮书研创资讯，传播皮书精彩内容
引领皮书出版潮流，打造皮书服务平台

栏目设置：

- ☐ 资讯：皮书动态、皮书观点、皮书数据、皮书报道、皮书新书发布会、电子期刊
- ☐ 标准：皮书评价、皮书研究、皮书规范、皮书专家、编撰团队
- ☐ 服务：最新皮书、皮书书目、重点推荐、在线购书
- ☐ 链接：皮书数据库、皮书博客、皮书微博、出版社首页、在线书城
- ☐ 搜索：资讯、图书、研究动态
- ☐ 互动：皮书论坛

www.pishu.cn

中国皮书网依托皮书系列"权威、前沿、原创"的优质内容资源，通过文字、图片、音频、视频等多种元素，在皮书研创者、使用者之间搭建了一个成果展示、资源共享的互动平台。

自2005年12月正式上线以来，中国皮书网的IP访问量、PV浏览量与日俱增，受到海内外研究者、公务人员、商务人士以及专业读者的广泛关注。

2008年10月，中国皮书网获得"最具商业价值网站"称号。

2011年全国新闻出版网站年会上，中国皮书网被授予"2011最具商业价值网站"荣誉称号。

权威报告　热点资讯　海量资源

当代中国与世界发展的高端智库平台

皮书数据库 www.pishu.com.cn

皮书数据库是专业的人文社会科学综合学术资源总库,以大型连续性图书——皮书系列为基础,整合国内外相关资讯构建而成。包含七大子库,涵盖两百多个主题,囊括了近十几年间中国与世界经济社会发展报告,覆盖经济、社会、政治、文化、教育、国际问题等多个领域。

皮书数据库以篇章为基本单位,方便用户对皮书内容的阅读需求。用户可进行全文检索,也可对文献题目、内容提要、作者名称、作者单位、关键字等基本信息进行检索,还可对检索到的篇章再作二次筛选,进行在线阅读或下载阅读。智能多维度导航,可使用户根据自己熟知的分类标准进行分类导航筛选,使查找和检索更高效、便捷。

权威的研究报告,独特的调研数据,前沿的热点资讯,皮书数据库已发展成为国内最具影响力的关于中国与世界现实问题研究的成果库和资讯库。

皮书俱乐部会员服务指南

1. 谁能成为皮书俱乐部会员?
- 皮书作者自动成为皮书俱乐部会员;
- 购买皮书产品(纸质图书、电子书、皮书数据库充值卡)的个人用户。

2. 会员可享受的增值服务:
- 免费获赠该纸质图书的电子书;
- 免费获赠皮书数据库100元充值卡;
- 免费定期获赠皮书电子期刊;
- 优先参与各类皮书学术活动;
- 优先享受皮书产品的最新优惠。

阅 读 卡

3. 如何享受皮书俱乐部会员服务?

(1)如何免费获得整本电子书?

购买纸质图书后,将购书信息特别是书后附赠的卡号和密码通过邮件形式发送到pishu@188.com,我们将验证您的信息,通过验证并成功注册后即可获得该本皮书的电子书。

(2)如何获赠皮书数据库100元充值卡?

第1步:刮开附赠卡的密码涂层(左下);

第2步:登录皮书数据库网站(www.pishu.com.cn),注册成为皮书数据库用户,注册时请提供您的真实信息,以便您获得皮书俱乐部会员服务;

第3步:注册成功后登录,点击进入"会员中心";

第4步:点击"在线充值",输入正确的卡号和密码即可使用。

皮书俱乐部会员可享受社会科学文献出版社其他相关免费增值服务
您有任何疑问,均可拨打服务电话:010-59367227　QQ:1924151760
欢迎登录社会科学文献出版社官网(www.ssap.com.cn)和中国皮书网(www.pishu.cn)了解更多信息

皮书大事记

☆ 2012年12月，《中国社会科学院皮书资助规定（试行）》由中国社会科学院科研局正式颁布实施。

☆ 2011年，部分重点皮书纳入院创新工程。

☆ 2011年8月，2011年皮书年会在安徽合肥举行，这是皮书年会首次由中国社会科学院主办。

☆ 2011年2月，"2011年全国皮书研讨会"在北京京西宾馆举行。王伟光院长（时任常务副院长）出席并讲话。本次会议标志着皮书及皮书研创出版从一个具体出版单位的出版产品和出版活动上升为由中国社会科学院牵头的国家哲学社会科学智库产品和创新活动。

☆ 2010年9月，"2010年中国经济社会形势报告会暨第十一次全国皮书工作研讨会"在福建福州举行，高全立副院长参加会议并做学术报告。

☆ 2010年9月，皮书学术委员会成立，由我院李扬副院长领衔，并由在各个学科领域有一定的学术影响力、了解皮书编创出版并持续关注皮书品牌的专家学者组成。皮书学术委员会的成立为进一步提高皮书这一品牌的学术质量、为学术界构建一个更大的学术出版与学术推广平台提供了专家支持。

☆ 2009年8月，"2009年中国经济社会形势分析与预测暨第十次皮书工作研讨会"在辽宁丹东举行。李扬副院长参加本次会议，本次会议颁发了首届优秀皮书奖，我院多部皮书获奖。

皮书数据库
www.pishu.com.cn

皮书数据库三期即将上线

- 皮书数据库（SSDB）是社会科学文献出版社整合现有皮书资源开发的在线数字产品，全面收录"皮书系列"的内容资源，并以此为基础整合大量相关资讯构建而成。

- 皮书数据库现有中国经济发展数据库、中国社会发展数据库、世界经济与国际政治数据库等子库，覆盖经济、社会、文化等多个行业、领域，现有报告30000多篇，总字数超过5亿字，并以每年4000多篇的速度不断更新累积。2009年7月，皮书数据库荣获"2008~2009年中国数字出版知名品牌"。

- 2011年3月，皮书数据库二期正式上线，开发了更加灵活便捷的检索系统，可以实现精确查找和模糊匹配，并与纸书发行基本同步，可为读者提供更加广泛的资讯服务。

更多信息请登录

中国皮书网	皮书微博	皮书博客	皮书微信
http://www.pishu.cn	http://weibo.com/pishu	http://blog.sina.com.cn/pishu	皮书说

请到各地书店皮书专架/专柜购买，也可办理邮购

咨询/邮购电话：010-59367028　59367070　　邮　箱：duzhe@ssap.cn
邮购地址：北京市西城区北三环中路甲29号院3号楼华龙大厦13层读者服务中心
邮　编：100029
银行户名：社会科学文献出版社
开户银行：中国工商银行北京北太平庄支行
账　号：0200010019200365434
网上书店：010-59367070　　qq：1265056568
网　址：www.ssap.com.cn　　www.pishu.com